汽车电脑端子图及功能定义速查手册

——— 国产品牌 ———

瑞佩尔 主编

化学工业出版社

·北京·

图书在版编目（CIP）数据

汽车电脑端子图及功能定义速查手册．国产品牌／瑞佩尔主编．—北京：化学工业出版社，2019.9
ISBN 978-7-122-34505-9

Ⅰ.①汽⋯　Ⅱ.①瑞⋯　Ⅲ.①汽车-计算机控制系统-接线端子-手册　Ⅳ.①U463.6-62

中国版本图书馆CIP数据核字（2019）第093058号

责任编辑：黎秀芬　周　红　　　　　　文字编辑：陈　喆
责任校对：宋　玮　　　　　　　　　　　装帧设计：王晓宇

出版发行：化学工业出版社（北京市东城区青年湖南街13号　邮政编码100011）
印　　刷：三河市航远印刷有限公司
装　　订：三河市宇新装订厂
787mm×1092mm　1/16　印张24　字数592千字　2019年9月北京第1版第1次印刷

购书咨询：010-64518888　　　　　　　售后服务：010-64518899
网　　址：http://www.cip.com.cn
凡购买本书，如有缺损质量问题，本社销售中心负责调换。

定　　价：128.00元　　　　　　　　　　　　　　　　　　　　　版权所有　违者必究

前言 —— Preface

汽车电脑（ECU）也称电子控制模块、电控单元，作为汽车电子控制系统的神经中枢，其作用不言而喻。在实际维修工作中，汽车电脑发生故障的概率远比其他电子部件（传感器、执行器及电气线束）要高得多。作为输入与输出的集成块，汽车电脑也可以作为电气故障检修的起点，从其端子功能与工作状态获知更多其他的信息。

为满足广大汽车技术人员对汽车电脑端子资料数据的需求，我们组织编写了《汽车电脑端子图及功能定义速查手册》一书。该书按品牌分为国内与国外品牌两册。

书中内容以截至 2019 年款主流品牌主打车型的汽车电脑资料信息为主，收编了以发动机和自动变速器为主的汽车电脑的端子图、端子功能说明、检测数据、信号去向等信息。相比同类书籍，具有以下特点。

一、车型更多：囊括了欧洲、美洲与亚洲所有主流品牌汽车的主打车型。

二、资料更新：资料数据以 2016—2019 年度车型为重点。

三、类型更全：选取汽车控制系统中最为主要的几大控制器，如发动机电脑、变速器电脑、车身电脑、多媒体电脑。主要提供电脑端子分布图、电脑端子定义及部分端子检测数值。

四、内容多样：除传统汽车电脑端子信息以外，适当选编一些主流的新能源车型电脑端子信息。

五、检索方便：发动机，变速器以总成型号分类，其他各系统以车型分类。

六、读者面广：适用于汽车机电维修、电脑板维修、音响改装、新能源汽车维修技术人员，以及汽车电控系统开发技术人员工作查阅。

该书中不少电脑端子连接线束有颜色定义，而不同品牌汽车对于线束颜色的定义稍有不同，下表罗列了它们表示的代码。另外，本书所有汽车电脑端子定义中未列出端子序号者，表示该端子未占用。

线色含义	品牌代码								
	吉利	长安	长城	上汽	比亚迪	奇瑞	众泰	宝骏	北汽
黑色	B	B	B	B	B	B	B	BK	B
灰色	Gr	S	Gr	S	Gr	Gr	Gr	GY	Gr
棕色	Br	Br	Br	N	Br	Br	Br	BN	Br
蓝色	L	L	Bl	U	L	L	L	BU	L
绿色	G	G	G	G	G	G	G	GN	G
红色	R	R	R	R	R	R	R	RD	R
黄色	Y	Y	Y	Y	Y	Y	Y	YE	Y

续表

线色含义	品牌代码								
	吉利	长安	长城	上汽	比亚迪	奇瑞	众泰	宝骏	北汽
橙色	O	O	Or	O	O	O	O	OG	O
白色	W	W	W	W	W	W	W	WH	W
紫色	V	V	V	P	V	V	V	VT	V
粉色	P	P	P	K	P	P	P		P
褐色				T					
浅绿色	Lg	Lg	Lg	LG	Lg	Lg	Lg		Lg
深绿色				DG					Dg
浅蓝色	Lb			LU					Ll
深蓝色				DU					Dl
黄紫色									YV
深蓝棕									DlBr
天蓝色							Sb		
透明色	Na								
双色线	第一个字母为导线底色,第二个字母为条纹色,中间用"/"或"-"分隔								

  本书为国产品牌分册,包括的汽车品牌有吉利(帝豪、博瑞、博越、缤瑞、缤越、远景),长安,长城(哈弗、魏派),上汽(荣威、名爵),广汽(传祺、猎豹),比亚迪,奇瑞(瑞虎、艾瑞泽),北汽(北京、绅宝、威旺、幻速、新能源),众泰,上通(五菱、宝骏)。

  汽车技术不断创新,汽车产品不断更新,我们将在每年收集新上市车型,更新年款车型的维修数据,在再版时整理进来。这样,本丛书就可以不断满足我们汽车维修技术工作的需要,让维修人员在汽车资料需求上做到真正的"一册在手,修车无忧"。

  本书由瑞佩尔主编,此外参加编写的人员还有朱其谦、杨刚伟、吴龙、张祖良、汤耀宗、赵炎、陈金国、刘艳春、徐红玮、张志华、冯宇、赵太贵、宋兆杰、陈学清、邱晓龙、朱如盛、周金洪、刘滨、陈棋、孙丽佳、周方、彭斌、王坤、章军旗、满亚林、彭启凤、李丽娟、徐银泉。在编写过程中,参考了国内外相关文献和网络信息资料,在此,谨向这些资料信息的原创者们表示由衷的感谢!

  本书资料数据繁多,虽经数度编辑整理,囿于我们水平,内容之中的疏漏仍不可避免,尚请广大读者朋友不吝指正。本书再版时,我们将加入更多实用更为全面的资料,以使其更加完善,符合汽车维修工作者的真正需求。

编者

目录 —— Contents

第 1 章 吉利汽车 / 001

1.1 发动机电脑 / 001
- 1.1.1 吉利 1.0L 3G10 发动机（64 针）/ 001
- 1.1.2 吉利 1.3T JLB-4G13TB 发动机（64 针+ 48 针）/ 002
- 1.1.3 吉利 1.3L 4A13 发动机（81 针）/ 004
- 1.1.4 吉利 1.4T JLB-4G14T 发动机（64 针+ 48 针）/ 006
- 1.1.5 吉利 1.5T JLH-3G15TD 发动机（94 针+ 60 针）/ 008
- 1.1.6 吉利 1.5L JL4G15D 发动机（73 针+ 73 针）/ 012
- 1.1.7 吉利 1.8L JLC-4G18 发动机（64 针+ 48 针）/ 014
- 1.1.8 吉利 1.8L JLC-4M18 甲醇发动机（81 针+ 40 针）/ 016
- 1.1.9 吉利 1.8T JLE-4G18TDB 发动机（60 针+ 94 针）/ 018
- 1.1.10 吉利 1.8T JLE-4G18TD 发动机（60 针+ 94 针）/ 020
- 1.1.11 吉利 1.8L JL4G18-D 发动机（64 针）/ 022
- 1.1.12 吉利 2.4L JLD-4G24 发动机（联合电子系统）（81 针）/ 024
- 1.1.13 吉利 2.4L JLD-4G24 发动机（德尔福系统）（81 针）/ 027
- 1.1.14 吉利 2.0/2.4L JLD-4G20/24 发动机（64 针+ 48 针）/ 028
- 1.1.15 吉利 3.5L JLV-6G35V 发动机（105 针+ 91 针）/ 029

1.2 变速器电脑 / 032
- 1.2.1 吉利 DSI575F6 六速自动变速器（16 针+ 12 针+ 20 针+ 26 针+ 6 针）/ 032
- 1.2.2 吉利 AMT 自动变速器（48 针）/ 034
- 1.2.3 吉利 4AT-2B 四速自动变速器（64 针）/ 035
- 1.2.4 吉利 VT2 CVT 无级变速器（48 针+ 16 针）/ 037

1.3 车身电脑 / 038
- 1.3.1 帝豪 GS 车身电脑（52 针+ 24 针+ 18 针+ 16 针+ 18 针+ 25 针）/ 038
- 1.3.2 博越车身电脑 / 040
- 1.3.3 博瑞车身电脑（40 针+ 40 针+ 21 针+ 15 针+ 12 针+ 4 针）/ 043

1.4 多媒体电脑 / 047

1.4.1 帝豪 GS 多媒体电脑（8 针+ 8 针+ 20 针）/ 047
1.4.2 博越多媒体系统电脑（8 针+ 8 针+ 20 针+ 12 针+ 16 针）/ 048
1.4.3 博瑞多媒体系统电脑（8 针+ 8 针+ 20 针+ 8 针+ 4 针）/ 051
1.5 新能源系统 / 052
1.5.1 帝豪 EV / 052
1.5.2 博瑞 GE PHEV / 054

第 2 章
长安汽车

2.1 发动机电脑 / 057
2.1.1 长安 1.3L JL476QL 发动机（81 针）/ 057
2.1.2 长安 1.5L JL475QD 发动机电脑端子（64 针）/ 058
2.1.3 长安 1.6L JL478QEE 发动机（81 针）/ 060
2.1.4 长安 2.0L JL486Q5 发动机（ME7 系统）(81 针）/ 061
2.1.5 长安 2.0T JL486ZQ3 发动机（60 针+ 84 针）/ 063
2.2 变速器电脑 / 063
2.2.1 长安 SS80-40LE 自动变速器（26 针+ 24 针）/ 063
2.2.2 长安 4AT 自动变速器电脑端子（24 针+ 26 针）/ 064
2.2.3 长安 6AT 自动变速器（16 针+ 22 针）/ 065
2.2.4 长安 AWR6B45 六速自动变速器（30 针+ 24 针+ 26 针）/ 066
2.3 车身电脑 / 067
2.3.1 长安 CS35 车身电脑（16 针+ 20 针+ 20 针+ 20 针+ 21 针）/ 067
2.3.2 长安 CS75 车身电脑（12 针+ 20 针+ 32 针+ 32 针）/ 069
2.3.3 长安 CS95 车身电脑（12 针+ 20 针+ 32 针+ 32 针）/ 071
2.4 多媒体电脑 / 073
2.4.1 长安 CS35 多媒体电脑（8 针+ 8 针+ 20 针+ 10 针）/ 073
2.4.2 长安 CS75 多媒体电脑（8 针+ 8 针+ 12 针+ 20 针）/ 073
2.4.3 长安 CS95 多媒体电脑（8 针+ 8 针+ 20 针+ 28 针）/ 074
2.5 新能源系统 / 076
2.5.1 逸动 EV / 076
2.5.2 奔奔 EV / 078

第 3 章
长城哈弗-魏派汽车

3.1 发动机电脑 / 082
3.1.1 长城 1.3T GW4B13 发动机（60 针+ 94 针）/ 082

3.1.2　长城 2.0T GW4C20A 发动机（60 针+ 94 针）/ 084

3.1.3　长城 2.0T GW4C20 发动机（60 针+ 94 针）/ 085

3.2　变速器电脑 / 087

3.2.1　长城 GW7DCT1-A01 七速双离合变速器（68 针+ 43 针）/ 087

3.2.2　长城 7DCT300 七速双离合变速器（67 针+ 58 针）/ 090

3.2.3　长城 6F24 六速自动变速器（94 针+ 18 针）/ 091

3.2.4　长城 VT2-11D 无级变速器（94 针）/ 092

3.3　车身电脑 / 093

3.3.1　长城哈弗 H1 车身电脑（8 针+ 48 针+ 8 针+ 48 针）/ 093

3.3.2　长城哈弗 H2 车身电脑（72 针+ 72 针+ 16 针+ 16 针）/ 095

3.3.3　长城哈弗 H2S 车身电脑（48 针+ 8 针+ 48 针+ 8 针）/ 097

3.3.4　长城哈弗 H5 车身电脑（48 针+ 8 针+ 48 针+ 8 针）/ 099

3.3.5　长城哈弗 H6 车身电脑（72 针+ 72 针+ 16 针+ 16 针）/ 100

3.3.6　长城哈弗 H6 运动蓝标版车身电脑（48 针+ 8 针+ 48 针+ 8 针）/ 103

3.3.7　长城魏派 VV7s/VV7c 车身电脑（72 针+ 72 针+ 16 针+ 16 针）/ 105

3.3.8　长城风骏 6 车身电脑（48 针+ 8 针+ 48 针+ 8 针）/ 107

3.4　多媒体电脑 / 108

3.4.1　长城哈弗 H1 多媒体电脑（8 针+ 8 针+ 20 针+ 5 针）/ 108

3.4.2　长城哈弗 H2S 多媒体电脑（8 针+ 12 针+ 12 针+ 8 针+ 12 针）/ 109

3.4.3　长城哈弗 H5 多媒体电脑（8 针+ 8 针+ 6 针+ 6 针+ 8 针）/ 110

3.4.4　长城哈弗 H6 多媒体电脑（52 针+ 16 针+ 16 针+ 8 针）/ 111

3.4.5　长城哈弗 H6 运动蓝标版多媒体电脑（8 针+ 8 针+ 20 针）/ 113

3.4.6　长城魏派 VV7s/VV7c 多媒体电脑（8 针+ 12 针+ 12 针+ 8 针+ 12 针）/ 114

3.5　新能源系统 / 115

第4章

上汽荣威-名爵汽车

4.1　发动机电脑 / 119

4.1.1　上汽 1.0T 10E4E 发动机（60 针+ 94 针）/ 119

4.1.2　上汽 1.3T L16 发动机（64 针+ 48 针）/ 121

4.1.3　上汽 1.4T 14E4E 发动机（60 针+ 94 针）/ 122

4.1.4　上汽 1.5T 15E4E 发动机（60 针+ 94 针）/ 124

4.1.5　上汽 1.5T LFV 发动机（60 针+ 94 针）/ 126

4.1.6　上汽 1.6L 16S4C 发动机（64 针+ 48 针）/ 127

4.1.7　上汽 2.0T 20L4E 发动机（60 针+ 94 针）/ 129

4.1.8　上汽 2.0L LTD 发动机（56 针+ 73 针）/ 130

4.1.9　上汽 2.4L LAF 发动机（73 针+ 73 针+ 73 针）/ 132

4.1.10　上汽 3.0L LFW 发动机（73针+ 73针+ 73针）/ 134
4.2　变速器电脑 / 136
4.2.1　上汽 TS-41SN 四速自动变速器（24针+ 26针）/ 136
4.2.2　上汽 DCT250 七速干式双离合变速器（18针+ 18针+ 28针）/ 137
4.2.3　上汽 55-51SN 五速自动变速器（24针+ 26针）/ 139
4.2.4　上汽 6DCT 六速湿式双离合变速器（81针）/ 140
4.2.5　上汽 F21-250 六速自动变速器（16针+ 33针）/ 141
4.2.6　上汽 AWFCX18 无级变速器（24针+ 26针）/ 141
4.3　车身电脑 / 143
4.3.1　荣威 RX3 车身电脑（8针+ 14针+ 32针+ 40针+ 52针）/ 143
4.3.2　荣威 i6 车身电脑（8针+ 14针+ 32针+ 52针+ 32针+ 52针）/ 145
4.3.3　荣威 360 车身电脑（28针+ 40针+ 16针+ 11针+ 11针）/ 147
4.4　多媒体电脑 / 149
4.4.1　荣威 RX5 多媒体电脑（20针+ 16针+ 12针+ 12针）/ 149
4.4.2　荣威 i6 多媒体电脑（20针+ 16针+ 12针+ 12针）/ 150
4.4.3　荣威 360 多媒体电脑（16针+ 12针+ 12针）/ 152
4.5　新能源系统 / 153
4.5.1　荣威 E50 EV / 153
4.5.2　荣威 ERX5 EV / 155
4.5.3　荣威 ERX5 PHEV / 158
4.5.4　荣威 ei6 PHEV / 160
4.5.5　荣威 e550 PHEV / 163

第5章

广汽传祺-长丰汽车

5.1　发动机电脑 / 167
5.1.1　广汽 1.3T 4A13M1 发动机（64针+ 48针）/ 167
5.1.2　广汽 1.6L 4B16K1 发动机（64针+ 48针）/ 169
5.1.3　广汽 1.8T 4B18M1 发动机（64针+ 48针）/ 170
5.1.4　广汽 2.0T 4B20M1 发动机（64针+ 48针）/ 172
5.1.5　广汽 2.0L 4B20K2 发动机（81针）/ 173
5.1.6　猎豹 1.5T CF4G15 发动机（94针+ 60针）/ 174
5.1.7　猎豹 2.4L 2TZ 发动机（81针）/ 176
5.2　变速器电脑 / 178
5.2.1　广汽 G-DCT 七速干式双离合变速器（50针）/ 178
5.2.2　广汽六速自动变速器（16针）/ 179
5.2.3　广汽 55-51SN 五速自动变速器（24针+ 26针）/ 180

5.2.4 猎豹 DCT360C 六速湿式双离合变速器（81 针）/ 181
5.2.5 猎豹 VT2 CVT 无级变速器（48 针）/ 182
5.2.6 猎豹 VT3 CVT 无级变速器（48 针）/ 182

5.3 车身电脑 / 183
5.3.1 传祺 GS4 车身电脑（52 针+ 52 针+ 12 针+ 12 针）/ 183
5.3.2 传祺 GA8 车身电脑（12 针+ 12 针+ 52 针+ 52 针）/ 185
5.3.3 传祺 GA6 车身电脑（12 针+ 12 针+ 52 针+ 52 针）/ 187

5.4 多媒体电脑 / 189
5.4.1 传祺 GS4 多媒体电脑（12 针+ 40 针）/ 189
5.4.2 传祺 GA8 多媒体电脑（40 针）/ 190
5.4.3 传祺 GA6 多媒体电脑（40 针）/ 191

5.5 新能源系统 / 192
5.5.1 传祺 GA5 PHEV / 192
5.5.2 传祺 GE3 EV / 195

第 6 章
比亚迪汽车

6.1 发动机电脑 / 198
6.1.1 比亚迪 1.0L BYD371QA 发动机（64 针）/ 198
6.1.2 比亚迪 1.3L 473QA/1.5L 473QB 发动机（联电 M7）（81 针）/ 199
6.1.3 比亚迪 1.5L 4G15S/1.8L DA4G18 发动机（73 针）/ 201
6.1.4 比亚迪 1.5T BYD476ZQA 发动机（81 针+ 40 针）/ 203
6.1.5 比亚迪 2.0T BYD487ZQA 发动机（81 针+ 40 针）/ 204
6.1.6 比亚迪 1.8L BYD483QA/2.0L BYD483QB 发动机（81 针）/ 206
6.1.7 比亚迪 1.5L 473Q 发动机（64 针+ 48 针）/ 208
6.1.8 比亚迪 2.4L 4G69 发动机（27 针+ 28 针+ 29 针+ 30 针+ 26 针）/ 210

6.2 变速器电脑 / 213
6.2.1 比亚迪 BYD6DT35 六速湿式双离合变速器（36 针+ 64 针）/ 213
6.2.2 比亚迪 BYD6DT25 六速干式双离合变速器（11 针+ 16 针）/ 216
6.2.3 比亚迪 VT2 CVT 无级变速器（94 针）/ 217

6.3 车身电脑 / 218
6.3.1 比亚迪宋车型车身电脑 / 218
6.3.2 比亚迪元车型车身电脑 / 219

6.4 多媒体电脑 / 221
6.4.1 比亚迪宋多媒体电脑 / 221
6.4.2 比亚迪元多媒体电脑 / 223
6.4.3 比亚迪 S7 多媒体电脑 / 224

6.5 新能源系统 / 225
    6.5.1 比亚迪秦 PHEV / 225
    6.5.2 比亚迪唐 PHEV / 227
    6.5.3 比亚迪 e6 EV / 232
    6.5.4 比亚迪 e5 EV / 234

第 7 章　奇瑞汽车 / 240

7.1 发动机电脑 / 240
    7.1.1 奇瑞 1.1L SQR472WF 发动机（64 针）/ 240
    7.1.2 奇瑞 1.5L E4G15B 发动机（64 针+ 48 针）/ 241
    7.1.3 奇瑞 1.5L SQR-D4G15 发动机（64 针+ 48 针）/ 242
    7.1.4 奇瑞 1.5L SQR477F 发动机（81 针）/ 243
    7.1.5 奇瑞 1.6L SQR-E4G16 发动机（64 针+ 48 针）/ 245
    7.1.6 奇瑞 2.0L SQR484F 发动机（81 针）/ 246
    7.1.7 奇瑞 2.0L SQR484B 发动机（81 针）/ 247
    7.1.8 奇瑞 1.0L SQR372A 柴油发动机（94 针）/ 248
    7.1.9 奇瑞 1.9L SQR481A 柴油发动机（94 针+ 60 针）/ 249

7.2 变速器电脑 / 251
    7.2.1 奇瑞 QR019CH 无级变速器（56 针）/ 251
    7.2.2 奇瑞 5F25 自动变速器（90 针）/ 252

7.3 车身电脑 / 252
    7.3.1 艾瑞泽 7 车身电脑（32 针+ 32 针+ 26 针+ 2 针）/ 252
    7.3.2 瑞虎 7 车身电脑（52 针+ 24 针+ 14 针+ 12 针+ 20 针）/ 254
    7.3.3 奇瑞 E3 车身电脑（32 针+ 32 针+ 20 针+ 12 针）/ 257
    7.3.4 瑞麒 G3 车身电脑（40 针+ 24 针+ 21 针+ 15 针+ 3 针）/ 259
    7.3.5 威麟 X5 车身电脑（32 针+ 32 针+ 20 针+ 12 针）/ 260

7.4 多媒体电脑 / 262
    7.4.1 艾瑞泽 5 多媒体系统（8 针+ 8 针+ 12 针+ 12 针+ 22 针）/ 262
    7.4.2 奇瑞 E3 音响主机（16 针）/ 263
    7.4.3 威麟 X5 多媒体电脑（16 针+ 16 针）/ 264

7.5 新能源系统 / 265
    7.5.1 艾瑞泽 7 PHEV / 265
    7.5.2 奇瑞 EQ1 EV / 268

第8章

北汽-绅宝-幻速-威旺

8.1 发动机电脑 / 273

- 8.1.1 北汽 1.3L 4A90M 发动机（81针）/ 273
- 8.1.2 北汽 1.3L A131 发动机（64针+48针）/ 274
- 8.1.3 北汽 1.3T JLB-4G13T 发动机（64针+48针）/ 276
- 8.1.4 北汽 1.5L A151 发动机（64针+48针）/ 277
- 8.1.5 北汽 1.5L 4A91S 发动机（81针）/ 277
- 8.1.6 北汽 1.5T 4A91T 发动机（64针+48针）/ 277
- 8.1.7 北汽 1.8T B185RGA 发动机（73针+73针）/ 279
- 8.1.8 北汽 2.0T B205EFA 发动机（73针+73针）/ 280
- 8.1.9 北汽 2.0T B201R 发动机（64针+48针）/ 282
- 8.1.10 北汽 2.3T B231R 发动机（64针+48针）/ 283
- 8.1.11 北汽 2.4L G4CA-C06/BNX495QA 发动机（73针）/ 283

8.2 变速器电脑 / 284

- 8.2.1 北汽 TF-80SC 六速自动变速器（16针+22针）/ 284
- 8.2.2 北汽 TB60 六速自动变速器（35针+21针）/ 285
- 8.2.3 北汽 55-51SN 五速自动变速器（24针+26针+16针）/ 286
- 8.2.4 北汽 TS-41SN 四速自动变速器（26针+24针+13针）/ 287
- 8.2.5 北汽 81-40LE 四速自动变速器（24针+26针）/ 288
- 8.2.6 北汽 VT3 无级变速器（48针+16针）/ 289

8.3 车身电脑 / 290

- 8.3.1 北汽北京 BJ80 车身电脑（24针+40针+18针+22针+40针）/ 290
- 8.3.2 北汽绅宝 X35 车身电脑（18针+9针+15针+40针+40针）/ 292
- 8.3.3 北汽幻速 S70 车身电脑（52针+48针+22针+32针）/ 294
- 8.3.4 北汽威旺 M50F 车身电脑（52针+48针+22针+24针+18针）/ 296

8.4 多媒体电脑 / 298

- 8.4.1 北汽北京 BJ40 多媒体电脑（16针）/ 298
- 8.4.2 北汽绅宝 X35 多媒体电脑（20针+8针+8针）/ 299
- 8.4.3 北汽幻速 S3 多媒体电脑（20针+8针+8针）/ 300
- 8.4.4 北汽威旺 M50F 多媒体电脑（20针+8针+8针）/ 301

8.5 新能源系统 / 302

- 8.5.1 北汽新能源 EC 系列车型 / 302
- 8.5.2 北汽新能源 EU 系列车型 / 304
- 8.5.3 北汽新能源 EV 系列车型 / 307

8.5.4 北汽新能源 EX 系列车型 / 311

第 9 章

众泰汽车

9.1 发动机电脑 / 313
    9.1.1 众泰 1.5T 15S4G 发动机（81 针）/ 313
    9.1.2 众泰 1.5T TNN4G15T 发动机（64 针+ 48 针）/ 314
    9.1.3 众泰 1.5T 4A91T 发动机（81 针）/ 317
    9.1.4 众泰 1.6L TNN4G16 发动机（81 针）/ 318
    9.1.5 众泰 1.8T TN4G18T 发动机（64 针+ 48 针）/ 319
    9.1.6 众泰 2.0T 4G63T 发动机（64 针+ 48 针）/ 321
    9.1.7 众泰 2.0T 20L4E 发动机（60 针+ 94 针）/ 322
9.2 变速器电脑 / 324
    9.2.1 众泰 DCT360C 六速湿式双离合变速器（81 针+ 36 针）/ 324
    9.2.2 众泰 VT2I/VT3 无级变速器（48 针）/ 326
    9.2.3 众泰 A6F5A621PL 六速自动变速器（81 针+ 26 针+ 10 针）/ 327
9.3 车身电脑 / 328
    9.3.1 众泰 T600 车身电脑（52 针+ 48 针+ 22 针+ 32 针+ 24 针）/ 328
    9.3.2 众泰 T300 车身电脑（32 针+ 32 针）/ 331
    9.3.3 众泰 T800 车身电脑（52 针+ 48 针+ 22 针+ 32 针+ 24 针）/ 332
9.4 多媒体电脑 / 336
    9.4.1 众泰 T600 多媒体电脑（20 针+ 8 针+ 8 针）/ 336
    9.4.2 众泰 T500 多媒体电脑（8 针+ 8 针+ 20 针）/ 336
    9.4.3 众泰 T300 多媒体电脑（8 针+ 8 针+ 24 针）/ 337
9.5 新能源系统 / 338
    9.5.1 众泰云 100 系列 EV / 338
    9.5.2 众泰 T11 系列 EV / 340
    9.5.3 众泰芝麻 E30 EV / 342
    9.5.4 众泰 E200 EV / 344

第 10 章

五菱-宝骏汽车

10.1 发动机电脑 / 348
    10.1.1 五菱 1.0L LJ465Q3-E2 发动机（64 针）/ 348
    10.1.2 五菱 1.0L LJ465QR1 发动机（64 针）/ 349

10.1.3　五菱 1.2L LMU 发动机（90 针）/ 350

10.1.4　五菱 1.2L LAQ/LJY/LD6 发动机（90 针）/ 351

10.1.5　五菱 1.4L LCU 发动机（81 针）/ 352

10.1.6　五菱 1.5L L3C 发动机（64 针+ 32 针）/ 353

10.1.7　宝骏 1.5L LGV 发动机（64 针+ 48 针）/ 355

10.1.8　五菱 1.5L L2B 发动机（81 针）/ 357

10.1.9　宝骏 1.5L L2C 发动机（32 针+ 64 针）/ 358

10.1.10　宝骏 1.8L LGM 发动机（48 针+ 64 针）/ 360

10.1.11　宝骏 1.8L LJ479QNE2 发动机（48 针+ 64 针）/ 360

10.2　车身电脑 / 361

10.2.1　宝骏 330 汽车车身电脑（28 针+ 40 针+ 11 针+ 11 针）/ 361

10.2.2　宝骏 560 汽车车身电脑（52 针+ 48 针+ 22 针）/ 362

10.2.3　宝骏 610/630 车身电脑（16 针+ 20 针+ 20 针+ 20 针+ 20 针+ 10 针）/ 364

10.2.4　宝骏 760 汽车车身电脑（52 针+ 48 针+ 22 针）/ 366

10.3　多媒体电脑 / 368

10.3.1　宝骏 760 汽车多媒体电脑（20 针+ 8 针）/ 368

10.3.2　宝骏 610/630 汽车多媒体电脑（20 针）/ 368

10.3.3　宝骏 560 汽车多媒体电脑（20 针+ 8 针）/ 369

第 1 章 吉利汽车

1.1 发动机电脑

1.1.1 吉利 1.0L 3G10 发动机（64 针）

以吉利英伦 2010 年款 SC5 车型为例，该发动机控制器系统采用联合电子控制系统，位于空调鼓风机右边，3G10 发动机电脑端子图如图 1-1 所示，端子定义见表 1-1。

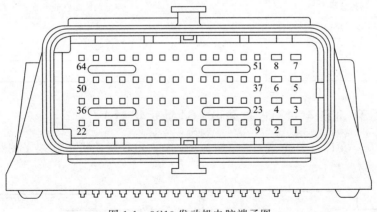

图 1-1　3G10 发动机电脑端子图

表 1-1　3G10 发动机电脑端子定义

端子	端子定义	类型	端子	端子定义	类型
1	点火线圈 3	输出	5	点火地	地
2	可变凸轮轴	输出	6	上游 LSH 型氧传感器加热	输出
3	点火线圈 1	输出	7	点火线圈 2	输出
4	下游氧传感器加热	输出	8	非持续电源	输入

续表

端子	端子定义	类型	端子	端子定义	类型
9	发动机转速输出	输出	37	炭罐控制阀	输出
10	空调中压开关	输入	39	传感器地1	地
11	安全气囊断油	输入	40	传感器地2	地
12	鼓风机开关	输入	41	发动机冷却温度传感器	输入
13	空调温度传感器	输入	42	相位传感器	输入
15	诊断K线	输出，输入	43	电器地	地
16	持续电源	输入	44	空调开关	输入
17	点火开关	地	45	上游氧传感器	输入
18	5V输出2	输出	46	发动机转速传感器B端	输入
19	5V输出1	输出	47	发动机转速传感器A端	输入
20	MIL灯	输出	48	功率地1	地
21	步进电机B	输出	49	喷油器2（第2缸）	输出
22	步进电机A	输出	50	喷油器1（第1缸）	输出
23	SVS灯	输出	51	非持续电源	输入
24	大灯开关	输入	52	高速风扇控制	输出
25	进气温度传感器	输入	56	油耗输出	输出
26	节气门位置传感器	输入	57	车速信号	输入
29	下游氧传感器	输入	59	进气压力传感器	输入
30	爆震传感器A端	输入	60	油泵继电器	输出
31	爆震传感器B端	输入	61	空调压缩机继电器	输出
32	主继电器	输出	62	低速风扇控制	输出
35	步进电机相位C	输出	64	喷油器3（第三缸）	—
36	步进电机相位D	输出			

1.1.2 吉利1.3T JLB-4G13TB 发动机（64针+48针）

以吉利2016—2017年款帝豪GS车型为例，4G13TB发动机电脑端子图如图1-2所示，端子定义见表1-2、表1-3。

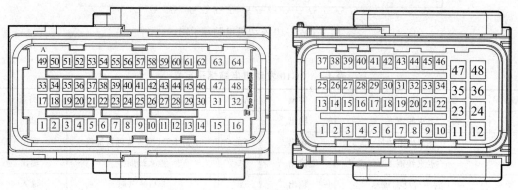

图1-2　4G13TB发动机电脑端子图

表 1-2　4G13TB 发动机电脑 64 针端子定义

端子	端子定义	接线颜色	端子	端子定义	接线颜色
1	CAN 通信接口总线高	Y/B	32	防盗系统输入信号	Y/Br
2	LIN 线	L	35	电源	R/L
5	主继电器	Br	36	加速踏板 5V 电源 2	Y/Br
6	离合器信号	R/Gr	37	加速踏板 5V 电源 1	V/O
7	加速踏板接地 1	L	38	空调压缩机继电器	O/G
8	启/停信号	R/Gr	42	泄压控制阀	O/B
12	真空度传感器信号	G/V	43	下游氧传感器接地	B/V
13	启动反馈	G/Y	45	加速踏板 1	O/B
15	电源	R	46	增压压力传感器压力	G/O
16	电源	R	47	增压压力传感器接地	V
17	CAN 通信接口总线低	Y/W	48	下游氧传感器加热	Br/W
18	诊断 K 线	W/V	49	燃油泵继电器	Y/O
19	增压压力电源	Y	51	系统警告灯	R/L
20	电源	O	52	启停控制灯	W/R
21	下游氧传感器信号	O/Y	53	启动请求信号	V/Y
22	制动开关	O/L	54	真空泵继电器	W/G
23	制动开关	Y/L	58	启动继电器	W/Y
24	空调压力信号	G/B	59	加速踏板接地 2	G/W
25	制动灯	V/B	62	增压压力传感器温度	B/Y
27	空挡开关	R/G	63	ECM 接地 1	B
28	空调开关信号	V/G	64	ECM 接地 2	B
30	加速踏板 2	L/R			

表 1-3　4G13TB 发动机 48 针端子定义

端子	端子定义	接线颜色	端子	端子定义	接线颜色
1	废气控制阀	W/G	16	下游氧传感器接地	L
3	喷油器控制 2	O/B	21	接地	V
4	喷油器控制 1	G/Y	22	接地	B/G
6	电子节温器	R/W	23	节气门执行器低	R/W
7	进气可变气门正时阀	Gr/B	24	点火线圈 2	L
8	喷油器控制 3	R/G	25	爆震传感器 B	G/B
9	上游氧传感器加热	L/W	26	爆震传感器 A	L/B
10	喷油器控制 4	W/B	27	进气压力信号	G/L
11	节气门执行器高	B/L	29	进气相位	W
12	点火线圈 4	G/L	30	炭罐电磁阀	O/W
13	节气门信号 1	V/Y	31	相位传感器接地	G/W
14	节气门信号 2	G/O	32	发动机转速传感器信号 A	Y/L

续表

端子	端子定义	接线颜色	端子	端子定义	接线颜色
33	发动机转速传感器信号 B	O/L	39	大灯信号	G
34	相位传感器电压	W/O	40	上游氧传感器	V/W
35	点火线圈 3	Y/G	43	节气门电源	Y/G
36	点火线圈 1	W/Y	45	进气压力温度传感器电源	Y/B
37	冷却液温度	R/B	47	ECM 接地 1	B
38	进气温度信号	W/Y	48	ECM 接地 2	B

1.1.3 吉利 1.3L 4A13 发动机（81 针）

以吉利 2017 年款远景 X1 车型为例，该发动机控制系统采用德尔福 MT22.1 控制系统，发动机电脑端子图如图 1-3 所示，端子定义见表 1-4。

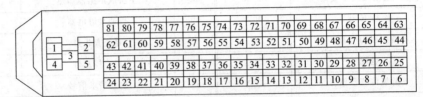

图 1-3　4A13 发动机电脑端子图

表 1-4　4A13 发动机电脑端子定义

端子	线径/mm²	英文名字	端子定义
1	0.75	COILB	点火线圈 B 驱动
2	1.5	GND	电源地
3	1.5	GND	电源地
4	0.75	COILA	点火线圈 A 驱动
5	0.75	PROTBAT	电子节气门供电
6	0.75	INJA	1 缸喷油器
7	0.75	INJB	3 缸喷油器
8	0.75	INJD	2 缸喷油器
9	0.5	ACLRY	空调离合器继电器
10	0.5	FPR	燃油泵继电器
11	0.5	58XLO	曲轴位置传感器低信号
17	0.5	FANHI	散热器高速风扇
20	0.75	MTR−	电子节气门电机低端信号
21	0.75	MTR+	电子节气门电机高端信号
23	0.5	O₂BHTR	氧传感器 B 加热控制
24	0.5	O₂AHTR	氧传感器 A 加热控制
25	0.75	INJC	4 缸喷油器

续表

端子	线径/mm²	英文名字	端子定义
27	0.5	TPS2	节气门位置信号输入2
30	0.5	58XHI	曲轴位置传感器高信号
33	0.5	BRKLP	制动灯信号
34	0.5	CS	离合器开关
35	0.5	ELOAD2+	大灯
36	0.5	KNOCKHI	只有双线时接高
37	0.5	KNOCKLO	爆震传感器/双线接低
38	0.5	CANLO	CAN信号低
39	0.5	CANHI	CAN信号高
40	0.5	MP+	中压开关输入
41	0.5	PPS1	踏板位置输入信号1
42	0.5	PPS2	踏板位置输入信号2
44	0.5	MPR	主继电器
46	0.5	IMMOREQ	防盗器认证请求
47	0.5	O₂AHI	氧传感器A高
48	0.5	O₂BHI	氧传感器B高
49	0.5	CTS	冷却液温度信号输入
50	0.5	PCFS	碰撞后燃油切断
51	0.5	VSS	车速传感器信号输入
52	0.5	TPS1	节气门位置信号输入1
54	0.5	MAP	进气歧管压力信号输入
59	0.5	CRK	曲轴位置传感器信号回复
60	0.5	PSPS	助力转向压力开关
62	0.75	COILC	点火线圈C驱动
64	0.75	CCP	炭罐电磁阀控制信号
65	0.5	FANLO	散热器低速风扇
66	0.5	V5REF2	参考电源2
67	0.75	BAT	蓄电池电源
68	0.75	IGN	点火钥匙开关
69	0.5	BRKSW	制动开关
70	0.5	V5REF1	参考电源1
71	0.5	MAT/IAT	进气温度传感器
73	0.5	V5RTN3	V5反馈3
74	0.5	V5RTN1	V5反馈1
75	0.5	KW2000	串行通信数据
76	0.5	V5RTN2	V5反馈2
77	0.5	CAMIN	进气凸轮轴位置信号
79	0.5	ACR+	空调请求信号输入
81	0.75	COILD	点火线圈D驱动

1.1.4 吉利 1.4T JLB-4G14T 发动机（64 针 + 48 针）

以吉利 2017 年款帝豪 GL 车型为例，该发动机采用联合电子控制系统，电脑端子图如图 1-4 所示，端子定义见表 1-5、表 1-6。

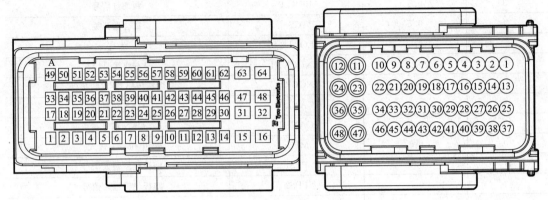

图 1-4 4G14T 发动机电脑端子图

表 1-5 4G14T 发动机电脑 64 针端子定义

端子	英文名字	端子定义	状态	接线颜色
1	PTCANHI	CAN 通信接口总线高	点火开关 ON	Y/B
2	LINBUS	LIN 线	点火开关 ON	L
5	MAINRLY	主继电器	点火开关 ON	Br
6	CLUTCHSW	离合器信号	踩下离合器	R/Gr
7	SNRGND1	油门踏板接地 1	持续	L
8	S/STOPMAINSW	启/停信号	启/停时	R/Gr
12	VACUUMPRESSURESNR	真空度传感器信号	点火开关 ON	G/V
13	STARTERFEEDBACK	启动反馈	启动	G/Y
15	SWITCHEDBATTERYVOLTAGE	电源	点火开关 ON	R
16	SWITCHEDBATTERYVOLTAGE	电源	点火开关 ON	R
17	PTCANLO	CAN 通信接口总线低	点火开关 ON	Y/W
18	DIAGNOSISLINE-K	诊断 K 线	点火开关 ON	W/V
19	SNRSUPPLY	增压压力电源	点火开关 ON	Y
20	BATT	电源	持续	O
21	DOWNSTREAMLAMBDASNR	下游氧传感器信号	点火开关 ON	O/Y
22	POWERTRAINSTATE	制动开关	制动	O/L
23	BREAKSW	制动开关	制动	Y/L
24	ACMIDDLEPRESSURESW	空调压力信号	空调打开	G/B
25	BRAKELIGHTSW	制动灯	制动	V/B
27	NEUTRALREDUDANTSWITCH	空挡开关	空挡	R/G

续表

端子	英文名字	端子定义	状态	接线颜色
28	ACSW	空调开关信号	空调开/关	V/G
30	ACCELPEDALSNR2	加速踏板 2	点火开关 ON	L/R
32	IMMOBILIZERINPUT	防盗系统输入信号	点火开关 ON	Y/Br
35	IGKEYSW	电源	点火开关 ON	R/L
36	SNR5VSUPPLY2	加速踏板 5V 电源 2	点火开关 ON	Y/Br
37	SNR5VSUPPLY1	加速踏板 5V 电源 1	点火开关 ON	V/O
38	AIRCOMPRESSORRLY	空调压缩机继电器	空调开启	O/G
42	DUMPVALVE	泄压控制阀	泄压时	O/B
43	GNDFORDOWNSTREAM	下游氧传感器接地	持续	B/V
45	ACCELPEDALSNR1	加速踏板 1	点火开关 ON	O/B
46	BOOSTPRESSURESNR	增压压力传感器压力	点火开关 ON	G/O
47	GNDFORSNR	增压压力传感器接地	持续	V
48	DOWNSTREAMLAMBDAS-NRHRAETING	下游氧传感器加热	加热时	Br/W
49	FUELPUMPRLY	燃油泵继电器	点火开关 ON	Y/O
51	SYSTEMWARNINGLAMP	系统警告灯	警告时	R/L
52	IDLESTOPLAMP	启停控制灯	启停工作时	W/R
53	STARTERREQUESTSIG	启动请求信号	启动时	V/Y
54	STARTERREQUESTSIG	真空泵继电器	点火开关 ON	W/G
58	CRANKRLY	启动继电器	启动	W/Y
59	SNRGND2	加速踏板接地 2	持续	G/W
62	INTAKEAIRTEMP	增压压力传感器温度	点火开关 ON	B/Y
63	OUTPUTGND1	ECM 接地 1	持续	B
64	OUTPUTGND2	ECM 接地 2	持续	B

表 1-6　4G14T 发动机电脑 48 针端子定义

端子	英文名字	端子定义	状态	接线
1	WASTEGATEVAVLE	废气控制阀	废气控制阀工作时	W/G
3	INJECTOR2	喷油器控制 2	发动机运行	O/B
4	INJECTOR1	喷油器控制 1	发动机运行	G/Y
7	VARIABLECAMSHAFTTIMI-NGINLET	进气可变气门正时阀	点火开关 ON	Gr/B
8	INJECTOR3	喷油器控制 3	发动机运行	R/G
9	UPSTREAMLAMBDASNRH-RAETING	上游氧传感器加热	加热时	L/W
10	INJECTOR4	喷油器控制 4	发动机运行	W/B

续表

端子	英文名字	端子定义	状态	接线
11	ELECTRICTROTTLECONT-HIGH	节气门执行器高	点火开关ON	B/L
12	IGN-COIL-4	点火线圈4	发动机运行	G/L
13	TROTTLEVALVEPOTENTIOMETER1	节气门信号1	点火开关ON	V/Y
14	TROTTLEVALVEPOTENTIOMETER2	节气门信号2	点火开关ON	G/O
16	GNDFORDOWNSTREAM	下游氧传感器接地	持续	L
21	GNDFORSNR	接地	持续	V
22	GNDFORSNR	接地	持续	B/G
23	ELECTRICTROTTLECONT-LOW	节气门执行器低	点火开关ON	R/W
24	IGN-COIL-2	点火线圈2	发动机运行	L
25	KNOCKSNRB	爆震传感器B	点火开关ON	G/B
26	KNOCKSNRA	爆震传感器A	点火开关ON	L/B
27	INTAKEAIRPRESSURESNR	进气压力信号	点火开关ON	G/L
29	PHASESNRINTAKE	进气相位	点火开关ON	W
30	CANISTERPURGEVALVE	炭罐电磁阀	点火开关ON	O/W
31	GNDFORPHASESNR	相位传感器接地	持续	G/W
32	ENGSPDSIGNALA	发动机转速传感器信号A	点火开关ON	Y/L
33	ENGSPDSIGNALB	发动机转速传感器信号B	点火开关ON	O/L
34	PHASESNRSUPPLY	相位传感器电压	点火开关ON	W/O
35	IGN-COIL-3	点火线圈3	运行	Y/G
36	IGN-COIL-1	点火线圈1	运行	W/Y
37	ENGCOOLANTTEMP	冷却液温度	点火开关ON	R/B
38	INTAKEAIRTEMPSNR	进气温度信号	点火开关ON	W/Y
39	HEADLAMPSIG	大灯信号	大灯开启	G
40	UPSTREAMLAMBDASNR	上游氧传感器	点火开关ON	V/W
43	SNRSUPPLY	节气门电源	点火开关ON	Y/G
45	SNRSUPPLY	进气压力温度传感器电源	点火开关ON	Y/B
47	OUTPUTGND1	ECM接地1	持续	B
48	OUTPUTGND1	ECM接地1	持续	B

1.1.5 吉利1.5T JLH-3G15TD发动机（94针+60针）

以吉利2018年款博瑞车型为例，3G15TD发动机电脑端子图如图1-5所示，端子定义见表1-7、表1-8。

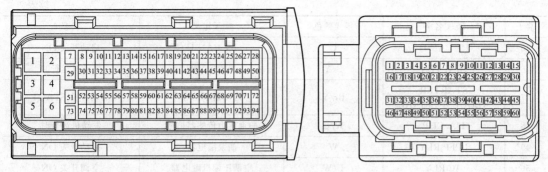

图 1-5　3G15TD 发动机电脑端子图

表 1-7　3G15TD 发动机电脑 94 针端子定义

端子	英文名字	接线颜色	端子定义	状态
1	G. G. EL	B	ECM 搭铁线	—
2	G. G. EL	B	ECM 搭铁线	—
3	V. V. MRLY	R/L	主继电器非持续电源	启动开关 ON
4	G. G. EL	B	ECM 搭铁线	—
5	V. V. MRLY	R/L	主继电器非持续电源	启动开关 ON
6	V. V. MRLY	R/L	主继电器非持续电源	启动开关 ON
7	O. T. LSU	R	上游氧传感器搭铁	加热时
11	SNR GND	Gr/B	传感器搭铁	—
13	BV SNR	W/L	真空度传感器信号	发动机运行时
15	O. T. FAN	Y/R	冷却风扇信号	水温达到开启温度
16	I. S. DMTLH	Br/R	油箱负压信号	启动开关 ON
17	V. V. 5VV1	V/R	传感器 5V 电源	发动机运行时
19	BRAKE LIGHT SW	Y/V	制动灯	启动开关 ON
20	A/C REQUEST	Y/G	空调压力开关	开或关
21	SNR GND	Br/W	传感器搭铁 2	—
24	BREAK SW	Y/B	制动开关	制动时
25	I. S. DMTLP	Lg/B	油箱液面高度信号	启动开关 ON
29	O. S. LSF1	W	下游氧传感器搭铁	加热时
30	V. V. UBD	R/Y	ECM 持续电源	—
31	STR SIGNAL	P/L	启动信号	启动开关 START
33	G. R. LSF1	R/W	下游氧传感器加热负	加热时
36	I. A. TMOT2	G/W	发动机水温传感器	发动机运行时
37	I. A. ETTP	W	文丘里管压力传感器信号	发动机运行时
40	I. A. GPFT2	P/L	GPF 后端温度信号	发动机运行时
41	E. A. BVS	Y	真空度传感器信号	启动开关 ON
44	PT CAN-L	Y/B	PT CAN-L	启动开关 ON

续表

端子	英文名字	接线颜色	端子定义	状态
45	PT CAN-H	C	PT CAN-H	启动开关 ON
46	A. T. TEN	B/Y	炭罐控制阀	发动机运行时
47	STARTER REQUEST SIGNAL	Br/Y	启动请求信号	启动开关 START
48	I. A. CHP	W/G	曲通压力传感器信号	发动机运行时
49	LPFP RLY	W	油泵继电器	启动开关 ON
50	AC RLY	L/W	空调压缩机继电器	空调开关 ON
51	I. S. DMTLV	Gr	油箱真空度信号	启动开关 ON
52	I. A. APP2	Br/Y	电子油门踏板信号 2	启动开关 ON
57	WGCV	L	废气控制阀信号	启动开关 ON
59	V. V. 5V	V/W	增压压力传感器 5V 电源	发动机运行时
61	I. A. APP2	Gr/R	电子油门踏板信号 2	启动开关 ON
62	I. A. LSF1	P/G	下游氧传感器加热正	加热时
63	PRESSURE SNR	G/B	增压压力传感器信号	发动机运行时
65	LIN	V	LIN 信号	启动开关 ON
69	MAIN RLY	W/G	主继电器	所有
70	STARTER REEDBACK	P	起动机反馈信号	发动机启动时
71	SNR GND	Br	传感器搭铁	—
76	I. A. LSUVM1	L/R	上游氧传感器加热正	加热时
77	I. A. LSUUN1	Lg	上游氧传感器加热负	加热时
79	I. A. LSUIP1	P/B	上游氧传感器信号	发动机运行时
80	G. R. APP1	L/B	电子油门踏板信号 1	启动开关 ON
81	V. V. APP2	R/G	电子油门踏板信号 2	启动开关 ON
82	V. V. APP1	W/R	电子油门踏板信号 1	启动开关 ON
83	I. A. APP1	R/L	电子油门踏板信号 1	启动开关 ON
87	I. S. T15	G/Y	ECM 电源	启动开关 ON
89	HBCAN-L	Y	HB CAN-L	启动开关 ON
90	HB CAN-L	L	HB CAN-L	启动开关 ON

表 1-8　3G15TD 发动机电脑 60 针端子定义

端子	英文名字	接线颜色	端子定义	状态
1	O. T. TVP	G	节气门执行器	启动开关 ON
2	O. T. TVN	L	节气门执行器	启动开关 ON
3	FPCV−	B	高压油压控制阀信号−	启动开关 ON
4	FPCV+	W	高压油压控制阀信号+	启动开关 ON
5	O. T. CVVTE	G/Y	排气可变气门正时阀信号	发动机运行时

续表

端子	英文名字	接线颜色	端子定义	状态
6	G. R. SEN5VE1	B	传感器5V电源	启动开关ON
7	V. V. 5VHALL	G	转速传感器5V电源	发动机运行时
8	I. A. TVP	R/W	节气门位置传感器	启动开关ON
10	KNOCK SNR−	W/R	爆震传感器信号−	发动机运行时
11	I. A. ITAS	W/G	进气温度传感器信号	启动开关ON
12	I. A. MAP	G/R	进气压力传感器信号	启动开关ON
13	I. S. EL	L/B	右近光灯	启动开关ON
14	FRP SNR	G/W	油轨压力传感器信号	发动机运行时
16	O. S. OCV	V	二级机油泵	启动开关ON
18	O. T. TEV	Y	炭罐控制阀信号	启动开关ON
20	VCTC（INTAKE）	W	进气可变气门正时阀信号	发动机运行时
23	ENG SPEED SNR	Br/R	转速传感器信号	发动机运行时
24	I. A. TVP1	R/L	节气门位置传感器	启动开关ON
25	KNOCK SNR+	W/R	爆震传感器信号+	发动机运行时
26	SNR GND	B	传感器搭铁	—
27	V. V. 5VE1	Y	相位传感器5V电源	发动机运行时
28	SNR GND	Gr/B	转速传感器搭铁	
29	G. R SEN5VE2	Gr	传感器搭铁	发动机运行时
31	O. P. BANK1_L	Br	喷油器1	发动机运行时
32	O. P. HDEV2_1	G/B	喷油器2	发动机运行时
33	O. P. HDEV1_1	Br/W	喷油器1	发动机运行时
34	O. P. BANK3_L	L/W	喷油器3	发动机运行时
36	I. T. GPFPD	G	GPF压差传感器信号	发动机运行时
37	O. P. ICC1	W/B	点火线圈1	发动机运行时
38	O. P. ICC2	Br	点火线圈2	发动机运行时
39	O. P. ICC3	V/W	点火线圈3	发动机运行时
41	I. A. TVP2	B/V	节气门位置传感器	启动开关ON
42	I. T. OIL_PT	W/B	机油压力温度传感器信号	发动机运行时
43	SNR GND	L/W	传感器搭铁	—
44	V. V. 5VE1	Y/R	传感器5V电源	发动机运行时
46	O. P. BANK3_1	L	喷油器3	发动机运行时
48	O. P. HDEV2_L	G	喷油器2	发动机运行时
51	G. R. TVP	Br	节气门位置传感器	启动开关ON
52	V. V. 5VE2	G/R	机油压力温度传感器5V电源	发动机运行时
53	CPI SNR	B	进气相位信号	发动机运行时
54	CPE SNR	L	排气相位传感器信号	发动机运行时
56	I. A. GPFT1	Y/B	GPF温度信号	发动机运行时
57	TEMP SNR WATER	Y/B	发动机水温传感器	发动机运行时

1.1.6 吉利 1.5L JL4G15D 发动机（73 针 + 73 针）

以吉利 2009 年款帝豪 EC7 车型为例，4G15D 发动机采用德尔福 MT80 控制系统，发动机电脑端子图如图 1-6 所示，端子定义见表 1-9、表 1-10。

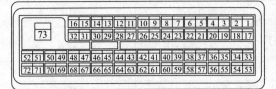 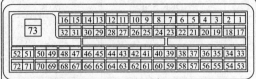

图 1-6　4G15D 发动机电脑端子图

表 1-9　4G15D 发动机电脑端子定义（一）

端子	英文名字	接线线径/mm² 与颜色	端子定义	状态	规定条件
1	COILA	0.85W	点火线圈 A	发动机运行时	GND-UB 的 PWM 波
2	O2ALO	0.5L/R	前氧传感器 A 端	点火开关 ON	0～5V
3	V5RTN1	0.5G/W	5V 电源地	—	GND
4	V5REF1	0.5G	5V 电源	点火开关 ON	5V
6	V5REF2	0.5L/B	5V 电源	点火开关 ON	5V
9	MAT	0.5G/Y	进气温度	点火开关 ON	0～5V
10	O2AHi	0.5P	前氧传感器 B 端	点火开关 ON	0～5V
12	KNOCK_Hi	0.5L	爆震传感器 A 端	发动机运行时	PWM 波
14	O2A_HTR	0.75B/G	前氧加热	加热时	PWM 波
17	COILB	0.85O	点火线圈 B	发动机运行时	GND-UB 的 PWM 波
18	V5RTN2	0.5W/R	5V 电压地	—	GND
19	V5RTN2	0.5Gr	5V 电压地	—	GND
20	CPS_Lo	0.5L	58 齿 B 端	发动机运行时	Sin/Cos 波，AB 为共轭信号
21	CPS_Hi	0.5Gr	58 齿 A 端	发动机运行时	—
23	V5REF2	0.5B/R	5V 电压	点火开关 ON	5V
24	V5REF3	0.5Y/L	5V 电压	点火开关 ON	5V
26	TPSPD	0.5W/P	电控节流阀体 C 端	点火开关 ON	0～5V
27	MAP	0.5Br/Y	进气压力传感器	点火开关 ON	0～5V
28	KNOCK_Lo	0.5L/W	爆震传感器 B 端	发动机运行时	PWM 波
29	CLT	0.5O/G	水温传感器	点火开关 ON	0～5V
39	TPSPU	0.5Gr/W	电控节流阀体 B 端	点火开关 ON	0～5V
54	VVT1（PWM）	0.75W/L	进气 VVT 阀	发动机运行时	0～5V
56	CAM1	0.5R	凸轮轴位置传感器	发动机运行时	GND-UB 的 PWM 波
57	CCP（PWM）	0.5B/Y	炭罐电磁阀	发动机运行时	PWM 波

端子	英文名字	接线线径/mm² 与颜色	端子定义	状态	规定条件
61	MTR−	0.75O	电控节流阀体 H 端	点火开关 ON	GND
62	IMMORQST	0.5Gr/W	防盗器 A5 端	点火开关 ON	—
63	INJD	0.5Y/B	2 缸喷油器	发动机运行时	GND-UB 的 PWM 波
64	INJB	0.5Y/V	3 缸喷油器	发动机运行时	GND-UB 的 PWM 波
65	INJA	0.5G/L	1 缸喷油器	发动机运行时	GND-UB 的 PWM 波
66	INJC	0.5B/L	4 缸喷油器	发动机运行时	GND-UB 的 PWM 波
67	MTR+	0.7V/O	电控节流阀体 E 端	点火开关 ON	UB

表 1-10 4G15D 发动机电脑端子定义（二）

端子	英文名字	接线线径/mm² 与颜色	端子定义	状态	规定条件
1	VBATT	0.75R	蓄电池电源	所有	UB
3	IGN	0.5W/Y	点火开关	点火开关 ON	UB
6	VBATPROT	0.5G/Y	受主继电器控制电源	点火开关 ON	UB
9	MP+	0.5B/O	空调中压开关	开或关	UB 或 GND
12	PPS1	0.5G/B	加速踏板传感器 1	点火开关 ON	0~5V
16	CANLO	0.5Y/R	CAN 通信	点火开关 ON	PWM 波
18	BRKLP	0.5Gr	制动信号	制动时	UB 或 GND
22	VBATPROT	0.5G/Y	受主继电器控制电源	点火开关 ON	UB
27	PPS2	0.5R/B	加速踏板传感器 2	点火开关 ON	0~5V
30	O_2BHI	0.5V	后氧传感器 B 端	点火开关 ON	UB
32	CANHI	0.5L/R	CAN 通信	点火开关 ON	PWM 波
36	V5REF1	0.5W/B	5V 电压 1	点火开关 ON	5V
37	V5RTN1	0.5R	5V 电压地 1	—	GND
38	V5REF2	0.5G	5V 电压 2	点火开关 ON	5V
39	V5RTN2	0.5W	5V 电压地 2	—	GND
41	VSS	0.5Y	车速传感器	行驶时	PWM 波
46	O_2B_HTR	0.75B/O	后氧加热	加热时	PWM 波
51	A/CRelay	0.5B/Y	空调压缩机继电器	空调开关时	UB 或 GND
55	O_2BLO	0.5L/R	后氧传感器 A 端	点火开关 ON	0~5V
62	MPR	0.5B/L	主继电器	所有	UB
65	ACRQST+	0.5P	空调请求	点火开关 ON	UB 或 GND
66	FANHI	0.5B/O	高速风扇继电器	水温达到开启温度	UB 或 GND
67	FANLO	0.5L	低速风扇继电器	水温达到开启温度	UB 或 GND
71	FPR（HSD）	0.5G	油泵继电器	点火开关 ON	UB 或 GND
72	SDATA	0.5Gr/P	诊断口	使用时	PWM 波
73	PWRGND	4B	电源地	所有	GND

注：1. UB 为蓄电池电压。
2. 如无说明，GND 为 0V 或接近于 0V。

1.1.7 吉利 1.8L JLC-4G18 发动机（64 针 + 48 针）

以吉利 2016 年款帝豪 GS、2017 年款帝豪 GL 车型为例，4G18 发动机电脑端子图如图 1-7 所示，端子定义见表 1-11、表 1-12。

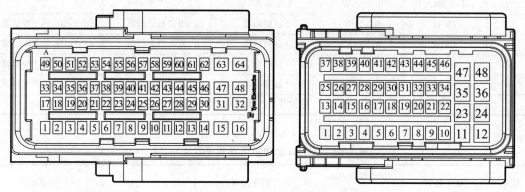

图 1-7　4G18 发动机电脑端子图

表 1-11　4G18 发动机电脑 64 针端子定义

端子	端子定义	状态	规定条件
1	总线接口高	启动开关 ON	PWM 波
5	主继电器非持续电源	启动开关 ON	UB
6	离合器顶部开关	踩下离合器踏板时	UB 或 GND
7	电子加速踏板接地 1	—	—
12	真空度传感器信号	启动开关 ON	0～5V
14	动力转向开关	转向时	UB 或 GND
15	主继电器非持续电源	启动开关 ON	UB
16	主继电器非持续电源	启动开关 ON	UB
17	总线接口低	启动开关 ON	PWM 波
18	防盗控制器		
19	真空度传感器电源	启动开关 ON	5V
20	持续电源	所有	UB
21	下游氧传感器信号	发动机运行时	0～1V
23	制动开关	制动时	UB 或 GND
24	空调压力开关	开或关	UB 或 GND
25	制动灯开关	制动时	UB 或 GND
28	空调开关	开或关	UB 或 GND
30	电子加速踏板信号 2	发动机运行时	0～5V
35	启动开关	启动开关 ON	UB
36	电子加速踏板供电 2	启动开关 ON	5V
37	电子加速踏板供电 1	启动开关 ON	5V
38	空调压缩机继电器	空调开关 ON	UB 或 GND

续表

端子	端子定义	状态	规定条件
39	左侧近光灯	启动开关 ON	UB 或 GND
40	防盗控制器	—	—
43	下游氧传感器接地	—	—
45	电子加速踏板信号 1	发动机运行时	0～5V
47	真空度传感器接地	—	—
48	下游氧传感器加热	—	—
49	燃油泵继电器	启动开关 ON	UB 或 GND
54	真空泵继电器	启动开关 ON	UB 或 GND
58	起动机控制阀 1 继电器	启动开关 ON	UB 或 GND
59	电子加速踏板接地 2	—	—
63	ECM 搭铁线	—	—
64	ECM 搭铁线	—	—

表 1-12 4G18 发动机电脑 48 针端子定义

端子	端子定义	状态	规定条件
3	喷油器 2	发动机运行时	GND-UB 的 PWM 波
4	喷油器 1	发动机运行时	GND-UB 的 PWM 波
5	排气可变气门正时阀	发动机运行时	0～5V
7	进气可变气门正时阀	发动机运行时	0～5V
8	喷油器 3	发动机运行时	GND-UB 的 PWM 波
9	上游氧传感器加热	—	—
10	喷油器 4	发动机运行时	GND-UB 的 PWM 波
11	节气门执行器	启动开关 ON	0～5V
12	点火线圈 4	发动机运行时	GND-UB 的 PWM 波
13	电子节气门位置传感器 1 信号	启动开关 ON	0～5V
14	电子节气门位置传感器 2 信号	启动开关 ON	0～5V
16	上游氧传感器接地	—	—
21	进气压力温度传感器接地	—	—
22	电子节气门接地	—	—
23	节气门执行器	启动开关 ON	GND
24	点火线圈 2	发动机运行时	GND-UB 的 PWM 波
25	爆震传感器信号 B	发动机运行时	PWM 波
26	爆震传感器信号 A	发动机运行时	PWM 波
27	进气压力温度传感器信号	发动机运行时	0～5V
29	进气凸轮轴位置传感器信号	启动开关 ON	0～5V
30	炭罐电磁阀	发动机运行时	0～5V
31	进气凸轮轴位置传感器接地	—	—

续表

端子	端子定义	状态	规定条件
32	曲轴位置传感器 A	发动机运行时	sin/cos 波，A、B 为共轭信号
33	曲轴位置传感器 B	发动机运行时	sin/cos 波，A、B 为共轭信号
34	进气凸轮轴位置传感器电源	启动开关 ON	5V
35	点火线圈 3	发动机运行时	GND-UB 的 PWM 波
36	点火线圈 1	发动机运行时	GND-UB 的 PWM 波
37	水温传感器	发动机运行时	0～5V
38	进气温度传感器信号	发动机运行时	0～5V
40	上游氧传感器信号	发动机运行时	0～1V
43	电子节气门供电	启动开关 ON	UB
45	进气压力温度传感器电源	启动开关 ON	5V
47、48	ECM 搭铁线	—	—

1.1.8 吉利 1.8L JLC-4M18 甲醇发动机（81 针 + 40 针）

以吉利 2016 年款帝豪 GS 车型为例，4M18 发动机电脑端子图如图 1-8 所示，端子定义见表 1-13、表 1-14。

 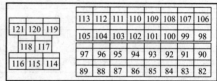

图 1-8　4M18 发动机电脑端子图

表 1-13　4M18 发动机电脑 81 针端子定义

端子	端子定义	状态	规定条件
2	电子地	—	—
3	非持续电源	启动开关 ON	UB
6	上游氧传感器加热	加热时	—
17	动力转向开关	转向时	UB 或 GND
19	第 2 缸汽油喷油器	发动机运行时	GND-UB 的 PWM 波
20	离合器开关信号	—	—
21	点火开关	发动机运行时	UB
23	主继电器	启动开关 ON	UB
24	第 4 缸汽油喷油器	发动机运行时	GND-UB 的 PWM 波
26	进气温度传感器	发动机运行时	0～5V
27	进气压力温度传感器参考地	发动机运行时	5V
29	进气压力传感器	—	—
32	燃油泵继电器	启动开关 ON	UB 或 GND

续表

端子	端子定义	状态	规定条件
33	加速踏板位置 2 参考地	—	—
34	加速踏板位置 2	启动开关 ON	0～5V
35	加速踏板位置 1	—	—
36	加速踏板位置 1 参考地	启动开关 ON	0～5V
38	大灯开关	—	—
40	空调开关	开或关	UB 或 GND
43	诊断 K 线（接往 IMMO 盒）	—	—
45	防盗 R 线（接往 IMMO 盒）	—	—
47	PWM 风扇信号	—	—
50	传感器地	—	—
51	上游氧传感器参考地	发动机运行时	0～1V
53	传感器电源 5V	发动机运行时	0～5V
54	PWM 风扇反馈信号	—	—
55	制动踏板开关	制动时	UB 或 GND
56	制动灯开关	制动时	UB 或 GND
58	CAN 总线低	启动开关 ON	PWM 波
60	CAN 总线高	启动开关 ON	PWM 波
62	持续电源	一直	UB
63	下游氧传感器加热	加热时	PWM 波
64	炭罐控制阀	发动机运行时	0～5V
68	下游氧传感器参考地	—	—
69	下游氧传感器	发动机运行时	0～1V
70	上游氧传感器	—	—
72	5V 电源 2	—	—
73	5V 电源 1	—	—
75	防盗输入	—	—
76	强制汽油开关	—	—
80	甲醇液位传感器	—	—

表 1-14　4M18 发动机电脑 40 针端子定义

端子	端子定义	状态	规定条件
82	曲轴传感器 A	发动机运行时	sin/cos 波，A、B 为共轭信号
83	5V 电源 1	发动机运行时	5V
84	节气门位置 2	发动机运行时	0～5V
86	相位传感器 1	发动机运行时	GND-UB 的 PWM 波

续表

端子	端子定义	状态	规定条件
87	相位传感器 2	发动机运行时	GND-UB 的 PWM 波
88	第 4 缸甲醇喷油器		
89	第 2 缸甲醇喷油器		
90	曲轴传感器 B	发动机运行时	sin/cos 波，A、B 为共轭信号
91	节气门位置地	所有	GND
92	节气门位置 1		0~5V
93	冷却温度传感器	发动机运行时	0~5V
94	第 4 缸点火线圈	发动机运行时	GND-UB 的 PWM 波
95	第 2 缸点火线圈	发动机运行时	GND-UB 的 PWM 波
96	第 1 缸甲醇喷油器	—	—
97	第 3 缸甲醇喷油器	—	—
99	爆震传感器地		
102	第 1 缸点火线圈	发动机运行时	GND-UB 的 PWM 波
103	第 3 缸点火线圈	发动机运行时	GND-UB 的 PWM 波
105	空调压缩机继电器	空调开关 ON	UB 或 GND
106	爆震传感器	发动机运行时	PWM 波
109	空调压缩机中压开关	开或关	PWM 波
112	第 1 缸汽油喷油器	发动机运行时	GND-UB 的 PWM 波
113	第 3 缸汽油喷油器	发动机运行时	GND-UB 的 PWM 波
115	可变凸轮轴正时（排气）	发动机运行时	0~5V
116	甲醇油泵继电器	—	—
117	节气门直流电机正端	启动开关 ON	0~5V
118	节气门直流电机负端	启动开关 ON	启动开关 ON
120	可变凸轮轴正时（进气）	发动机运行时	0~5V

1.1.9 吉利 1.8T JLE-4G18TDB 发动机（60 针 + 94 针）

以吉利 2016 年款博越车型为例，4G18TDB 发动机电脑端子图如图 1-9 所示，端子定义见表 1-15、表 1-16。

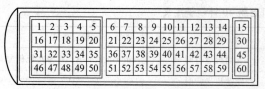 

图 1-9　4G18TDB 发动机电脑端子图

表 1-15　4G18TDB 发动机电脑 60 针端子定义

端子	端子定义	端子	端子定义
1	点火线圈 4 控制线	31	喷油器 1+
2	点火线圈 2 控制线	32	喷油器 4+
3	燃油控制阀负	33	喷油器 1−
4	燃油控制阀正	34	喷油器 3−
5	排气可变气门正时阀	35	炭罐控制阀控制线
7	空气流量计电源线	36	增压压力传感器温度信号线
8	凸轮轴位置传感器接地	38	进气压力传感器温度信号线
10	爆震传感器−	39	增压压力传感器压力信号线
12	持续电源	40	油轨压力传感器信号线
13	传感器地线（5V 供电负极）	41	节气门位置传感器 2 信号线
14	水温传感器接地线	42	离合器泵 EPB
16	点火线圈 1 控制线	44	电子节气门传感器内部接地
17	点火线圈 3 控制线	46	喷油器 3+
18	废气控制阀控制线	47	喷油器 2+
19	节气门执行电机+	48	喷油器 4−
20	节气门执行电机−	49	喷油器 2−
21	离合器泵（GND）	50	进气可变气门正时阀控制线
22	转速传感器接地线	53	进气凸轮轴位置传感器信号线
23	转速传感器信号线	54	排气凸轮轴位置传感器信号线
24	节气门位置传感器 1 信号线	55	空气流量信号线
25	爆震传感器+	56	空气流量计温度信号
27	进排气凸轮轴位置传感器供电	57	水温传感器信号线
29	传感器 5V 供电正极（包括油轨压力、增压压力感器）	59	空气流量计接地

表 1-16　4G18TDB 发动机电脑 94 针端子定义

端子	端子定义	端子	端子定义
1	搭铁线	19	刹车灯开关信号
2	搭铁线	20	空调请求信号线
3	主继电器供电 1	21	空调压力开关
4	搭铁线	24	刹车开关
5	主继电器供电 2	26	冷却风扇低速继电器控制线
6	主继电器供电 3	27	冷却风扇高速继电器控制线
8	进气泄流阀控制线	28	燃油泵继电器控制线
11	电子加速踏板位置传感器信号接地	29	下游氧传感器加热控制线
13	真空度温度信号线	33	下游氧传感器地线
14	进气压力传感器地线	35	传感器 5V 电源线

续表

端子	端子定义	端子	端子定义
42	空调压缩机继电器控制线	69	主继电器控制线
44	CAN 低	73	上游氧传感器加热线
45	CAN 高	74	涡轮冷却电子水泵
46	发电机监控线	76	上游氧传感器接地线
47	左侧远光灯电源	77	上游氧传感器电压信号线
48	离合器泵顶部开关	78	上游氧传感器电流信号线
58	进气压力传感器供电线	79	上游氧传感器加热控制线
59	转速传感器供电线	81	电子加速踏板传感器 2 电源 5V
61	电子加速踏板传感器 2	82	电子加速踏板传感器 1
62	下游氧传感器信号线	83	电子加速踏板传感器
63	进气压力传感器信号线	87	电源线

1.1.10 吉利 1.8T JLE-4G18TD 发动机（60 针+ 94 针）

以吉利 2014 年款博瑞车型为例，4G18TD 发动机电脑端子图如图 1-10 所示，端子定义见表 1-17、表 1-18。

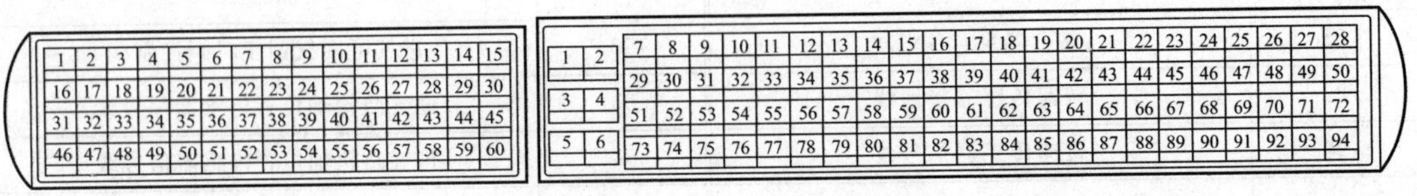

图 1-10 4G18TD 发动机电脑端子图

表 1-17 4G18TD 发动机电脑 60 针端子定义

端子	接线颜色	端子定义	状态	规定条件
1	W/L	点火线圈 4 控制线	发动机运行时	GND-UB 的 PWM 波
2	B/W	点火线圈 2 控制线	发动机运行时	GND-UB 的 PWM 波
3	Br	燃油控制阀负	—	—
4	W	燃油控制阀正	发动机运行时	GND-UB 的 PWM 波
5	W/B	排气可变气门正时阀	发动机运行时	GND-UB 的 PWM 波
7	B/Y	空气流量计电源线	发动机运行时	GND-UB 的 PWM 波
8	G/W	凸轮轴位置传感器接地	发动机运行时	
10	W/R	爆震传感器—		
12	G/R	持续电源	所有	UB
13	Br	传感器地线（5V 供电负极）	启动开关 ON	UB
14	G	水温传感器接地线	所有	UB
16	Y	点火线圈 1 控制线	启动开关 ON	0~5V
17	L	点火线圈 3 控制线		
18	L/B	废气控制阀控制线	发动机运行时	0~1V

续表

端子	接线颜色	端子定义	状态	规定条件
19	G	节气门执行电机+	发动机运行时	PWM波
20	B/R	节气门执行电机-	发动机运行时	PWM波
22	Y/G	转速传感器接地线	—	—
23	Y/B	转速传感器信号线	—	—
24	R/B	节气门位置传感器1信号线	—	—
25	W/L	爆震传感器+	启动开关ON	UB或GND
27	R/B	进排气凸轮轴位置传感器供电	发动机运行时	GND-UB的PWM波
29	B/W	传感器5V供电正极（包括油轨压力、增压压力和刹车真空度传感器）	加热时	—
31	G	喷油器1+	—	—
32	W/B	喷油器4+	启动开关ON	5V
33	W/L	喷油器1-	启动开关ON	5V
34	R/L	喷油器3-	发动机运行时	—
35	Br	炭罐控制阀控制线	—	—
36	B/L	增压压力传感器温度信号线	—	—
38	W	进气压力传感器温度信号线	启动开关ON	0～5V
39	L	增压压力传感器压力信号线	—	0～5V
40	Lg	油轨压力传感器信号线	启动开关ON	0～5V
41	B/W	节气门位置传感器2信号线	启动开关ON	0～5V
44	G/Y	电子节气门传感器内部接地	启动开关ON	UB
46	L/R	喷油器3+	发动机运行时	0～5V
47	Y	喷油器2+	发动机运行时	0～5V
48	L	喷油器4-	发动机运行时	0～5V
49	L/B	喷油器2-	—	—
50	W	进气可变气门正时阀控制线	—	0～5V
53	Lg/B	进气凸轮轴位置传感器信号线	—	—
54	B/R	排气凸轮轴位置传感器信号线	启动开关ON	0～5V
55	V	空气流量信号线	发动机运行时	0～1V
56	Gr	空气流量计温度信号	—	—
57	B/L	水温传感器信号线	—	—
59	B	空气流量计接地	—	—

表1-18 4G18TD发动机电脑94针端子定义

端子	接线颜色	端子定义	状态	规定条件
1	B	搭铁线	发动机运行时	—
2	B	搭铁线	发动机运行时	—
3	R/L	主继电器供电1	—	—
4	B	搭铁线	发动机运行时	—
5	R/L	主继电器供电2	发动机运行时	G
6	R/L	主继电器供电3	—	—

续表

端子	接线颜色	端子定义	状态	规定条件
8	B/W	进气泄流阀控制线	—	—
11	W/L	电子加速踏板位置传感器信号接地	—	—
13	Y/G	真空度温度信号线	启动开关 ON	UB
14	Lg	进气压力传感器地线	所有	UB
19	Lg/B	刹车灯开关信号	发动机运行时	PWM 波
20	G/Y	空调请求信号线	发动机运行时	PWM 波
21	R/W	空调压力开关	—	—
24	B/L	刹车开关	启动开关 ON	UB 或 GND
26	V	冷却风扇低速继电器控制线	—	—
27	Y/R	冷却风扇高速继电器控制线	发动机运行时	GND-UB 的 PWM 波
28	W	燃油泵继电器控制线	—	—
29	B/R	下游氧传感器加热控制线	—	—
33	Y	下游氧传感器地线	启动开关 ON	5V
35	G	传感器 5V 电源线	发动机运行时	—
42	L	空调压缩机继电器控制线	—	—
44	Y/B	CAN 低	启动开关 ON	UB
45	Lb	CAN 高	启动开关 ON	UB
46	L/R	发电机监控线	发动机运行时	0~5V
47	R/Y	左侧远光灯电源	发动机运行时	GND-UB 的 PWM 波
58	B/Y	进气压力传感器供电线	—	—
59	G/R	转速传感器供电线	发动机运行时	—
61	B/R	电子加速踏板传感器 2	发动机运行时	GND-UB 的 PWM 波
62	G/W	下游氧传感器信号线	发动机运行时	GND-UB 的 PWM 波
63	W/R	进气压力传感器信号线	发动机运行时	GND-UB 的 PWM 波
69	G	主继电器控制线	—	—
73	Br	上游氧传感器加热线	启动开关 ON	UB
74	W	涡轮冷却电子水泵	所有	UB
76	V	上游氧传感器接地线	启动开关 ON	0~5V
77	L	上游氧传感器电压信号线	—	—
78	Gr	上游氧传感器电流信号线	发动机运行时	0~1V
79	B/W	上游氧传感器加热控制线	发动机运行时	PWM 波
81	G/B	电子加速踏板传感器 2 电源 5V	发动机运行时	GND-UB 的 PWM 波
82	W	电子加速踏板传感器 1	电压 5V	—
83	R/L	节气门位置传感器	发动机运行时	GND-UB 的 PWM 波
87	Br	电源线	点火开关打开时	11~14V

1.1.11　吉利 1.8L JL4G18-D 发动机（64 针）

以吉利 2009 年款帝豪 EC7 车型为例，4G18 发动机电脑端子图如图 1-11 所示，端子定义见表 1-19。

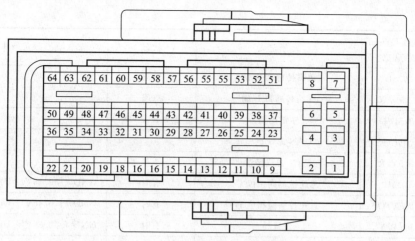

图 1-11 4G18 发动机电脑端子图

表 1-19 4G18 发动机电脑端子定义

端子	接线线径/mm² 与颜色	端子定义	状态	规定条件
2	0.85W/L	进气可变凸轮轴正时（进气）	怠速	GND（＜0.85V）-UB 的 PWM 波
3	0.85W	点火线圈 1、4 缸控制	怠速	GND（＜1.8V）-UB 的 PWM 波，钳位电压（标称）400V
4	0.85G/B	后氧传感器加热控制	加热时	GND-UB 的 PWM 波
5	1.5B	接地（点火接地）	所有状态	0Ω
6	0.85B/O	前氧传感器加热控制	加热时	GND-UB 的 PWM 波
7	0.85Y	点火线圈 2、3 缸控制	怠速	GND（＜1.8V）-UB 的 PWM 波，钳位电压（标称）400V
8	1.5B/R	受主继电器控制电源	点火开关 ON	UB
10	0.5W/V	空调中压开关	开或关	GND 或 UB
12	0.5Br/R	动力转向开关	开或关	GND 或 UB
14	0.5G	传感器参考电源	点火开关 ON	5V
15	0.5B/W	诊断 K 线/防盗 W 线	有时	PWM 波
16	0.5R	持续电源	所有状态	UB
17	0.5W/Y	点火开关	点火开关 ON	UB
18	0.5G	5V 电源 2	点火开关 ON	5V
19	0.5Br/Y	5V 电源 1	点火开关 ON	5V
21	0.5O	怠速控制阀相位 B	有时	ND（＜0.45V）-UB 的 PWM 波
22	0.5G/Br	怠速控制阀相位 A	有时	GND（＜0.45V）-UB 的 PWM 波
23	0.5P	SVS 防盗 R 线	灯亮时	＜0.85V
24	0.5L	空调控制模块	驾驶员指令	GND 或 UB
25	0.5Gy/R	进气温度传感器	点火开关 ON	0～5V
26	0.5G/Y	节气门位置传感器	怠速	
29	0.5L/Y	后氧传感器	怠速	

续表

端子	接线线径/mm² 与颜色	端子定义	状态	规定条件
30	0.5L	爆震传感器 A 端	怠速	PWM 波，A、B 为共轭信号
31	0.5L/W	爆震传感器 B 端	怠速	
32	0.5B/O	主继电器	点火开关 ON	<1.8V
33	0.5L/R	CAN 总线接口		
34	0.5Y/R	CAN 总线接口		
35	0.5L	怠速控制阀相位 C	有时	GND（<0.45V）-UB 的 PWM 波
36	0.5V/O	怠速控制阀相位 D	有时	GND（<0.45V）-UB 的 PWM 波
37	0.5B/Y	炭罐阀	有时	GND（<0.85V）-UB 的 PWM 波
39	0.5O/G	传感器接地 1		
40	0.5Gr	传感器接地 2		
41	0.5V	发动机冷却液温度传感器信号	点火开关 ON	0~5V
42	0.5R/B	相位传感器信号		GND-UB 的 PWM 波
43	0.5B	接地（电子接地）	所有状态	0Ω
44	0.5V/W	空调开关	驾驶员指令	GND 或 UB
45	0.5L/R	前氧传感器信号	点火开关 ON	
46	0.5Gy	发动机转速传感器 B 端	磁电式，发动机运行中	sin/cos 波，A、B 为共轭信号
47	0.5G	发动机转速传感器 A 端		
48	0.5B	接地（功率接地）	所有状态	0Ω
49	0.5Y/V	喷油器 3（第 3 缸）控制	发动机运行时	GND（<0.9V）-UB 的 PWM 波，钳位电压（标称）69V
50	0.5G/L	喷油器 1（第 1 缸）控制	发动机运行时	
51	0.5B/R	受主继电器控制电源	点火开关 ON	UB
52	0.5Lg/R	高速风扇继电器控制	水温到达高速风扇开启温度	GND 或 UB
57	0.5Y	车速信号	车辆行驶时	GND-UB 的 PWM 波
59	0.5L/B	进气压力传感器信号	点火开关 ON	GND-UB
60	0.5Y/R	空调压缩机继电器控制	ECM 指令	GND（<2V）或 UB
61	0.5G/R	油泵继电器控制	点火开关 ON	GND（2V）或 UB
62	0.5Lg	低速风扇继电器控制	水温到达低速风扇开启温度	GND（1.35V）或 UB
63	0.5Y/B	喷油器 2（第 2 缸）控制	发动机运行时	GND（<0.9V）-UB 的 PWM 波，钳位电压（标称）69V
64	0.5B/L	喷油器 4（第 4 缸）控制	发动机运行时	GND（<0.9V）-UB 的 PWM 波，钳位电压（标称）69V

1.1.12　吉利 2.4L JLD-4G24 发动机（联合电子系统）（81 针）

以吉利豪情 GX9 车型为例，发动机采用联合电子 ME788-Motronic 发动机管理系统，发动机电脑端子图如图 1-12 所示，端子定义见表 1-20。

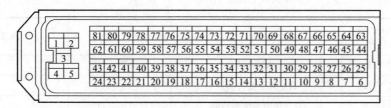

图 1-12　4G24 发动机电脑端子图（联合电子系统）

表 1-20　4G24 发动机电脑端子定义（联合电子系统）

端子	接线线径/mm² 与颜色	端子定义	状态	规定条件
1	1.25 O	点火线圈 4	发动机运行时	GND-UB 的 PWM 波
2	1.25 R/B	点火线圈 2	发动机运行时	IGND-UB 的 PWM 波
3	1.5 B	点火地	—	GND
4	1.25 W	点火线圈 3	发动机运行时	GND-UB 的 PWM 波
5	1.25 W/B	点火线圈 1	发动机运行时	GND-UB 的 PWM 波
6	0.75 O/B	第 3 缸喷油器	发动机运行时	GND-UB 的 PWM 波
7	0.75 R/G	第 2 缸喷油器	发动机运行时	GND-UB 的 PWM 波
8	0.5 W/Y	发动机转速信号输出	发动机运行时	GND-UB 的 PWM 波
11	0.5 B/R	输出至 IMMO 控制器	—	—
12	0.75 O	持续电源	所有	UB
13	0.5 R/L	点火开关	启动开关 ON	UB
14	0.75 Y	主继电器	所有	UB
15	0.5 B/R	发动机转速传感器 A 端	发动机运行时	sin/cos 波，A、B 为共轭
16	0.5 W/Y	加速踏板传感器 1	启动开关 ON	0～5V
17	0.5 V	传感器地 1	—	GND
18	0.5 Gr/B	上游氧传感器	发动机运行时	UB
19	0.5 L/B	爆震传感器 A	发动机运行时	PWM 波
20	0.5 G/B	爆震传感器 B	发动机运行时	PWM 波
21	0.5 V/B	制动灯	启动开关 ON	UB/GND
25	0.5 W/O	刹车真空度泵继电器	发动机运行时	UB
26	0.5 L/W	上游氧传感器加热	加热时	PWM 波
27	0.75 G/Y	第 4 缸喷油器	发动机运行时	GND-UB 的 PWM 波
29	0.5 G/R	下游氧传感器加热	加热时	—
32	0.5 W/Y	5V 电源 2	启动开关 ON	5V
33	0.5 Y	5V 电源 1	启动开关 ON	5V
34	0.5 Y/W	发动机转速传感器 B 端	发动机运行时	
35	0.5 G/W	传感器地 3	—	
36	0.5 L	传感器地 2	—	
37	0.5 G/L	进气压力温度传感器	发动机运行时	0～5V
38	0.5 Br/W	电子节气门体位置传感器 2	发动机运行时	0～5V
39	0.5 R/B	发动机冷却液温度传感器	发动机运行时	0～5V

续表

端子	接线线径/mm² 与颜色	端子定义	状态	规定条件
40	0.5 L/R	加速踏板传感器 2	启动开关 ON	0~5V
41	0.5 Y/Br	刹车真空度传感器	—	—
42	0.5 Gr/R	进气压力温度传感器	启动开关 ON	—
43	0.5 O/G	巡航控制	—	—
44	0.75 R	非持续电源	启动开关 ON	UB
45	0.75 R	非持续电源	启动开关 ON	UB
46	0.5 Y/L	炭罐阀	发动机运行时	0~5V
47	0.75 W/B	第1缸喷油器	发动机运行时	GND-UB 的 PWM 波
48	0.5 R/G	可变凸轮轴正时（进气）	发动机运行时	0~5V
50	0.5 L/B	冷却风扇1继电器	水温达到开启温度	UB 或 GND
51	0.75 B	电子地 2	—	—
52	0.5 Gr/B	起动机控制继电器	启动开关 ST	UB 或 GND
53	0.75 B	电子地 1	—	—
54	0.5V/Y	电子节气门体位置传感器 1	发动机运行时	0~5V
55	0.5 Br/G	下游氧传感器	启动开关 ON	0~5V
58	0.5 Y/L	制动开关	制动时	UB 或 GND
60	0.5 B/L	空调中压开关	开或关	UB 或 GND
61	0.75 B	功率地 1	—	—
62	0.5 Y/B	CAN 总线接口高	启动开关 ON	PWM 波
63	0.75 R	非持续电源	启动开关 ON	UB 或 GND
64	0.75 B	节气门执行器	启动开关 ON	0~5V
65	0.75 B	节气门执行器	启动开关 ON	0~5V
66	0.75 W	节气门执行器	启动开关 ON	0~5V
67	0.75 W	节气门执行器	启动开关 ON	0~5V
68	0.5 R/B	高速冷却风扇继电器	水温达到开启温度	UB 或 GND
69	0.5 Br/Y	空调压缩机继电器	空调开关时	UB 或 GND
70	0.5 R/L	油泵继电器	启动开关 ON	UB 或 GND
71	0.5 G/O	诊断 K 线（接往 IMMO 盒）	使用时	PWM 波
73	0.5 W/Y	IMMO CODE 防盗	启动开关 ON	—
74	—	离合器开关	—	—
75	0.5 L/Y	空调开关	开或关	UB 或 GND
76	0.5 W/G	动力转向开关	转向时	UB 或 GND
77	0.5 G	大灯开关	开或关	UB 或 GND
78	0.5 B/G	传感器地 4	—	—
79	0.5 W	凸轮轴位置传感器	发动机运行时	GND-UB 的 PWM 波
80	0.75 B	功率地 2	—	—
81	0.5 Y/Br	CAN 总线接口低	启动开关 ON	PWM 波

1.1.13　吉利 2.4L JLD-4G24 发动机（德尔福系统）（81 针）

以吉利 2014 年款 GX9 车型为例，4G24 发动机采用德尔福 MT22.1 控制系统，它是以发动机控制模块（ECM）为核心的系统。传统的机械式加速踏板和机械式节气门体由较先进的电子加速踏板传感器总成和电子节气门体总成取代。此外，MT22.1 控制系统还采用了多点顺序燃油喷射、无分电器分组直接点火装置、可变配气相位控制和三元催化净化器后处理。发动机电脑端子图如图 1-13 所示，端子定义见表 1-21。

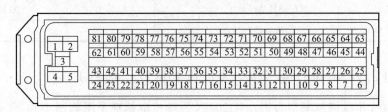

图 1-13　4G24 发动机电脑端子图（德尔福系统）

表 1-21　4G24 发动机电脑端子定义（德尔福系统）

端子	接线线径/mm² 与颜色	端子定义	端子	接线线径/mm² 与颜色	端子定义
1	0.75 O	3 缸点火线圈	36	0.5 L/W	爆震传感器（只有双线时接高）
2	1.5 B	电源地	37	0.5 G/V	爆震传感器（双线接低）
3	1.5 B	电源地	38	0.5 Y/Br	CAN 线低
4	0.75 Br	1 缸点火线圈	39	0.5 Y/B	CAN 线高
5	0.75 R	电子节气门供电	40	0.5 G/Br	空调中压开关输入
6	0.75 W/B	1 缸喷油器	41	0.5 Br/B	踏板位置输入信号 1
7	0.75 O/B	3 缸喷油器	42	0.5 L/R	踏板位置输入信号 2
8	0.75 R/G	2 缸喷油器	43	0.5 W/P	进气 OCV 电磁阀
9	0.5 Br/Y	空调离合器继电器	44	0.5 Y	主继电器
10	0.5 R/L	燃油泵继电器	46	0.5 B/R	防盗器认证请求
11	0.5 R	发动机转速传感器低信号	47	0.5 L/W	前氧传感器高
17	0.5 R/B	散热器高速风扇	48	0.5 Y/W	后氧传感器高
20	0.75 P/Y	电子节气门电机负极	49	0.5 Y/Br	冷却液温度信号输入
21	0.75 R	电子节气门电机正极	52	0.5 V/Y	节气门位置信号输入 1
23	0.75 G/W	后氧传感器加热控制	54	0.5 L/R	进气歧管压力信号输入
24	0.75 P/L	前氧传感器加热控制	60	0.5 W/G	动力转向开关信号
25	0.75 G/Y	4 缸喷油器	62	0.75 B	4 缸点火线圈
27	0.5 Br/W	节气门位置信号输入 2	64	0.5 Gr/W	炭罐电磁阀控制信号
30	0.5 G	发动机转速传感器高信号	65	0.5 L/B	散热器低速风扇
33	0.5 V/B	刹车开关	66	0.5 Gr/R	参考电压 2
34	0.5 W/B	离合器开关	67	0.75 O	蓄电池电源
35	0.5 G	大灯	68	0.5 R/G	点火钥匙开关

续表

端子	接线线径/mm² 与颜色	端子定义	端子	接线线径/mm² 与颜色	端子定义
69	0.5 Y/L	制动灯开关	76	0.5 G/W	信号地2
70	0.5 Y	参考电压1	77	0.5 W	进气凸轮轴位置信号
71	0.5 G	进气压力温度传感器	79	0.5 L	空调请求信号输入
73	0.5 P/B	氧传感器信号地	80	0.5 W/Y	空调控制面板
74	0.5 L/Y	氧传感器信号地1	81	0.75 L	2缸点火线圈
75	0.5 G/O	防盗器			

1.1.14 吉利 2.0/2.4L JLD-4G20/24 发动机（64针+48针）

以吉利 2016 年款博越车型为例，4G20/24 发动机电脑端子图如图 1-14 所示，端子定义见表 1-22、表 1-23。

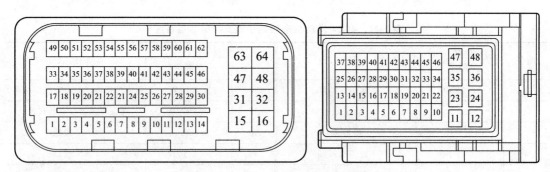

图 1-14 4G20/24 发动机电脑端子图

表 1-22 4G20/24 发动机电脑 64 针端子定义

端子	端子定义	端子	端子定义
1	CAN-H	24	空调压力开关
5	主继电器	25	制动灯
7	电子加速踏板传感器1接地	28	空调压力开关
11	离合器泵顶部开关（MT 车型）	29	相位传感器信号
12	真空度传感器参考电压	30	电子加速踏板传感器2信号
15	主继电器非持续电源	31	冷却风扇高速继电器
16	主继电器非持续电源	32	发动机防盗锁止
17	CAN-H	34	相位传感器电源
18	诊断线	35	ON 状态电源
19	真空度传感器信号	36	5V 电源2
20	持续电源	37	5V 电源1
21	后氧传感器信号	38	空调压缩机继电器
23	制动灯开关	43	后氧传感器接地

续表

端子	端子定义	端子	端子定义
44	离合器踏板位置	56	冷却风扇低速继电器
45	电子加速踏板传感器1信号	59	电子加速踏板传感器2接地
47	真空度传感器接地	63	EMS接地
48	后氧传感器加热	64	EMS接地
49	油泵继电器		

表1-23 4G20/24发动机电脑48针端子定义

端子	端子定义	端子	端子定义
3	喷油器3	27	进气温度压力传感器
4	喷油器4	29	凸轮轴位置传感器
7	可变气门正时阀	30	炭罐控制阀
8	喷油器2	31	传感器接地
9	前氧传感器加热信号	32	发动机转速传感器A端
10	喷油器1	33	发动机转速传感器B端
11	节气门执行器	34	凸轮轴位置传感器信号
12	点火线圈1	35	点火线圈2
13	节气门位置传感器	36	点火线圈4
14	节气门位置传感器	37	发动机水温传感器
16	前氧传感器接地	38	进气压力传感器
21	传感器接地	40	前氧传感器信号
22	传感器接地	42	离合器泵关闭（MT车型）
23	节气门执行器	43	节气门位置传感器电源
24	点火线圈3	45	进气压力传感器5V电源
25	爆震传感器信号B	47	EMS接地
26	爆震传感器信号A	48	EMS接地

1.1.15 吉利3.5L JLV-6G35V发动机（105针+91针）

以吉利2014年款博瑞车型为例，JLV-6G35V发动机电脑端子图如图1-15所示，端子定义见表1-24、表1-25。

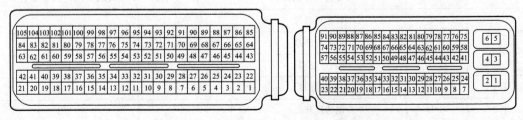

图1-15 JLV-6G35V发动机电脑端子图

表 1-24　JLV-6G35V 发动机电脑 105 针端子定义

端子	接线颜色	端子定义	状态	规定条件
3	G/Y	水温传感器信号线	所有	0～5V
4	W/L	进气可变气门正时阀 2	发动机运行时	GND-UB 的 PWM 波
13	V	进气凸轮轴位置传感器 1 信号线	启动开关 ON	0～5V
15	Gr	电子节气门	启动开关 ON	UB
18	R/L	电子节气门	启动开关 ON	UB
21	Br	进/排气凸轮轴位置传感器 1/2	发动机运行时	GND-UB 的 PWM 波
22	W/B	排气可变气门正时阀 1	启动开关 ON	UB
23	L/B	进气可变气门正时阀 1	启动开关 ON	UB
32	W/B	炭罐控制阀	启动开关 ON	UB
34	R	进气凸轮轴位置传感器 2 信号线	启动开关 ON	0～5V
36	Y/B	进气凸轮轴位置传感器 2	启动开关 ON	UB
37	W	空调压力开关	启动开关 ON	—
39	R/W	电子节气门	—	—
41	L	空调压力开关	启动开关 ON	UB
49	Y	点火线圈 5	发动机运行时	GND-UB 的 PWM 波
51	G	点火线圈 1	发动机运行时	GND-UB 的 PWM 波
52	L	点火线圈 3	发动机运行时	GND-UB 的 PWM 波
53	Y/R	排气凸轮轴位置传感器 2 信号线	启动开关 ON	0～5V
57	Br	排气可变气门正时阀 2	启动开关 ON	UB
59	L/Y	电子节气门	启动开关 ON	UB
66	W	电子节气门	启动开关 ON	UB
67	B/R	电子节气门	启动开关 ON	UB
70	R/L	点火线圈 6	发动机运行时	GND-UB 的 PWM 波
72	L/R	点火线圈 2	发动机运行时	GND-UB 的 PWM 波
73	Br	点火线圈 4	发动机运行时	GND-UB 的 PWM 波
74	G/W	排气凸轮轴位置传感器 1	启动开关 ON	0～5V
79	R/B	爆震传感器 1	启动开关 ON	GND-UB 的 PWM 波
80	Y/G	爆震传感器 2	启动开关 ON	GND-UB 的 PWM 波
93	W	可变进气容积阀	—	GND-UB 的 PWM 波
95	R/L	转速传感器	启动开关 ON	UB
96	W/B	转速传感器	启动开关 ON	UB
100	Lg/B	爆震传感器 1	—	UB
101	L/W	爆震传感器 2	—	UB
102	G/B	制动灯开关	—	UB
105	Lg	水温传感器	所有	UB

表 1-25　JLV-6G35V 发动机电脑 91 针端子定义

端子	接线颜色	端子定义	状态	规定条件
1	B	接地	发动机运行时	—
2	B	接地	发动机运行时	—
3	RL	主继电器	—	—
4	B	接地	发动机运行时	GND-UB 的 PWM 波
5	RL	主继电器	发动机运行时	GND-UB 的 PWM 波
6	RL	主继电器	—	—
11	G/R	真空度传感器	启动开关 ON	UB
12	Y/R	空调压缩机继电器	启动开关 ON	UB
13	R	空气流量计	发动机运行时	11～14V
14	L/B	左侧远光灯电源熔丝	发动机运行时	GND-UB 的 PWM 波
15	Br	空气流量计	发动机运行时	—
18	G	空气流量计	发动机运行时	—
20	W/L	喷油器 6	—	—
22	L/R	右侧下游氧传感器	发动机运行时	发动机运行时
28	Br	制动灯开关	—	—
31	W/R	左侧上游氧传感器、真空度传感器	—	—
36	L	喷油器 2	—	—
37	G/Y	冷却风扇低速继电器	—	—
40	G/W	燃油泵继电器	—	—
41	V	右侧下游氧传感器	启动开关 ON	5V
42	G/W	右侧上游氧传感器	启动开关 ON	—
43	R/B	右侧下游氧传感器	启动开关 ON	—
44	B/L	右侧上游氧传感器	启动开关 ON	5V
50	R/W	熔丝	发动机运行时	GND-UB 的 PWM 波
55	L/G	电子泵继电器	—	—
58	L/W	左侧上游氧传感器	启动开关 ON	—
62	LB	至总线通信系统	启动开关 ON	UB
63	Y/B	至总线通信系统	启动开关 ON	UB
64	R/Y	电子加速踏板	发动机运行时	—
65	L/W	电子加速踏板	发动机运行时	UB
66	G/R	电子加速踏板	发动机运行时	—
67	Y/R	真空度传感器	启动开关 ON	UB
69	L/Y	冷却风扇高速继电器	—	—
71	W	喷油器 3	—	—
72	Y	喷油器 1	发动机运行时	GND-UB 的 PWM 波
74	B/W	左侧下游氧传感器	—	—
75	Br	左侧下游氧传感器	—	—

续表

端子	接线颜色	端子定义	状态	规定条件
76	Lg	左侧下游氧传感器	—	—
79	Lb	P CAN H	—	—
80	Y/B	至总线通信系统	启动开关 ON	—
81	Lg/B	电子加速踏板	启动开关 ON	UB
82	G/B	电子加速踏板	启动开关 ON	UB
83	Y/G	电子加速踏板	启动开关 ON	UB
84	W/B	喷油器 5	—	UB
86	RL	熔丝＋B＋	—	—
87	L/W	主继电器	—	—
88	B/R	喷油器 4	发动机运行时	0～5V
90	G	右侧下游氧传感器	发动机运行时	—
91	R	左侧上游氧传感器	0～5V	—

1.2 变速器电脑

1.2.1 吉利 DSI575F6 六速自动变速器（16 针＋12 针＋20 针＋26 针＋6 针）

以吉利 2014 年款豪情 GX9 车型为例，DSI575F6 变速器电脑端子图如图 1-16 所示，端子定义见表 1-26～表 1-30。

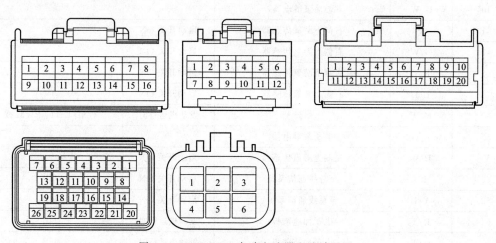

图 1-16 DSI575F6 自动变速器电脑端子图

表 1-26 DSI575F6 变速器电脑 16 针端子定义

端子	接线线径/mm² 与颜色	英文名字	端子定义	正常工作电流
1	0.5G/O	SOL 9	电磁阀 VBS SOL9	1.1A
2	0.5O/G	SOL 10	电磁阀 VBS SOL10	1.1A
3	0.5Br/B	SOL 7	电磁阀 VBS SOL7	1.1A

续表

端子	接线线径/mm² 与颜色	英文名字	端子定义	正常工作电流
4	0.5W/R	SOL 8	电磁阀 VBS SOL8	1.1A
5	0.5G/R	SOL 5	电磁阀 VBS SOL5	1.1A
6	0.5L/W	SOL 6	电磁阀 VBS SOL6	1.1A
7	1W/R	VBS SOL RTN	电磁阀 VBS SOL RETURN	4.7A
8	1B	GND	接地	4A
9	0.5O/W	ON/OFF SOL 2	电磁阀 ON/OFF SOL2	760mA
10	0.5Y/R	ON/OFF SOL 1	电磁阀 ON/OFF SOL1	760mA
11	0.5Br/W	ON/OFF SOL 4	电磁阀 ON/OFF SOL4	760mA
12	0.5R/W	ON/OFF SOL 3	电磁阀 ON/OFF SOL3	760mA
15	1W/Y	ON/OFF SOL RTN	电磁阀 ON/OFF SOL RETURN	2.28A
16	1R/L	IG	电源	4A

表1-27 DSI575F6 变速器电脑 12 针端子定义

端子	接线线径/mm² 与颜色	英文名字	端子定义	正常工作电流
4	0.35W/O	TGS RANGE CTRL	换挡器挡位控制	—
10	0.35O/W	RANGE ACTIVE	换挡器挡位激活	—

表1-28 DSI575F6 变速器电脑 20 针端子定义

端子	接线线径/mm² 与颜色	英文名字	端子定义	正常工作电流
1	0.5Gr/Y	OUTPUT SPEED	电磁阀输出转速传感器	2mA
2	0.5B/L	SNR PWR	电磁阀 EMM/速度传感器信号	40mA
3	0.5B/W	INPUT SPEED	电磁阀输入转速传感器	2mA
4	0.5Y/L	EMM DATA	电磁阀 EMM 数据	5mA
7	0.5L	GEAR LEVER	挡位开关	—
8	0.5L/Y	OIL TEMP	电磁阀油温传感器	2mA
10	0.5Y/B	P-CAN HI	P-CAN HI	—
12	0.5O/L	SNR GND	电磁阀 EMM/速度传感器地	50mA
14	0.5W/V	EMM CLOCK	电磁阀 EMM CLOCK	5mA
15	0.35Br/Y	SW GND	换挡器地	50mA
17	0.5Y	GEAR LEVER GND	挡位开关地	—
18	0.5L/B	OIL TEMP GND	电磁阀油温传感器	2mA
20	0.5Y/Br	P-CAN LO	P-CAN LO	—

表 1-29 DSI575F6 变速器电磁阀线束 26 针端子定义

端子	接线线径/mm² 与颜色	英文名字	端子定义	正常工作电流
1	1W/R	VBS SOL RTN	VBS 电磁阀接地	4.7A
2	0.5G/R	SOL 5	VBS 电磁阀 5	1.1A
3	0.5L/W	SOL 6	VBS 电磁阀 6	1.1A
4	0.5Br/B	SOL 7	VBS 电磁阀 7	1.1A
5	0.5W/R	SOL 8	VBS 电磁阀 8	1.1A
6	0.5G/O	SOL 9	VBS 电磁阀 9	1.1A
7	0.5O/G	SOL 10	VBS 电磁阀 10	1.1A
8	0.5O/L	SNR GND	EMM 信息/转速传感器接地	50mA
9	0.5B/L	SNR PWR	EMM 信息/转速传感器电源电压	40mA
10	0.5Gr/Y	OUTPUT SPEED	输出速度	2mA
11	0.5B/W	INPUT SPEED	输入速度	2mA
12	0.5Y/L	EMM DATA	嵌入式储存模式信息	5mA
13	0.5W/V	EMM CLOCK	嵌入式储存模式时钟	5mA
20	1W/Y	ON/OFF VBS RTN	开/关电磁阀接地	2.28A
21	0.5Y/R	ON/OFF SOL 1	开/关电磁阀 1	760mA
22	0.5O/W	ON/OFF SOL 2	开/关电磁阀 2	760mA
23	0.5R/W	ON/OFF SOL 3	开/关电磁阀 3	760mA
24	0.5Br/W	ON/OFF SOL 4	开/关电磁阀 4	760mA
25	0.5L/B	OIL TEMP GND	电磁阀油温传感器	2mA
26	0.5L/Y	OIL TEMP	电磁阀油温传感器	2mA

表 1-30 DSI575F6 挡位开关 6 针端子定义

端子	接线线径/mm² 与颜色	英文名字	端子定义	正常工作电流
1	0.5R	B/UP SW+	倒挡线路	—
2	0.5R/B	P/N SW+	启动继电器	—
3	0.5G/Y	P/N SW−	启动继电器信号接地	—
4	0.5Y	GEAR LEVER GND	挡位开关信号接地	—
5	0.5L	GEAR LEVER	挡位开关信号	—
6	0.5L/B	B/UP SW−	倒车信号输出	—

1.2.2 吉利 AMT 自动变速器（48 针）

以吉利 2017 年款远景 X1 车型为例，自动变速器电脑端子图如图 1-17 所示，端子定义见表 1-31。

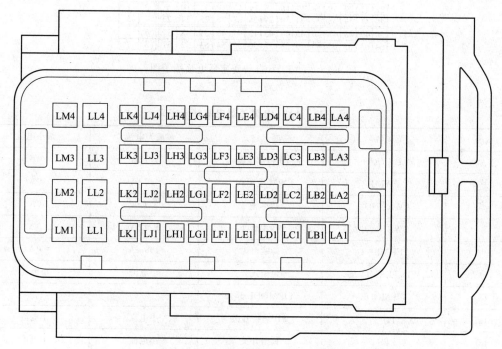

图 1-17 AMT 变速器电脑端子图

表 1-31 AMT 变速器电脑端子定义

端子	输入/输出	端子定义	端子	输入/输出	端子定义
LA1	输入	离合器位置传感器信号	LJ2	输出	传感器 5V 电源
LB1	输入/输出	CAN_L	LJ4	输入	换挡旋钮信号（SW1）
LC1	输入/输出	CAN_H	LK4	输入	换挡位置传感器信号
LD1	输入	输入轴转速传感器	LL1	输出	选挡电机（-）
LE2	输入	选挡位置传感器信号	LL2	输出	选挡电机（+）
LE3	输出	至组合仪表	LL3	输出	换挡电机（+）
LF1	输出	传感器地	LL4	输出	换挡电机（-）
LG1	输出	传感器地	LM1	输出	选挡电机（-）
LG2	输出	输入轴转速传感器 5V 电源	LM2	输出	选挡电机（+）
LG3	输入	换挡旋钮信号（SW3）	LM3	输出	换挡电机（+）
LH3	输入	换挡旋钮信号（SW4）	LM4	输出	换挡电机（-）
LH4	输入	换挡旋钮信号（SW2）			

1.2.3 吉利 4AT-2B 四速自动变速器（64 针）

以吉利 2017 年款远景 X1 车型为例，变速器电脑端子图如图 1-18 所示，端子定义见表 1-32。

22	21	20	19	18	17	16	15	14	13	12	11	10	9	2	1
36	35	34	33	32	31	30	29	28	27	26	25	24	23	4	3
50	49	48	47	46	45	44	43	42	41	40	39	38	37	6	5
64	63	62	61	60	59	58	57	56	55	54	53	52	51	8	7

图 1-18　4AT-2B 自动变速器电脑端子图

表 1-32　4AT-2B 变速器电脑端子定义

端子	英文名字	端子定义	最大电流	最小电流
1、2	BATR1	非持续电源	9.12A	0A
5	PWM1	PWM 电磁阀 1	1.52A	0A
7	PWRGND2	功率地 2	9.12A	0A
8	PWRGND1	功率地 1	9.12A	0A
9	PERMBAT	持续电源	400mA	0A
11	WINTERMODE	雪地模式开关	小电流	小电流
15	TIPMODE	TIPMODE 开关	—	—
16	TIP−	TIP−挡开关	小电流	小电流
18	PS	P 挡开关	小电流	小电流
19	NS	N 挡开关	小电流	小电流
20	DS	D 挡开关	小电流	小电流
24	PWM2	PWM 电磁阀 2	1.52A	0A
26	T0	油温传感器	小电流	小电流
29	RS	R 挡开关	小电流	小电流
30	SENSOR2	传感器地 2	100mA	0A
32	PWM3	PWM 电磁阀 3	1.52A	0A
33	PWM4	PWM 电磁阀 4	1.52A	0A
34	PWM5	PWM 电磁阀 5	1.52A	0A
36	OUTSPEED	输出轴速度传感器	小电流	小电流
38	PWM6	PWM 电磁阀 6	1.52A	0A
44	TIP+	TIP+挡开关	小电流	小电流
46	SENSOR3	传感器地 3	100mA	0A
48	MR	TCU 主继电器	小电流	小电流
50	K-line	诊断 K 线	小电流	小电流
57	CAN_L	CAN_L 总线接口	小电流	小电流
58	CAN_H	CAN_H 总线接口	小电流	小电流
59	ELGND	电子地	小电流	小电流
61	T15	点火开关	小电流	小电流
64	SENSOR5V2	5V 电源 2	100mA	0A

1.2.4 吉利 VT2 CVT 无级变速器（48 针 + 16 针）

以吉利 2016 年款远景 X6 车型为例，变速器电脑端子图如图 1-19 所示，端子定义见表 1-33、表 1-34。

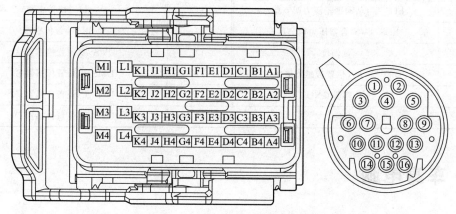

图 1-19 VT2 CVT 变速器电脑端子图

表 1-33 VT2 CVT 变速器电脑 TCU 连接端子定义

端子	端子定义	端子	端子定义
L1	启动锁止	E3	制动踏板
L2	故障灯	E4	制动模式
L4	持续电源	F1	从动轮转速信号
M1	接地	F4	引导端子 2
M2	倒车灯	G1	从动轮压力传感器信号
M3	调压阀电源	G3	油温信号
M4	接地	G4	主动轮转速传感器
A2	K 线	H1	挡位传感器 C 路信号
A3	CAN H	H2	挡位传感器 D 路信号
A4	CAN L	H3	挡位传感器供电
B3	挡位传感器接地	H4	发动机转速
B4	从动轮压力传感器接地	J2	点火
C1	减挡	J3	挡位传感器 A 路信号
C2	加挡	J4	挡位传感器 B 路信号
D1	冬季模式	K1	从动轮调压阀
D2	运动模式	K2	离合器调压阀
E1	引导端子 1	K3	主动轮调压阀
E2	从动轮压力传感器供电	K4	换挡锁止

表1-34 VT2 CVT变速器主接头端子定义

端子	端子定义	端子	端子定义
1	供油阀（VHS）	9	电源_8.4V
2	EDS_1（主动锥轮压力调节器）	10	10 P_S2（从动轮压力传感器）
3	EDS_2（从动锥轮压力调节器）	11	N_ab(二级传感器)
4	EDS_3（离合器压力调节器）	12	N_S1（一级传感器）
5	油温度	13	DMS_A（位置传感器A）
6	DRV SNR（位置传感器接地）	14	DMS_B(位置传感器B)
7	传感器GND	15	DMS_C(位置传感器C)
8	电源_5V	16	DMS_D(位置传感器D)

1.3 车身电脑

1.3.1 帝豪GS车身电脑（52针+24针+18针+16针+18针+25针）

以吉利2016年款帝豪GS车型为例，该车车身电脑端子图如图1-20所示，端子定义见表1-35～表1-40。

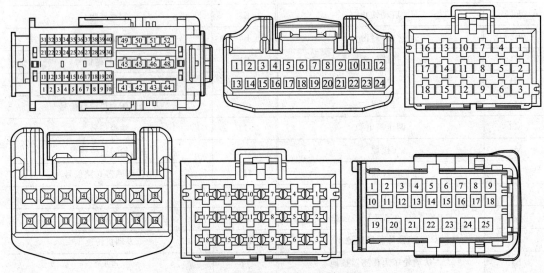

图1-20 帝豪GS车身电脑端子图

表1-35 帝豪GS车身电脑52针端子定义

端子	端子定义	端子	端子定义
1	后备厢开启开关	5	碰撞输出
2	ACC开关输入信息	6	左前门电动窗主开关
3	点火开关输入信息	7	后洗涤开关
4	CAN通信接口总线低	8	灯光组合开关

续表

端子	端子定义	端子	端子定义
9	离合器底部开关	29	钥匙忘拔提醒开关
10	自适应巡航信号	30	刮水器
11	阳光传感器	31	经济模式开关
12	危险报警灯开关	32	后除雾
13	环境温度	33	刮水器清洗
14	CAN通信接口总线高	34	远光灯开关
16	左前门电动窗主开关	35	经济模式开关
17	灯光组合开关	36	后刮水器低速挡
18	灯光组合开关	38	门窗主开关
19	近光灯开关	40	启动信号
20	巡航开关	41	防盗线圈
21	刮水器高速挡	43	控制模块接地
22	后雾灯开关	44	乘员侧门窗
23	自动灯开关	46	前刮水器
24	左前门锁电机	47	电动窗
25	刮水器洗涤组合开关	48	乘员侧门窗
26	后刮水器间歇开关	49	后视镜收缩
27	左后门锁电机	50	后视镜收缩
28	门电动窗主开关		

表 1-36 帝豪 GS 车身电脑 24 针端子定义

端子	端子定义	端子	端子定义
1	驾驶员门后视镜	15	LIN 通信总线
2	乘员侧门后视镜	16	除雾继电器
4	后刮水器信号	17	运动模式开关
5	运动模式指示灯	18	制动灯开关
8	右前门锁电机	19	左前门锁电机
9	自动驻车开关	20	防盗指示灯
11	自适应巡航接地	21	脚部照明灯
12	刮水器间歇挡		

表 1-37 帝豪 GS 车身电脑 18 针端子定义

端子	端子定义	端子	端子定义
1	右前门锁电机	5	接地
3	电源	6	防盗线圈指示灯
4	右前门锁电机	7	转向灯电源

续表

端子	端子定义	端子	端子定义
8	接地	13	电动窗电源
9	电动窗电源	15	接地
10	门锁电源	16	接地
12	电源	18	雾灯电源

表 1-38　帝豪 GS 车身电脑 16 针端子定义

端子	端子定义	端子	端子定义
1	电动窗主开关	10	左油箱盖电机
2	电动窗主开关	11	后背门微动开关
3	电动窗主开关	12	电动窗开关
5	后背门锁电机	13	左油箱盖电机
6	左后门锁电机	14	右后门锁电机开关
8	LIN 通信总线	15	高位刹车灯

表 1-39　帝豪 GS 车身电脑 18 针端子定义

端子	端子定义	端子	端子定义
1	门窗升降电机	9	后雾灯
3	后门窗升降电机	10	油箱盖电机锁
4	后门窗升降电机	13	油箱盖电机
5	后制动灯	14	后组合灯
6	后门窗升降电机	17	后组合灯
7	后背门锁电机	18	后倒车灯

表 1-40　帝豪 GS 车身电脑 25 针端子定义

端子	端子定义	端子	端子定义
1	前组合大灯	9	CAN 通信接口总线高
2	前组合大灯	10	左日间行车灯
4	位置灯信号	11	右日间行车灯
5	远光灯信号	13	近光灯信号
6	倒挡开关	17	启动信号
7	机盖开关	18	至喇叭继电器
8	CAN 通信接口总线低	21	接地

1.3.2　博越车身电脑

以吉利 2016 年款博越车型为例，四门防夹配置的车身电脑端子图如图 1-21 所示，端子定义见表 1-41～表 1-43。

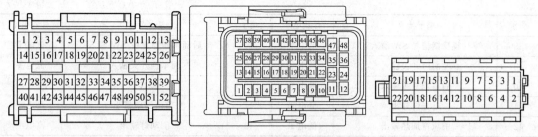

图 1-21 博越带防夹功能车身电脑端子图

表 1-41 博越带防夹功能车身电脑 52 针端子定义

端子	端子定义	有效电平	端子	端子定义	有效电平
5	环境光传感器输入	高电平	27	日间行车灯输出	高电平
6	定速巡航电阻 SW1	模拟信号	30	外后视镜折叠/打开 SW 输入	低电平
8	KLI5-SW	高电平	34	刹车灯故障检测输入 2	高电平
9	危险报警灯 SW 输入	低电平	35	Neutral 开关电源输出	高电平
10	前转向灯故障检测输入 1	高电平	37	SPORT 开关输入	高电平
11	中控锁状态指示灯 LED	低电平	41	CAN1-L	—
12	危险报警灯 LED	高电平	42	CAN1-H	—
13	前转向灯故障检测输入 2（右前卤素灯）	高电平	45	定速巡航电阻 SW2	模拟信号
16	前刮水器低速 SW 输入	低电平	50	ECO 开关输入	低电平
25	定速巡航电阻 SW-GND	模拟地	51	防盗指示灯输出	高电平
26	刹车灯故障检测输入 4	高电平			

表 1-42 博越带防夹功能车身电脑 48 针端子定义

端子	端子定义	有效电平	端子	端子定义	有效电平
1	左后门开关输入	低电平	19	后备厢解锁 SW 输入	低电平
2	右后门开关输入	低电平	20	喇叭输出	低电平
3	前舱盖开关输入	低电平	21	前刮水器停止位 SW 输入	低电平
4	中控闭锁 SW	低电平	23	倒车灯输出	高电平
6	前雾灯输出	低电平	24	左转向灯输出	高电平
7	中控解锁 SW	低电平	25	高位制动灯输出	高电平
9	ECO 指示灯输出	—	27	右前门开关输入	低电平
10	SPORT 指示灯输出	—	28	后风窗玻璃继电器输出	低电平
11	门照明灯节电继电器	高电平	31	左/右后视镜折叠关闭	低电平
12	内灯输出	高电平	34	LIN-1	—
13	制动灯踏板 SW 输入	高电平	35	右转向灯输出	高电平
17	左/右后视镜折叠打开输入	低电平	36	后雾灯输出	高电平
18	远光灯输出	低电平	37	碰撞硬线输入	高电平

续表

端子	端子定义	有效电平	端子	端子定义	有效电平
38	锁反馈信号 SW 输入	低电平	44	后刮水器停止位 SW 输入	低电平
39	左前门开关输入	低电平	45	倒车挡开关输入	低电平
40	后备厢开关输入	低电平	46	LIN-2	—
41	近光灯输出	低电平	47	节电继电器 1	高电平
42	前风窗加热输出	低电平	48	制动灯输出	高电平

表 1-43 博越带防夹功能车身电脑 22 针端子定义

端子	端子定义	有效电平	端子	端子定义	有效电平
1	KL30-BCM1 输入	高电平	14	KL30-CDL 输入	高电平
3	KL30-BCM2 输入	高电平	15	前刮水器高速输出	高电平
5	位置灯输出	高电平	16	油箱盖闭锁	高电平
6	后刮水器电源输入	高电平	17	前雨刮电源+输入	高电平
7	GND-SIGNAL-1 输入	低电平	18	中控闭锁	高电平
8	后刮水器地输入	低电平	19	前刮水器地-输入	低电平
9	GND-SIGNAL-2 输入	低电平	20	中控解锁与油箱盖解锁	高电平
10	后刮水器电机输出	高电平	21	前刮水器低速输出	高电平
12	后备厢解锁	高电平	22	GND-POWER 输入	低电平

四门不防夹的车型车身电脑端子图如图 1-22 所示，端子定义见表 1-44、表 1-45。

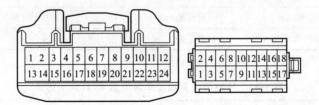

图 1-22 博越不带防夹功能车身电脑端子图

表 1-44 博越不带防夹功能车身电脑 24 针端子定义

端子	端子定义	有效电平	端子	端子定义	有效电平
3	驾驶员侧门风窗升降器手动上升（低配）	低电平	14	右前门风窗升降器手动下降（不防夹）输入	低电平
4	驾驶员侧门风窗升降器手动下降（低配）	低电平	15	左后门风窗升降器手动下降（不防夹）输入	低电平
5	右前门风窗升降器自动下降（5 挡开关）输入	低电平	16	左后门风窗升降器手动上升（不防夹）输入	低电平
6	右后门风窗升降器手动上升（不防夹）输入	低电平	17	右前门风窗升降器自动下降（不防夹）输入	低电平
7	右后门风窗升降器手动下降（不防夹）输入	低电平	19	右后门风窗升降器自动下降（5 挡开关）输入	低电平
8	左前门风窗升降器自动下降（5 挡开关）输入	低电平	22	左后门风窗升降器自动下降（5 挡开关）输入	低电平

表1-45 博越不带防夹功能车身电脑18针端子定义

端子	端子定义	有效电平	端子	端子定义	有效电平
3	右前门风窗升降器地（不防夹）	低电平	11	左后门风窗升降器下降（不防夹）	高电平
4	左前门风窗升降器地（不防夹）	低电平	12	右后门风窗升降器下降（不防夹）	高电平
5	右前门风窗升降器上升（不防夹）	高电平	13	左后门风窗升降器电源（不防夹）	高电平
6	左前门风窗升降器上升（不防夹）	高电平	14	右后门风窗升降器电源（不防夹）	高电平
7	右前门风窗升降器电源（不防夹）	高电平	15	左后门风窗升降器上升（不防夹）	高电平
8	左前门风窗升降器电源（不防夹）	高电平	16	右后门风窗升降器上升（不防夹）	高电平
9	右前门风窗升降器下降（不防夹）	高电平	17	左后门风窗升降器地（不防夹）	低电平
10	左前门风窗升降器下降（不防夹）	高电平	18	右后门风窗升降器地（不防夹）	低电平

1.3.3 博瑞车身电脑（40针+40针+21针+15针+12针+4针）

以吉利2014年款博瑞车型为例，其车身电脑端子图如图1-23所示，端子定义见表1-46～表1-51。

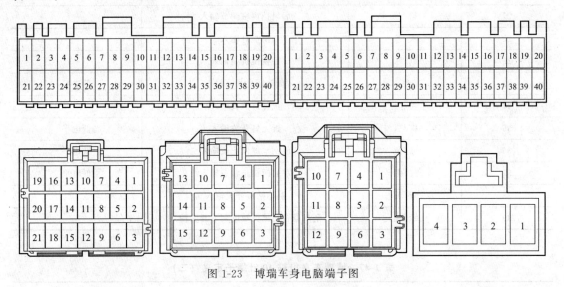

图1-23 博瑞车身电脑端子图

表1-46 博瑞车身电脑40针端子定义（一）

端子	接线颜色	端子定义	有效电平
1	白/蓝	B CAN-H	—
2	浅绿/红	B CAN-L	—
6	白/黑	远光灯输入	低电平
7	蓝	后雾灯输入	低电平
8	绿	近光灯继电器输出	低电平
9	红/绿	位置灯与牌照灯继电器输出	低电平
10	浅绿/黑	其余3门锁止状态输入	低电平
11	灰/绿	右前转向灯反馈	—

续表

端子	接线颜色	端子定义	有效电平
12、13	—	未连接	低电平
14	紫/白	远光灯继电器输出	低电平
15	粉	前清洗开关输入	—
16	绿/白	道路偏移报警系统开关输入	—
17	黄/黑	PCAN 总线低	—
18	浅蓝	PCAN 总线高	—
19	灰	除霜加热器输出	低电平
22	紫	天窗信号输出	低电平
23	黄	防盗指示灯	低电平
24	蓝/白	经济模式开关输入	高电平
25	绿/蓝	运动模式开关输入	高电平
26	红/白	左前转向灯反馈	—
27	粉/蓝	后风挡窗帘调节输入	—
28	灰/蓝	前雾灯输入	—
29	紫/绿	后视镜折叠输入	—
32	红	自动灯光开关输入	低电平
34	粉/黑	位置灯开关输入	—
35	棕/白	近光灯开关输入	低电平
36	蓝/黄	前刮水器停止位输入	低电平
37	红/黑	左前门锁止状态输入	低电平
38	紫/黄	制动踏板开关输入	—
39	绿/红	刮水器自动挡灵敏度调节开关输入	—

表 1-47　博瑞车身电脑 40 针端子定义（二）

端子	接线颜色	端子定义	有效电平
3	灰/蓝	道路偏航系统工作指示灯输出	高电平
4	浅蓝	前雾灯继电器输出	高电平
5	紫	行车喇叭继电器输出	低电平
6	黄	运动模式指示灯输出	高电平
7	粉	经济模式指示灯输出	高电平
13	绿/橙	LIN 总线 1	低电平
14	红/绿	左前门控开关输入	低电平
15	棕/白	右前门控开关输入	低电平
16	蓝/黄	右转向灯开关输入	低电平
17	棕	左转向灯开关输入	低电平

续表

端子	接线颜色	端子定义	有效电平
18	黄/黑	机械钥匙解锁输入	低电平
19	蓝	刮水器自动挡开关输入	低电平
20	灰/绿	点火开关输入	低电平
21	红/黄	电子驻车制动指示灯	—
22	蓝/橙	除霜加热器开关输入	低电平
23	—	未连接	低电平
24	粉/黑	前刮水器高速挡开关输入	低电平
25	浅绿	前刮水器低速挡开关输入	低电平
26	粉/蓝	ACC挡开关输入	高电平
27	—	巡航开关控制开关	主开关：0Ω Cancel：180 uise：400Ω Res/ACC：830Ω
29	绿黄	自适应巡航距离调节开关	+：0Ω；−：430Ω 自由状态：1830Ω
30	红	巡航接地输出	低电平
31	蓝白	后备厢释放开关	低电平
33	红/蓝	中控锁解锁开关输入	低电平
34	灰	中控锁锁止开关输入	低电平
35	绿/红	右后门控开关输入	低电平
36	红/黑	左后门控开关输入	低电平
37	紫/红	后备厢门控开关输入	低电平
38	灰/红	发动机盖开关输入	低电平
39	白/黑	危险报警灯开关输入	低电平

表 1-48 博瑞车身电脑 21 针端子定义

端子	接线颜色	端子定义	有效电平
1	棕/红	转向灯电源	高电平
3	白/黑	右侧白昼运行灯电源	高电平
4	粉绿	高位制动灯输出	高电平
6	绿	右侧白昼运行灯输出	高电平
7	白	照脚灯输出	高电平
8	浅绿/红	右转向灯输出	高电平
10	灰	倒车灯输出	
11	绿/红	左转向灯输出	高电平
13	红	刹车灯和车身位置灯输出	PWM
14	黑/白	电源地 3	低电平

续表

端子	接线颜色	端子定义	有效电平
15	黄	前风窗洗涤电源	高电平
16	黑/白	后雾灯输出	高电平
17	灰/红	后风挡窗帘电源	高电平
18	蓝/白	前风窗洗涤输出	高电平
19	红/绿	后风挡窗帘上升输出	高电平
20	黄/红	后风挡窗帘下降输出	高电平
21	棕	后备厢门释放输出	高电平

表 1-49 博瑞车身电脑 15 针端子定义

端子	接线颜色	端子定义	有效电平
9	白/蓝	室内灯输出	高电平
12	浅绿/黑	左日行灯电源	高电平
13	白/黑	电源	高电平
14	红/黑	左日行灯	高电平
15	红白	节电功能电源	高电平

表 1-50 博瑞车身电脑 12 针端子定义

端子	接线颜色	端子定义	有效电平
1	蓝	前刮水器高速输出	高电平
2	黑/白	前刮水器地	低电平
3	粉	电源	高电平
4	紫	前刮水器低速输出	高电平
5	白/蓝	前刮水器电源	高电平
6	绿	后视镜折叠电源	高电平
7	浅蓝	中控锁解锁输出	高电平
8	黑	电源地 2	低电平
9	灰/蓝	后视镜打开输出	高电平
10	蓝/黑	中控锁锁止输出	高电平
11	红	中控锁电源	高电平
12	白/红	后视镜折叠输出	高电平

表 1-51 博瑞车身电脑 4 针端子定义

端子	接线颜色	端子定义	有效电平
2	黑/白	电源地 1	低电平

1.4 多媒体电脑

1.4.1 帝豪 GS 多媒体电脑（8 针 + 8 针 + 20 针）

以吉利 2016 年款帝豪 GS 车型为例，多媒体电脑端子如图 1-24 所示，端子定义见表 1-52～表 1-54。

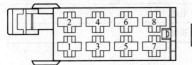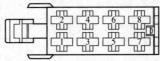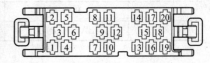

图 1-24　帝豪 GS 多媒体电脑端子图

表 1-52　帝豪 GS 多媒体电脑 8 针端子定义（一）

端子	英文名字	端子定义
1	SWC	转向盘线控信号
2	SWC_GND	转向盘线控接地
3	ILL+	至背光照明
4	ACC	电源
7	BATT	电源
8	BATT_GND	接地

表 1-53　帝豪 GS 多媒体电脑 8 针端子定义（二）

端子	英文名字	端子定义
1	RR+	右后车门高音、低音扬声器+
2	RR−	右后车门高音、低音扬声器−
3	FR+	右前车门高音、低音扬声器+
4	FR−	右前车门高音、低音扬声器−
5	FL+	左前车门高音、低音扬声器+
6	FL−	左前车门高音、低音扬声器−
7	RL+	左后车门高音、低音扬声器+
8	RL−	左后车门高音、低音扬声器−

表 1-54　帝豪 GS 多媒体电脑 20 针端子定义

端子	英文名字	端子定义
7	CAMERA+	摄像头信号
8	CAMERA-shield	摄像头接地
9	MIC OUT+	MIC 信号输出正极/选装 T-BOX：TBOX MIC 信号输出正极
10	MIC OUT−	MIC 信号输出地/选装 T-BOX：TBOX MIC 信号输出地
11	MIC-5V	FE-7 专用 MIC 5V 信号
13	CAMERA-GND	FE-7 专用摄像头地
15	CAMERA-power	FE-7 专用摄像头电源

运动版车型端子定义见表 1-55～表 1-57。

表 1-55　运动版 8 针端子定义（一）

端子	英文名字	端子定义
1	SWC	转向盘线控信号
2	SWC_GND	转向盘线控接地
3	ILL+	至背光照明
4	ACC	电源
7	BATT	电源
8	BATT_GND	接地

表 1-56　运动版 8 针端子定义（二）

端子	英文名字	端子定义
1	RR+	右后车门高音、低音扬声器+
2	RR−	右后车门高音、低音扬声器−
3	FR+	右前车门高音、低音扬声器+
4	FR−	右前车门高音、低音扬声器−
5	FL+	左前车门高音、低音扬声器+
6	FL−	左前车门高音、低音扬声器−
7	RL+	左后车门高音、低音扬声器+
8	RL−	左后车门高音、低音扬声器−

表 1-57　运动版 20 针端子定义

端子	英文名字	端子定义
1	MIC	麦克风电源
2	MIC IN−	麦克风信号
3	MIC IN+	麦克风信号
13	AUX_L	音频输入接口信号
14	AUX_R	音频输入接口信号
15	GND	接地
16	AUX_LR	音频输入接口信号
18	CAN LOW	CAN 总线低
19	CAN HIGH	CAN 总线高

1.4.2　博越多媒体系统电脑（8 针+ 8 针+ 20 针+ 12 针+ 16 针）

以吉利 2016 年款博越车型为例，多媒体电脑端子图如图 1-25 所示，端子定义见表 1-58～表 1-62。

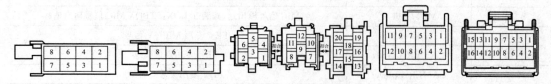

图 1-25　博越多媒体系统电脑端子图

表1-58 博越多媒体电脑8针端子定义（一）

端子	英文名字	端子定义	工作电流最大值/A
1	SWC	转向盘信号输入	0.1
2	SWC_GND	转向盘接地	0.1
4	ACC	ACC信号	0.1
5	CAN_H	CAN信号	0.1
6	CAN_L	CAN信号	0.1
7	BATT	电池正极	3～10
8	BATT_GND	电池负极	3～10

表1-59 博越多媒体电脑8针端子定义（二）

端子	英文名字	端子定义	工作电流最大值/A
1	RR+	喇叭后右正	2.5
2	RR−	喇叭后右负	2.5
3	FR+	喇叭前右正	2.5
4	FR−	喇叭前右负	2.5
5	FL+	喇叭前左正	2.5
6	FL−	喇叭前左负	2.5
7	RL+	喇叭后左正	2.5
8	RL−	喇叭后左负	2.5

表1-60 博越多媒体电脑20针端子定义

端子	英文名字	端子定义	工作电流最大值/A
1	VOL_Up	音量控制信号	0.1
2	CANH1	CAN信号	0.1
3	BUTTON_ON/OFF	开机按键信号	0.1
4	VOL_Down	音量控制信号	0.1
5	CANL1	CAN信号	0.1
6	POWER_EN	控制信号	0.1
7	BL_LCD	LCD背光PWM	0.1
8	CANH2	CAN信号	0.1
9	BOOT_SEL	控制信号	0.1
10	BL_KEY	控制信号	0.1
11	CANL2	CAN信号	0.1
12	DIAG	控制信号	0.1
13	AOUT1_L+	音频信号	0.1
14	AOUT2+	音频信号	0.1
15	AOUT1_R+	音频信号	0.1
16	AOUT1_L−	音频信号	0.1
17	AOUT2−	音频信号	0.1

续表

端子	英文名字	端子定义	工作电流最大值/A
18	AOUT1_R−	音频信号	0.1
19	AOUT1_GND	音频屏蔽地	0.1
20	AOUT2_GND	音频屏蔽地	0.1

表 1-61 博越多媒体电脑 12 针端子定义

端子	英文名字	端子定义	工作电流最大值/A
1	BATT	电池正极	3～5
2	BATT_GND	电池负极	3～5
3	CANH1	CAN 信号	0.1
4	CANL1	CAN 信号	0.1
5	CANH2	CAN 信号	0.1
6	CANL2	CAN 信号	0.1
7	ILL	按键背光电源	0.1
8	MIC_POWER	MIC 电源	0.1
9	CAMERA+	摄像头信号	0.1
10	CAMERA_SHIELD	摄像头信号地	0.1
11	MIC+	麦克信号	0.1
12	MIC_SHIELD	麦克信号地	0.1

表 1-62 博越多媒体电脑 16 针端子定义

端子	英文名字	端子定义	工作电流最大值/A
1	VOL_Up	音量控制信号	0.1
2	VOL_Down	音量控制信号	0.1
3	BUTTON_ON/OFF	开机按键信号	0.1
4	POWER_EN	控制信号	0.1
5	BL_LCD	LCD 背光 PWM	0.1
6	BL_KEY	控制信号	0.1
7	BOOT_SEL	控制信号	0.1
8	DIAG	控制信号	0.1
9	AOUT2+	音频信号	0.1
10	AOUT2−	音频信号	0.1
11	AOUT2_GND	音频屏蔽地	0.1
12	AOUT1_GND	音频屏蔽地	0.1
13	AOUT1_L+	音频信号	0.1
14	AOUT1_L−	音频信号	0.1
15	AOUT1_R+	音频信号	0.1
16	AOUT1_R−	音频信号	0.1

1.4.3 博瑞多媒体系统电脑（8针+8针+20针+8针+4针）

以吉利2014年款博瑞车型为例，该车多媒体导航系统电脑端子定义见表1-63～表1-67。

表1-63 导航主机8针线束连接器（一）

端子	端子定义	接线线径/mm²与颜色	端子	端子定义	接线线径/mm²与颜色
1	电源接地	0.5Br	5	ACC电源	0.5G/R
2	蓄电池电源	0.85Br/B	7	倒车信号	0.5Gr/B
3	ILL+照明线	0.3R/Y	8	车速信号	0.5L
4	收音天线电源	0.5B/O			

表1-64 导航主机8针线束连接器（二）

端子	端子定义	接线线径/mm²与颜色	端子	端子定义	接线线径/mm²与颜色
1	左后扬声器负极	0.5W/L	5	右前门扬声器负极	0.5Gr/B
2	左后扬声器正极	0.5G/L	6	右前门扬声器正极	0.5G/W
3	左前门扬声器负极	0.5B/Y	7	右后扬声器负极	0.5L
4	左前门扬声器正极	0.5B/O	8	右后扬声器正极	0.5Y/Br

表1-65 导航主机20针线束连接器

端子	端子定义	接线线径/mm²与颜色	端子	端子定义	接线线径/mm²与颜色
1	音频输入左	0.5B	12	摄像头电源地	0.5r
2	音频输出左	0.5R	14	音频输入右	—
3	视频输出接地	0.35B	15	音频输出右	0.5V
4	视频输出信号线	0.35G	16	视频输入	—
5	摄像头电源	0.5G/Y	17	视频输入地	
6	摄像头信号输入地	0.5G/W	18	线控电源	0.5Br
7	摄像头信号输入	0.5B	19	线控电源地	0.5Br
8	音频输入地	—	20	空调输入信号	0.3Gr
9	GND	0.5B			

表1-66 音响主机-导航主机线束连接器1

端子	端子定义	接线线径/mm²与颜色	端子	端子定义	接线线径/mm²与颜色
1	通信（TX）	—	5	接地	
2	接地	0.3B	6	显示器电源控制信号	—
3	接地	—	7	接地	
4	显示器电源	—	8	通信（RX）	

表 1-67　音响主机-导航主机线束连接器 2

端子	端子定义	接线线径/mm² 与颜色	端子	端子定义	接线线径/mm² 与颜色
1	LVDS−	—	2	LVDS+	—

1.5　新能源系统

1.5.1　帝豪 EV

1.5.1.1　车载充电机低压连接端子（28 针）

车载充电机低压连接端子如图 1-26 所示，端子定义见表 1-68。

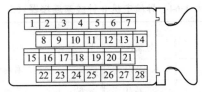

图 1-26　车载充电机低压连接端子

表 1-68　车载充电机低压端子定义

端子	端子定义	接线线径/mm² 与颜色	状态	规定条件
1	终端 30 输出	0.5 R/L	电源	+12V
2	GND	0.5 B	接地	负极
3	CAN-H	0.5 L/R	总线高	—
4	CAN-L	0.5 Gr/O	总线低	—
19	唤醒	0.5 Y/B	慢充唤醒信号	—

1.5.1.2　驱动电机连接端子（12 针）

驱动电机连接端子如图 1-27 所示，端子定义见表 1-69。

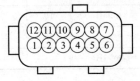

图 1-27　驱动电机连接端子

表 1-69　驱动电机低压连接端子定义

端子	端子定义	接线线径/mm² 与颜色	状态	规定条件
1	R1+	0.5 L/R	NTC 温度传感器 1	—
2	R1−	0.5 R		
3	R2+	0.5 Br/W	NTC 温度传感器 2	—
4	R2−	0.5 W/G		

续表

端子	端子定义	接线线径/mm² 与颜色	状态	规定条件
5	GND	0.5 B	屏蔽	负极
6	GND	0.5 B		负极
7	COSL	0.5 P	旋变余弦	—
8	COS	0.5 L		
9	SINL	0.5 W	旋变正弦	
10	SIN	0.5 Y		
11	REFL	0.5 O	旋变励磁	
12	REF	0.5 G		

1.5.1.3 电机控制器连接端子（28 针）

电机控制器连接端子如图 1-28 所示，端子定义见表 1-70。

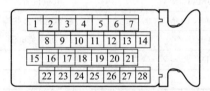

图 1-28　电机控制器连接端子

表 1-70　电机控制器连接端子定义

端子	端子定义	接线线径/mm² 与颜色	端子	端子定义	接线线径/mm² 与颜色
1	高压互锁输入	0.5 Br	17	电机旋变 sinLO	0.5 W
4	高压互锁输出	0.5 W	20	CAN-H	L/R
5	温度传感器输入	0.5 Br/W	21	CAN-L	0.5 Gr/O
6	温度传感器接地	0.5 R	22	电机旋变励磁-	0.5 O
7	温度传感器输入	0.5 L/R	23	电机旋变 cosHI	0.5 L
10	屏蔽线接地	0.5 B	24	电机旋变 sinHI	0.5 Y
11	接地	0.5 B	25	KL15	0.5 R/B
13	温度传感器接地	0.5 W/G	26	KL30	0.5 R/Y
14	唤醒输入	0.5 L/W	27	调试 CAN-H	0.5 P/W
15	电机旋变励磁+	0.5 G	28	调试 CAN-L	0.5 B/W
16	电机旋变 cosLO	0.5 P			

1.5.1.4 减速器控制单元连接端子（26 针）

减速器控制单元连接端子如图 1-29 所示，端子定义见表 1-71。

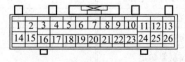

图 1-29　减速器控制单元连接端子

表 1-71 减速器控制单元连接端子定义

端子	英文名字	端子定义	接线线径/mm² 与颜色
1	MOTOR CNTRL PARK-UNPARK	电机控制驻车换到解除驻车	1.25 O
2	MOTOR CNTRL UNPARK-PARK	电机控制解除驻车换到驻车	1.25 Y
5	MOTOR POSITION 2	电机位置2	0.75 Br/W
8	P CAN-H	总线高	0.5 L/R
9	P CAN-L	总线低	0.5 Gr/O
12	GND	接地	1.25 B
13	B+	电源	1.25 R
14	MOTOR CNTRL PARK-UNPARK	电机控制驻车换到解除驻车	1.25 O
15	MOTOR CNTRL UNPARK-PARK	电机控制解除驻车换到驻车	1.25 Y
17	MOTOR POSITION 4	电机位置4	0.75 V
18	MOTOR POSITION 1	电机位置1	0.75 O/W
19	MOTOR POSITION 3	电机位置3	0.75 W
20	MOTOR POSITION COMMON	驻车电机公共端	0.75 Y/W
23	IG 电源	启动开关电源	—
25	GND	接地	1.25 B
26	B+	电源	1.25 R

1.5.2 博瑞 GE PHEV

1.5.2.1 高压电池管理系统连接端子（32针）

高压电池管理系统连接端子如图 1-30 所示，端子定义见表 1-72。

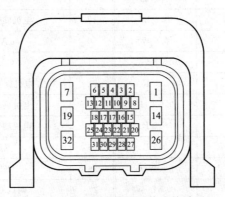

图 1-30 高压电池管理系统连接端子

表 1-72 高压电池管理系统端子定义

端子	接线颜色	端子定义	端子	接线颜色	端子定义
1	R/Y	蓄电池电源	16	R/Y	碰撞信号输入
2	L	主继电器非持续电源	19	B/W	接地
7	B/W	接地	24	G	HBCAN-L
9	W/L	车载充电器输入	27	Y	HBCAN-H
10	L/W	电机控制器输出			

1.5.2.2 车载充电机低压连接端子（32针）

车载充电机低压连接端子如图1-31所示，定义见表1-73。

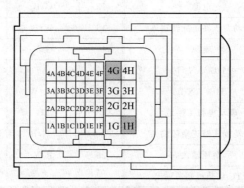

图1-31 车载充电机低压连接端子

表1-73 车载充电机低压端子定义

端子	接线颜色	端子定义	端子	接线颜色	端子定义
3A	GR/R	充电感应信号	2E	GR/L	LED 黑色
4A	Y	HBCANH	1F	BR/L	LED 红色
3B	W/B	充电枪电压	2F	B	LED 接地
4B	G	HBCANL	4F	L/Y	车载充电器充电插座锁止信号
2C	L/W	温度传感器信号	4G	B	接地
4C	BR	车载充电器输出	1H	V/W	车载充电器电源
2D	BR/W	温度传感器接地	3H	LG/B	锁止车载充电器输入
4D	W/L	车载充电器输出输入	4H	LG	锁止车载充电器输出
1E	Y/B	LED 绿色			

1.5.2.3 驱动电机控制器低压连接端子（20针）

驱动电机控制器低压连接端子如图1-32所示，定义见表1-74。

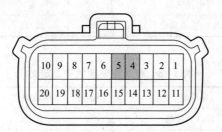

图1-32 驱动电机控制器低压连接端子

表 1-74 驱动电机控制器低压端子定义

端子	接线颜色	端子定义	端子	接线颜色	端子定义
1	R	电源	12	G/B	电动变压器负余弦输出
2	L	电动变压器正旋转输入	13	W/B	驱动电机 1 电源
3	R/Y	电源	14	G/Y	驱动电机 2 电源
4	Y	HBCAN-H	16	V	电机控制器信号
5	G	HBCAN-L	17	BR/W	电动变压器负旋转输出
6	GR/R	驱动电机 1 接地	18	LG	电动变压器驱动电机输入
8	W	电动变压器正余弦输入	19	LG/R	电动变压器驱动电机输出
10	L/W	高压输入	20	R/Y	驱动电机 2 接地
11	BR	PTC 加热控制器输出			

1.5.2.4 整车控制器 VCU 连接端子（65 针+ 65 针）

整车控制器 VCU 连接端子如图 1-33 所示，端子定义见表 1-75、表 1-76。

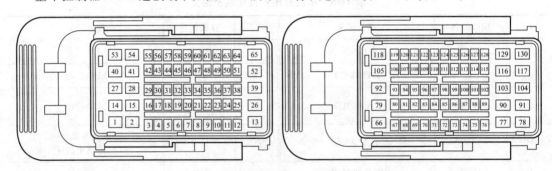

图 1-33 整车控制器 VCU 连接端子

表 1-75 整车控制器端子 1 定义

端子	接线颜色	端子定义	端子	接线颜色	端子定义
1	黑	接地	22	黄/黑	PT CAN 低
2	黑	接地	23	淡蓝	PT CAN 高
7	绿	HB CAN 低	24	棕/黄	PEPS 控制器信号
8	黄	HB CAN 高	26	黑/白	接地
12	红/黄	蓄电池供电	50	蓝	IG 供电
15	紫	PSR 高边驱动信号	54	黑/白	接地

表 1-76 整车控制器端子 2 定义

端子	接线颜色	端子定义	端子	接线颜色	端子定义
66	棕	CS CAN 高	89	黄/红	冷却风扇控制
79	灰	CS CAN 低	96	紫/黄	制动开关信号 1
86	黄/黑	制动开关信号 2	102	红/黄	启动低边驱动信号

第 2 章 长安汽车

2.1 发动机电脑

2.1.1 长安 1.3L JL476QL 发动机（81 针）

以长安 2012 年款欧诺 R101 车型为例，该发动机电脑端子图如图 2-1 所示，端子定义见表 2-1。

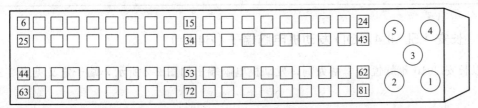

图 2-1 JL476QL 发动机电脑端子图

表 2-1 JL476QL 发动机电脑端子定义

端子	接线线径/mm² 与颜色	端子定义	端子	接线线径/mm² 与颜色	端子定义
1	1.25 BK/YE	点火线圈（2、3）信号输出	9	0.5 PK/BK	燃油泵继电器信号输出
2	2.0 BK	接地	10	0.5 PK	空调压缩机继电器信号输出
3	2.0 BK	接地	11	0.5 VT	曲轴位置传感器信号（LO）
4	1.25 BK/BU	点火线圈（1、4）信号输出	17	0.5 LG/RD	散热器风扇继电器高速挡信号输出
6	0.85 WH/BU	喷油器 1 信号输出	18	0.5 BN/GN	发动机转速信号输出
7	0.85 WH/GN	喷油器 3 信号输出	19	0.5 PK/GN	发动机故障指示灯信号输出
8	0.5 WH/YE	喷油器 2 信号输出	20	0.5 YE	怠速控制阀信号 A（HI）

续表

端子	接线线径/mm² 与颜色	端子定义	端子	接线线径/mm² 与颜色	端子定义
21	0.5 GN/YE	怠速控制阀信号 A（LO）	50	0.5 RD/GN	A/C 开关信号
23	0.85 YE/BK	后氧传感器加热丝信号输出	51	0.5 BN/BU	车辆车速信号
24	0.85 YE/WH	前氧传感器加热丝信号输出	52	0.5 GN	传感器内部接地 4
25	0.85 WH/BK	喷油器 4 信号输出	54	0.5 GY/YE	进气压力传感器信号
26	0.5 LG	空调中压开关信号	58	0.5 GN	传感器内部接地 5
27	0.5 GY/GN	节气门位置传感器信号	61	0.5 BU/BK	油耗信号输出
28	0.5 LG/WH	蒸发器温度传感器信号	64	0.5 YE/RD	炭罐电磁阀信号输出
30	0.5 BU	曲轴位置传感器信号（HI）	65	0.5 BK/WH	散热器风扇继电器低速挡信号输出
34	0.5 WH/BU	前照灯负载信号 2	66	0.5 RD	进气温度及压力传感器 5V 电源输出
35	0.5 BU/GN	空调负载信号 1	67	0.85 BN/WH	ECM 电源（+B）
37	0.5 RD	爆震传感器信号	68	0.85 BK/VT	ECM 电源（IG1）
41	0.5 GN/BU	怠速控制阀信号 B（HI）	70	0.5 BU/RD	节气门位置传感器 5V 电源输出
42	0.5 RD/YE	怠速控制阀信号 B（LO）	71	0.5 GY/BK	进气温度传感器信号
43	0.5 LG/BK	冷却液温度指示信号输出	73	0.5 BK/GN	传感器内部接地 3
44	0.5 BK/YE	主继电器信号输出	74	0.5 GN	传感器内部接地 1
47	0.5 YE/GN	前氧传感器信号	75	0.5 OG	K-line
48	0.5 BK/OG	后氧传感器信号	76	0.5 BK/BU	传感器内部接地 2
49	0.5 BN/YE	水温传感器信号			

2.1.2 长安 1.5L JL475QD 发动机电脑端子（64 针）

以长安 2010 年款悦翔车型为例，发动机电脑端子如图 2-2 所示，端子定义见表 2-2。

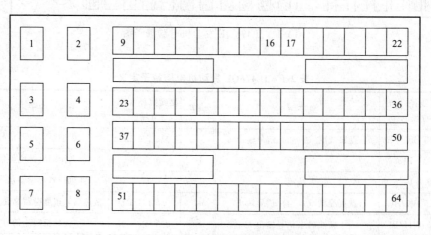

图 2-2　JL475QD 发动机电脑端子图

表 2-2 JL475QD 发动机电脑端子定义

端子	英文名字	接线线径/mm² 与颜色	端子定义
2	A-S-LSHVK	0.85 BK/WH	前氧传感器加热
3	A-P-ZUE1I	1.25 WH/BN	点火线圈 1
4	A-S-LSHHK	0.85 BK/GN	后氧传感器加热
5	M-M-ZUE	2.0 BK	点火接地
7	A-P-ZUE2I	1.25 WH/RD	点火线圈 2
8	U-U-UBR	1.25 BK/BU	非持续电源
9	A-P-DMTN		发动机转速输出
10	E-S-PSW	0.5 BU/GN	空调中压开关
12	E-S-EL1	0.5 OG	暖风开关
14	E-S-COD	0.5 YE/OG	防盗输入
15	B-D-DIAK	0.3 VT/WH	诊断 K 线
16	U-U-UBD	0.5 RD/WH	持续电源
17	E-S-KL15	0.5 BN/WH	点火开关
18	A-U-5V2	0.5 YE/OG	5V 电源 2
19	A-U-5V1	0.5 BU/OG	5V 电源 1
20	A-S-MIL	0.3 PK/GN	MIL 故障灯
21	A-T-SMB	0.5 PK/YE	步进电机相位 B
22	A-T-SMA	0.5 RD/OG	步进电机相位 A
24	E-S-EL2	0.5 RD/GN	动力转向开关
25	E-A-TANS	0.5 GY/YE	进气温度传感器
26	E-A-DKG	0.5 GN/BK	节气门位置传感器
29	E-A-LSHK	0.5 BU/BK	后氧传感器
30	E-A-KS1A	0.5 GY/VT	爆震传感器 A 端
31	E-A-KS1B	0.5 GY/GN	爆震传感器 B 端
32	A-S-HR	0.5 BK/WH	主继电器
33	B-D-CANH	0.3 LG	CAN 总线接口（HIGH）
34	B_D_CANL	0.3 LG/BK	CAN 总线接口（LOW）
35	A-T-SMC	0.5 OG/WH	步进电机相位 C
36	A-T-SMD	0.5 WH/PK	步进电机相位 D
37	A-T-TEV	0.5 GN	炭罐阀
39	M-R-SEN1	0.5 YE/WH	传感器地 1
40	M-R-SEN2	0.5 BU/RD	传感器地 2
41	E-A-TMOT	0.5 RD/BK	发动机水温传感器
42	E-S-ZYHA	0.5 GN/WH	凸轮轴位置传感器
43	M-M-EL1	0.5 BK	电子地 1
44	E-S-AC/KO	0.5 BU/BN	空调压缩机开关

续表

端子	英文名字	接线线径/mm² 与颜色	端子定义
45	E-A-LSVK	0.5 YE/GN	前氧传感器
46	E-F-DGB	0.5 GY/VT	发动机曲轴位置传感器 B 端
47	E-F-DGA	0.5 GY/BU	发动机曲轴位置传感器 A 端
48	M-M-ES1	0.5 BK	功率地 1
49	A-T-EV2	0.5 GY	第 3 缸喷油器
50	A-T-EV1	0.5 BU/YE	第 1 缸喷油器
51	U-U-UBR	0.5 BK/BU	非持续电源
52	A-S-FAN2	0.5 VT/BU	风扇控制 2
56	A-T-KVA	—	油耗输出
57	E-F-VFZ	—	车速信号
59	E-A-DS	0.5 YE/BU	进气压力传感器
60	A-S-KOS	0.5 YE/BN	空调压缩机继电器
61	A-S-EKP	0.5 PK/BN	油泵继电器
62	A-S-FAN1	0.5 VT/YE	风扇控制 1
63	A-T-EV4	0.5 WH/YE	第 2 缸喷油器
64	A-T-EV3	0.5 PK/WH	第 4 缸喷油器

2.1.3　长安 1.6L JL478QEE 发动机（81 针）

以长安 2012 年款 CS35 车型为例，JL478QEE 发动机电脑端子图如图 2-3 所示，端子定义见表 2-3。

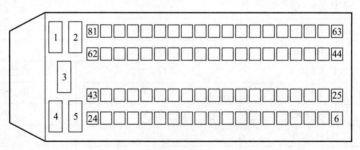

图 2-3　JL478QEE 发动机电脑端子图

表 2-3　JL478QEE 发动机电脑端子定义

端子	接线线径/mm² 与颜色	端子定义	端子	接线线径/mm² 与颜色	端子定义
2	0.75 LG/WH	点火线圈 2 控制信号	12	0.5 RD/WH	持续电源
3	2.0 BK	接地	13	0.5 WH/RD	点火开关（IG1）
5	0.75 PK/BU	点火线圈 1 控制信号	14	0.5 BK/WH	主继电器控制信号
6	0.5 WH/YE	喷油器 2	15	0.5 GY/BU	曲轴位置传感器 A
7	0.5 GY	喷油器 3	16	0.5 BN	加速踏板位置传感器 1

续表

端子	接线线径/mm² 与颜色	端子定义	端子	接线线径/mm² 与颜色	端子定义
17	0.5 BU/RD	传感器地 1	53	0.5 BK	接地
18	0.85 YE/GN	前氧传感器信号	54	0.5 GN/BK	电子节气门位置 1
19	0.5 GY/RD	爆震传感器 A	55	0.85 BK/GN	后氧传感器信号
20	0.5 GY/GN	爆震传感器 B	58	0.5 BN/BU	制动灯开关信号
21	0.5 BN/YE	制动灯信号	60	0.5 BU/GN	三态压力开关信号
25	0.5 BU/BK	后氧传感器加热控制信号	61	0.5 BK	接地
26	0.85 WH/VT	前氧传感器加热控制信号	62	0.3 LG/BK	CAN 高
27	0.5 OG/BN	喷油器 1	63	0.85 BK/BU	非持续电源（主继电器控制）
28	0.5 BU/YE	OCV 排气阀控制信号	64	0.5 PK/YE	电子节气门控制
32	0.5 BN/BK	5V 电源 2	65	0.5 PK/YE	电子节气门控制
33	0.5 YE/OG	5V 电源 1	66	0.5 RD/OG	电子节气门控制
34	0.5 GY/VT	曲轴位置传感器 B	67	0.5 RD/OG	电子节气门控制
35	0.5 RD/YE	传感器地 3	68	0.5VT/BU	高速风扇继电器控制信号
36	0.5 YE/WH	传感器地 2	69	0.5 YE/BN	压缩机继电器控制信号
37	0.5 YE/BU	空气流量信号	70	0.5 PK/BN	燃油泵继电器控制信号
38	0.5 OG/WH	电子节气门位置 2	71	0.5VT/YE	诊断 K 线
39	0.5 RD/BK	发动机冷却液温度信号	72	0.5 OG/RD	进气凸轮轴位置传感器信号
40	0.5 BN/RD	加速踏板位置传感器 2	73	0.5 BN/BK	防盗器
42	0.5 GY/YE	进气温度信号	74	0.5 BU/WH	离合器顶位开关信号输入
43（AT）	0.5 GY	定速巡航开关信号	75	0.5 BU/BN	压缩机温度保护开关信号
44	0.85 BK/BU	非持续电源（主继电器控制）	76	0.5 OG	空调暖风电子负载信号
45	0.85 BK/BU	非持续电源（主继电器控制）	77	0.5 OG/BK	碰撞断油信号
46	0.5 GN	炭罐电磁阀控制信号	78	0.5 OG/BK	电子节气门位置传感器接地
47	0.5 PK/WH	喷油器 4	79	0.5 GN/WH	排气凸轮轴位置传感器信号
48	0.5 BK/YE	OCV 进气阀控制信号	80	0.5 BK	接地
50	0.5 YE	低速风扇继电器控制信号	81	0.3 LG	CAN 低
51	0.5 BK	接地			

2.1.4 长安 2.0L JL486Q5 发动机（ME7 系统）（81 针）

以长安 2014 年款 CS75 车型为例，JL486Q5 发动机电脑端子图如图 2-4 所示，端子定义见表 2-4。

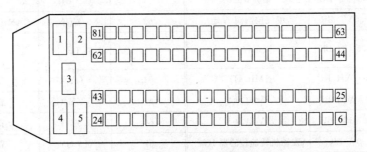

图 2-4　JL486Q5 发动机电脑端子图

表 2-4　JL486Q5 发动机电脑端子定义

端子	接线线径/mm² 与颜色	端子定义	端子	接线线径/mm² 与颜色	端子定义
1（AT）	2.0 WH/BK	点火线圈4（第2缸）	34（MT领先）	0.5 BU	MIL 灯
2（AT）	2.0 WH/RD	点火线圈2（第3缸）	35	0.5 LG/WH	传感器地3
2	2.0 WH/RD	点火线圈2（第2, 3缸）	36	0.5 YE/GN	传感器地2
3	2.0 BK	点火地	37	0.5VT/WH	进气压力传感器
4（AT）	2.0 WH/YE	点火线圈3（第4缸）	38	0.5 GY/BK	电子节气门体2
5（AT）	2.0 WH/BN	点火线圈1（第1缸）	39	0.5 BN/WH	发动机冷却液温度传感器
5	2.0 WH/BN	点火线圈1（第1, 4缸）	40	0.5 GN/YE	加速踏板模块
6	0.5 WH/GN	喷油器4（第2缸）	41（MT领先）	0.5 PK/BU	冗余离合器底开关信号
7	0.5 YE	喷油器2（第3缸）	42	0.5 RD/GN	进气温度传感器
7（MT）	0.5 BU/WH	喷油器2（第3缸）	43（AT）	0.5 PK/BU	空调温度传感器/巡航开关输入
12	0.5 RD/WH	持续电源	44	0.85 BK/BU	非持续电源
13	0.5 BN/RD	制动开关2	45	0.85 BK/BU	非持续电源
14	0.3 BK/WH	主继电器	46	0.85 GY/BK	炭罐阀
15	0.5 WH	发动机转速传感器A端	47	0.5 PK/WH	喷油器3（第4缸）
16	0.5 BU/WH	加速踏板位置传感器1	48	0.85 BK/WH	可变凸轮轴正时（进气）
17	0.5 BU/GN	传感器地1	50	0.5VT/YE	风扇控制1
18	0.5 YE/WH	上游氧传感器	51	0.5 BU	电子地2
19	0.5 RD	爆震传感器A端	52（MT领先、AT）	0.5 GN/WH	起动机控制继电器
20	0.5 GN	爆震传感器B端	53	0.5 BK	电子地1
21	0.5 RD/YE	制动灯开关	54	0.5 RD/BN	电子节气门体1
22（AT）	0.5 PK/GN	中冷压力传感器1	55	0.5 BU/BK	下游氧传感器
22（MT）	0.5 PK/GN	空挡位置开关信号	56（AT）	0.5 GN/RD	中冷压力传感器2
24	0.5 OG	冗余空挡开关信号	56（MT领先）	0.5 GN/RD	开关盒1
25	0.5 BK/RD	下游氧传感器加热	57（MT领先、AT）	0.5 RD/BK	起动机状态信号
26	0.5 BK/WH	上游氧传感器加热	58	0.5 BN/GN	制动开关
27	0.5 WH	喷油器1（第1缸）	60	0.3 GN/BU	空调压缩机中压开关
28	0.5 YE/BU	电子节温器	61	0.5 BU	功率地1
29（AT）	0.5VT/BK	废气控制阀A端	62	0.3 GN	CAN 总线接口（HIGH）
30（MT领先、AT）	0.5 OG/BK	风扇控制3	63	0.85 BK/BU	非持续电源
31（MT领先）	0.5 WH/RD	MIL 灯	64	0.5 GY/GN	节气门执行器
32	0.5 WH/BU	5V 电源2	65	0.5 GY/GN	节气门执行器
33	0.5 PK/BU	5V 电源1	66	0.5 GY	节气门执行器
34	0.5 BK	发动机转速传感器B端	67	0.5 GY	节气门执行器

续表

端子	接线线径/mm² 与颜色	端子定义	端子	接线线径/mm² 与颜色	端子定义
68	0.5VT/RD	风扇控制2	73	0.5 WH/BU	相位传感器2
69	0.5 YE/BN	空调压缩机继电器	78	0.5 BN/YE	传感器地4
70	0.5 BU/YE	油泵继电器	79	0.5 PK/BK	相位传感器1
71（MT舒适、MT豪华、MT舒适）	0.5VT/GN or 0.3 VT	W_Line	80	0.5 BK	功率地2
71（MT领先、AT）	0.3 VT	无钥匙控制器1	81	0.3 GN/BK	CAN总线接口（LOW）

2.1.5 长安2.0T JL486ZQ3发动机（60针+84针）

以长安2017年款CS95车型为例，JL486ZQ3发动机电脑端子图如图2-5所示。

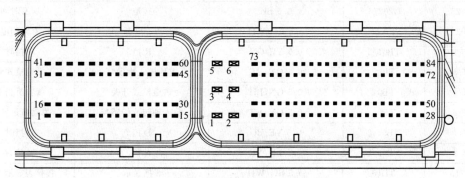

图2-5　JL486ZQ3发动机电脑端子图

2.2　变速器电脑

2.2.1　长安SS80-40LE自动变速器（26针+24针）

以长安2010年款悦翔车型为例，SS80-40LE自动变速器电脑端子图如图2-6所示，端子定义见表2-5。

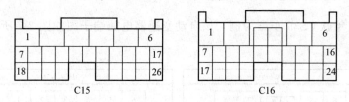

图2-6　SS80-40LE自动变速器电脑端子图

表 2-5　SS80-40LE 自动变速器电脑端子定义

端子	英文名字	接线线径/mm² 与颜色	端子定义	状态
C16-1	G202/2	0.5 BK	接地	所有状态
C16-2	TA02	0.5 BN/RO	管路压力电磁阀接地	点火 ON
C16-4	TA04	0.5 BU	管路压力电磁阀	点火 ON
C16-5	TA05	0.5 BU/BK	变矩器锁止控制电磁阀	锁止时
C16-6	TA06	0.5 BU/BN	点火开关电源（IGN）	点火 ON
C16-7	CN02/1	0.5 LG/BK	CAN LO	随时
C16-11	TA11	0.5 BU/RD	油温传感器	点火 ON
C16-12	TA12	0.5 BK/YE	油温传感器接地	点火 ON
C16-14	TA14	0.5 BU/GN	正时电磁阀	正时控制时
C16-15	TA15	0.5 GN/BK	2 号换挡电磁阀	换挡时
C16-16	TA16	0.5 VT	1 号换挡电磁阀	换挡时
C16-17	CN01/1	0.5 LG	CAN HI	随时
C16-23	G202/3	0.5 BK	接地	所有时间
C16-24	TA24	0.5 RD/WH	B+电源	所有时间电源
C15-1	TB01/2	0.5 YE/GN	R 挡	R 挡时
C15-3	TB03	0.5 GN/YE	雪地模式指示灯	雪地模式时
C15-4	TB04	0.5 GN/BU	雪地模式开关	驾驶员指令
C15-6	TB06	0.5 GY/VT	输入轴转速传感器	发动机运转时
C15-7	TB07/2	0.5 YE/BU	D 挡	D 挡时
C15-8	TB08/2	0.5 BN/YE	N 挡	N 挡时
C15-10	TB10	0.5 BU/WH	3 挡显示	接仪表显示 3 挡
C15-16	TB16	0.5 GY/BU	输入轴转速传感器接地	发动机运转时
C15-18	TB18/2	0.5 BU	L 挡	L 挡
C15-19	TB19	0.5 WH	2 挡	2 挡
C15-20	TB20/2	0.5 PK	P 挡	P 挡
C15-21	TB21	0.5 BU/YE	3 挡开关	换挡杆处于 3 挡时
C15-23	DI01/3	0.5 VT/WH	诊断线（K 线）	诊断时
C15-25	TB25	0.5 BN/GN	车速传感器信号	车辆行驶时

2.2.2　长安 4AT 自动变速器电脑端子（24 针+ 26 针）

以长安 2012 年款 CS35 车型为例，该自动变速器电脑端子图如图 2-7 所示，端子定义见表 2-6、表 2-7。

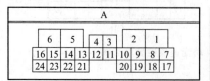

图 2-7　4AT 变速器电脑端子图

表 2-6　4AT 自动变速器电脑 24 针端子定义

端子	接线线径/mm² 与颜色	端子定义	端子	接线线径/mm² 与颜色	端子定义
1	0.5 BK	接地	12	0.5 BK/BU	机油温度传感器接地
2	0.5 BN/RD	B1 压力控制电磁阀接地	16	0.5VT	换挡电磁阀 1 控制信号
3	0.5 BU/YE	L-UP 控制电磁阀接地	17	0.5 LG/BK	CAN 高
4	0.5 WH/OG	B1 压力控制电磁阀控制信号	19	0.5 BU/GN	C2 压力控制电磁阀接地
5	0.5 BU/BK	L-UP 控制电磁阀控制信号	21	0.5 GN/BK	C2 压力控制电磁阀控制信号
6	0.5 RD/WH	持续电源	22	0.5 BN/GN	C1 压力控制电磁阀控制信号
7	0.5 LG	CAN 低	23	0.5 BK	接地
9	0.5VT/WH	C1 压力控制电磁阀接地	24	0.5 RD/WH	点火开关电源（IG1）
11	0.5 OG/WH	机油温度传感器信号			

表 2-7　4AT 自动变速器电脑 26 针端子定义

端子	接线线径/mm² 与颜色	端子定义	端子	接线线径/mm² 与颜色	端子定义
1	0.5 YE/GN	R 挡信号	14	0.5 GN/BU	车速传感器
5	0.5 GN/YE	车速传感器	16	0.5 GY/BU	涡轮转速传感器
6	0.5 GY/RD	涡轮转速传感器	18	0.5 WH/RD	手动换挡降挡信号
7	0.5 YE/BU	D 挡信号	19	0.5 YE	手动换挡升挡信号
8	0.5 PK	N 挡信号	20	0.5 WH	P 挡信号
9	0.5 GN/RD	手动换挡模式开关信号			

2.2.3　长安 6AT 自动变速器（16 针 + 22 针）

以长安 2017 年款 CS95 车型为例，变速器电脑端子图如图 2-8 所示，端子定义见表 2-8。

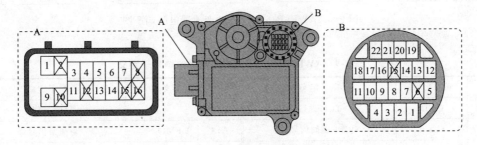

图 2-8　6AT 自动变速器电脑端子图

表 2-8　6AT 自动变速器电脑端子定义

端子	英文名字	端子定义	端子	英文名字	端子定义
A1	+B	蓄电池电压	A5	STLK	启动允许控制
A3	MS+	手动模式升挡开关	A6	CANL	CAN 低
A4	MS−	手动模式降挡开关	A7	MS	手动换挡开关

续表

端子	英文名字	端子定义	端子	英文名字	端子定义
A9	GND	TCU 接地	B10	SLC1G	换挡控制电磁阀（SLC1-）
A11	IG	点火开关信号	B11	SLC1	换挡控制电磁阀（SLC1+）
A13	RVS	倒车灯控制	B12	NIN+	输入速度传感器（NIN+）
A14	CANH	CAN 高	B13	NIN-	输入速度传感器（NIN-）
B1	SLTG	线性压力控制电磁阀（SLT-）	B14	SLC3	换挡控制电磁阀（SLC3+）
B2	S2	换挡电磁阀 2	B16	SLB1G	换挡控制电磁阀（SLB1-）
B3	SLT	线性压力控制电磁阀（SLT+）	B17	SLC2	换挡控制电磁阀（SLC2+）
B4	SLUG	锁止电磁阀（SLU-）	B18	SLC2G	换挡控制电磁阀（SLC2-）
B5	S1	换挡电磁阀 1	B19	SP+	输出速度传感器（SP+）
B7	OTG	油温传感器（OT-）	B20	SP-	输出速度传感器（SP-）
B8	OT	油温传感器（OT+）	B21	SLB1	换挡控制电磁阀（SLC3-）
B9	SLU	锁止电磁阀（SLU+）	B22	SLC3G	换挡控制电磁阀（SLC3-）

2.2.4 长安 AWR6B45 六速自动变速器（30 针+ 24 针+ 26 针）

以长安 2017 年款 CX70T 车型为例，变速器电脑端子如图 2-9 所示，端子定义见表 2-9。

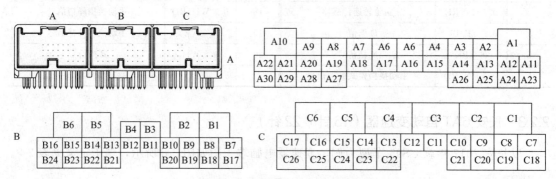

图 2-9 AWR6B45 六速自动变速器电脑端子图

表 2-9 AWR6B45 六速自动变速器电脑端子定义

端子	英文名字	端子定义	端子	英文名字	端子定义
A1	GND	TCU 地线	A10	+B	TCU 常电
A2	SL2-	SL2 电磁阀信号低	A18	EMOP+	电磁泵信号高
A3	SL2+	SL2 电磁阀信号高	A19	EMOP-	电磁泵信号低
A4	SLT-	SLT 电磁阀信号低	A21	IG	TCU 唤醒电
A5	SLT+	SLT 电磁阀信号高	A23	OT1+	油温传感器 1 高边
A6	SLU-	SLU 电磁阀信号低	A24	OT1-	油温传感器 1 低边
A7	SLU+	SLU 电磁阀信号高	A25	OT2-	油温传感器 2 低边
A8	SL1-	SL1 电磁阀信号低	A26	OT2+	油温传感器 2 高边
A9	SL1+	SL1 电磁阀信号高	A28	SL	锁止电磁阀信号线

续表

端子	英文名字	端子定义	端子	英文名字	端子定义
C1	CANH	整车CAN线高	B14	SL4+	SL4电磁阀信号高
C2	CANL	整车CAN线低	B16	SL3+	SL3电磁阀信号高
C6	N	N挡信号引脚	C14	M+	M+信号引脚
B1	SP+	车速传感器信号引脚高	C16	D	D挡信号引脚
B2	SP−	车速传感器信号引脚低	C17	R	R挡信号引脚
B5	SL4−	SL4电磁阀信号低	C20	M−	M−信号引脚
B6	SL3−	SL3电磁阀信号低	C24	M	M信号引脚
B7	NT+	涡轮转速传感器信号高	C26	P	P挡信号引脚
B8	NT−	涡轮转速传感器信号低			

2.3 车身电脑

2.3.1 长安CS35车身电脑（16针+20针+20针+20针+21针）

以长安2012年款CS35车型为例，该车车身电脑端子图如图2-10所示，端子定义见表2-10。

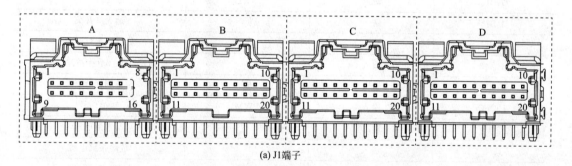

(a) J1端子

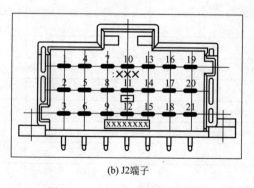

(b) J2端子

图2-10 CS35车身电脑端子图

表 2-10 CS35 车身电脑端子定义

端子	输入/输出	有效电平	端子定义
J1-B1	输入	高	点火开关
J1-B2	输入	高	钥匙
J1-A5	输入	低	驾驶员门开关
J1-A6	输入	低	副驾驶门开关
J1-A7	输入	低	左后门开关
J1-A14	输入	低	右后门开关
J1-A15	输入	低	后备厢门开关
J1-D7	输入	模拟	中控门锁闭锁/解锁开关
J1-A8	输入	低	闭锁/解锁状态开关
J1-A3	输入	低	前刮水器停止位置信号
J1-B3	输入	低	前刮水器间歇开关
J1-B4	输入	低	前刮水器低速开关
J1-B5	输入	低	前刮水器高速开关
J1-D6	输入	模拟	前刮水器间歇时间调节
J1-B6	输入	高	前刮水器清洗开关
J1-B13	输入	低	左转向灯开关
J1-B14	输入	低	右转向灯开关
J1-B15	输入	低	近光灯开关
J1-B16	输入	低	远光灯开关
J1-B11	输入	低	危险报警灯开关
J1-A13	输入	高	空调控制器（后除霜开启信号）
J1-B12	输入	低	后备厢释放开关
J1-A4	输入	PWM	碰撞信号
J2-19	输入		刮水器电源
J2-4	输入		危险报警电源
J2-2	输入		车身控制器电源
J2-16	输入		中控锁电源
J1-D19	输入		接地
J2-12	输入		接地
J2-13	输入		接地
J2-1	输入		接地
J2-3	输入		接地
J1-D10	输入	通信	RF 天线
J1-C2	输入	通信	K-Line
J1-C3	输入	通信	LIN0
J1-C11	输入	通信	CANH0
J1-C1	输入	通信	CANL0

续表

端子	输入/输出	有效电平	端子定义
J1-A1	输出	低	内灯
J2-20	输出	高	刮水器高速
J2-21	输出	高	刮水器低速
J2-17	输出	高	后备厢释放开关
J1-C4	输出	高	钥匙孔照明
J1-A2	输出	低	防盗指示灯 LED
J1-C6	输出	低	喇叭
J1-C7	输出	低	车窗电源管理
J1-C15	输出	低	近光灯继电器
J1-C16	输出	低	远光灯继电器
J2-14	输出	高	门闭锁
J2-15	输出	高	门解锁
J2-7	输出	高	左转向灯
J2-8	输出	高	右转向灯

2.3.2 长安 CS75 车身电脑（12 针＋20 针＋32 针＋32 针）

以长安 2014 年款 CS75 车型为例，该车车身电脑端子图如图 2-11 所示，端子定义见表 2-11。

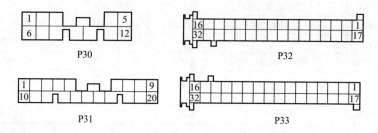

图 2-11 CS75 车身电脑端子图

表 2-11 CS75 车身电脑端子定义

端子	接线线径/mm² 与颜色	端子定义	端子	接线线径/mm² 与颜色	端子定义
P30-1	0.5 BN/BK	后除霜继电器	P30-9	0.3 LG/BU	遥控天窗（MT 领先型，AT 尊贵型）
P30-2	0.3 RD/BK	位置灯继电器	P30-11	0.5 WH	后视镜折叠
P30-3	0.5 BN/WH	后雾灯继电器	P30-12	0.5 RD	后视镜展开
P30-5	0.5 OG	后备厢灯输出	P31-1	0.85 RD/WH	转向灯电源
P30-6	0.5 YE	喇叭继电器输出	P31-3	0.3 RD/BN	顶灯输出
P30-7	0.3 RD/BN	IGN 挡控制（MT 领先型，AT 精英型，AT 尊贵型）	P31-4	0.3 RD/YE	节能输出
P30-8	0.3 RD/VT	ACC 挡控制（MT 领先型，AT 精英型，AT 尊贵型）	P31-6	2.0 VT/BK	前刮水器低速输出

续表

端子	接线线径/mm² 与颜色	端子定义	端子	接线线径/mm² 与颜色	端子定义
P31-7	1.25 BK	功率地	P32-26	0.3 WH/YE	右后门开关
P31-8	0.5 YE/BN	左前门解锁	P32-27	0.5 PK	小灯开关
P31-9	0.5 BU/YE	后备厢解锁	P32-28	0.5 PK/BN	发动机接触开关
P31-10	0.85 GN/BK	右转向灯	P32-29	0.5 GN/BU	远光灯开关
P31-11	0.85 GN/WH	左转向灯	P32-30	0.3 BU	前雾灯开关
P31-12	0.85 OG/GN	油泵建压和节能输出电源	P32-32	0.3 GN/WH	左转向开关
P31-13	0.85 BK/RD	油泵建压输出	P33-1	0.5 OG/GN	TPMS_DATA(MT豪华型，MT领先型，AT精英型，AT尊贵型)
P31-14	0.5 BN/YE	制动灯输出	P33-2	0.5 WH/BU	左前车窗上升（AT尊贵型为防夹模块）
P31-15	0.5 BN/VT	制动灯电源	P33-3	0.5 GY/WH	右前车窗上升
P31-16	1.25 GY	前雨刮电源	P33-4	0.5 PK/BU	左后车窗上升
P31-17	2.0 VT	前刮水器高速输出	P33-5	0.5 BU	右后车窗上升
P31-18	0.85 PK/GN	锁电源	P33-6	0.5VT	后刮水器继电器
P31-19	0.85 YE/WH	门锁电机解锁	P33-7	0.3 PK/BK	近光灯继电器
P31-20	0.85 YE/BU	门锁电机闭锁	P33-8	0.3 OG	前雾灯继电器
P32-1	0.5 GN	蓄电池电源	P33-10	0.5 GN	超车灯光开关
P32-2	0.5 RD/BU	点火开关	P33-11	0.5 GY/BN	喇叭开关输入
P32-3	0.5 GN/OG	近光灯开关	P33-12	0.5 LG/BU	LIN
P32-5	0.5 GN/YE	前洗涤开关	P33-13	0.5 LG	CAN_H
P32-6	0.5 YE	后刮水器间歇	P33-14	0.5 LG/BK	CAN_L
P32-7	0.5 WH	ACC_IN	P33-15	0.5 YE/RD	左后车窗开关
P32-8	0.5 PK/BU	前刮水器间歇开关	P33-16	0.5 GN/YE	中控解闭锁开关
P32-9	0.3 WH/GN	左前门开关	P33-17	0.5 WH	左前车窗下降（AT尊贵型为防夹模块）
P32-10	0.3 WH/OG	左后门开关	P33-18	0.5 GY/BU	右前车窗下降
P32-11	0.5 OG	后备厢门开关	P33-19	0.5 PK/WH	左后车窗下降
P32-12	0.5 YE/WH	警告灯开关	P33-20	0.5 RD/BU	右后车窗下降
P32-13	0.3 BN/WH	右转向灯开关	P33-21	0.3 GN/VT	远光灯继电器
P32-15	0.3 OG/BU	后雾灯开关	P33-23	0.3 BN/VT	防盗指示灯
P32-16	0.5VT/PK	后刮水器到位	P33-24	0.5 BU/RD	后视镜折叠开关输入
P32-17	0.5 BK	信号地	P33-25	0.3 YE/BK	碰撞信号
P32-18	0.5 LG/BU	前刮水器间歇可调挡	P33-26	0.5 OG/GN	TPMS_DGND
P32-20	0.5 PK/BK	前刮水器到位	P33-27	0.5 PK/WH	门锁开锁状态
P32-21	0.5 BN/WH	前刮水器低速开关	P33-28	0.3 PK/GN	后备厢释放开关（PEPS配置时该脚预留）
P32-22	0.5 VT	前刮水器低速开关	P33-29	—	TPMS_POWERDOWN（PEPS配置时该脚预留）
P32-23	0.5VT/GN	后洗涤开关	P33-31	0.5 YE/WH	右前车窗开关
P32-24	0.3 GN/WH	钥匙未拔开关（不带PEPS车型）	P33-32	0.5 YE	右后车窗开关
P32-25	0.3 WH/OG	右前门开关			

2.3.3 长安 CS95 车身电脑（12 针+ 20 针+ 32 针+ 32 针）

以长安 2017 年款 CS95 车型为例，该车车身电脑端子图如图 2-12 所示，端子定义见表 2-12。

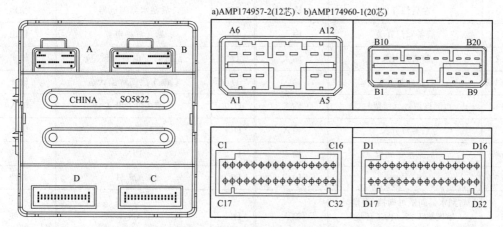

图 2-12　CS95 车身电脑端子图

表 2-12　CS95 车身电脑端子定义

端子	端子定义	输入/输出	端子	端子定义	输入/输出
A1	后除霜继电器	输出	B9	后备厢解锁	输出
A2	位置灯继电器	输出	B10	右转向灯	输出
A3	制动灯继电器	输出	B11	左转向灯	输出
A4	照地灯输出	输出	B12	油泵建压和节能输出电源	输入
A5	后备厢灯输出	输出	B13	油泵建压控制继电器	输出
A6	防盗喇叭继电器（预留）	输出	B14	后雾灯输出	输出
A7	IGN 挡控制	输出	B15	后雾灯电源	输入
A8	ACC 挡控制	输出	B16	前刮水器电源	输入
A9	遥控天窗信号输出	输出	B17	前刮水器高速输出	输出
A10	日间行车灯输出（预留）	输出	B18	锁电源	输入
A11	预留	输出	B19	门锁电机解锁	输出
A12	预留	输出	B20	门锁电机闭锁	输出
B1	转向灯电源	输入	C1	蓄电池电源	输入
B2	行车喇叭继电器	输出	C2	点火开关	输入
B3	顶灯输出	输出	C3	近光灯开关	输入
B4	节能输出	输出	C4	运输模式开关（高有效，输入高为用户模式）	输入
B5	大灯洗涤电机继电器（预留）	输出	C5	前洗涤开关	输入
B6	前刮水器低速输出	输出	C6	后刮水器间歇	输入
B7	功率地	输出	C7	ACC_IN	输入
B8	左前门解锁	输出	C8	前刮水器间歇开关/自动刮水器挡（雨量环境光配置版）	输入

续表

端子	端子定义	输入/输出	端子	端子定义	输入/输出
C9	左前门开关	输入	D5	预留	输出
C10	左后门开关	输入	D6	后刮水器继电器	输出
C11	后备厢门开关	输入	D7	近光灯继电器	输出
C12	警告灯开关	输入	D8	前雾灯继电器（预留）	输出
C13	右转向灯开关	输入	D9	右前车门锁解锁状态	输入
C14	倒挡信号（预留）	输入	D10	超车灯光开关	输入
C15	后雾灯开关	输入	D11	喇叭开关输入	输入
C16	后刮水器到位	输入	D12	LIN	总线
C17	信号地	输出	D13	CAN_H	总线
C18	前刮水器间歇可调挡/雨量灵敏度输入挡（雨量环境光配置版）	输入	D14	CAN_L	总线
C19	灯光传感器（雨量环境光配置时预留）	输入	D15	中控解锁开关	输入
C20	前刮水器到位	输入	D16	中控闭锁开关	输入
C21	前刮水器低速开关	输入	D17	遥控下降信号输出	输出
C22	前刮水器高速开关	输入	D18	预留	输出
C23	后洗涤开关	输入	D19	预留	输出
C24	钥匙未拔开关（预留）	输入	D20	预留	输出
C25	右前门开关	输入	D21	远光灯继电器	输出
C26	右后门开关	输入	D22	预留	输出
C27	小灯开关	输入	D23	防盗指示灯	输出
C28	发动机接触开关	输入	D24	后视镜折叠开关输入（预留）	输入
C29	远光灯开关（预留）	输入	D25	碰撞信号	输入
C30	前雾灯开关（预留）	输入	D26	TPMS_DGND	输出
C31	自动灯光开关	输入	D27	左前车门锁解锁状态	输入
C32	左转向开关	输入	D28	后备厢释放开关（预留）/电动背门开闭开关（电动背门配置）	输入
D1	TPMS_DATA	输入	D29	预留	输出
D2	遥控上升信号输出	输出	D30	LIN2	总线
D3	预留	输出	D31	左转向诊断输入	输入
D4	车窗开关电源继电器输出	输出	D32	右转向诊断输入	输入

注："预留"指该端子发动机控制模块（ECM）厂家已经定义了其功能，但此次未使用。

2.4 多媒体电脑

2.4.1 长安 CS35 多媒体电脑（8 针+ 8 针+ 20 针+ 10 针）

以长安 2012 年款 CS35 车型为例，该车多媒体电脑端子图如图 2-13 所示，端子定义见表 2-13。

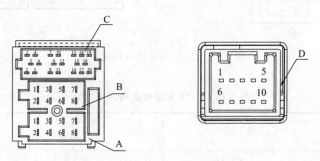

图 2-13 CS35 多媒体电脑端子图

表 2-13 CS35 多媒体电脑端子定义

端子	英文名字	端子定义	端子	英文名字	端子定义
A1	SWC+	转向盘线控输入	B7	SPEAKER RL-	左后扬声器负极
A2	SWC GND	转向盘线控地	B8	SPEAKER RL+	左后扬声器正极
A4	ACC+	点火电源	D1	GND_USB	USB 电源地
A5	ANT+	天线电源	D2	5V_USB	USB 电源
A6	ILL+	背景照明电源	D3	GND（shield）	屏蔽地
A7	B+	主电源	D4	L_AUX	AUX 左声道
A8	GND	电源地	D5	R_AUX	AUX 右声道
B1	SPEAKER RR-	右后扬声器负极	D6	D+	USB 信号电源
B2	SPEAKER RR+	右后扬声器正极	D7	D-	USB 信号地
B3	SPEAKER FR- HIGH SPEAKER FR-	右前扬声器负极 右前高音扬声器负极	D8	GND（shield）	屏蔽地
B4	SPEAKER FR+ HIGH SPEAKER FR+	右前扬声器正极 右前高音扬声器正极	D9	DET_AUX	AUX 检测信号
B5	SPEAKER FL- HIGH SPEAKER FL-	左前扬声器负极 左前高音扬声器负极	D10	GND_AUX	AUX 接地
B6	SPEAKER FL+ HIGH SPEAKER FL+	左前扬声器正极 左前高音扬声器正极			

2.4.2 长安 CS75 多媒体电脑（8 针+ 8 针+ 12 针+ 20 针）

以长安 2014 年款 CS75 车型为例，该车多媒体电脑端子图如图 2-14 所示，端子定义见表 2-14。

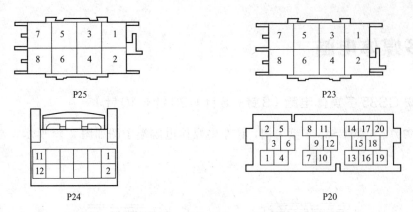

图 2-14　CS75 多媒体电脑端子图

表 2-14　CS75 多媒体电脑端子定义

端子	接线线径/mm² 与颜色	端子定义	端子	接线线径/mm² 与颜色	端子定义
P20-1	0.5 LG	CAN_H	P24-7	0.5 RD	后倒车视频电源
P20-2	0.5 RD	倒车信号	P24-8	0.5 RD/WH	侧可视摄像头电源
P20-4	0.5 LG/BK	CAN_L	P24-9	0.5 GN	后倒车视频正
P20-20	0.3 WH	侧可视切换开关	P24-10	0.3 BK	后倒车视频负
P23-1	0.3 VT/YE	线控 1	P24-11	0.5 BU	侧可视摄像头视频正
P23-2	0.3 VT/GN	线控地	P24-12	0.5 BK	侧可视摄像头视频负
P23-3	0.3 VT/WH	线控 2	P25-1	0.5 WH/BK	RR+
P23-4	0.5 WH	ACC	P25-2	0.5 WH	RR−
P23-5	0.5 RD	天线电源	P25-3	0.5 WH/BU	FR+
P23-6	0.3 RD/YE	背光电源	P25-4	0.5 WH/GN	FR−
P23-7	0.85 RD/WH	B+	P25-5	0.5 YE/GN	FL+
P23-8	0.85 BK	GND	P25-6	0.5 YE/BU	FL−
P24-5	0.5 BK/YE	侧可视摄像头地	P25-7	0.5 BN/WH	RL+
P24-6	0.5 BK/WH	后倒车视频地	P25-8	0.5 BN	RL−

2.4.3　长安 CS95 多媒体电脑（8 针+8 针+20 针+28 针）

以长安 2017 年款 CS95 车型为例，多媒体电脑端子图如图 2-15 所示，端子定义见表 2-15、表 2-16。

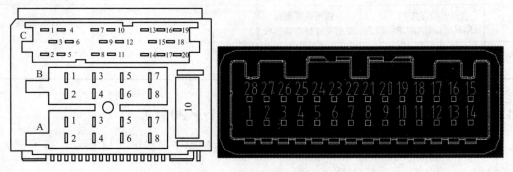

图 2-15　CS95 多媒体电脑端子图

表 2-15 CS95 多媒体电脑 A、B、C 连接端子定义

端子	端子定义	端子	端子定义
A		C	
1	SWC_1/线控_1	1	整车 CAN_H
2	SWC_GND/线控_地	2	倒车触发信号 BACK_TRIG
3	SWC_2/线控_2	3	娱乐 CAN_H
4	ACC	4	整车 CAN_L
5	ANT/天线放大器供电	5	倒车摄像头供电地
7	B+	6	娱乐 CAN_L
8	GND/地	7	倒车视频信号＋（全景）
B		8	倒车信号地
1	RR＋/右后＋	11	倒车摄像头供电
2	RR－/右后－	12	AUX 检测信号
3	FR＋/右前＋，并联右高音喇叭＋	13	行车记录仪视频信号＋
4	FR－/右前－，并联右高音喇叭－	14	行车记录仪信号地
5	FL＋/左前＋，并联左高音喇叭＋	15	行车记录仪视频信号屏蔽地
6	FL－/左前－，并联左高音喇叭－	16	AUX 左声道
7	RL＋/左后＋	17	AUX 右声道
8	RL－/左后－	18	AUX 地
		19	麦克风 2 信号地
		20	麦克风 2 信号

表 2-16 CS95 多媒体电脑 28 针多功能连接端子定义

端子	端子定义	端子	端子定义
1	麦克风 1 信号	5	T-BOX 音频差分输入
3	麦克风 1 信号	6	T-BOX 音频屏蔽地线
4	T-BOX 音频差分输入		

外接功放连接端子如图 2-16 所示，端子定义见表 2-17～表 2-19。

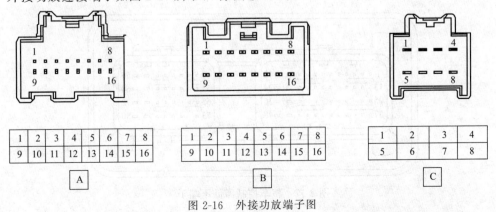

图 2-16 外接功放端子图

表 2-17 A 端子定义

端子	端子定义	端子	端子定义
1	LR Audio In+/左后输入+	10	RF Audio In-/右前输入-
2	LR Audio In-/左后输入-	11	LF Audio In-/左前输入-
3	RR Audio In-/右后输入-	12	LF Audio In+/左前输入+
4	RR Audio In+/右后输入+	15	CAN-
8	ACC	16	CAN+
9	RF Audio In+/右前输入+		

表 2-18 B 端子定义

端子	端子定义	端子	端子定义
1	LF Speaker+/左前输出+	8	CTR Speaker-/中置输出-
2	LF Speaker-/左前输出-	11	RR Speaker-/左后输出-
3	LR Speaker+/左后输出+	12	RR Speaker+/左后输出+
4	LR Speaker-/左后输出-	13	RF Speaker+/右前输出+
7	CTR Speaker+/中置输出+	14	RF Speaker-/右前输出-

表 2-19 C 端子定义

端子	端子定义	端子	端子定义
1	SUBW2 Speaker+/右低音输出+	4	Battery/电池
2	SUBW1 Speaker-/左低音输出-	5	SUBW2 Speaker-/右低音输出-
3	SUBW1 Speaker+/右低音输出+	8	Ground/地

2.5 新能源系统

2.5.1 逸动 EV

2.5.1.1 整车控制器低压端子（48 针+ 32 针）

整车控制器低压端子如图 2-17 所示，端子定义见表 2-20。

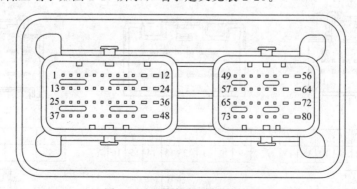

图 2-17 整车控制器低压端子

表 2-20 整车控制器低压端子定义

端子	端子定义	端子	端子定义
2	加速踏板位置传感器 1	40	C_CAN_低
3	加速踏板位置传感器 2	41	C_CAN_高
8	启动信号	50	GCU 使能信号
10	制动开关信号	56	BCU 使能信号
13	B_CAN_高	57	IPU 使能信号
15	N 挡信号	58	电源保持控制信号
20	充电信号	61	RMU 使能信号
21	P 挡信号	62	HVAC 使能信号
22	R 挡信号	63	充电状态信号
23	倒车灯使能信号	69	点火信号
25	B_CAN_低	71	控制器常电电源
26	蓄电池采集信号	72	控制器受控电源
27	D 挡信号	75	5V 传感器电源 2_地
28	E 挡信号	76	5V 传感器电源 2_正
32	驻车制动信号	77	5V 传感器电源 1_地
33	碰撞信号	78	5V 传感器电源 1_正
37	P_CAN_低	79	地
38	P_CAN_高	80	地

2.5.1.2 车载充电机低压连接端子（12针）

车载充电机低压连接端子如图 2-18 所示，端子定义见表 2-21。

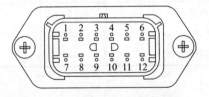

图 2-18 车载充电机低压连接端子

表 2-21 车载充电机端子定义

端子	端子定义	端子	端子定义
1	CAN H in（500KB/s、5V、0.1A）	6	互锁
2	CAN L in（500KB/s、5V、0.1A）	7	CAN 通信屏蔽地
4	低压输入/输出地	9	基准电压输出地（0.02A）
5	互锁	11	基准电压输出（12V、0.2A）

2.5.1.3 P 挡控制器连接端子（48针）

P 挡控制器连接端子如图 2-19 所示，端子定义见表 2-22。

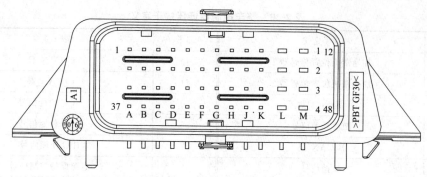

图 2-19 P 挡控制器连接端子

表 2-22 P 挡控制器端子定义

端子	端子定义	端子	端子定义
1	CAN 低	17	P 挡状态传感器 2
2	BRAKE 模式信号	23	蓄电池负
3	D 挡信号	24	蓄电池负
4	N 挡信号	25	E 按钮背景灯
5	R 挡信号	30	N 按钮背景灯
6	P 挡状态传感器 1	35	电机驱动 B
7	P 挡信号	36	电机驱动 B
9	制动开关信号	37	P 按钮背景灯
10	传感器电源输出负	38	D 按钮背景灯
11	蓄电池正	39	R 按钮背景灯
12	蓄电池正	40	S 按钮背景灯
13	传感器电源输出正	42	倒挡信号
14	CAN 高	47	电机驱动 A
15	E 挡信号	48	电机驱动 A

2.5.2 奔奔 EV

2.5.2.1 高压电池管理系统低压端子（18 针）

高压电池管理系统低压端子如图 2-20 所示，端子定义见表 2-23。

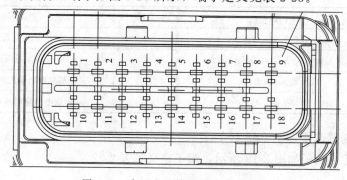

图 2-20 高压电池管理系统低压端子

表 2-23 高压电池管理系统低压端子定义

端子	英文名字	端子定义	端子	英文名字	端子定义
1	BCU_POWER_SUPPLY	BMS工作电源，接12V常电	11	POWER_GND	电源接地
2	BCU_WAKE_UP	BMS唤醒信号	12	CC2	直流充电连接信号
3	CC	交流充电连接信号	14	CARSH_HAPPEN	碰撞硬线检测信号
6	HV_INTERLOCK_IN	高压互锁输入	15	HV_INTERLOCK_OUT	高压互锁输出
7	ICAN_H	内网CAN高	16	ICAN_L	内网CAN低
8	DCCAN_H	直流充电CAN高	17	DC_CHARGE_CANL	直流充电CAN低
9	PCAN_H	整车CAN高	18	PCAN_L	整车CAN低
10	VBAT_GND	电池接地			

2.5.2.2 车载充电机低压端子（32针）

车载充电机低压端子如图2-21所示，端子定义见表2-24。

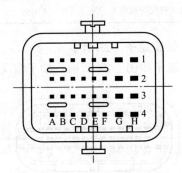

图 2-21 车载充电机低压端子

表 2-24 车载充电机低压端子定义

端子	端子定义	端子	端子定义
1E	指示灯输出/LED（+12V，50mA）	4A	CAN高/HS_CAN_H
1F	指示灯输出/LED（+12V，50mA）	4B	CAN低/HS_CAN_L
1H	低压输入正/KL30（+12V，1A）	4C	高压互锁/HVIL+
2A	硬线唤醒输出/HW WAKEUP OUTPUT	4D	高压互锁/HVIL-
2F	指示灯输出地/LED_GND	4G	低压输入负/KL31_GND
3A	控制导引信号/CP		

2.5.2.3 驱动电机低压端子（8针）

驱动电机低压端子如图2-22所示，端子定义见表2-25。

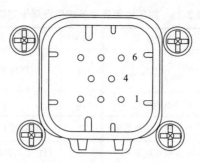

图 2-22 驱动电机低压端子

表 2-25 驱动电机低压端子定义

端子	端子定义		端子	端子定义	
1	激励+	旋变激励信号（双绞屏蔽线）	5	sin+	旋变 sin 信号（双绞屏蔽线）
2	激励-	旋变激励信号地（双绞屏蔽线）	6	sin-	旋变 sin 信号地（双绞屏蔽线）
3	cos+	旋变 cos 信号（双绞屏蔽线）	7	tmp+	电机温度传感器信号正
4	cos-	旋变 cos 信号地（双绞屏蔽线）	8	tmp-	电机温度传感器信号地

2.5.2.4 电机控制器总成 PDU 低压端子（39 针）

电机控制器总成 PDU 低压端子如图 2-23 所示，端子定义见表 2-26。

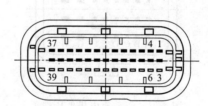

图 2-23 电机控制器总成 PDU 低压端子

表 2-26 电机控制器 PDU 低压端子定义

端子	端子定义	端子	端子定义
1、2	KL30：12V+	16	S2：sin+电机旋变正弦信号
3	KL15：钥匙输入信号	17	S3：cos-电机旋变余弦信号
4	整车安全使能信号	18	S4：sin-电机旋变正弦信号
5、6	KL31：12V-	20、21	高压直流互锁信号
7	CAN1_H	22、23	熔丝盒互锁信号
8	CAN1_L	24、25	外部互锁信号
9、10	电机温度输入信号	27	DCDC_PWR：12V+
13	R1 电机旋变激励信号	28	CAN2_L
14	R2 电机旋变激励信号	29	CAN2_H
15	S1：cos+电机旋变余弦信号	30	GND：12V-

2.5.2.5 整车控制器连接端子（73针）

整车控制器连接端子如图2-24所示，端子定义见表2-27。

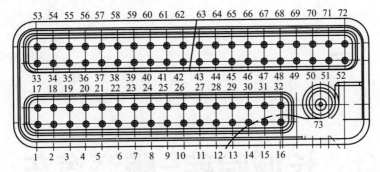

图2-24 整车控制器连接端子

表2-27 整车控制器连接端子定义

端子	类型	端子定义	端子	类型	端子定义
2	数字输出	倒挡灯使能	38	动力CAN高	P-CANH
4	数字输出	RMU使能	39	标定CAN高	C-CANH
6	数字输出	电源自保持继电器控制	41	数字输入	N
10	数字输出	充电状态指示灯控制	42	数字输入	制动开关信号1
12	数字输出	真空泵使能	43	数字输入	真空泵电源诊断
14	地输出	传感器5V地2	44	数字输入	制动开关信号2
15	电源输入	控制器受控电源	45	数字输入	ON信号
16	电源输出	加速踏板位置传感器5V电源2	46	数字输入	直流充电辅助电源A+
17	数字输出	HAVC使能	49	数字输入	预约开关检测
18	数字输出	充电连接指示灯使能	50	数字输入	碰撞信号
22	数字输出	BMS使能	51	数字输入	充电机唤醒VCU信号
25	数字输出	预约充电状态指示灯控制	55	模拟输入	加速踏板位置传感器2
26	数字输出	IPU使能/电源控制	57	整车CAN低	B-CANL
28	地输出	传感器5V地1	58	动力CAN低	P-CANL
29	电源输出	加速踏板位置传感器5V电源1	59	标定CAN低	C-CANL
30	地	功率地	61	数字输入	驻车制动信号
31	地	数字地	62	数字输入	D
32	模拟输入	小蓄电池电压采集	63	数字输入	START信号
33	模拟输入	快充插座温度信号采集	66	数字输入	R
35	模拟输入	真空压力传感器	67	数字输入	E
36	模拟输入	加速踏板位置传感器1	73	地	模拟地
37	整车CAN高	B-CANH			

第3章 长城哈弗-魏派汽车

3.1 发动机电脑

3.1.1 长城1.3T GW4B13发动机（60针+94针）

以长城哈弗2017年款H6车型为例，4B13发动机电脑端子图如图3-1所示，端子定义见表3-1。

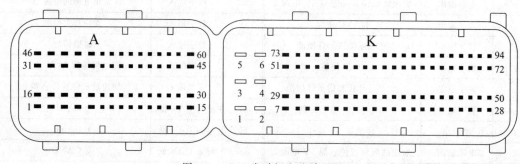

图 3-1 4B13发动机电脑端子图

表 3-1 4B13发动机电脑端子定义

端子	端子定义	端子	端子定义
A-1	第四缸点火	A-7	5V电源
A-2	第二缸点火	A-8	传感器接地
A-3	油压控制阀—	A-10	爆震传感器—
A-4	油压控制阀+	A-12	5V电源
A-5	可变气门正时阀（排气）	A-13	传感器接地
A-6	传感器接地	A-14	传感器接地

续表

端子	端子定义	端子	端子定义
A-16	第一缸点火	K-13	刹车真空助力传感器
A-17	第三缸点火	K-14	传感器接地
A-19	电子节气门控制＋	K-15	传感器接地
A-20	电子节气门控制－	K-19	刹车灯开关
A-22	传感器接地	K-20	空调请求开关
A-23	发动机转速传感器	K-22	空调中压开关
A-24	节气门位置传感器1	K-24	刹车开关
A-25	爆震传感器＋	K-26	风扇继电器1
A-27	5V电源	K-27	风扇继电器2
A-29	5V电源	K-28	低压油泵继电器
A-31	第一缸喷油＋	K-29	下游氧传感器加热
A-32	第四缸喷油＋	K-30	持续电源
A-33	第一缸喷油－	K-31	起动机控制继电器（低有效）
A-34	第三缸喷油－	K-34	氧传感器接地
A-35	炭罐控制阀	K-35	传感器接地
A-37	进气温度传感器	K-42	空调压缩机继电器
A-38	增压温度传感器	K-44	刷新和车身用CAN低
A-39	增压压力传感器	K-45	刷新和车身用CAN高
A-40	油轨压力传感器	K-46	空挡开关
A-41	节气门位置传感器2	K-47	起动机反馈信号
A-44	传感器接地	K-55	离合行程传感器
A-46	第三缸喷油＋	K-58	5V电源
A-47	第二缸喷油＋	K-61	加速踏板位置传感器2
A-48	第四缸喷油－	K-62	下游氧传感器
A-49	第二缸喷油－	K-63	进气压力传感器
A-50	可变气门正时阀（进气）	K-65	LIN总线
A-53	相位传感器（进气）	K-69	主继电器
A-54	相位传感器（排气）	K-71	废气控制阀
A-57	水温传感器	K-73	上游氧传感器加热
K-1	ECU接地1	K-76	校准电阻接端
K-2	ECU接地2	K-77	参考电池高电平
K-3	主继电器电源1	K-78	泵电池、参考电池共同接地端
K-4	ECU接地3	K-79	泵电池信号
K-5	主继电器电源2	K-81	传感器接地
K-6	主继电器电源3	K-82	传感器接地
K-8	电子泄气阀	K-83	加速踏板位置传感器1
K-9	起动机控制继电器（高有效）	K-87	点火开关
K-11	传感器接地	K-89	匹配用CAN低（CCP）
K-12	巡航控制	K-90	匹配用CAN高（CCP）

3.1.2 长城2.0T GW4C20A 发动机（60针+94针）

以长城魏派2017年款VV7S/VV7C车型为例，4C20A发动机电脑端子图如图3-2所示，端子定义见表3-2。

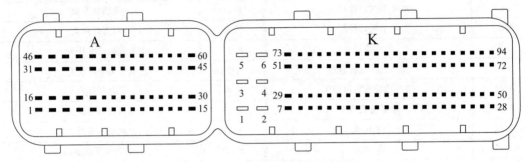

图3-2 4C20A发动机电脑端子图

表3-2 4C20A发动机电脑端子定义

端子	端子定义	端子	端子定义
A-1	第四缸点火信号	A-32	第四缸喷油正极
A-2	第二缸点火信号	A-33	第一缸喷油负极
A-3	高压油泵控制阀负极	A-34	第三缸喷油负极
A-4	高压油泵控制阀正极	A-35	炭罐电磁阀信号
A-5	VVT控制阀信号（排气）	A-37	进气温度信号
A-7	5V电源	A-38	增压温度信号
A-8	传感器接地	A-39	增压压力信号
A-10	爆震传感器负极	A-40	轨压信号
A-12	5V电源	A-41	节气门位置信号2
A-13	传感器接地	A-44	传感器接地
A-14	传感器接地	A-46	第三缸喷油正极
A-16	第一缸点火信号	A-47	第二缸喷油正极
A-17	第三缸点火信号	A-48	第四缸喷油负极
A-18	进气旁通阀	A-49	第二缸喷油负极
A-19	电子节气门控制正极	A-50	VVT控制阀信号（进气）
A-20	电子节气门控制负极	A-53	凸轮轴相位信号（进气）
A-22	传感器接地	A-54	凸轮轴相位信号（排气）
A-23	曲轴位置信号	A-55	进气翻板位置信号
A-24	节气门位置信号1	A-56	环境温度信号
A-25	爆震传感器信号正极	A-57	水温信号
A-27	5V电源	A-58	空气流量信号
A-29	5V电源	A-59	传感器接地
A-31	第一缸喷油正极	K-1	ECU接地1

续表

端子	端子定义	端子	端子定义
K-2	ECU接地2	K-43	离合器开关
K-3	主继电器电源1	K-44	CAN低
K-4	ECU接地3	K-45	CAN高
K-5	主继电器电源2	K-52	传感器接地2
K-6	主继电器电源3	K-58	5V电源
K-8	进气旁通阀信号	K-59	5V电源
K-11	传感器接地	K-61	加速踏板位置信号2
K-14	传感器接地	K-62	后氧传感器信号
K-19	制动开关信号	K-63	进气压力信号
K-24	制动开关信号	K-69	主继电器
K-26	冷却风扇继电器1	K-73	前氧传感器加热
K-27	冷却风扇继电器2	K-76	前氧传感器VM
K-28	低压油泵继电器	K-77	前氧传感器UN
K-29	后氧传感器加热端	K-78	前氧传感器IA
K-30	持续电源	K-79	前氧传感器IP
K-33	氧传感器接地2	K-81	传感器接地2
K-34	氧传感器接地1	K-82	传感器接地1
K-35	传感器接地1	K-83	加速踏板位置信号1
K-42	空调压缩机继电器	K-87	点火开关

3.1.3 长城2.0T GW4C20发动机（60针+94针）

以长城哈弗2017年款H6车型为例，4C20发动机电脑端子图如图3-3所示，端子定义见表3-3。

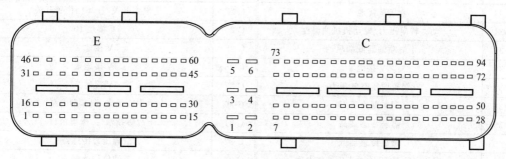

图3-3 4C20发动机电脑端子图

表3-3 4C20发动机电脑端子定义

端子	端子定义	端子	端子定义
E-1	1缸喷油器高端驱动	E-3	点火线圈C驱动（4缸）
E-2	3缸喷油器高端驱动	E-4	点火线圈A驱动（1缸）

续表

端子	端子定义	端子	端子定义
E-5	点火线圈 D 驱动（2 缸）	E-49	4 缸喷油器低端驱动
E-6	5V 参考电压 2	E-50	3 缸喷油器低端驱动
E-7	5V 接地 5	E-51	油轨压力输入
E-8	5V 接地 8	E-52	可变进气系统反馈
E-9	进气歧管温度传感器	E-53	进气流量传感器
E-10	58X 高信号	E-54	可变充气模式位置/废气再循环位置信号
E-11	58X 低信号	E-55	空调蒸发器温度传感器
E-13	可变进气系统	E-57	线性废气再循环/可变充气模式
E-14	炭罐清洗电磁阀	E-58	可变气门相位（进气）
E-15	节气门电机低	E-59	可变气门升程（进气）/远程遥控启动输出
E-16	4 缸喷油器高端驱动	C-1	电源接地
E-17	2 缸喷油器高端驱动	C-2	蓄电池电源
E-18	5V 参考电压 2	C-3	受控电源
E-19	5V 参考电压 2	C-4	电源接地
E-20	点火线圈 B 驱动（3 缸）	C-5	受控电源
E-21	5V 接地 12	C-6	电源接地
E-22	5V 接地 13	C-8	空调中压开关（低有效）/压缩机温度保护开关
E-23	发动机机油温度	C-9	可变充气模式系统反馈信号
E-24	冷却水温传感器	C-10	发动机启动请求/空调请求（高有效）
E-25	进气歧管压力传感器	C-11	制动器开关输入
E-26	节气门位置传感器 1	C-14	动力转向压力开关
E-27	节气门位置传感器 2	C-16	5V 参考电压 2
E-28	废气门阀片控制	C-17	氧传感器 A 高/宽域线性氧传感器参考工作单元
E-29	增压器泄压阀	C-18	氧传感器 A 低/宽域线性氧传感器参考工作单元接地
E-30	节气门电机高	C-19	氧传感器 B 低
E-31	5V 参考电压 1	C-20	氧传感器 B 高
E-32	5V 参考电压 1	C-21	巡航设置开关/空挡开关/空调中压开关（高有效）
E-33	5V 接地 4	C-22	巡航主开关/驻车挡位置开关
E-34	动力转向压力/发动机机油温度	C-23	5V 接地 10
E-35	1 缸喷油器低端驱动	C-25	5V 接地 2
E-36	5V 接地 9	C-26	5V 接地 1
E-37	涡轮增压空气压力	C-27	5V 接地 7
E-38	刹车助力压力	C-30	中冷风扇/刹车助力泵
E-39	爆震传感器高	C-31	故障指示灯/爆震窗口
E-40	爆震传感器低	C-32	空调压力传感器
E-41	蓄电池温度/涡轮增压后进气温度	C-33	油位传感器
E-42	凸轮轴相位传感器（进气）	C-34	燃油箱压力信号输入/大气压力信号输入
E-43	凸轮轴相位传感器（排气）	C-35	踏板位置传感器 1
E-44	可变气门相位（排气）	C-36	5V 接地 6
E-46	溢流电磁阀低端驱动	C-38	远程遥控启动输入/碰撞断油输入/乙醇浓度输入
E-47	2 缸喷油器低端驱动	C-39	5V 接地 1
E-48	溢流电磁阀高端驱动	C-40	宽域线性氧传感器修正电阻

续表

端子	端子定义	端子	端子定义
C-41	宽域线性氧传感器泵工作单元	C-70	CAN 高
C-42	制动灯信号输入	C-71	CAN 低
C-43	机油压力开关/空调请求（低有效）	C-73	氧传感器 B 加热控制
C-44	附属电器电源	C-74	燃油消耗输出/里程记录
C-45	模拟信号巡航输入	C-75	转速信号输出
C-47	5V 接地 11	C-76	主继电器
C-49	5V 接地 3	C-77	防盗指示灯/启停功能指示灯
C-51	氧传感器 A 加热控制	C-78	维修车辆信号灯
C-52	油位输出	C-80	起动机继电器
C-53	巡航设置指示灯	C-81	炭罐通气阀
C-54	踏板位置传感器 2	C-83	空调离合器继电器
C-55	油泵继电器（高端驱动）	C-84	散热器风扇 2
C-56	油泵继电器（低端驱动）	C-85	散热器风扇 1
C-57	发电机 F 端子	C-86	巡航取消/离合器开关（低有效）
C-58	车速传感器	C-87	轮速传感器高
C-59	巡航主指示灯	C-88	防盗器请求输入
C-61	电器负载（低有效）	C-89	轮速传感器低
C-62	车身接地	C-90	发电机 L 端子/冷却水温度输出
C-63	电器负载（高有效）	C-91	节温器控制
C-65	5V 参考电压 1	C-92	LIN 总线
C-66	发动机启动输入	C-93	KW2000 通信线
C-67	5V 参考电压 2	C-94	巡航恢复/启停功能控制开关

3.2 变速器电脑

3.2.1 长城 GW7DCT1-A01 七速双离合变速器（68 针+ 43 针）

以长城魏派 2017 年款 VV7S/VV7C 车型为例，7DCT 变速器电脑端子图和穿缸连接器如图 3-4 所示，端子定义见表 3-4、表 3-5。

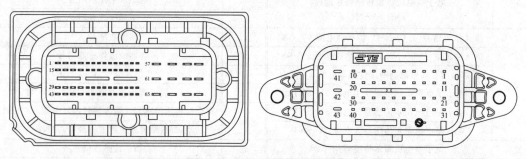

图 3-4　7DCT 变速器电脑端子图和穿缸连接器

表 3-4　7DCT 变速器电脑 68 针端子定义

端子	端子定义	端子	端子定义
1	1、5 挡电磁阀高边线性输出	28	整车通信 CAN2_L 接口
2	2、6 挡电磁阀高边线性输出	29	奇数轴离合器电磁阀低边回路信号
3	润滑流量电磁阀高边线性输出	30	1、5 挡电磁阀低边回路信号
4	预留线性阀高边线性输出	30	3、7 挡电磁阀低边回路信号
5	倒车灯继电器低边开关输出	30	AR1 电磁阀低边回路信号
6	手动模式降挡	31	润滑流量电磁阀低边回路信号
7	预留数字量_5	31	开关电磁阀低边回路信号
8	拨叉位置信号_1（2-N-6）	32	P 挡锁电磁阀驱动信号
9	奇数轴离合器电磁阀压力传感器信号	33	预留门信号
10	离合器油温传感器地线 GND_8VSN2	34	预留数字量_3
11	偶数轴转速传感器电源 8V_SN2	35	油底壳温度传感器信号
12	电子泵电机霍尔传感器信号 2	36	拨叉位置信号_3（3-N-7）
13	变速器标定 CAN1_H 接口	37	预留模拟输入信号
14	变速器标定 CAN1_L 接口	38	拨叉位置信号_2（5-N-1）传感器地线 GND_5VSN2
15	3、7 挡电磁阀高边线性输出	38	拨叉位置信号_3（3-N-7）传感器地线 GND_5VSN2
16	4、R 挡电磁阀高边线性输出	38	奇数轴离合器电磁阀油压传感器地线 GND_5VSN2
18	开关电磁阀高边线性输出	38	挡位传感器（P/R/N/D）地线 GND_5VSN2
19	预留继电器	38	换挡拨片地线 GND_5VSN2
20	预留数字量_2	39	拨叉位置信号_2（5-N-1）传感器电源 5V_SN2
21	换挡拨片信号	39	拨叉位置信号_3（3-N-7）传感器电源 5V_SN2
22	拨叉位置信号_2（5-N-1）	39	奇数轴离合器电磁阀油压传感器电源 5V_SN2
23	偶数轴离合器电磁阀压力传感器信号	39	挡位传感器（P/R/N/D）电源 5V_SN2
24	拨叉位置信号_1（2-N-6）传感器地线 GND_5VSN1	40	电子泵电机霍尔传感器信号 1
24	拨叉位置信号_4（4-N-R）传感器地线 GND_5VSN1	41	偶数轴转速信号
24	偶数轴离合器电磁阀油压传感器地线 GND_5VSN1	43	偶数轴离合器电磁阀低边回路信号
24	电子泵电机霍尔传感器 1 地线 GND_5VSN1	44	2、6 挡电磁阀低边回路信号
24	电子泵电机霍尔传感器 2 地线 GND_5VSN1	44	4、R 挡电磁阀低边回路信号
24	电子泵电机霍尔传感器 3 地线 GND_5VSN1	44	AR2 电磁阀低边回路信号
24		45	预留电磁阀低边回路信号
24		46	电子水泵控制信号
24		47	手动模式升挡
25	拨叉位置信号_1（2-N-6）传感器电源 5V_SN1	48	预留数字量_4
25	拨叉位置信号_4（4-N-R）传感器电源 5V_SN1	49	离合器油温传感器信号
25	偶数轴离合器电磁阀油压传感器电源 5V_SN1	50	拨叉位置信号_4（4-N-R）
25	电子泵电机霍尔传感器 1 电源 5V_SN1	51	油底壳温度传感器地线 GND_8VSN1
25	电子泵电机霍尔传感器 2 电源 5V_SN1	52	离合器转速传感器（输入轴转速）电源 8V_SN1
25	电子泵电机霍尔传感器 3 电源 5V_SN1	52	奇数轴转速传感器电源 8V_SN1
26	电子泵电机霍尔传感器信号 3	53	挡位传感器信号
27	整车通信 CAN2_H 接口	54	离合器转速信号（输入轴转速）

续表

端子	端子定义	端子	端子定义
55	奇数轴转速信号	62	AR2 电磁阀高边线性输出
56	TCU 上电信号	63	TCU 供电电源负极
57	电子泵电机_U 相输出	64	TCU 供电电源负极
58	AR1 电磁阀高边线性输出	65	电子泵电机_W 相输出
59	蓄电池电压	66	预留开关电磁阀高边线性输出
60	蓄电池电压	67	奇数轴离合器电磁阀高边线性输出
61	电子泵电机_V 相输出	68	偶数轴离合器电磁阀高边线性输出

表 3-5 穿缸连接器 43 针端子定义

端子	端子定义	端子	端子定义
2	拨叉位置信号_3 (3-N-7)	20	电子泵电机霍尔传感器信号 1
3	奇数轴转速信号	21	离合器转速传感器（输入轴转速）电源 8V_SN1
4	拨叉位置信号_1 (2-N-6) 传感器电源 5V_SN1		奇数轴转速传感器电源 8V_SN1
4	拨叉位置信号_4 (4-N-R) 传感器电源 5V_SN1	22	拨叉位置信号_4 (4-N-R)
4	偶数轴离合器电磁阀油压传感器电源 5V_SN1	23	拨叉位置信号_2 (5-N-1)
4	电子泵电机霍尔传感器 1 电源 5V_SN1	24	拨叉位置信号_1 (2-N-6) 传感器地线 GND_5VSN1
4	电子泵电机霍尔传感器 2 电源 5V_SN1	24	拨叉位置信号_4 (4-N-R) 传感器地线 GND_5VSN1
4	电子泵电机霍尔传感器 3 电源 5V_SN1	24	偶数轴离合器电磁阀油压传感器地线 GND_5VSN1
5	奇数轴离合器电磁阀压力传感器信号	24	
6	奇数轴离合器电磁阀低边回路信号	24	
7	1、5 挡电磁阀高边线性输出	24	电子泵电机霍尔传感器 1 地线 GND_5VSN1
8	2、6 挡电磁阀高边线性输出	24	电子泵电机霍尔传感器 2 地线 GND_5VSN1
		24	电子泵电机霍尔传感器 3 地线 GND_5VSN1
10	拨叉位置信号_1 (2-N-6) 传感器地线 GND_5VSN1	25	预留模拟输入信号
10	拨叉位置信号_4 (4-N-R) 传感器地线 GND_5VSN1	26	偶数轴离合器电磁阀低边回路信号
10	偶数轴离合器电磁阀油压传感器地线 GND_5VSN1	27	1、5 挡电磁阀低边回路信号
10	电子泵电机霍尔传感器 1 地线 GND_5VSN1	27	3、7 挡电磁阀低边回路信号
10	电子泵电机霍尔传感器 2 地线 GND_5VSN1	27	AR1 电磁阀低边回路信号
10	电子泵电机霍尔传感器 3 地线 GND_5VSN1	28	2、6 挡电磁阀低边回路信号
		28	4、R 挡电磁阀低边回路信号
12	拨叉位置信号_1 (2-N-6)	29	AR2 电磁阀低边回路信号
13	油底壳温度传感器地线 GND_8VSN1	29	润滑流量电磁阀低边回路信号
14	拨叉位置信号_2 (5-N-1) 传感器电源 5V_SN2	29	开关电磁阀低边回路信号
14	拨叉位置信号_3 (3-N-7) 传感器电源 5V_SN2	30	电子泵电机霍尔传感器信号 2
14	奇数轴离合器电磁阀油压传感器电源 5V_SN2	31	油底壳温度传感器信号
14	挡位传感器（P/R/N/D）电源 5V_SN2	32	偶数轴转速信号
15	偶数轴离合器电磁阀压力传感器信号 GND_5VSN1	33	偶数轴转速传感器电源 8V_SN2
16	偶数轴离合器电磁阀高边线性输出	34	拨叉位置信号_2 (5-N-1) 传感器地线 GND_5VSN2
17	3、7 挡电磁阀高边线性输出	34	
18	4、R 挡电磁阀高边线性输出	34	拨叉位置信号_3 (3-N-7) 传感器地线 GND_5VSN2
19	开关电磁阀高边线性输出		

续表

端子	端子定义	端子	端子定义
34	奇数轴离合器电磁阀油压传感器地线 GND_5VSN2 挡位传感器（P/R/N/D）地线 GND_5VSN2 换挡拨片地线 GND_5VSN2	39	拨叉位置信号_1 (2-N-6) 传感器电源 5V_SN1 拨叉位置信号_4 (4-N-R) 传感器电源 5V_SN1 偶数轴离合器电磁阀油压传感器电源 5V_SN1 电子泵电机霍尔传感器 1 电源 5V_SN1 电子泵电机霍尔传感器 2 电源 5V_SN1 电子泵电机霍尔传感器 3 电源 5V_SN1
35	奇数轴离合器电磁阀高边线性输出		
36	AR1 电磁阀高边线性输出	40	电子泵电机霍尔传感器信号 3
37	AR2 电磁阀高边线性输出	41	电子泵电机_U 相输出
38	润滑流量电磁阀高边线性输出	42	电子泵电机_V 相输出
		43	电子泵电机_W 相输出

3.2.2 长城 7DCT300 七速双离合变速器（67 针+ 58 针）

以长城哈弗 2017 年款 H6 车型为例，变速器电脑端子图如图 3-5 所示，端子定义见表 3-6、表 3-7。

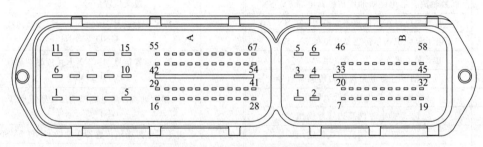

图 3-5　7DCT300 变速器电脑端子图

表 3-6　7DC300 变速器电脑 67 针端子定义

端子	端子定义	端子	端子定义
1	离合器执行电机 2 相位 U	16	离合器冷却泵电机霍尔传感器信号 1
2	离合器执行电机 2 相位 V	17	换挡电机 2 霍尔传感器信号 1
3	离合器执行电机 2 相位 W	18	换挡电机 1 霍尔传感器信号 1
4	离合器执行电机 1 相位 U	19	离合器执行电机 2 霍尔传感器信号 1
5	离合器执行电机 1 相位 V	20	离合器执行电机 1 霍尔传感器信号 1
6	换挡电机 1 相位 U	21	离合器执行电机 1 霍尔传感器电源（5V）
7	换挡电机 1 相位 V	22	离合器执行电机 1 霍尔传感器位置信号
8	换挡电机 1 相位 W	23	温度传感器信号
9	换挡电机 2 相位 U	24	压力传感器 2 信号
10	离合器执行电机 1 相位 W	25	压力传感器 1 信号
11	离合器冷却泵电机相位 V	27	输入转速传感器 2 信号
12	离合器冷却泵电机相位 W	28	输入转速传感器 1 信号
13	离合器冷却泵电机相位 U	29	离合器冷却泵电机霍尔传感器信号 2
14	换挡电机 2 相位 V	30	换挡电机 2 霍尔传感器信号 2
15	换挡电机 2 相位 W	31	换挡电机 1 霍尔传感器信号 2

续表

端子	端子定义	端子	端子定义
32	离合器执行电机2霍尔传感器信号2	46	离合器执行电机1霍尔传感器信号3
33	离合器执行电机1霍尔传感器信号2	47	换挡电机1霍尔传感器电源(5V)
34	离合器执行电机2霍尔传感器电源(5V)	48	换挡电机1霍尔传感器位置信号
35	离合器执行电机2霍尔传感器位置信号	49	换挡电机2霍尔传感器电源(5V)
36	温度传感器接地	50	压力传感器2电源(5V)
37	压力传感器2接地	51	压力传感器1电源(5V)
38	压力传感器1接地	55	离合器冷却泵电机霍尔传感器接地
40	输入转速传感器2电源(10V)	56	换挡电机2霍尔传感器接地
41	输入转速传感器1电源(10V)	57	换挡电机1霍尔传感器接地
42	离合器冷却泵电机霍尔传感器信号3	58	离合器执行电机2霍尔传感器接地
43	换挡电机2霍尔传感器信号3	59	离合器执行电机1霍尔传感器接地
44	换挡电机1霍尔传感器信号3	60	离合器冷却泵电机霍尔传感器电源(5V)
45	离合器执行电机2霍尔传感器信号5	61	换挡电机2霍尔传感器位置信号

表3-7 7DC300变速器电脑58针端子定义

端子	端子定义	端子	端子定义
1	蓄电池电源	22	CAN2低
2	接地	29	换挡升挡
3	蓄电池电源	31	点火电源
4	接地	34	CAN1高
5	蓄电池电源	35	CAN1低
6	接地	40	倒车灯
18	来自蓄电池的低压电源	42	换挡接地
21	CAN2高	43	电动泵

3.2.3 长城6F24六速自动变速器(94针+18针)

以长城哈弗2016年款H6车型为例，6F24变速器电脑端子图和主接插件端子图如图3-6所示，端子定义见表3-8、表3-9。

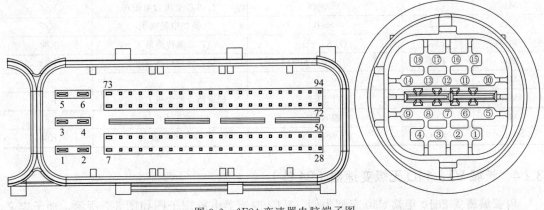

图3-6 6F24变速器电脑端子图

表 3-8　6F24 变速器电脑 94 针端子定义

端子	端子定义	端子	端子定义
K1	功率输出极接地 1	K51	LP 变压力电磁阀
K2	电磁阀电源 1	K52	低速离合器变压力电磁阀
K3	功率输出极接地 2	K54	输出转速传感器信号
K4	电磁阀电源 2	K55	输入转速传感器信号
K5	TCU 接地	K62	ATF 油温传感器（－）
K6	电磁阀供电电压端 1（接蓄电池正极熔丝盒 12V）	K63	输入转速传感器电源
K7	超速离合器变压力电磁阀	K72	接 IG1 继电器 87 脚（电源 12V）
K8	35R 变压力电磁阀	K73	电磁阀供电电压端 2（接蓄电池正极熔丝盒 12V）
K12	距离传感器 2（S2）	K77	CAN 高
K13	距离传感器 4（S4）	K78	CAN 低
K15	手动升挡开关	K81	手动降挡开关
K29	液力变矩器变压力电磁阀	K84	ATF 油温传感器（＋）
K30	26 变压力电磁阀	K85	输出转速传感器电源
K34	距离传感器 1（S1）	K86	换挡电磁阀 A
K35	距离传感器 3（S3）	K87	换挡电磁阀 B
K36	雪地模式开关	K94	接蓄电池正极熔丝盒 12V
K37	手动模式选择开关		

表 3-9　6F24 变速器主接插件 18 针端子定义

阳接插件变速器侧	阴接插件线束侧	英文名字	端子定义	TCU 接插件
M1	F1	—	—	
M2	F2	VFS-T/CON	液力变矩器变压力电磁阀	K29
M3	F3	VCC（OUTPUT SPEED）	输出转速传感器电源	K85
M4	F4	SIGNAL（OUTPUT SPEED）	输出转速传感器信号	K54
M5	F5	SOL POWER2	电磁阀电源 2	K4
M6	F6	VFS-35R	3、5、R 挡变压力电磁阀	K8
M7	F7	VFS-OD	超速离合器变压力电磁阀	K7
M8	F8	SIGNAL（INPUT SPEED）	输入转速传感器信号	K55
M9	F9	OTS（－）	ATF 油温传感器（－）	K62
M10	F10	SOL POWER1	电磁阀电源 1	K2
M11	F11	VFS-26	2、6 挡变压力电磁阀	K30
M12	F12	SS-B	换挡电磁阀 B	K87
M13	F13	OTS（＋）	ATF 油温传感器（＋）	K84
M14	F14	VCC（INPUT SPEED）	输入转速传感器电源	K63
M15	F15	—	—	
M16	F16	VFS-UD	低速离合器变压力电磁阀	K52
M17	F17	VFS-LP	LP 变压力电磁阀	K51
M18	F18	SS-A	换挡电磁阀 A	K86

3.2.4　长城 VT2-11D 无级变速器（94 针）

以长城腾翼 2010 年款 C30 车型为例，VT2 变速器电脑端子图如图 3-7 所示，端子定义见表 3-10。

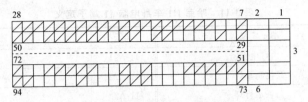

图 3-7 VT2 无级变速器电脑端子图

表 3-10 VT2 无级变速器电脑端子定义

端子	端子定义	端子	端子定义
1、2	常闭合电源 KL.30	34	制动信号
6	点火电源 KL.15	59	手动模式信号
3、4	接地 KL.31	81	加挡信号
5	VHSD1（执行器电源）	80	减挡信号
30、77、78	转速和位置传感器电源（8,4V）	75	P_S2（从动锥轮压力）
32；74	压力传感器电源（5V）	76	雪地模式
33	GND 驾驶模式传感器	48	换挡锁
41、64、86	GND 传感器接地	85	K-Line
38	变速器油温	9	CAN-高速
61	N_Prim（主动锥轮转速）	8	CAN-低速
63	N_ab（从动锥轮转速）	92	启动锁
87	N_MOT（发动机转速信号）	91	EDS1（从动锥轮压力调节器）
57	DMS_A（驾驶模式传感信号）	90	EDS2（主动锥轮压力调节器）
58	DMS_B（驾驶模式传感信号）	89	EDS3（离合器压力调节器）
79	DMS_C（驾驶模式传感信号）	71	倒车灯继电器
35	DMS_D（驾驶模式传感信号）	49	故障灯

3.3 车身电脑

3.3.1 长城哈弗 H1 车身电脑（8 针+48 针+8 针+48 针）

以长城哈弗 2016 年款 H1 蓝标版为例，该车车身电脑端子图如图 3-8 所示，端子定义见表 3-11、表 3-12。

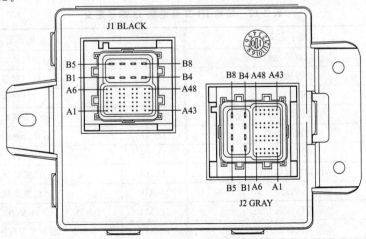

图 3-8 哈弗 H1 车身电脑端子图

表 3-11 哈弗 H1 车身电脑 J1 端子定义

端子	端子定义	端子	端子定义
J1-B1	内灯电源	J1-A21	N/A
J1-B2	高位制动灯	J1-A22	N/A
J1-B3	白昼运行灯	J1-A23	N/A
J1-B4	BCM GND	J1-A24	N/A
J1-B5	后雾灯	J1-A25	后视镜打开继电器
J1-B6	右转向灯	J1-A26	N/A
J1-B7	左转向灯	J1-A27	N/A
J1-B8	外灯电源	J1-A28	N/A
J1-A1	N/A	J1-A29	N/A
J1-A2	危险报警背景灯	J1-A30	N/A
J1-A3	N/A	J1-A31	N/A
J1-A4	中控台背景灯和氛围灯	J1-A32	节电继电器
J1-A5	左制动灯	J1-A33	后视镜折叠继电器
J1-A6	右制动灯	J1-A34	N/A
J1-A7	远光灯继电器	J1-A35	N/A
J1-A8	左前雾灯继电器	J1-A36	右前雾灯继电器
J1-A9	N/A	J1-A37	N/A
J1-A10	喇叭继电器	J1-A38	防盗指示灯
J1-A11	前刮水器速度继电器	J1-A39	HS_CAN_1（H）
J1-A12	N/A	J1-A40	N/A
J1-A13	后背门解锁继电器	J1-A41	N/A
J1-A14	N/A	J1-A42	车道偏离开关
J1-A15	近光灯继电器	J1-A43	N/A
J1-A16	车窗电源延时继电器	J1-A44	N/A
J1-A17	前洗涤继电器	J1-A45	HS_CAN_1（L）
J1-A18	N/A	J1-A46	N/A
J1-A19	点火锁背景灯	J1-A47	前刮水器调节开关
J1-A20	前刮水器电源继电器	J1-A48	危险报警开关

表 3-12 哈弗 H1 车身电脑 J2 端子定义

端子	端子定义	端子	端子定义
J2-B1	门解锁电机	J2-A3	右前门状态开关
J2-B2	中控锁电源	J2-A4	左后门状态开关
J2-B3	BCM GND	J2-A5	右后门状态开关
J2-B4	BCM GND	J2-A6	前舱盖状态开关
J2-B5	门闭锁电机	J2-A7	后背门解锁开关
J2-B6	中控锁 GND	J2-A8	钥匙插入开关
J2-B7	位置灯和牌照灯	J2-A9	位置灯开关
J2-B8	内灯	J2-A10	前洗涤开关
J2-A1	后背门状态开关	J2-A11	N/A
J2-A2	左前门状态开关	J2-A12	前刮水器高速开关

续表

端子	端子定义	端子	端子定义
J2-A13	前刮水器低速开关	J2-A31	碰撞信号
J2-A14	后视镜打开/折叠开关	J2-A32	中控闭锁开关
J2-A15	N/A	J2-A33	中控解锁开关
J2-A16	驻车制动开关	J2-A34	前雾灯开关
J2-A17	N/A	J2-A35	制动踏板开关
J2-A18	N/A	J2-A36	N/A
J2-A19	左转向开关	J2-A37	N/A
J2-A20	右转向开关	J2-A38	倒车挡位开关
J2-A21	远光灯开关	J2-A39	前刮水器停止位开关
J2-A22	近光灯开关	J2-A40	N/A
J2-A23	自动灯开关	J2-A41	HS_CAN_2（H）
J2-A24	后雾灯开关	J2-A42	HS_CAN_2（H）
J2-A25	Start 反馈开关	J2-A43	RF 天线
J2-A26	ACC 反馈开关	J2-A44	N/A
J2-A27	IGN1 反馈开关	J2-A45	N/A
J2-A28	N/A	J2-A46	N/A
J2-A29	IGN2 反馈开关	J2-A47	N/A
J2-A30	驾驶员门锁状态开关	J2-A48	N/A

3.3.2 长城哈弗 H2 车身电脑（72 针 + 72 针 + 16 针 + 16 针）

以长城哈弗 2016 年款 H2 车型为例，该车车身电脑端子图如图 3-9 所示，端子定义见表 3-13。

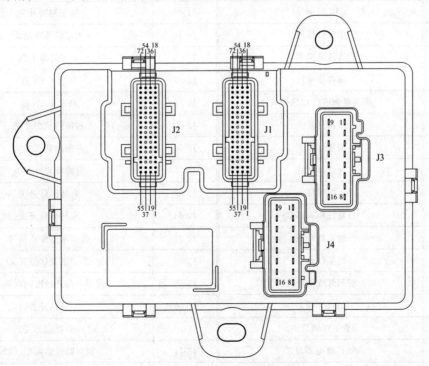

图 3-9 哈弗 H2 车身电脑端子图

表 3-13　哈弗 H2 车身电脑端子定义

端子	端子定义	端子	端子定义
J1-2	右昼间行驶灯	J2-11	IGN1 继电器反馈
J1-3	左昼间行驶灯	J2-12	前刮水器开关－高速
J1-5	左转向灯诊断输入	J2-13	前刮水器电源继电器
J1-6	右转向灯诊断输入	J2-14	前刮水器高速继电器
J1-7	背景灯调节＋	J2-15	拖车后雾灯
J1-8	驾驶员侧座椅加热开关	J2-17	远光灯继电器
J1-9	灯光开关 2	J2-19	刮水器灵敏度开关地
J1-10	左前门门锁状态开关	J2-20	灯光开关 1
J1-11	中控主开关解锁	J2-22	前洗涤开关
J1-12	中控主开关闭锁	J2-24	前刮水器开关－自动
J1-13	碰撞解锁信号	J2-26	后洗涤开关
J1-14	后视镜折叠开关	J2-31	前刮水器开关－低速
J1-16	后视镜折叠	J2-33	喇叭继电器
J1-18	后视镜展开	J2-35	超级锁解锁继电器
J1-22	高速 CAN 低	J2-37	LIN1
J1-26	左前位置灯	J2-42	左后门状态开关
J1-29	右前位置灯	J2-44	右后门状态开关
J1-40	高速 CAN 高	J2-47	后背门状态开关
J1-44	BCM 地	J2-49	驻车制动开关
J1-47	中控锁接地	J2-51	大灯清洗继电器
J1-55	点火开关照明灯	J2-53	近光灯继电器
J1-56	防盗指示灯	J2-55	高速 CAN 高
J1-58	副驾驶侧座椅加热开关	J2-56	高速 CAN 低
J1-59	后雾灯开关	J2-59	右前门状态开关
J1-61	前雾灯开关	J2-60	左前门状态开关
J1-62	高位制动灯	J2-61	危险报警灯开关
J1-65	牌照灯	J2-62	右转向灯开关
J1-71	背景灯和氛围灯	J2-63	左转向灯开关
J2-1	远光灯开关	J2-64	前刮水器停止信号
J2-2	超车灯开关	J2-65	发动机盖状态开关
J2-3	前照灯清洗开关	J2-68	前刮水器灵敏度间歇调节
J2-7	制动灯开关	J2-69	倒挡开关
J2-8	背景灯调节－	J2-70	后背门开关
J2-9	ACC 继电器反馈	J2-71	制动踏板熔断器反馈
J2-10	IGN2 继电器反馈	J2-72	天线

续表

端子	端子定义	端子	端子定义
J3-3	电源 2	J4-2	左后位置灯
J3-4	副驾驶座椅加热高热	J4-3	后备厢解锁
J3-5	副驾驶座椅加热低热	J4-4	后洗涤
J3-6	驾驶座椅加热高热	J4-5	前洗涤
J3-7	驾驶座椅加热低热	J4-6	电源 1
J3-8	拖车倒车灯	J4-7	所有门闭锁
J3-9	电源 4	J4-8	所有门解锁
J3-10	拖车制动灯	J4-9	电源地 2
J3-11	内灯	J4-10	右后位置灯
J3-12	电源地 1	J4-11	BCM 电源
J3-13	左转向灯	J4-12	右前雾灯
J3-14	右转向灯	J4-13	右制动灯
J3-15	电源 3	J4-14	电源 6
J3-16	左制动灯	J4-15	左前雾灯
J4-1	电源 5	J4-16	后雾灯

3.3.3 长城哈弗 H2S 车身电脑（48 针+ 8 针+ 48 针+ 8 针）

以长城哈弗 2016 年款 H2S 车型为例，该车车身电脑端子图如图 3-10 所示，端子定义见表 3-14。

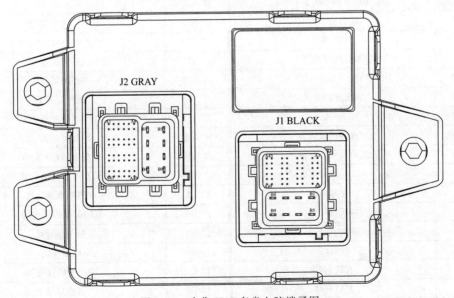

图 3-10 哈弗 H2S 车身电脑端子图

表 3-14 哈弗 H2S 车身电脑端子定义

端子	端子定义	端子	端子定义
J1-A2	危险报警背光灯	J2-A3	右前门状态开关
J1-A4	背景灯	J2-A4	左后门状态开关
J1-A5	左制动灯	J2-A5	右后门状态开关
J1-A6	右制动灯	J2-A6	前舱盖状态开关
J1-A7	远光灯继电器	J2-A7	后背门开启开关
J1-A8	左前雾灯继电器	J2-A8	启动停止开关/钥匙检测开关
J1-A9	预留	J2-A9	灯光组合开关 2
J1-A10	喇叭继电器	J2-A10	前洗涤开关
J1-A11	前刮水器高速继电器	J2-A11	前刮水器自动/间歇
J1-A12	背景灯亮度调节-	J2-A12	前刮水器高速
J1-A13	后备厢解锁继电器	J2-A13	前刮水器点动/低速
J1-A15	近光灯继电器	J2-A14	后视镜打开/折叠开关
J1-A16	车窗电源延时继电器	J2-A16	驻车制动开关 PBS
J1-A17	后刮水器	J2-A17	后洗涤开关
J1-A19	一键启动开关背景灯/点火锁发光圈	J2-A19	左转向灯开关
J1-A20	前刮水器电源继电器	J2-A20	右转向灯开关
J1-A25	后视镜打开	J2-A21	超车灯开关
J1-A26	后洗涤	J2-A22	远光灯开关
J1-A31	前洗涤	J2-A23	灯光组合开关 1
J1-A32	节电继电器	J2-A24	后雾灯开关
J1-A33	后视镜折叠	J2-A25	启动
J1-A36	右前雾灯继电器	J2-A26	ACC
J1-A37	LIN1（BCM 主）	J2-A27	IGN1
J1-A38	防盗指示灯	J2-A29	IGN2_FB 信号
J1-A39	CAN 高 1	J2-A30	驾驶员门锁反馈开关
J1-A41	背景灯亮度调节+	J2-A31	碰撞解锁信号
J1-A43	LIN2（BCM 主）	J2-A32	中控闭锁开关
J1-A44	后刮水器开关	J2-A34	前雾灯开关
J1-A45	CAN 低 1	J2-A35	EPS 制动踏板开关
J1-A47	刮水器间歇调节	J2-A38	倒挡开关
J1-A48	危险报警灯开关	J2-A39	前刮水器停止信号
J1-B1	KL30_内灯电源	J2-A40	后刮水器归位信号
J1-B2	高位制动灯	J2-B1	中控解锁继电器
J1-B3	昼间行车灯	J2-B2	KL30_中控锁电源
J1-B4	接地_信号1	J2-B3	接地信号 0
J1-B5	后雾灯	J2-B4	电源接地
J1-B6	右转向灯	J2-B5	中控闭锁继电器
J1-B7	左转向灯	J2-B6	接地信号 2
J1-B8	KL30_外灯电源	J2-B7	位置灯/牌照灯
J2-A1	后背门状态开关	J2-B8	内灯
J2-A2	左前门状态开关		

3.3.4　长城哈弗 H5 车身电脑（48 针+ 8 针+ 48 针+ 8 针）

以长城哈弗 2015 年款 H5 车型为例，该车车身电脑端子图如图 3-11 所示，端子定义见表 3-15。

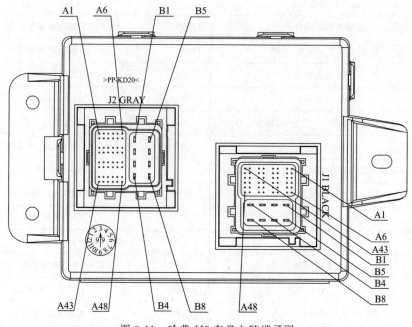

图 3-11　哈弗 H5 车身电脑端子图

表 3-15　哈弗 H5 车身电脑端子定义

端子	端子定义	端子	端子定义
J1-B1	电源	J1-A7	后除霜继电器
J1-B2	后刹车灯	J1-A8	前刮水器电源继电器
J1-B3	白昼运行灯	J1-A9	门状态指示灯
J1-B4	地	J1-A10	喇叭继电器
J1-B5	后雾灯	J1-A11	近光灯
J1-B6	右转向灯	J1-A13	后掀门解锁继电器
J1-B7	左转向灯	J1-A14	远光灯
J1-B8	电源	J1-A15	前刮水器速度选择继电器
J1-A1	2 驱/4 驱指示灯	J1-A16	中控闭锁
J1-A2	危险报警灯	J1-A17	中控解锁
J1-A4	背光	J1-A18	节电继电器
J1-A5	左位置灯	J1-A19	牌照灯
J1-A6	右位置灯	J1-A20	前雾灯继电器

续表

端子	端子定义	端子	端子定义
J2-A9	右转向灯开关	J2-B7	前喷水电机
J2-A10	驻车制动开关	J2-B8	内灯
J2-A11	远光灯闪光开关	J2-A1	左转向灯开关
J2-A12	前刮水器开关自动	J2-A2	左前门微动开关
J2-A13	前刮水器开关低速/点动	J2-A3	右前门微动开关
J2-A14	中控闭锁开关	J2-A4	左后门微动开关
J2-A16	前清洗器开关	J2-A5	灯开关位置灯
J2-A17	2驱/4驱电机位置反馈（用于老K5版本，TOD）	J2-A6	灯开关自动挡
J2-A18	后除霜开关	J2-A7	后掀门微动开关
J2-A19	2驱/4驱模式选择开关（用于老K5版本，TOD）	J2-A8	右后门微动开关
J2-A20	后掀门释放开关	J2-A29	钥匙插入检测开关
J2-A23	前刮水器开关高速	J2-A31	碰撞解锁信号
J2-A24	后雾灯开关	J2-A32	灯开关近光灯
J2-A25	制动踏板开关	J2-A33	中控解锁开关
J2-A26	点火ACC挡	J2-A34	前雾灯开关
J2-A27	点火ON挡	J2-A35	点火START挡
J1-A37	LIN总线通道1	J2-A37	制动踏板熔丝反馈
J1-A39	CAN高	J2-A38	倒车开关
J1-A41	背景灯调节开关	J2-A39	前刮水器停止开关
J1-A43	LIN总线通道2	J2-A40	2驱/4驱电机位置反馈（仅用于H5经典版电控四驱）
J1-A45	CAN低		
J1-A48	危险报警开关	J2-A41	CAN高备用
J2-B1	2驱/4驱电机B端	J2-A42	CAN低备用
J2-B2	电源	J2-A43	天线
J2-B4	地	J2-A44	驾驶员钥匙开关
J2-B5	2驱/4驱电机A端	J2-A46	车速信号
J2-B6	地		

3.3.5 长城哈弗H6车身电脑（72针+72针+16针+16针）

以长城哈弗2016年款H6车型为例，该车车身电脑端子图如图3-12所示，端子定义见表3-16～表3-19。

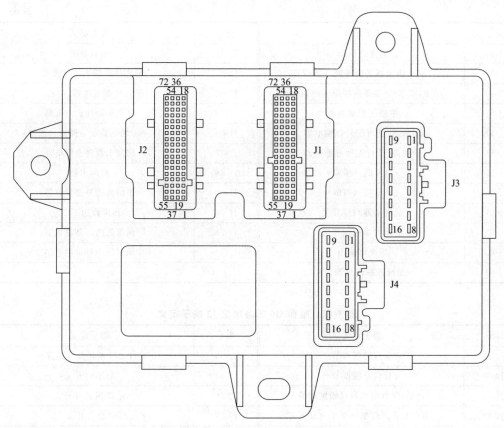

图 3-12 哈弗 H6 车身电脑端子图

表 3-16 哈弗 H6 车身电脑 J1 端子定义

端子	端子定义	端子	端子定义
J1-1	LIN3（BCM 主）	J1-17	内灯输出
J1-2	IGN1 信号	J1-18	踏板灯输出
J1-3	IG2_FB	J1-19	LIN2（BCM 主）
J1-4	START 信号	J1-20	LIN1（BCM 主）
J1-5	左前转向灯诊断输入（预留）	J1-22	ACC 信号
J1-6	右前转向灯诊断输入（预留）	J1-24	左后转向灯诊断输入
J1-7	右后转向灯诊断输入	J1-26	节电继电器
J1-8	ESCL 使能信号（预留）	J1-29	前照灯洗涤继电器（预留）
J1-9	危险报警开关背景灯	J1-33	中控解锁继电器
J1-10	一键启动开关背景灯	J1-35	预留高边 LED
J1-11	门闭锁状态指示灯（预留）	J1-36	预留高边外部继电器
J1-12	防盗指示灯（预留）	J1-37	CAN 低
J1-13	预留低边外部继电器	J1-38	CAN 高
J1-14	预留低边外部继电器	J1-40	PEPS Limphome 失效信号
J1-16	背景灯输出	J1-42	碰撞解锁信号

续表

端子	端子定义	端子	端子定义
J1-44	远光灯输出	J1-62	喇叭输出
J1-47	ACC 继电器备份控制（预留）	J1-63	低边外部继电器（预留）
J1-49	IGN2 继电器备份控制（预留）	J1-64	低边外部继电器（预留）
J1-51	中控闭锁继电器	J1-65	前刮水器使能继电器
J1-53	预留高/低可配外部继电器	J1-66	IGN1 继电器备份控制（预留）
J1-54	预留高/低可配外部继电器	J1-67	前刮水器高速继电器
J1-55	CAN 低（预留）	J1-68	后刮水器
J1-56	CAN 高（预留）	J1-69	预留高边外部继电器
J1-57	后刮水器归位开关	J1-70	预留高边 LED
J1-59	前刮水器归位开关	J1-71	预留低边外部继电器
J1-60	近光灯输出	J1-72	预留低边外部继电器
J1-61	超级锁输出（预留）		

表 3-17　哈弗 H6 车身电脑 J2 端子定义

端子	端子定义	端子	端子定义
J2-1	背景灯亮度调节＋	J2-33	自动灯光开关（预留）
J2-2	背景灯亮度调节－	J2-35	超车灯开关
J2-3	自动/间歇刮水器灵敏度调节	J2-36	危险报警灯开关
J2-4	雾灯及背光灯组合开关（预留）	J2-37	灯光组合开关 L2
J2-5	预留模拟输入	J2-38	后雾灯开关
J2-6	驾驶员侧门锁状态开关	J2-40	后洗涤开关
J2-7	中控闭锁开关/中空解锁开关	J2-44	驻车制动开关（预留）
J2-8	模拟开关（预留）	J2-47	预留数字输入
J2-9	启动按钮开关（预留）	J2-55	前刮水器点动/低速开关
J2-10	驾驶员门状态开关	J2-56	前刮水器高速开关
J2-11	副驾驶门状态开关	J2-57	前照灯洗涤开关（预留）
J2-12	右后门状态开关	J2-58	前洗涤开关
J2-13	发动机盖状态开关	J2-59	前刮水器间歇/自动开关
J2-14	低边开关（预留）	J2-60	后刮水器开关
J2-15	低边开关（预留）	J2-61	倒挡开关
J2-16	灯光组合开关 L1	J2-62	制动踏板熔丝反馈
J2-17	左转向灯开关	J2-63	制动踏板开关
J2-18	右转向灯开关	J2-64	后视镜打开/折叠开关
J2-19	远光灯开关	J2-65	预留数字输入
J2-20	前雾灯开关	J2-66	预留数字输入
J2-22	自动/间歇刮水器灵敏度调节地	J2-67	预留数字输入
J2-24	驾驶员侧门锁状态开关接地（预留）	J2-68	预留数字输入
J2-29	左后门状态开关	J2-71	RF 接地（预留）
J2-31	后备厢状态开关	J2-72	RF 天线（预留）

表3-18 哈弗H6车身电脑J3端子定义

端子	端子定义	端子	端子定义
J3-1	后备厢解锁	J3-9	预留高边驱动
J3-2	KL30_1电源	J3-10	预留高边驱动
J3-3	后洗涤电机	J3-11	信号地1
J3-4	前洗涤电机	J3-12	左后刹车灯
J3-5	功率地1	J3-13	右后刹车灯
J3-6	后视镜折叠	J3-14	左位置灯
J3-7	后视镜打开	J3-15	右位置灯
J3-8	右白昼运行灯	J3-16	KL30_2电源

表3-19 哈弗H6车身电脑J4端子定义

端子	端子定义	端子	端子定义
J4-1	左白昼运行灯	J4-8	高位制动灯
J4-2	KL30_4电源	J4-9	KL30_3电源
J4-3	右前雾灯	J4-10	后雾灯
J4-4	左前雾灯	J4-11	倒车灯
J4-5	后备厢灯	J4-12	左转向灯
J4-6	预留高边驱动	J4-13	右转向灯
J4-7	牌照灯	J4-14	信号地2

3.3.6 长城哈弗H6运动蓝标版车身电脑（48针+8针+48针+8针）

以长城哈弗2016年款H6运动蓝标版为例，该车车身电脑端子图如图3-13所示，端子定义见表3-20。

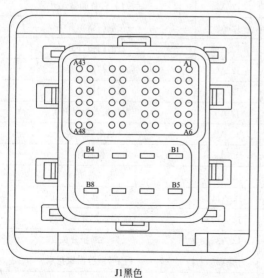
J1黑色

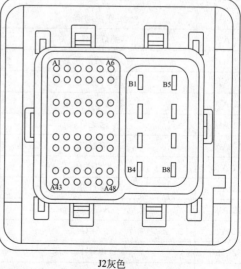
J2灰色

图3-13 哈弗H6运动版车身电脑端子图

表 3-20　哈弗 H6 运动版车身电脑端子定义

端子	端子定义	端子	端子定义
J1-A1	一键启动开关背景灯/点火锁发光圈	J2-A30	中控锁状态反馈开关
J1-A2	门闭锁状态指示灯	J2-A31	碰撞信号
J1-A3	危险报警灯 LED	J2-A32	中控解/闭锁模拟开关
J1-A4	背景灯	J2-A34	前雾灯开关
J1-A5	左位置灯	J1-A35	后视镜照地灯
J1-A6	右位置灯	J1-A36	行李厢灯
J1-A7	远光灯继电器	J1-A37	LIN1
J1-A8	左前雾灯继电器	J1-A38	防盗指示灯
J1-A9	大灯清洗继电器	J1-A39	CAN_1_H
J1-A10	喇叭继电器	J1-A41	电子转向柱锁使能
J1-A11	前刮水器速度继电器	J1-A42	刮水器组合开关地
J1-A13	后备厢解锁继电器	J1-A43	LIN2
J1-A15	近光灯继电器	J1-A45	CAN_1_L
J1-A16	中控闭锁继电器	J1-A47	前刮水器开关调节
J1-A17	中控解锁继电器	J1-A48	危险报警灯开关
J1-A18	节电继电器	J1-B1	KL30_BCM1
J1-A20	前刮水器电源继电器	J1-B2	后刹车灯
J1-A24	电源备份继电器	J1-B3	白昼运行灯
J1-A25	电源备份继电器	J1-B4	GND_SIGNAL_1
J1-A26	右前雾灯继电器	J1-B5	后雾灯
J1-A27	电源备份继电器	J1-B6	右转向灯
J1-A32	四门门灯继电器	J1-B7	左转向灯
J2-A13	前刮水器开关低速	J1-B8	KL30_HZPWR
J2-A14	背景灯调节开关+	J2-A1	后掀门/后备厢微动开关
J2-A16	驻车制动信号	J2-A2	左前门微动开关
J2-A17	前照灯清洗开关	J2-A3	右前门微动开关
J2-A18	背景灯调节开关-	J2-A4	左后门微动开关
J2-A19	左转向灯开关	J2-A5	右后门微动开关
J2-A20	右转向灯开关	J2-A6	发动机盖微动开关
J2-A21	远光灯	J2-A8	超车灯开关
J2-A22	前照灯	J2-A9	位置灯
J2-A23	大灯关闭	J2-A10	前洗涤开关
J2-A24	后雾灯开关	J2-A11	前刮水器开关除霜
J2-A25	START	J2-A12	前刮水器开关自动
J2-A26	ACC	J2-A35	制动踏板开关
J2-A27	IGN1	J2-A36	PEPS 跛行回家指示
J2-A29	一键启动开关/钥匙插入信号	J2-A37	制动踏板熔丝

端子	端子定义	端子	端子定义
J2-A38	倒挡	J2-B2	KL30_BCM2
J2-A39	刮水器 Park 位	J2-B4	GND_SIGNAL_2
J2-A46	后门释放开关	J2-B6	GND_SIGNAL_3
J2-A47	左门把手电容传感器信号	J2-B7	牌照灯
J2-A48	右门把手电容传感器信号	J2-B8	内灯
J2-B1	高边输出		

3.3.7 长城魏派 VV7s/VV7c 车身电脑（72 针＋72 针＋16 针＋16 针）

以长城魏派 2017 年款 VV7 车型为例，该车车身电脑端子图如图 3-14 所示，端子定义见表 3-21～表 3-24。

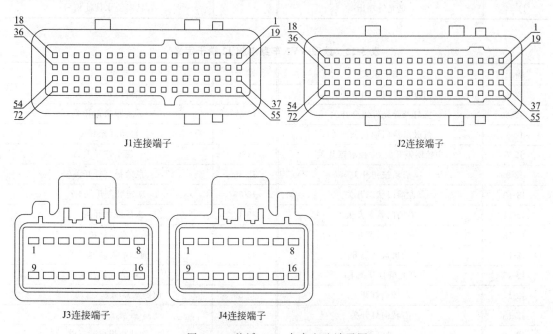

图 3-14 魏派 VV7 车身电脑端子图

表 3-21 魏派 VV7 车身电脑 J1 端子定义

端子	端子定义	端子	端子定义
J1-1	LIN3	J1-8	ESCL 使能信号
J1-2	IGN1 信号	J1-9	危险报警开关指示灯
J1-3	IG2 反馈信号	J1-10	一键启动开关背景灯
J1-4	START 信号	J1-11	门闭锁状态指示灯
J1-5	左前转向灯诊断输入	J1-16	背景灯输出
J1-6	右前转向灯诊断输入	J1-17	内灯输出
J1-7	右后转向灯诊断输入	J1-18	踏板灯输出

续表

端子	端子定义	端子	端子定义
J1-19	LIN2	J1-47	ACC 继电器备份控制
J1-20	LIN1	J1-49	IGN2 继电器备份控制
J1-22	ACC 信号	J1-51	中控闭锁继电器
J1-24	左后转向灯诊断输入	J1-57	后刮水器归位开关
J1-26	节电继电器	J1-59	前刮水器归位开关
J1-33	中控解锁继电器	J1-60	近光灯输出
J1-35	左转向流水使能信号	J1-62	喇叭输出
J1-37	CAN 高	J1-65	前刮水器使能继电器
J1-38	CAN 低	J1-66	IGN1 继电器备份控制
J1-40	PEPS 失效信号	J1-67	前刮水器高速继电器
J1-42	碰撞解锁信号	J1-68	后刮水器
J1-44	远光灯输出	J1-70	右转向流水使能信号

表 3-22 魏派 VV7 车身电脑 J2 端子定义

端子	端子定义	端子	端子定义
J2-3	前刮水器间歇调节开关	J2-29	左后门状态开关
J2-4	雾灯及背光灯组合开关	J2-31	后备厢状态开关
J2-6	驾驶员侧门锁状态开关	J2-33	自动灯光开关
J2-7	中控闭锁开关/中控解锁开关	J2-35	超车灯开关
J2-9	启动按钮开关	J2-36	危险报警灯开关
J2-10	左前门状态开关	J2-37	灯光组合开关 L2
J2-11	右前门状态开关	J2-40	后洗涤开关
J2-12	右后门状态开关	J2-55	前刮水器低速开关
J2-13	发动机盖状态开关	J2-56	前刮水器高速开关
J2-16	灯光组合开关 L1	J2-58	前清洗器开关
J2-17	左转向灯开关	J2-59	前刮水器间歇/自动开关
J2-18	右转向灯开关	J2-60	后刮水器开关
J2-19	远光灯开关	J2-62	制动踏板熔丝反馈
J2-22	前刮水器间隙调节开关地	J2-63	制动踏板开关

表 3-23 魏派 VV7 车身电脑 J3 端子定义

端子	端子定义	端子	端子定义
J3-1	后备厢解锁	J3-11	逻辑接地
J3-2	电源 1	J3-12	左后刹车灯
J3-3	后洗涤电机	J3-13	右后刹车灯
J3-4	前洗涤电机	J3-14	左位置灯
J3-5	功率接地 2	J3-15	右位置灯
J3-8	右白昼运行灯	J3-16	电源 2

表 3-24 魏派 VV7 车身电脑 J4 端子定义

端子	端子定义	端子	端子定义
J4-1	左白昼运行灯	J4-8	高位制动灯
J4-2	电源 1	J4-9	电源 2
J4-3	右前雾灯	J4-10	后雾灯组
J4-4	左前雾灯	J4-12	左转向灯组
J4-5	后备厢灯	J4-13	右转向灯组
J4-7	牌照灯	J4-14	逻辑接地

3.3.8 长城风骏 6 车身电脑（48 针 + 8 针 + 48 针 + 8 针）

以长城 2016 年款风骏 6 车型为例，该车车身电脑端子图如图 3-15 所示，端子定义见表 3-25。

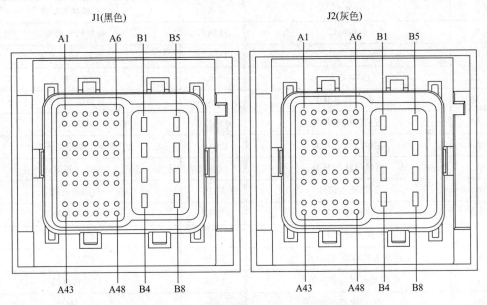

图 3-15 长城风骏 6 车身电脑端子图

表 3-25 长城风骏 6 车身电脑端子定义

端子	端子定义	端子	端子定义
J1-A4	背景灯		
J1-A5	左后刹车灯	J1-A15	近光灯继电器
J1-A6	右后刹车灯	J1-A17	前洗涤继电器
J1-A7	远光灯继电器	J1-A20	前刮水器电源继电器
J1-A8	左前雾灯继电器	J1-A26	2WD/4WD 继电器 B
J1-A10	喇叭继电器	J1-A31	2WD/4WD 继电器 A
J1-A11	前刮水器高速继电器	J1-A32	节电继电器
J1-A12	背景灯亮度调节 −	J1-A36	右前雾灯继电器

续表

端子	端子定义	端子	端子定义
J1-A39	CAN—高	J2-A19	左转向灯开关
J1-A41	背景灯亮度调节＋	J2-A20	右转向灯开关
J1-A43	LIN	J2-A21	远光灯/超车灯开关
J1-A44	2WD/4WD 反馈	J2-A22	近光灯开关
J1-A45	CAN—低	J2-A23	自动灯开关
J1-A48	危险报警灯开关	J2-A24	后雾灯开关
J1-B1	BCM 电源	J2-A25	Start 信号
J1-B2	高位制动灯	J2-A26	ACC 信号
J1-B3	白昼运行灯	J2-A27	IGN1 信号
J1-B4	BCM 接地	J2-A29	IGN2 信号
J1-B5	后雾灯	J2-A30	中控锁状态反馈
J1-B6	右转向灯	J2-A31	碰撞信号输入
J1-B7	左转向灯	J2-A32	中控解/闭锁开关
J1-B8	BCM 电源	J2-A34	前雾灯开关
J2-A2	左前门状态开关	J2-A35	制动踏板开关
J2-A3	右前门状态开关	J2-A38	倒挡开关
J2-A4	左后门状态开关	J2-A39	前刮水器停止开关
J2-A5	右后门状态开关	J2-A43	天线（预留）
J2-A8	钥匙插入信号	J2-B1	门解锁电机
J2-A9	位置灯开关	J2-B2	BCM 电源
J2-A10	前洗涤开关	J2-B3	BCM 接地
J2-A11	前刮水器间隙/自动开关	J2-B4	BCM 接地
J2-A12	前刮水器高速开关	J2-B5	门闭锁电机
J2-A13	前刮水器低速	J2-B6	BCM 接地
J2-A16	驻车制动开关	J2-B7	位置灯和牌照灯
J2-A17	2WD/4WD 选择开关	J2-B8	内灯

3.4 多媒体电脑

3.4.1 长城哈弗 H1 多媒体电脑（8 针＋8 针＋20 针＋5 针）

以长城哈弗 2016 年款 H1 车型为例，该车多媒体电脑端子图如图 3-16 所示，端子定义见表 3-26、表 3-27。

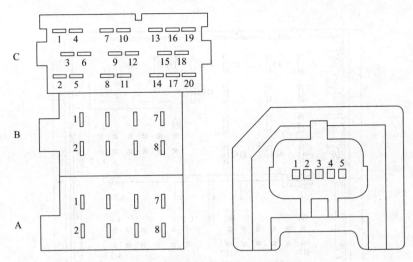

图 3-16 哈弗 H1 多媒体电脑端子图

表 3-26 哈弗 H1 ABC 端子定义

端子	端子定义	端子	端子定义
A1	转向盘左侧键控输入	B7	左后扬声器电源
A2	接地	B8	左后扬声器接地
A3	转向盘右侧键控输入	C3	空调通信
A4	ACC 电源	C4	视频信号电源
A5	倒车信号	C5	视频信号接地
A6	背景灯	C6	摄像头电源
A7	蓄电池电源	C7	接地
A8	接地	C8	收音天线电源
B1	右后扬声器电源	C10	车速信号
B2	右后扬声器接地	C13	右前摄像头接地
B3	右前扬声器电源	C14	右前摄像头电源
B4	右前扬声器接地	C15	右前摄像头 CVBS 电源
B5	左前扬声器电源	C16	右前摄像头 CVBS 接地
B6	左前扬声器接地		

表 3-27 哈弗 H1 显示屏连接端子定义

端子	端子定义	端子	端子定义
1	LVDS 接地	4	LVDS 信号负极
2	TFT VCOM 调整	5	分离屏电源
3	LVDS 信号正极		

3.4.2 长城哈弗 H2S 多媒体电脑（8 针+ 12 针+ 12 针+ 8 针+ 12 针）

以长城哈弗 2016 年款 H2S 车型为例，该车多媒体电脑端子图如图 3-17 所示，端子定义见表 3-28。

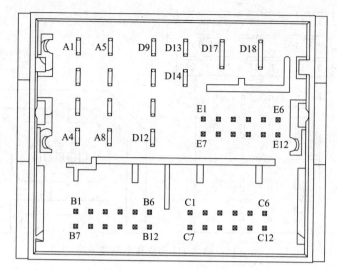

图 3-17　H2S 多媒体电脑端子图

表 3-28　H2S 多媒体电脑端子定义

端子	端子定义	端子	端子定义
A1	扬声器 FR+	D10	显示屏供电电压
A2	扬声器 RR+	D11	显示屏供电接地
A3	扬声器 FL−	B7	左麦克风屏蔽接地
A4	扬声器 RL−	B8	左麦克风音频输入−
A5	扬声器 FR−	D17	主机供电电压
A6	扬声器 RR−	D18	主机供电接地
A7	扬声器 FL+	E1	整车 CAN+
A8	扬声器 RL+	E3	线控信号 0
B2	左麦克风音频输入+	E4	线控信号 1
C1	车速信号	E5	线控回路接地
C3	倒车视频信号接地	E7	整车 CAN−
C5	倒车视频屏蔽接地	E10	倒车检测
C9	倒车视频信号	E11	灯检测信号
D9	显示屏使能信号	E12	ACC 信号

3.4.3　长城哈弗 H5 多媒体电脑（8 针+8 针+6 针+6 针+8 针）

以长城哈弗 2016 年款 H5 车型为例，该车多媒体电脑端子图如图 3-18 所示，端子定义见表 3-29。

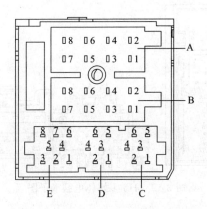

图 3-18　H5 多媒体电脑端子图

表 3-29　H5 多媒体电脑端子定义

端子	端子定义	端子	端子定义
A1	转向盘控制	C2	后视镜视频
A2	转向盘控制接地	C3	倒车摄像头供电接地
A3	小灯开关信号	C4	倒车摄像头供电 12V
A4	ACC 电源	C6	转向盘键控输入 2
A5	天线电源	D1	倒车检测
A6	灯光调节（PWM）	D2	车速信号
A7	BATTERY 电源	D3	车速 CAN 信号（高速）
A8	接地	D4	车速 CAN 信号（低速）
B1	后左扬声器−	E1	USB 信号输入 D+
B2	后左扬声器+	E2	USB 信号输入 D−
B3	前左扬声器−	E3	USB 电源输入
B4	前左扬声器+	E4	USB 电源接地
B5	前右扬声器−	E5	AUX 视频输入
B6	前右扬声器+	E6	外部音频左输入
B7	后右扬声器−	E7	外部音频右输入
B8	后右扬声器+	E8	外部音频接地
C1	后摄像头视频地		

3.4.4　长城哈弗 H6 多媒体电脑（52 针+ 16 针+ 16 针+ 8 针）

以长城哈弗 2016 年款 H6 车型为例，该车多媒体电脑端子图如图 3-19 所示，端子定义见表 3-30、表 3-31。

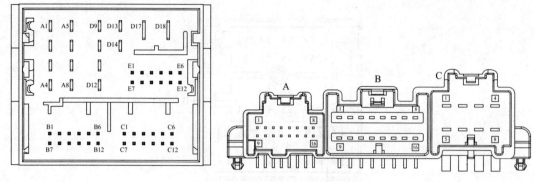

图 3-19 H6 多媒体电脑端子图

表 3-30 H6 多媒体电脑连接模块端子定义

端子	端子定义	端子	端子定义
A1	扬声器 FR+	B6	AUX 地
A2	扬声器 RR+	B7	左麦克风屏蔽接地
A3	扬声器 FL-	B8	左麦克风音频输入-
A4	扬声器 RL-	B9	右麦克风音频输入-
A5	扬声器 FR-	B10	右麦克风屏蔽接地
A6	扬声器 RR-	B11	AUX 右声道输入
A7	扬声器 FL+	B12	AUX 检测
A8	扬声器 RL+	D17	主机供电电压
B2	左麦克风音频输入+	D18	主机供电接地
C1	车速信号	E1	整车 CAN+
C3	倒车视频信号接地	E2	私有 CAN+
C5	倒车视频屏蔽接地	E3	线控信号 0
C6	TBOX 音源+	E4	线控信号 1
C9	倒车视频信号	E5	线控回路接地
C12	TBOX 音源-	E7	整车 CAN-
D9	显示屏使能信号	E8	私有 CAN-
D10	显示屏供电电压	E10	倒车检测
D11	显示屏供电接地	E11	灯检测信号
B3	右麦克风音频输入+	E12	ACC 信号
B5	AUX 左声道输入		

表 3-31 H6 多媒体电脑 ABC 端子定义

端子	端子定义	端子	端子定义
A1	CAN_L_HS	A9	CAN_H_HS
A5	Navi_IN-	A13	Navi_IN+
A6	BEEP_IN-	A14	BEEP_IN+
A7	信号输入 RF-	A15	信号输入 RF+
A8	信号输入 LF-	A16	信号输入 LF+

续表

端子	端子定义	端子	端子定义
B2	启动电源	B14	喇叭输出 SR−
B3	喇叭输出 FL+	B15	喇叭输出 CE−
B4	喇叭输出 FR+	C1	重低音输出 SUB1+
B5	喇叭输出 SL+	C3	电源
B6	喇叭输出 SR+	C4	接地
B7	喇叭输出 CE+	C5	重低音输出 SUB1−
B11	喇叭输出 FL−	C7	电源
B12	喇叭输出 FR−	C8	接地
B13	喇叭输出 SL−		

3.4.5 长城哈弗 H6 运动蓝标版多媒体电脑（8 针+ 8 针+ 20 针）

以长城哈弗 2016 年款 H6 运动蓝标版车型为例，该车多媒体电脑端子图如图 3-20 所示，端子定义见表 3-32。

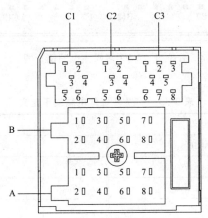

图 3-20　H6 运动版多媒体电脑端子图

表 3-32　H6 运动版多媒体电脑端子定义

端子	端子定义	端子	端子定义
A1	线控回路地	B6	前左扬声器−
A2	线控信号 1	B7	后左扬声器+
A3	线控信号 0	B8	后左扬声器−
A4	ACC 信号	C11	倒车视频信号地
A6	灯检测信号	C12	右侧视频信号
A7	电池供电	C13	倒车视频信号
A8	电源地	C14	摄像头 12V 电源
B1	后右扬声器+	C16	摄像头电源地
B2	后右扬声器−	C21	倒车检测
B3	前右扬声器+	C31	CAN 信号
B4	前右扬声器−	C32	CAN 信号
B5	前左扬声器+		

3.4.6 长城魏派 VV7s/VV7c 多媒体电脑（8 针＋12 针＋12 针＋8 针＋12 针）

以长城魏派 2017 年款 VV7 车型为例，该车多媒体电脑端子图如图 3-21 所示，端子定义见表 3-33。

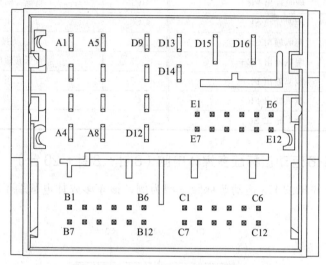

图 3-21　VV7 多媒体电脑端子图

表 3-33　VV7 多媒体电脑端子定义

端子	端子定义	端子	端子定义
A1	CH2 MediaR＋	C1	车速信号
A2	CH4 Navi＋	C3	倒车视频信号接地
A3	CH1 Media/CALL－	C5	倒车视频屏蔽接地
A4	CH3 BEEP－	C6	T-BOX 音频正极
A5	CH2 MediaR－	C9	倒车视频信号
A6	CH4 Navi－	C12	T-BOX 音频负极
A7	CH1 Media/CALL＋	D9	显示屏使能信号
A8	CH3 BEEP＋	D10	显示屏供电电源
B2	左麦克风音频输入正极	D11	显示屏供电接地
B3	右麦克风音频输入正极	D15	主机供电电源
B5	AUX 左声道输入	D16	主机供电接地
B6	AUX 接地	E1	整车 CAN 低
B7	左麦克风屏蔽接地	E2	本机 CAN 低
B8	左麦克风音频输入负极	E3	线控信号 0
B9	右麦克风音频输入负极	E4	线控信号 1
B10	右麦克风屏蔽接地	E5	线控回路接地
B11	AUX 右声道输入	E7	整车 CAN 高
B12	AUX 检测	E8	本机 CAN 高

功放连接端子如图 3-22 所示,定义见表 3-34。

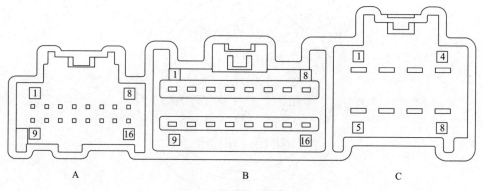

图 3-22 功放连接端子图

表 3-34 功放连接端子定义

端子	端子定义	端子	端子定义
A1	CAN 低	B7	喇叭输出 CE+
A5	Navi IN−	B11	喇叭输出 FL−
A6	BEEP IN−	B12	喇叭输出 FR−
A7	信号输入 RF−	B13	喇叭输出 SL−
A8	信号输入 LF−	B14	喇叭输出 SR−
A9	CAN 高	B15	喇叭输出 CE−
A13	Navi IN+	C1	喇叭输出
A14	BEEP IN+	C2	喇叭输出 SUB2+
A15	信号输入 RF+	C3	电源
A16	信号输入 LF+	C4	接地
B2	ACC	C5	喇叭输出 SUB1−
B3	喇叭输出 FL+	C6	喇叭输出 SUB2−
B4	喇叭输出 FR+	C7	电源
B5	喇叭输出 SL+	C8	接地
B6	喇叭输出 SR+		

3.5 新能源系统

以长城 C30 EV 车型为例。
(1) 高压电池控制器 (29 针)
高压电池控制器端子如图 3-23 所示,端子定义见表 3-35。

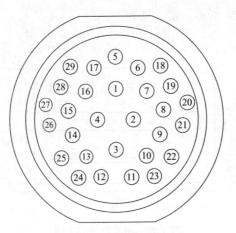

图 3-23 高压电池控制器端子图

表 3-35 高压电池控制器端子定义

端子	端子定义	端子	端子定义
A5	整车 CAN 高	A14	快充连接确认 CC2
A6	整车 CAN 低	A15	快充负极继电器控制
A7	慢充唤醒	A16	高压互锁
A8	快充唤醒	A17	高压互锁
A9	快充 CAN 高	A19	常电
A10	快充 CAN 低	A21	IG1 信号
A11	内部 CAN 高	A22	快充正极继电器控制器
A12	内部 CAN 低	A25	整车接地
A13	碰撞检测		

(2) 车载充电机控制器低压端子（28 针）

车载充电机控制器低压端子如图 3-24 所示，定义见表 3-36。

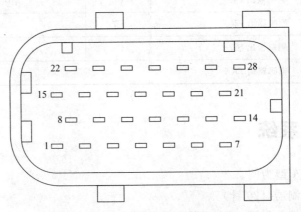

图 3-24 车载充电机低压端子图

表 3-36 车载充电机低压端子定义

端子	端子定义	端子	端子定义
C1	接 12V 电源+	C13	交流充电枪电子锁驱动端口 1（预留）
C2	接地	C14	交流充电枪电子锁驱动端口 2（预留）
C3	CAN 高	C15	交流充电枪电子锁锁定反馈信号（预留）
C4	CAN 低	C16	交流充电枪电子锁锁定反馈信号接地（预留）
C7	输出唤醒	C17	交流充电枪电子锁锁定反馈信号（预留）
C8	充电连接确认 CC	C18	交流充电枪电子锁锁定反馈信号接地（预留）
C9	充电引导信号 CP	C19	12V 输入唤醒（预留）
C10	LED 显示 1（预留）	C22	高压互锁信号输入
C11	LED 显示 2（预留）	C23	高压互锁信号输出
C12	LED 显示 3（预留）		

（3）驱动电机控制器（28 针+12 针）

驱动电机控制器与电机连接端子如图 3-25 所示，端子定义见表 3-37、表 3-38。

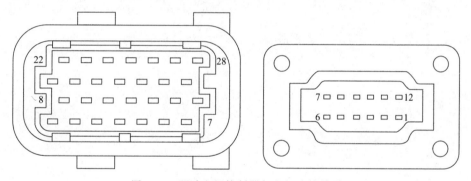

图 3-25 驱动电机控制器与电机连接端子

表 3-37 驱动电机控制器低压端子定义

端子	端子定义	端子	端子定义
C1	互锁信号输入	C20	CAN 高
C4	互锁信号输出	C21	CAN 低
C5	温度传感器 2 输入	C22	驱动电机位置传感器负激励输出
C6	温度传感器 1 接地	C23	信号输入+
C7	温度传感器 1 输入	C24	驱动电机位置传感器正弦信号输入+
C13	温度传感器 2 接地	C25	KL15 点火开关
C15	驱动电机位置传感器正激励输出	C26	KL30 低压电池+
C16	驱动电机位置传感器余弦信号输入−	C27	标定总线高
C17	驱动电机位置传感器正弦信号输入−	C28	标定总线低

表 3-38 驱动电机连接端子定义

端子	端子定义	端子	端子定义
A1	驱动电机温度传感器1+	A7	旋变余弦反馈-
A2	驱动电机温度传感器1-	A8	旋变余弦反馈+
A3	驱动电机温度传感器2+	A9	旋变正弦-
A4	驱动电机温度传感器2-	A10	旋变正弦+
A5	接地	A11	旋变激励信号-
A6	接地	A12	旋变激励信号+

第4章 上汽荣威-名爵汽车

4.1 发动机电脑

4.1.1 上汽 1.0T 10E4E 发动机（60 针 + 94 针）

以上汽荣威 2019 年款 i6 车型为例，10E4E 发动机电脑端子图如图 4-1 所示，其端子定义见表 4-1。

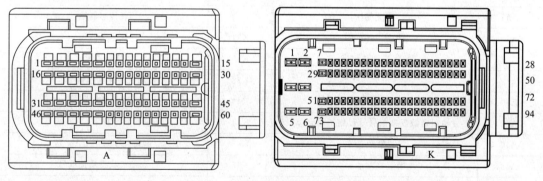

图 4-1　10E4E 发动机电脑端子图

表 4-1　10E4E 发动机电脑端子定义

端子	端子定义	端子	端子定义
A1	第三缸点火	A7	5V 电源
A3	燃油控制阀−	A8	传感器地
A4	燃油控制阀+	A10	爆震传感器−
A5	可变气门正时阀（排气）	A11	CAMPOSE 传感器地
A6	传感器地	A12	5V 电源

续表

端子	端子定义	端子	端子定义
A13	传感器地	A59	HFM 传感器地
A14	传感器地	A60	电子节温器
A15	离合器水泵	K1	ECU 地 1
A16	第一缸点火	K2	ECU 地 2
A17	第二缸点火	K3	主继电器电源 1
A18	废弃控制阀	K4	ECU 地 3
A19	电子节气门控制＋	K5	主继电器电源 2
A20	电子节气门控制－	K6	主继电器电源 3
A21	进气泄流阀	K9	起动机继电器高边
A22	传感器地	K11	传感器地
A23	发动机转速传感器（霍尔式）	K13	刹车真空助力传感器
A25	爆震传感器＋	K14	传感器地
A26	传感器地	K19	刹车灯开关
A27	5V 电源	K21	刹车开关
A29	5V 电源	K22	P/N 信号
A30	节气门数字 SENT 信号	K26	PWM 冷却风扇
A31	第一缸喷油＋	K28	低压油泵继电器
A32	第三缸喷油＋	K29	下游氧传感器加热
A33	第一缸喷油－	K30	持续电源
A34	第二缸喷油－	K31	起动机继电器
A35	炭罐控制阀	K33	氧传感器地
A36	增压压力传感器	K34	氧传感器地
A38	进气温度传感器	K35	传感器地
A39	进气压力传感器	K38	发动机转速输出到 TCM
A40	油轨压力传感器	K43	离合器传感器信号
A42	发电机负载反馈信号（仅用于非启停）	K44	刷新和车身用 CAN 低
A46	第二缸喷油＋	K45	刷新和车身用 CAN 高
A48	第三缸喷油－	K48	起动机状态反馈信号
A50	可变气门正时阀（进气）	K49	倒挡开关信号（仅 MT）
A51	传感器地	K50	离合器高位开关（仅 MT）
A52	机油控制阀	K51	空挡开关地
A53	相位传感器（进气）	K52	传感器地
A54	相位传感器（排气）	K55	空挡传感器（仅 MT）
A55	机油压力传感器	K58	5V 电源
A56	环境温度传感器	K59	5V 电源
A57	水温传感器	K60	空调压力传感器
A58	热膜空气流量信号（HFM7）	K61	加速踏板位置传感器 2

续表

端子	端子定义	端子	端子定义
K62	下游氧传感器	K83	加速踏板位置传感器1
K65	通信	K84	上游氧传感器
K69	主继电器	K85	ACC唤醒信号输入
K72	空调压缩机继电器	K86	LIN信号屏蔽地
K73	上游氧传感器加热	K87	点火开关
K81	5V电源	K89	匹配用CAN低（CCP）
K82	5V电源	K90	匹配用CAN高（CCP）

4.1.2　上汽1.3T L16发动机（64针+48针）

以上汽荣威2017年款RX3车型为例，发动机采用联合电子ME17控制系统，发动机电脑端子如图4-2所示，端子定义见表4-2。

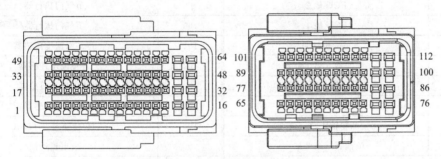

图4-2　L16发动机电脑端子图

表4-2　L16发动机电脑端子定义

端子	端子定义	端子	端子定义
1	CAN总线1高	25	机油压力传感器
5	主继电器	26	刹车灯
6	起动机反馈信号	27	P/N开关信号
7	踏板1地	30	加速踏板传感器2
9	PSW空调中压开关	31	废气阀驱动
12	刹车真空度传感器（仅SS）	32	废气阀驱动
15	非持续电源	35	点火开关
16	非持续电源	36	踏板25V电源
17	CAN总线1低	37	踏板15V电源
19	传感器5V电源	39	喷油器（第2缸）
20	持续电源	40	喷油器（第3缸）
21	下游氧传感器	41	油泵继电器
23	刹车开关	42	空调压缩机继电器
24	空调开关	43	下游氧传感器地

续表

端子	端子定义	端子	端子定义
45	加速踏板传感器1	83	点火线圈3（第3缸）
46	增压压力温度传感器	84	发动机转速传感器地
47	模拟传感器地	85	进气歧管传感器地
48	下游氧传感器加热	86	节气门地
50	起动机高边控制	89	爆震传感器B
51	风扇控制2	90	爆震传感器A
53	ACC/唤醒信号输入	91	空气流量传感器
55	喷油器（第1缸）	93	相位传感器1（进气）
56	风扇控制1	94	炭罐阀
58	起动机低边控制	95	霍尔传感器地
59	踏板2地	96	发动机转速传感器输入
62	增压压力温度传感器	98	进气相位5V电源
63	ECU地2	99	节气门执行器
64	ECU地1	100	节气门执行器
66	可变机油泵	101	冷却水温度传感器
68	喷油器（第1缸）	102	环境温度传感器
69	可变凸轮轴正时（排气）	103	进气压力传感器
70	旁通控制阀	104	上游氧传感器
71	可变凸轮轴正时（进气）	105	相位传感器2（排气）
72	喷油器（第2缸）	106	发电机反馈
74	喷油器（第3缸）	107	节气门5V电源
76	上游氧传感器加热	108	霍尔传感器5V电源
77	节气门位置传感器1（SENT信号）	109	进气压力温度传感器5V电源
79	废气阀位置反馈	110	节气门位置传感器2（SENT信号）
80	上游氧传感器地	111	ECU地4
81	点火线圈1（第1缸）	112	ECU地3
82	点火线圈2（第2缸）		

4.1.3 上汽1.4T 14E4E发动机（60针+94针）

以上汽2017年款起荣威360车型为例，发动机电脑端子如图4-3所示，端子定义见表4-3。

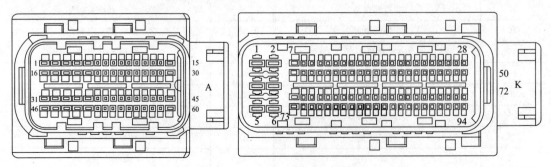

图4-3 14E4E发动机电脑端子图

表 4-3　14E4E 发动机电脑端子定义

端子	端子定义	端子	端子定义
A01	第四缸点火	A56	环境温度传感器
A02	第二缸点火	A57	冷却液温度传感器
A03	燃油控制阀−	A58	热膜空气流量信号（HFM7）
A04	燃油控制阀＋	A59	热膜空气流量计传感器地
A05	可变气门正时阀（排气）	A60	电子节温器
A07	5V 电源	K01	ECU 地 1
A08	传感器地	K02	ECU 地 2
A10	爆震传感器−	K03	主继电器电源 1
A12	5V 电源	K04	ECU 地 3
A13	传感器地	K05	主继电器电源 2
A14	传感器地	K06	主继电器电源 3
A16	第一缸点火	K08	进气泄流阀
A17	第三缸点火	K11	传感器地
A18	增压控制阀	K13	制动真空度传感器
A19	电子节气门控制＋	K14	传感器地
A20	电子节气门控制−	K17	传感器地
A22	传感器地	K19	刹车灯开关
A23	曲轴位置传感器	K21	刹车开关
A25	爆震传感器＋	K22	P/N 信号
A27	5V 电源	K26	PWM 冷却风扇
A29	5V 电源	K28	低压油泵继电器
A31	第一缸喷油＋	K29	下游氧传感器加热
A32	第四缸喷油＋	K30	持续电源
A33	第一缸喷油−	K31	起动机继电器
A34	第三缸喷油−	K33	氧传感器地
A35	炭罐控制阀	K34	氧传感器地
A38	进气温度传感器	K35	传感器地
A39	进气压力传感器	K38	转速输出到 TCM
A40	油轨压力传感器	K42	空调压缩机继电器
A46	第三缸喷油＋	K43	离合器低位开关（仅 MT）
A47	第二缸喷油＋	K44	刷新用 CAN 低
A48	第四缸喷油−	K45	刷新用 CAN 高
A49	第二缸喷油−	K46	空挡开关（仅 MT）
A50	可变气门正时阀（进气）	K48	起动机反馈信号
A53	凸轮轴位置传感器（进气）	K49	倒挡开关信号（仅 MT）
A54	凸轮轴位置传感器（排气）	K50	离合器高位开关（仅 MT）
A55	机油压力传感器	K52	传感器地

端子	端子定义	端子	端子定义
K54	节气门位置信号	K73	上游氧传感器加热
K58	5V电源	K81	5V电源
K59	5V电源	K82	5V电源
K60	空调压力传感器	K83	加速踏板位置传感器1
K61	加速踏板位置传感器2	K84	上游氧传感器信号
K62	下游氧传感器	K85	ACC唤醒信号
K63	增压压力传感器	K86	LIN信号屏蔽地
K65	LIN接口	K87	点火开关
K69	主继电器	K89	匹配用CAN低
K71	机油控制阀	K90	匹配用CAN高

4.1.4 上汽1.5T 15E4E发动机（60针+94针）

以上汽荣威2019年款i6车型为例，15E4E发动机电脑端子图如图4-4所示，其端子定义见表4-4。

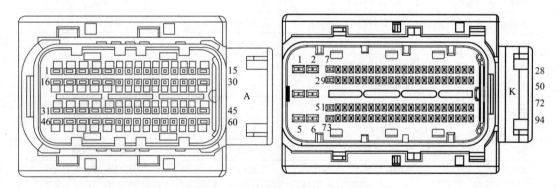

图4-4 15E4E发动机电脑端子图

表4-4 15E4E发动机电脑端子定义

端子	端子定义	端子	端子定义
A01	第四缸点火	A12	5V电源
A02	第二缸点火	A13	传感器地
A03	燃油控制阀−	A14	传感器地
A04	燃油控制阀+	A16	第一缸点火
A05	可变气门正时阀（排气）	A17	第三缸点火
A06	点火信号地	A18	废弃控制阀
A07	5V电源	A19	电子节气门控制+
A08	传感器地	A20	电子节气门控制−
A10	爆震传感器−	A21	进气泄流阀
A11	传感器地	A22	传感器地

续表

端子	端子定义	端子	端子定义
A23	发动机转速传感器（霍尔式）	K14	传感器地
A25	爆震传感器＋	K19	刹车灯开关
A27	5V 电源	K21	刹车开关
A29	5V 电源	K22	P/N 信号
A30	节气门数字 SENT 信号	K26	PWM 冷却风扇
A31	第一缸喷油＋	K28	低压油泵继电器
A32	第四缸喷油＋	K29	下游氧传感器加热
A33	第一缸喷油－	K30	持续电源
A34	第三缸喷油－	K31	起动机继电器（LSD）
A35	炭罐控制阀	K33	2 氧传感器地
A36	增压压力传感器	K34	1 氧传感器地
A38	进气温度传感器	K35	1 传感器地
A39	进气压力传感器	K38	车速输出到 TCM
A40	油轨压力传感器	K43	离合器传感器信号
A42	发电机负载反馈信号（仅用于启停）	K44	刷新和车身用 CAN 低
A46	第三缸喷油＋	K45	刷新和车身用 CAN 高
A47	第二缸喷油＋	K46	空挡开关（仅 MT）
A48	第四缸喷油－	K48	起动机状态反馈信号
A49	第二缸喷油－	K49	倒挡开关信号（仅 MT）
A50	可变气门正时阀（进气）	K50	离合器顶开关（仅 MT）
A51	传感器地	K52	传感器地
A52	机油控制阀	K58	5V 电源
A53	相位传感器（进气）	K59	5V 电源
A54	相位传感器（排气）	K60	空调压力传感器
A55	机油压力传感器	K61	加速踏板位置传感器 2
A56	环境温度传感器	K62	下游氧传感器
A57	水温传感器	K65	LIN 通信
A58	热膜空气流量信号（HFM7）	K69	主继电器
A59	传感器地	K72	空调压缩机继电器
A60	电子节温器	K73	上游氧传感器加热
K01	ECU 地 1	K81	5V 电源
K02	ECU 地 2	K82	5V 电源
K03	主继电器电源 1	K83	加速踏板位置传感器 1
K04	ECU 地 3	K84	上游氧传感器信号
K05	主继电器电源 2	K85	ACC 唤醒信号
K06	主继电器电源 3	K86	LIN 信号地
K09	起动机继电器高边	K87	点火开关
K11	传感器地	K89	匹配用 CAN 低（CCP）
K13	刹车真空助力传感器	K90	匹配用 CAN 高（CCP）

4.1.5 上汽 1.5T LFV 发动机（60 针+ 94 针）

以上汽荣威2018年款 R350 车型为例，发动机电脑端子如图4-5所示，端子定义见表4-5。

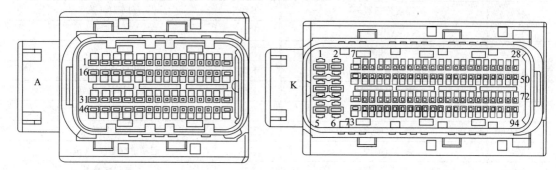

图 4-5　LFV 发动机电脑端子图

表 4-5　LFV 发动机电脑端子定义

端子	端子定义	端子	端子定义
A1	第四缸点火	A29	5V 电源
A2	第二缸点火	A30	节气门数字 SENT 信号
A3	燃油控制阀-	A31	第一缸喷油+
A4	燃油控制阀+	A32	第四缸喷油+
A5	可变气门正时阀（排气）	A33	第一缸喷油-
A6	传感器地	A34	第三缸喷油-
A7	5V 电源	A35	炭罐控制阀
A8	传感器地	A36	增压压力传感器
A10	爆震传感器-	A38	进气温度传感器
A11	传感器地	A39	进气压力传感器
A12	5V 电源	A40	油轨压力传感器
A13	传感器地	A42	发电机负载信号
A14	传感器地	A46	第三缸喷油+
A16	第一缸点火	A47	第二缸喷油+
A17	第三缸点火	A48	第四缸喷油-
A18	废气控制阀	A49	第二缸喷油-
A19	电子节气门控制+	A50	可变气门正时阀（进气）
A20	电子节气门控制-	A51	传感器地
A21	进气泄流阀	A52	机油控制阀
A22	传感器地	A53	相位传感器（进气）
A23	发动机转速传感器（霍尔式）	A54	相位传感器（排气）
A25	爆震传感器+	A55	机油压力传感器
A26	传感器地	A56	环境温度传感器
A27	5V 电源	A57	水温传感器

续表

端子	端子定义	端子	端子定义
A58	热膜空气流量信号（HFM7）	K35	传感器地
A59	热膜空气流量计传感器地	K38	转速输出到 TCM
A60	电子节温器	K43	离合器低位开关（仅 MT）
K1	ECU 地 1	K44	刷新用 CAN 低
K2	ECU 地 2	K45	刷新用 CAN 高
K3	主继电器电源 1	K46	空挡开关（仅 MT）
K4	ECU 地 3	K48	起动机反馈信号
K5	主继电器电源 2	K49	倒挡开关信号（仅 MT）
K6	主继电器电源 3	K50	离合器高位开关（仅 MT）
K9	起动机继电器	K52	传感器地
K11	传感器地	K59	5V 电源
K19	刹车灯开关	K60	空调压力传感器
K20	空调请求	K61	加速踏板位置传感器 2
K21	刹车开关	K62	下游氧传感器
K22	P/N 信号	K69	主继电器
K26	冷却风扇继电器 3	K72	空调压缩机继电器
K27	冷却风扇继电器 1 和 2	K73	上游氧传感器加热
K28	低压油泵继电器	K81	5V 电源
K29	下游氧传感器加热	K82	5V 电源
K30	持续电源	K83	加速踏板位置传感器 1
K31	起动机继电器	K84	上游氧传感器信号
K33	氧传感器地	K85	ACC 唤醒信号
K34	氧传感器地	K87	点火开关

4.1.6 上汽 1.6L 16S4C 发动机（64 针 + 48 针）

以上汽荣威 2017 年款 RX3 车型为例，发动机电脑端子如图 4-6 所示，端子定义见表 4-6、表 4-7。

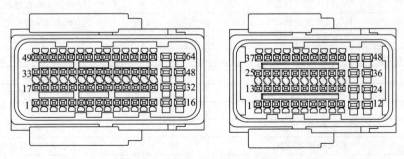

图 4-6　16S4C 发动机电脑端子图

表 4-6 16S4C 发动机电脑 64 针端子定义

端子	端子定义	端子	端子定义
1	CAN 总线 1 高	30	加速踏板传感器 2
5	主继电器	31	风扇控制 2
6	离合器顶开关	32	防盗输入
7	踏板 1 地	35	ACC 信号
10	冗余离合器底开关（仅 MT）	36	踏板 25V 电源
11	离合器底开关	37	踏板 1/空挡 5V 电源
12	制动真空度传感器	40	自动停止状态输出（MTC）
13	起动机状态反馈	41	油泵继电器
14	发动机运转请求（MTC）	42	空调压缩机继电器
15	非持续电源	43	传感器地
16	非持续电源	45	加速踏板传感器 1
17	CAN 总线 1 低	47	真空度传感器地
19	真空度传感器供电	50	起动机继电器高边
20	持续电源	53	点火开关
22	P/N 信号（仅 AT）	54	电子真空泵继电器（仅 AT）
23	制动开关	56	风扇控制 1
25	制动灯	58	起动机继电器低边
26	空挡传感器 PWM 信号（仅 MT）	59	传感器地
27	空调中压开关	63	ECM 接地 2
28	空调开关（MTC）或高低压开关（ETC）	64	ECM 接地 1
29	倒挡开关（仅 MT）		

表 4-7 16S4C 发动机电脑 48 针端子定义

端子	端子定义	端子	端子定义
3	第 1 缸喷油	27	主负荷传感器
4	第 3 缸喷油	29	相位传感器（进气）
5	可变凸轮轴正时（排气）	30	炭罐阀
7	可变凸轮轴正时（进气）	31	传感器地
8	第 4 缸喷油	32	发动机转速传感器输入
9	上游氧传感器加热	34	5V 电源
10	第 2 缸喷油	35	点火线圈第四缸
11	节气门执行器	36	点火线圈第三缸
12	点火线圈第二缸	37	发动机冷却水温度传感器
13	节气门位置传感器 1	38	进气温度传感器
14	节气门位置传感器 2	39	机油温度传感器
15	下游氧传感器	40	上游氧传感器
16	前氧传感器地	41	相位传感器（排气）
20	传感器地	42	发电机控制
21	传感器地	43	节气门 5V 电源
22	节气门地	44	5V 电源
23	节气门执行器	45	5V 电源
24	点火线圈第一缸	46	下游氧传感器加热
25	爆震传感器 B	47	ECM 接地 4
26	爆震传感器 A	48	ECM 接地 3

4.1.7 上汽 2.0T 20L4E 发动机（60 针 + 94 针）

以上汽荣威 2018 年款 R350 车型为例，发动机电脑端子如图 4-7 所示，端子定义见表 4-8。

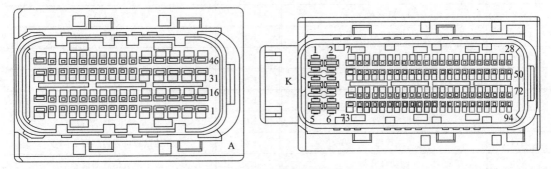

图 4-7 20L4E 发动机电脑端子图

表 4-8 20L4E 发动机电脑端子定义

端子	端子定义	端子	端子定义
A1	第四缸点火	A29	5V 供电
A2	第二缸点火	A31	第一缸喷油＋
A3	燃油控制阀－	A32	第四缸喷油＋
A4	燃油控制阀＋	A33	第一缸喷油－
A5	可变气门正时阀（排气）	A34	第三缸喷油－
A7	5V 供电	A35	炭罐控制阀
A8	传感器地	A36	增压压力传感器
A10	爆震传感器－信号	A38	进气温度传感器 2 信号（集成于 TMAP）
A12	5V 供电	A39	增压压力传感器信号
A13	传感器地	A40	油轨压力传感器信号
A14	传感器地	A41	节气门位置传感器 2 信号
A15	离合器水泵	A44	接地
A16	第一缸点火	A46	第三缸喷油＋
A17	第三缸点火	A47	第二缸喷油＋
A18	增压控制阀	A48	第四缸喷油－
A19	电子节气门＋	A49	第二缸喷油－
A20	电子节气门－	A50	可变气门正时阀（进气）
A21	进气泄流阀	A53	凸轮轴位置传感器（进气）信号
A22	接地	A54	凸轮轴位置传感器（排气）信号
A23	曲轴位置传感器信号	A56	环境温度传感器（集成于 HFM）
A24	节气门位置传感器 1 信号	A57	冷却液温度传感器信号
A25	爆震传感器＋信号	A58	热膜空气流量信号（HFM）
A26	传感器地	A59	接地
A27	5V 供电	A60	电子节温器

续表

端子	端子定义	端子	端子定义
K1	ECM 接地 1	K42	电子辅助水泵继电器
K2	ECM 接地 2	K44	动力高速 CAN 低
K3	KL.87	K45	动力高速 CAN 高
K4	ECM 接地 3	K48	起动机反馈信号
K5	KL.87	K52	接地
K6	KL.87	K59	5V 供电
K9	起动机继电器（高边）	K60	空调压力传感器
K11	接地	K61	加速踏板位置传感器 2 信号
K19	制动灯开关	K62	下游氧传感器信号
K20	空调请求	K69	主继电器
K21	制动开关	K72	空调压缩机继电器
K22	P/N 信号	K73	上游氧传感器加热
K23	机油压力开关	K76	上游氧传感器接地
K26	冷却风扇继电器 3	K77	上游氧传感器能斯特电池电压
K27	冷却风扇继电器 1 和 2	K78	上游氧传感器微调电阻
K28	低压油泵继电器	K79	上游氧传感器泵电流信号
K29	下游氧传感器加热	K81	5V 供电
K30	KL.30	K82	5V 供电
K31	起动机继电器（低边）	K83	加速踏板位置传感器 1 信号
K33	氧传感器接地	K85	ACC 唤醒信号
K35	接地	K87	KL.15

4.1.8 上汽 2.0L LTD 发动机（56 针 + 73 针）

以上汽荣威 2012 年款荣威 950 车型为例，LTD 发动机电脑端子图如图 4-8 所示，端子定义见表 4-9、表 4-10。

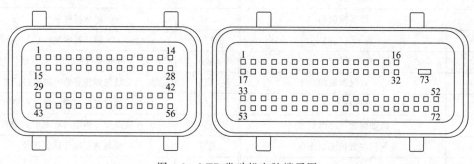

图 4-8 LTD 发动机电脑端子图

表 4-9　LTD 发动机电脑 56 针端子定义

端子	端子定义	端子	端子定义
1	检查发动机指示器控制	25	巡航/电子节气门控制/变矩器离合器制动信号
2	燃油泵主继电器控制	26	变速器驻车挡/空挡信号（1）
3	点火 1 电压	29	起动机启用继电器（PPEI3）控制
4	空调压缩机离合器继电器控制	32	制动器接合传感器电源电压
5	加速踏板位置 5V 参考电压 4（1）	33	5V 参考电压 1
10	高速 GMLAN 串行数据（＋）（1）	36	附件唤醒串行数据
11	高速 GMLAN 串行数据（－）（1）	38	燃油油位传感器低电平参考电压
12	蓄电池正极电压	40	加速踏板位置信号（1）
14	运行/启动点火 1 电压	41	空调制冷剂压力传感器信号
15	高速冷却风扇继电器控制	42	加速踏板位置信号（2）
16	动力系统继电器线圈控制	44	低速冷却风扇继电器控制
19	加速踏板位置 5V 参考电压 3（2）	45	空调制冷剂压力传感器低电平参考电压
20	加速踏板位置低电平参考电压（1）	51	质量空气流量传感器信号
21	加速踏板位置低电平参考电压（2）	52	主燃油油位传感器信号
23	制动器接合传感器低电平参考电压	54	进气温度传感器信号
24	进气温度传感器低电平参考电压	56	制动器接合传感器信号

表 4-10　LTD 发动机电脑 73 针端子定义

端子	端子定义	端子	端子定义
1	充电指示灯控制	25	发动机冷却液温度传感器信号
3	加热型氧传感器高电平信号，缸组 1 传感器（2）	26	曲轴位置传感器信号（1）
4	加热型氧传感器高电平信号，缸组 1 传感器（1）	27	进气凸轮轴位置传感器（1）
5	节气门位置传感器信号（1）	32	进气凸轮轴同步器电磁阀（1）
8	进气歧管绝对压力传感器信号	33	5V 参考电压 1
9	节气门位置传感器信号（2）	35	爆震传感器信号（1）
10	加热型氧传感器低电平信号，缸组 1 传感器（2）	36	进气歧管绝对压力传感器 5V 参考电压 3
11	排气凸轮轴位置传感器（1）	39	排气凸轮轴位置传感器低电平参考电压（1）
12	喷油器控制（4）	40	进气凸轮轴位置传感器低电平参考电压（1）
13	凸轮轴同步器 X 回路低电平参考电压	45	曲轴传感器低电平参考电压
14	排气凸轮轴同步器电磁阀（1）	46	点火控制（4）
15	凸轮轴同步器 W 回路低电平参考电压	47	点火控制（2）
16	喷油器控制（2）	49	点火控制低电平参考电压，缸组 1
18	曲轴位置传感器控制	50	喷油器控制（1）
20	加热型氧传感器低电平信号，缸组 1 传感器（1）	51	喷油器控制（3）
21	发电机磁场占空比信号	52	加热型氧传感器加热器低电平控制，缸组 1 传感器（2）
24	机油压力开关信号		

端子	端子定义	端子	端子定义
54	5V 参考电压 1	68	节气门执行器控制关闭
55	爆震传感器低电平参考电压（1）	69	节气门执行器控制打开
56	节气门位置传感器 5V 参考电压 4	70	点火控制（1）
60	节气门位置传感器低电平参考电压	71	点火控制（3）
62	进气歧管绝对压力传感器低电平参考电压	72	加热型氧传感器加热器低电平控制，缸组 1 传感器（1）
64	冷却液温度传感器低电平参考电压		
66	蒸发排放炭罐吹洗电磁阀控制	73	搭铁

4.1.9 上汽 2.4L LAF 发动机（73 针 + 73 针 + 73 针）

以上汽荣威 2012 年款荣威 950 车型为例，LAF 发动机电脑端子图如图 4-9 所示，端子定义见表 4-11～表 4-13。

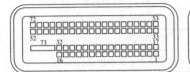 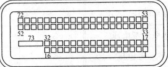 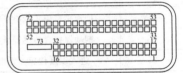

图 4-9　LAF 发动机电脑端子图

表 4-11　LAF 发动机电脑模块一端子定义

端子	端子定义	端子	端子定义
2	燃油管路压力传感器信号	32	空调压缩机离合器继电器控制
4	大气压力传感器信号	33	加速踏板位置 5V 参考电压 3（2）
5	5V 参考电压 1	34	加速踏板位置信号（2）
6	空调制冷剂压力传感器信号	36	高速 GMLAN 串行数据（+）(2)
8	燃油管路压力传感器低电平参考电压	37	行数据（-）(2)
9	燃油箱压力传感器信号	39	高速 GMLAN 串行数据（+）(1)
10	燃油箱压力传感器 5V 参考电压 1	40	行数据（-）(1)
14	加速踏板位置 5V 参考电压 4（1）	42	高速冷却风扇继电器控制
15	加速踏板位置信号（1）	44	燃油泵主继电器控制
21	5V 参考电压 1	46	检查发动机指示器控制
22	空调制冷剂压力传感器低电平参考电压	47	制动器接合传感器电源电压
24	燃油管路压力传感器 5V 参考电压	48	制动器接合传感器信号
25	主燃油油位传感器信号	51	运行/启动点火 1 电压
26	燃油油位传感器低电平参考电压	52	蓄电池正极电压
30	加速踏板位置低电平参考电压（1）	53	加速踏板位置低电平参考电压（2）

续表

端子	端子定义	端子	端子定义
57	巡航/电子节气门控制/变矩器离合器制动信号	67	动力系统主继电器熔丝电源（3）
59	低速冷却风扇继电器控制	68	制动器接合传感器低电平参考电压
62	动力系统主继电器熔丝电源（2）	70	附件唤醒串行数据
63	起动机启用继电器（PPEI3）控制	72	动力系统继电器线圈控制
66	蒸发排放炭罐通风电磁阀控制	73	点火1电压

表 4-12　LAF发动机电脑模块二端子定义

端子	端子定义	端子	端子定义
3	传感器低电平参考电压	43	进气歧管绝对压力传感器信号
10	加热型氧传感器高电平信号，缸组1传感器（1）	44	进气歧管绝对压力传感器5V参考电压 3
12	加热型氧传感器高电平信号，缸组1传感器（2）	49	进气温度传感器信号
15	节气门位置传感器5V参考电压	51	蒸发排放炭罐吹洗电磁阀控制
16	节气门执行器控制关闭	52	质量空气流量传感器信号
18	5V参考电压1	53	充电指示灯控制
19	燃油分配管压力传感器信号	54	节气门位置传感器低电平参考电压
26	加热型氧传感器低电平信号，缸组1传感器（1）	55	发电机磁场占空比信号
28	加热型氧传感器低电平信号，缸组1传感器（2）	56	爆震传感器低电平参考电压（1）
32	节气门执行器控制打开	57	爆震传感器低电平参考电压（2）
34	节气门位置传感器5V参考电压 4	58	变速器驻车挡/空挡信号（1）
36	爆震传感器信号（1）	63	进气歧管绝对压力传感器低电平参考电压
37	爆震传感器信号（2）	69	进气温度传感器低电平参考电压
41	加热型氧传感器加热器低电平控制，缸组1传感器（1）	70	节气门位置传感器5V参考电压
42	加热型氧传感器加热器低电平控制，缸组1传感器（2）	73	信号搭铁

表 4-13　LAF发动机电脑模块三端子定义

端子	端子定义	端子	端子定义
8	发动机冷却液温度传感器信号	30	点火控制（1）
9	机油压力开关信号	31	点火控制低电平参考电压，缸组1
10	5V参考电压2	32	高压燃油泵执行器低电平控制
16	高压燃油泵执行器高电平控制	33	进气凸轮轴位置传感器（1）
24	冷却液温度传感器低电平参考电压	34	5V参考电压1
25	曲轴位置传感器低电平参考电压（1）	35	排气凸轮轴位置传感器（1）
26	曲轴位置传感器信号（1）	39	进气凸轮轴同步器电磁阀（1）
27	点火控制（2）	40	排气凸轮轴同步器电磁阀（1）
28	点火控制（4）	46	直接喷油器（DFI）高电压控制——气缸2
29	点火控制（3）	48	直接喷油器（DFI）高电压控制——气缸3

续表

端子	端子定义	端子	端子定义
50	直接喷油器（DFI）高电压控制——气缸4	60	凸轮轴同步器X回路低电平参考电压
52	直接喷油器（DFI）高电压控制——气缸1	66	直接喷油器（DFI）高压电源——气缸2
53	进气凸轮轴位置传感器低电平参考电压（1）	68	直接喷油器（DFI）高压电源——气缸3
54	5V参考电压1	70	直接喷油器（DFI）高压电源——气缸4
55	排气凸轮轴位置传感器低电平参考电压（1）	72	直接喷油器（DFI）高压电源——气缸1
59	凸轮轴同步器W回路低电平参考电压	73	信号搭铁

4.1.10 上汽3.0L LFW发动机（73针+73针+73针）

以上汽荣威2012年款荣威950车型为例，LFW发动机电脑端子图如图4-10所示，端子定义见表4-14～表4-16。

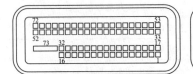 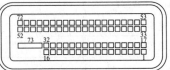 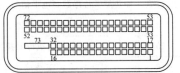

图4-10 LFW发动机电脑端子图

表4-14 LFW发动机电脑模块一端子定义

端子	端子定义	端子	端子定义
2	燃油管路压力传感器信号	39	高速GMLAN串行数据（+）(1)
4	大气压力传感器信号	40	行数据（-）(1)
5	5V参考电压1	42	高速冷却风扇继电器控制
6	空调制冷剂压力传感器信号	44	燃油泵主继电器控制
8	燃油管路压力传感器低电平参考电压	46	检查发动机指示器控制
9	燃油箱压力传感器信号	47	制动器接合传感器电源电压
10	燃油箱压力传感器5V参考电压1	48	制动器接合传感器信号
14	加速踏板位置5V参考电压4（1）	51	运行/启动点火1电压
15	加速踏板位置信号（1）	52	蓄电池正极电压
21	5V参考电压1	53	加速踏板位置低电平参考电压（2）
22	空调制冷剂压力传感器低电平参考电压	57	巡航/电子节气门控制/变矩器离合器制动信号
24	燃油管路压力传感器5V参考电压	59	低速冷却风扇继电器控制
25	主燃油油位传感器信号	62	动力系统主继电器熔丝电源（2）
26	燃油油位传感器低电平参考电压	63	起动机启用继电器（PPEI3）控制
30	加速踏板位置低电平参考电压（1）	66	蒸发排放炭罐通风电磁阀控制
32	空调压缩机离合器继电器控制	67	动力系统主继电器熔丝电源（3）
33	加速踏板位置5V参考电压3（2）	68	制动器接合传感器低电平参考电压
34	加速踏板位置信号（2）	70	附件唤醒串行数据
36	高速GMLAN串行数据（+）(2)	72	动力系统继电器线圈控制
37	行数据（-）(2)	73	点火1电压

表 4-15 LFW 发动机电脑模块二端子定义

端子	端子定义	端子	端子定义
3	传感器低电平参考电压	43	进气歧管绝对压力传感器信号
10	加热型氧传感器高电平信号，缸组 1 传感器（1）	44	进气歧管绝对压力传感器 5V 参考电压 3
11	加热型氧传感器高电平信号，缸组 2 传感器（1）	49	进气温度传感器信号
12	加热型氧传感器高电平信号，缸组 1 传感器（2）	51	蒸发排放炭罐吹洗电磁阀控制
13	加热型氧传感器高电平信号，缸组 2 传感器（2）	52	质量空气流量传感器信号
15	节气门位置传感器 5V 参考电压	53	充电指示灯控制
16	节气门执行器控制关闭	54	节气门位置传感器低电平参考电压
18	5V 参考电压 1	55	发电机磁场占空比信号
19	燃油分配管压力传感器信号	56	爆震传感器低电平参考电压（1）
26	加热型氧传感器低电平信号，缸组 1 传感器（1）	57	爆震传感器低电平参考电压（2）
27	加热型氧传感器低电平信号，缸组 2 传感器（1）	58	变速器驻车挡/空挡信号（1）
28	加热型氧传感器低电平信号，缸组 1 传感器（2）	60	机油液位开关信号
29	加热型氧传感器低电平信号，缸组 2 传感器（2）	61	加热型氧传感器加热器低电平控制，缸组 2 传感器（1）
32	节气门执行器控制打开	62	加热型氧传感器加热器低电平控制，缸组 2 传感器（2）
34	节气门位置传感器 5V 参考电压 4	63	进气歧管绝对压力传感器低电平参考电压
36	爆震传感器信号（1）	69	进气温度传感器低电平参考电压
37	爆震传感器信号（2）	70	节气门位置传感器 5V 参考电压
41	加热型氧传感器加热器低电平控制，缸组 1 传感器（1）	73	信号搭铁
42	加热型氧传感器加热器低电平控制，缸组 1 传感器（2）		

表 4-16 LFW 发动机电脑模块三端子定义

端子	端子定义	端子	端子定义
8	发动机冷却液温度传感器信号	30	点火控制（1）
9	机油压力开关信号	31	点火控制低电平参考电压，缸组 1
10	5V 参考电压 2	32	高压燃油泵执行器低电平控制
13	点火控制（6）	33	进气凸轮轴位置传感器（1）
14	点火控制（5）	34	5V 参考电压 1
15	点火控制低电平参考电压，缸组 2	35	排气凸轮轴位置传感器（1）
16	高压燃油泵执行器高电平控制	36	进气凸轮轴位置传感器（2）
23	传感器低电平参考电压	37	进气凸轮轴位置传感器 5V 参考电压 1
24	传感器低电平参考电压	38	排气凸轮轴位置传感器（2）
25	传感器低电平参考电压	39	进气凸轮轴同步器电磁阀（1）
26	曲轴位置传感器信号（1）	40	排气凸轮轴同步器电磁阀（1）
27	点火控制（4）	41	进气凸轮轴同步器电磁阀（2）
28	点火控制（3）	42	排气凸轮轴同步器电磁阀（2）
29	点火控制（2）	46	直接喷油器（DFI）高电压控制——气缸 4

续表

端子	端子定义	端子	端子定义
47	直接喷油器（DFI）高电压控制——气缸5	59	凸轮轴同步器W回路低电平参考电压
48	直接喷油器（DFI）高电压控制——气缸2	60	凸轮轴同步器X回路低电平参考电压
50	直接喷油器（DFI）高电压控制——气缸3	61	凸轮轴同步器Y回路低电平参考电压
51	直接喷油器（DFI）高电压控制——气缸6	62	凸轮轴同步器Z回路低电平参考电压
52	直接喷油器（DFI）高电压控制——气缸1	66	直接喷油器（DFI）高压电源——气缸4
53	进气凸轮轴位置传感器低电平参考电压（1）	67	直接喷油器（DFI）高压电源——气缸5
54	5V参考电压1	68	直接喷油器（DFI）高压电源——气缸2
55	排气凸轮轴位置传感器低电平参考电压（1）	70	直接喷油器（DFI）高压电源——气缸3
56	进气凸轮轴位置传感器低电平参考电压（2）	71	直接喷油器（DFI）高压电源——气缸6
57	排气凸轮轴位置传感器5V参考电压1	72	直接喷油器（DFI）高压电源——气缸1
58	排气凸轮轴位置传感器低电平参考电压（2）	73	信号搭铁

4.2 变速器电脑

4.2.1 上汽 TS-41SN 四速自动变速器（24针+26针）

以上汽荣威2017年款起360车型为例，该变速器电脑端子图如图4-11所示，端子定义见表4-17。

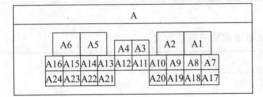

图4-11 TS-41SN自动变速器电脑端子图

表4-17 TS-41SN自动变速器电脑端子定义

端子	端子定义	端子	端子定义
A1	接地（−）	A11	油温传感器（OT）（+）
A2	压力控制电磁阀（SLB1）（−）	A12	油温传感器（OT）（−）
A3	锁止离合器控制电磁阀（SLU）（−）	A15	电磁油泵（EMOP）（+）
A4	压力控制电磁阀（SLB1）（+）	A16	换挡电磁阀（S1）
A5	锁止离合器控制电磁阀（SLU）（+）	A17	CAN通信信号（高）
A6	电源电压（+）	A19	压力控制电磁阀（SLC2）（−）
A7	CAN通信信号（低）	A21	压力控制电磁阀（SLC2）（+）
A9	压力控制电磁阀（SLC）（−）	A22	压力控制电磁阀（SLC1）（+）
A10	电磁油泵（EMOP）（−）	A23	接地（−）

续表

端子	端子定义	端子	端子定义
A24	点火开关电压	B14	输出速度传感器（SP）（+）
B1	"R"信号（NSW）	B16	输入速度传感器（NC2）（+）
B5	输出速度传感器（SP）（-）	B19	"W"信号（NSW）
B6	输入速度传感器（NC2）（-）	B20	"P"信号（NSW）
B7	"D"信号（NSW）	B21	手动换挡开关（升挡）
B8	"N"信号（NSW）	B22	手动换挡开关（降挡）
B9	手动换挡模式开关		

阀体线束连接器见图4-12，端子定义见表4-18。

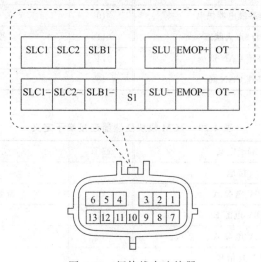

图4-12 阀体线束连接器

表4-18 阀体线束连接端子定义

线束端-模块端	端子定义	线束端-模块端	端子定义
1-OT	油温传感器（OT）（+）	8-EMOP-	电磁油泵（EMOP）（-）
2-EMOP+	电磁油泵（EMOP）（+）	9-SLU-	锁止离合器控制电磁阀（SLU）（-）
3-SLU	锁止离合器控制电磁阀（SLU）（+）	10-S1	换挡电磁阀（S1）
4-SLB1	压力控制电磁阀（SLB1）（+）	11-SLB1-	压力控制电磁阀（SLB1）（-）
5-SLC2	压力控制电磁阀（SLC2）（+）	12-SLC2-	压力控制电磁阀（SLC2）（-）
6-SLC1	压力控制电磁阀（SLC1）（+）	13-SLC1-	压力控制电磁阀（SLC1）（-）
7-OT-	油温传感器（OT）（-）		

4.2.2　上汽DCT250七速干式双离合变速器（18针+18针+28针）

以上汽荣威2017年款起荣威360车型为例，该变速器电脑端子图如图4-13所示，端子定义见表4-19～表4-21。

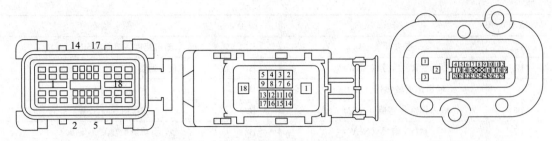

图 4-13 DCT250 双离合变速器电脑端子图

表 4-19 TCM 模块整车线束连接端子定义

端子	端子定义	端子	端子定义
1	变速器继电器供电	10	发动机转速
2	运行/点火状态	11	变速器继电器控制
3	高速 CAN 低	14	变速器唤醒
4	高速 CAN 高	18	12V 电源

表 4-20 TCM 模块变速器连接端子定义

端子	端子定义	端子	端子定义
1	接地	9	换挡杆信号 B
2	9V 电源 A	10	奇数离合器位置传感器
3	9V 电源 B	11	5V 电源 B 接地
4	5V 电源 A	12	换挡杆信号 S
5	换挡杆信号 A	13	换挡杆信号 C
6	变速器输出速度	14	偶数离合器位置传感器
7	5V 电源 A 接地	17	换挡杆信号 P
8	5V 电源 B	18	换挡杆信号接地

表 4-21 电液控制总成连接端子定义

端子	端子定义	端子	端子定义
1	油泵相位 A	10	逻辑电磁阀控制
2	油泵相位 C	11	变速器主油压/油液温度传感器——主油压传感器
3	油泵相位 B	12	5V 电源 A
4	高端驱动 2	13	电机接地
5	电流控制输出 B	14	4、R 挡换挡拨叉位置传感器
6	电流控制输出 A	15	1、7 挡换挡拨叉位置传感器
7	9V 电源 B	16	电流控制输出 C
8	2、6 挡换挡拨叉位置传感器	17	电流控制输出 D
9	偶数输入轴速度传感器	19	5V 电源 A 接地

续表

端子	端子定义	端子	端子定义
20	高端驱动 1	25	电流输出控制 E
21	3、5 挡换挡拨叉位置传感器	26	变速器主油压/油液温度传感器
22	奇数输入轴速度传感器	27	电流控制输出 G
23	9V 电源 A	28	电流控制输出 H
24	电流输出控制 F		

4.2.3 上汽 55-51SN 五速自动变速器（24 针+26 针）

以上汽荣威 2015 年款 W5 车型为例，变速器电脑端子如图 4-14 所示，端子定义见表 4-22。

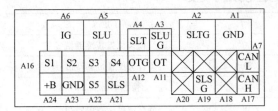 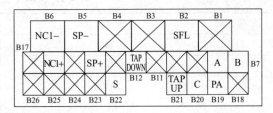

图 4-14 55-51SN 变速器电脑端子图

表 4-22 55-51SN 变速器电脑端子定义

端子	端子定义	端子	端子定义
A1	接地（−）	A22	换挡电磁阀 5
A2	油路压力控制电磁阀（SLT）（−）	A23	接地（−）
A3	锁止离合器控制电磁阀（SLU）（−）	A24	电池（+）
A4	油路压力控制电磁阀（SLT）（+）	B2	换挡锁止控制信号
A5	锁止离合器控制电磁阀（SLU）（+）	B5	输出速度传感器（−）
A6	点火	B6	输入速度传感器（−）
A7	CAN 通信信号（低）	B7	"B" 信号（NSW）
A11	油温传感器（OT）（+）	B8	"A" 信号（NSW）
A12	油温传感器（OT）（−）	B13	手动降挡（TAP-DOWN）
A13	换挡电磁阀 4	B14	输出速度传感器（+）
A14	换挡电磁阀 3	B16	输入速度传感器（+）
A15	换挡电磁阀 2	B19	"PA" 信号（NSW）
A16	换挡电磁阀 1	B20	"C" 信号（NSW）
A17	CAN 通信信号（高）	B21	手动升挡（TAP-UP）
A19	换挡油压控制电磁阀（SLS）（−）	B22	运动模式（S）
A21	换挡油压控制电磁阀（SLS）（+）		

4.2.4 上汽6DCT六速湿式双离合变速器（81针）

以上汽荣威2018年款RX5车型为例，变速器电脑端子如图4-15所示，端子定义见表4-23。

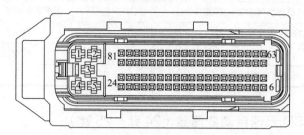

图4-15 6DCT变速器电脑端子图

表4-23 6DCT变速器电脑端子定义

端子	端子定义	端子	端子定义
1	接地	30	5/N拨叉位置传感器信号
2	接地	31	6/R拨叉位置传感器信号
3	接地	38	换挡电磁阀2
4	KL.30	39	润滑油路压力电磁阀
5	KL.30	44	多路电磁阀1
6	KL.15	45	数字输出：P/N硬线
7	传感器9V供电1	49	SubROM读写选择
8	传感器9V供电2	53	离合器油温传感器信号
9	奇数轴速度传感器信号	54	阀体油温传感器信号
10	偶数轴速度传感器信号	55	仪表高速CAN低
11	1/3拨叉位置传感器信号	56	仪表高速CAN高
12	2/4拨叉位置传感器信号	57	奇数离合器压力电磁阀
14	KL.R	58	偶数离合器压力电磁阀
15	奇数离合器压力传感器信号	60	电磁阀供电2（偶数离合器，换挡电磁阀2，偶数多路阀）
16	偶数离合器压力传感器信号	63	多路电磁阀2
17	高速CAN低	64	传感器接地1
18	高速CAN高	65	传感器接地2
19	换挡电磁阀1	68	SubROM时钟
20	主油路压力电磁阀	69	SubROM芯片选择
23	电磁阀供电1（奇数离合器，换挡电磁阀1，奇数多路阀）	71	传感器接地1
26	传感器5V供电1	72	油底壳油温传感器信号
27	传感器5V供电2	81	电磁阀供电3（主油路压力电磁阀，润滑油路压力电磁阀）
28	输出轴速度传感器信号		
29	发动机转速传感器信号		

4.2.5 上汽 F21-250 六速自动变速器（16 针 + 33 针）

以上汽荣威 2017 年款 RX3 车型为例，变速器电脑 16 针端子如图 4-16 所示，端子定义见表 4-24。

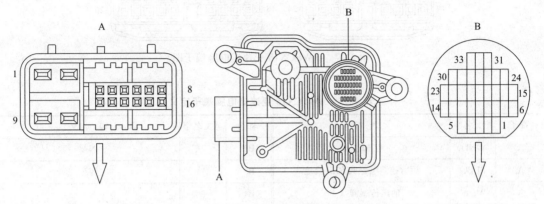

图 4-16　F21-250 变速器电脑 16 针端子图

表 4-24　F21-250 变速器电脑端子定义

端子	端子定义	端子	端子定义
A1	蓄电池电压	B7	压力控制线性电磁阀 SLT（-）
A3	升挡开关	B8	C2 压力控制线性电磁阀 SL2（+）
A4	降挡开关	B9	C2 压力控制线性电磁阀 SL2（-）
A5	启动锁止信号输出	B10	油温传感器 OT（+）
A6	CAN 通信信号（低）	B11	输出转速传感器 NOUT（+）
A7	手动模式开关	B12	B1 压力控制线性电磁阀 SL5（-）
A9	接地	B13	C1 压力控制线性电磁阀 SL1（+）
A11	唤醒信号	B14	C1 压力控制线性电磁阀 SL1（-）
A13	倒挡灯输出	B17	输入转速传感器 NIN（-）
A14	CAN 通信信号（高）	B18	输入转速传感器 NIN（+）
B1	Lock-UP 控制线性电磁阀 SLU（+）	B19	油温传感器 OT（-）
B2	Lock-UP 控制线性电磁阀 SLU（-）	B20	输出转速传感器 NOUT（-）
B3	C3 压力控制线性电磁阀 SL3（+）	B23	挡位电磁阀 No.1（S1）
B4	C3 压力控制线性电磁阀 SL3（-）	B28	挡位电磁阀 No.2（S2）
B5	B1 压力控制线性电磁阀 SL5（+）	B29	电动液压油泵 EMOP（-）*
B6	压力控制线性电磁阀 SLT（+）	B30	电动液压油泵 EMOP（+）*

4.2.6 上汽 AWFCX18 无级变速器（24 针 + 26 针）

以上汽荣威 2017 年款 RX3 车型为例，AWFCX18 无级变速器电脑端子图如图 4-17 所示，端子定义见表 4-25。

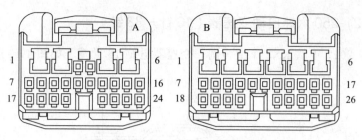

图 4-17　AWFCX18 变速器电脑端子图

表 4-25　AWFCX18 变速器电脑端子定义

端子	英文名字	端子定义	端子	英文名字	端子定义
A1	GND	TCM 接地	B2	—	NA
A2	SLPG	压力控制电磁阀 SLP 接地	B3	—	NA
A3	Vout	油压传感器（+）	B4	—	NA
A4	SLP	压力控制电磁阀 SLP（+）	B5	NOT−	从动锥盘速度传感器（−）
A5	OPB	电子油泵 EOP 供电电源	B6	NT−	离合器毂输入速度传感器（−）
A6	+B	蓄电池电压	B7	D	空挡启动开关 D 挡
A7	CANL	CAN 低	B8	N	空挡启动开关 N 挡
A8	NIN+	主动锥盘速度传感器（+）	B9	—	NA
A9	SLUG	锁止控制电磁阀 SLU 接地（−）	B10	—	NA
A10	Vgnd	油压传感器接地（−）	B11	OPRL	电子油泵 EOP 延迟控制
A11	OT	油液温度传感器（+）	B12	—	NA
A12	OTG	油液温度传感器接地（−）	B13	—	NA
A13	—	NA	B14	NOT+	从动锥盘速度传感器（+）
A14	—	NA	B15	SIG	电子油泵 EOP 电流控制
A15	SL	换挡控制电磁阀 SL	B16	NT+	离合器毂输入速度传感器（+）
A16	SC	换挡控制电磁阀 SC	B17	—	NA
A17	CANH	CAN 高	B18	—	NA
A18	NIN−	主动锥盘速度传感器（−）	B19	OPST	电子油泵 EOP 状态输入
A19	SLSG	压力控制电磁阀 SLS 接地（−）	B20	P	空挡启动开关挡
A20	Vc	油液温度传感器供电电源	B21	ACC	附件电压
A21	SLS	压力控制电磁阀 SLS（+）	B22	—	NA
A22	—	NA	B23	—	NA
A23	SLU	锁止控制电磁阀 SLU（+）	B24	—	NA
A24	IG	点火电压	B25	—	NA
B1	R	空挡启动开关 R 挡	B26	—	NA

4.3 车身电脑

4.3.1 荣威 RX3 车身电脑（8 针 + 14 针 + 32 针 + 40 针 + 52 针）

以上汽荣威 2017 年款 RX3 车型为例，其车身电脑端子图如图 4-18 所示，端子定义见表 4-26～表 4-30。

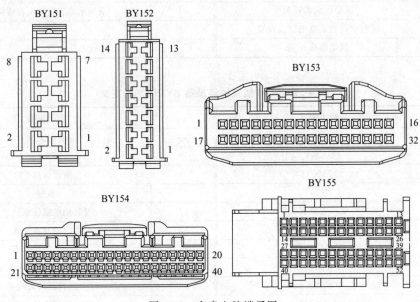

图 4-18　车身电脑端子图

表 4-26　BCM 线束端连接器 BY151 端子定义

端子	端子定义	端子	端子定义
1	左转向灯	4	KL.30（电源输入 2）
2	内部灯光	5	KL.30（电源输入 4）
3	日间行车灯	6	KL.30（电源输入 1）

表 4-27　BCM 线束端连接器 BY152 端子定义

端子	端子定义	端子	端子定义
1	门锁接地	9	所有门解锁
2	接地	11	KL.30（电源输入 3）
3	尾门电机	12	后位置灯
4	倒车灯	13	右转向灯
6	P 挡锁止线圈	14	后雾灯
7	所有门上锁		

表 4-28 BCM 线束端连接器 BY153 端子定义

端子	端子定义	端子	端子定义
1	ACC 唤醒	25	右前雾灯继电器线圈
2	KLR 继电器线圈端	26	前雾灯继电器线圈
7	近光灯控制	27	后刮水器控制
8	前刮水器停止开关	28	前洗涤泵
16	LIN 线	29	后洗涤泵
17	KL15 继电器线圈端	30	喇叭
20	发动机舱盖开关	31	前刮水器速度继电器线圈端
22	前刮水器使能继电器线圈端	32	远光灯
23	制动踏板开关		

表 4-29 BCM 线束端连接器 BY154 端子定义

端子	端子定义	端子	端子定义
1	LIN	18	左前门天线＋
2	CAN L	19	前部天线＋
3	CAN H	20	前部天线－
4	接地	27	唤醒
5	尾门电机开关	28	驾驶侧车窗使能信号
6	尾门开启开关	33	后门锁开关输入
7	门锁指示灯	34	驾驶员门锁状态
10	驾驶员门锁	35	驾驶员门天线
12	中控锁开关	36	副驾驶门天线
13	右前门锁	37	尾门天线－
14	后刮水器停止开关	38	尾门天线＋
15	右前门天线＋	39	中后部天线＋
16	右前门天线－	40	中后部天线－
17	左前门天线－		

表 4-30 BCM 线束端连接器 BY155 端子定义

端子	端子定义	端子	端子定义
1	备用线圈＋	37	点火开关信号
2	备用线圈－	39	前刮水器信号
10	前洗涤开关	40	点火开关信号
11	一键启动开关状态验证	44	点火开关电源
12	CAN H	45	主灯光开关
13	CAN L	46	一键启动开关
15	拨杆开关接地	47	转向灯
23	前刮水器开关	48	后视镜折叠
28	KLR 继电器	49	前刮水器开关
33	危险警告灯开关	50	远光灯选择开关
35	一键启动开关 RUN/START 指示灯	51	后刮水器选择开关
36	一键启动开关 ACC 指示灯	52	雾灯开关

4.3.2 荣威 i6 车身电脑（8 针+ 14 针+ 32 针+ 52 针+ 32 针+ 52 针）

以上汽荣威 2019 年款 i6 车型为例，车身电脑端子图如图 4-19 所示，其端子定义见表 4-31～表 4-36。

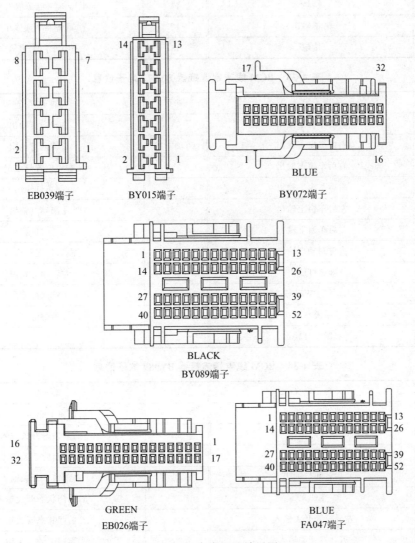

图 4-19　i6 车身电脑端子图

表 4-31　BCM 线束端连接器 EB039 端子定义

端子	端子定义	端子	端子定义
1	KL.30（电源输入 3）	5	接地
2	右近光灯输出	6	KL.30（电源输入 1）
3	右日间行车灯输出	7	左日间行车灯输出
4	KL.30（电源输入 2）		

表 4-32　BCM 线束端连接器 BY015 端子定义

端子	端子定义	端子	端子定义
1	KL.30（电源输入 4）	9	KL.30（电源输入 5）
4	左近光灯输出	10	驾驶员侧车门解锁输出
5	接地	11	KL.30（电源输入 6）
6	解锁输出	12	后备厢解锁输出
8	接地	13	所有车门上锁输出

表 4-33　BCM 线束端连接器 BY072 端子信息

端子	端子定义	端子	端子定义
3	右前车窗上输出	23	右转向灯输出
4	右前车窗下输出	24	右转向灯输出
5	右后车窗上输出	25	右后位置灯输出
6	右后车窗下输出	26	倒车灯输出
7	左后车窗上输出	27	左制动灯输出
8	左后车窗下输出	28	后雾灯输出
10	高位制动灯输出	29	左后位置灯输出
11	牌照灯输出	30	左转向灯输出
12	内顶灯 PWM 输出	31	左转向灯输出
19	安全系统状态指示	32	内顶灯延时继电器输出
22	右制动灯输出		

表 4-34　BCM 线束端连接器 BY089 端子信息

端子	端子定义	端子	端子定义
5	背光调节输出	29	右后窗 Exp 开关输入
8	氛围灯输出	30	右后窗升开关输入
9	P 挡锁输出	31	右前窗降开关输入
10	后备厢灯输出	32	右前窗升开关输入
13	LIN3	33	右后门状态开关输入
16	左后窗降开关输入	34	右前门状态开关输入
17	离合器开关输入	35	主驾门上锁开关输入
18	左后窗 Exp 开关输入	39	LIN1
19	左后窗升开关输入	41	后备厢开启开关输入
20	空挡开关输入	42	左前门状态开关输入
22	左后门状态输入	43	主驾门解锁开关输入
23	后备厢盖状态输入	44	左 LED 转向灯诊断
24	右后窗降开关输入	45	右 LED 转向灯诊断
25	LIN6	50	制动踏板开关输入
26	LIN2	51	车身 CAN 高/车身多媒体 CAN 高
27	右前窗 Exp 开关输入	52	车身 CAN 低/车身多媒体 CAN 低

表 4-35　BCM 线束端连接器 EB026 端子信息

端子	端子定义	端子	端子定义
1	前刮水器停止位反馈	16	远光灯线圈端输出
3	KL.15（继电器线圈输出）	17	KLR 唤醒
5	喇叭继电器线圈端输出	19	发动机舱盖开启开关输入
9	左辅助照明灯线圈端输出	26	右前座椅加热线圈端输出
11	前窗洗涤泵线圈端输出	30	左前座椅加热线圈端输出
13	前刮水器电机快慢速线圈端输出	31	左前位置灯输出
14	前刮水器电机使能输出	32	右前位置灯输出
15	右辅助照明灯线圈端输出		

表 4-36　BCM 线束端连接器 FA047 端子信息

端子	端子定义	端子	端子定义
3	启停节油系统禁用开关输入	37	KL.15 指示灯输出
5	中控开关输入	41	前刮水器开关输入 2
8	近光灯、位置灯开关输入	42	前刮水器间歇挡开关输入
10	LIN5	44	前洗涤开关输入
20	危险警告灯开关输入	45	一键启动开关输入
22	阳光传感器参考地	46	转向灯开关输入
25	KL.15 输入	47	前刮水器开关输入 1
26	ACC 指示灯输出	48	喇叭开关输入
27	前刮水器间歇挡参考地	49	锁状态输出
28	雾灯开关输入	50	启停节油系统指示灯输出
29	远光灯闪烁、常亮开关输入		

4.3.3　荣威 360 车身电脑（28 针+ 40 针+ 16 针+ 11 针+ 11 针）

以上汽荣威 2017 年款 360 车型为例，其车身电脑端子图如图 4-20 所示，端子定义见表 4-37～表 4-41。

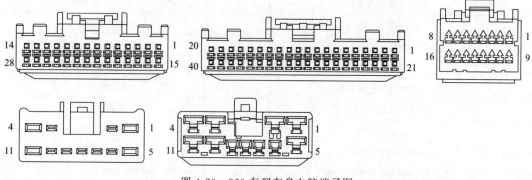

图 4-20　360 车型车身电脑端子图

表 4-37　360 车型车身电脑 28 针端子定义

端子	端子定义	端子	端子定义
1	后窗禁止开关照明	15	前刮水器速度选择
2	远光灯继电器线圈	16	后刮水器继电器线圈
3	后窗加热继电器线圈	17	边灯线圈
4	驱动驾驶员窗下降	18	前刮水器使能继电器线圈
5	启动电机继电器线圈	19	刮水器模拟量地
6	驱动前乘客窗上升	20	驱动后左窗下降
7	驱动后右窗下降	21	驱动后左窗上升
8	安全锁继电器线圈	22	驱动后右窗上升
9	驱动驾驶员窗上升	23	驱动前乘客窗下降
10	预留低边驱动输出 2	24	预留低边驱动输出
11	预留低边驱动输出 4	25	日间行车灯输出
12	门锁状态指示灯	26	后窗加热开关状态指示灯
13	前舱盖开关信号	27	内部中控锁开关
14	刮水器间歇时间选择信号	28	天窗自动关信号

表 4-38　360 车型车身电脑 40 针端子定义

端子	端子定义	端子	端子定义
1	外部天线输入（NSE）/ 灯光传感器信号输入（SGE）	21	ACC 开关
2	启动开关输入	22	点火开关
3	后洗涤器开关	23	倒挡开关
4	前洗涤器开关	24	外部灯光开关 2
5	驾驶员窗开关	25	空挡或离合开关信号（NSE）/－（SGE）
6	启动禁止	27	后窗加热开关
7	后窗升降禁止开关	28	前刮水器归位信号
8	后刮水器归位信号	29	前刮水器模式选择开关 2
9	后刮水器开关	30	紧急警告灯开关
10	前刮水器模式选择开关 1	31	左转向灯开关
11	右转向灯开关	33	后备厢盖开警示开关
12	外部灯光开关 1	34	乘客门开警示开关
14	后备厢开锁开关	35	驾驶员门钥匙开锁门信号
15	驾驶员门开警示开关	36	远光灯开关
16	驾驶员门钥匙锁门信号	37	后雾灯开关
17	远光灯闪烁开关	38	CAN 总线低
18	IMMO SPI 总线的数据线	39	CAN 总线高
19	IMMO SPI 总线的时钟线	40	LIN 总线
20	发动机舱盖开警示开关		

表 4-39　360 车型车身电脑 16 针端子定义

端子	端子定义	端子	端子定义
1	预留高驱	8	离合开关输入
2	预留高驱	9	倒车灯继电器线圈
3	预留高驱	10	启停开关指示灯
4	预留高驱	16	空挡开关信号
7	启停开关输入		

表 4-40　360 车型车身电脑 11 针端子定义（一）

端子	端子定义	端子	端子定义
1	右转向灯输出	6	—（NSE）/灯光传感器电源输出（SGE）
2	后雾灯输出	7、8	车窗升降功能使能
3	后备厢解锁输出	9、10	后窗功能禁止
4	前洗涤器泵输出	11	电池电源
5	电池电源		

表 4-41　360 车型车身电脑 11 针端子定义（二）

端子	端子定义	端子	端子定义
1	电池电源	6	左转向灯输出
2	近光灯继电器	7	车厢灯 PWM 输出
3	车门上锁输出	9	警告请求信号
4	电池电源	10	车门解锁继电器
5	小电流地	11	大电流地

4.4　多媒体电脑

4.4.1　荣威 RX5 多媒体电脑（20 针 + 16 针 + 12 针 + 12 针）

以上汽荣威 2018 年款 RX5 车型为例，其多媒体电脑端子图如图 4-21 所示，端子定义见表 4-42～表 4-44。

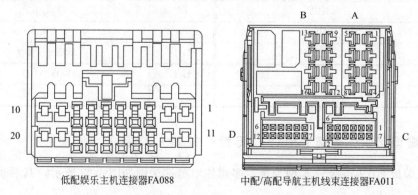

图 4-21　RX5 车型多媒体电脑端子图

表 4-42 低配娱乐主机线束连接器 FA088 端子定义

端子	端子定义	端子	端子定义
6	前右声道+	12	Reverse gear
7	前左声道+	16	前右声道-
10	KL.30	17	前左声道-
11	KL.R	20	接地

表 4-43 中配导航主机线束连接器 FA011 端子定义

端子	端子定义	端子	端子定义
A1	音频右后+	B15	KL.30
A2	音频右前+	B16	接地
A3	音频左前+	C3	转向盘按键信号接地
A4	音频左后+	C4	转向盘按键信号1+
A5	音频右后-	C10	转向盘按键信号2+
A6	音频右前-	D2	USB电源
A7	音频左前-	D4	TT0SYS
A8	音频左后-	D8	USB接地

表 4-44 高配导航主机连接 FA011 端子定义

端子	端子定义	端子	端子定义
A1	后排右音频信号+	C3	转向盘按键信号接地
A2	前排右音频信号+	C4	转向盘按键信号1+
A3	前排左音频信号+	C5	麦克风-
A4	后排左音频信号+	C10	转向盘按键信号2+
A5	后排右音频信号-	C11	麦克风+
A6	前排右音频信号-	D2	麦克风2+
A7	前排左音频信号-	D4	接地
A8	后排左音频信号-	D5	后摄像头信号
B9	BUS_A	D6	TBOX AUD+
B11	KEY	D7	Ennble
B13	BUS_B	D8	麦克风2-
B15	KL.30	D11	后摄像头接地
B16	接地	D12	TBOX AUD-
C2	5V		

4.4.2 荣威 i6 多媒体电脑（20针+16针+12针+12针）

以上汽荣威 2019 年款 i6 车型为例，多媒体电脑端子图如图 4-22 所示，其端子定义见表 4-45～表 4-47。

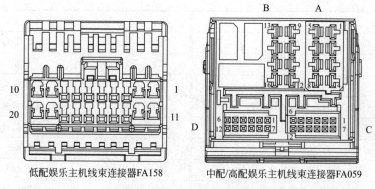

图 4-22 i6 车型多媒体电脑端子图

表 4-45 低配娱乐主机线束连接器 FA158 端子定义

端子	端子定义	端子	端子定义
2	背光信号	12	倒车信号
6	音频前右+	16	音频前右-
7	音频前左+	17	音频前左-
10	KL.30	20	接地
11	KL.R		

表 4-46 中配娱乐主机线束连接器 FA059 端子定义

端子	端子定义	端子	端子定义
A1	音频右后+	C3	转向盘按键信号接地
A2	音频右前+	C4	转向盘按键信号1+
A3	音频左前+	C5	麦克风-
A4	音频左后+	C6	HS-CAN H
A5	音频右后-	C10	转向盘按键信号2+
A6	音频右前-	C11	麦克风+
A7	音频左前-	C12	HS-CAN L
A8	音频左后-	D5	倒车摄像信号+
B15	KL.30	D10	LIN总线
B16	接地	D11	倒车摄像信号-

表 4-47 高配娱乐主机线束连接器 FA059 端子定义

端子	端子定义	端子	端子定义
A1	音频后右信号+	A5	音频后右信号-
A2	音频前右信号+	A6	音频前右信号-
A3	音频前左信号+	A7	音频前左信号-
A4	音频后左信号+	A8	音频后左信号-

端子	端子定义	端子	端子定义
B3	前面板确认按键	E2	麦克风 2+
B7	KL.30	E4	接地
B8	接地	E5	后摄像头
D3	转向盘按键信号接地	E6	TBOX 音频+
D4	转向盘按键信号 1+	E7	使能信号
D5	麦克风-	E8	麦克风 2-
D6	HS-CAN H	E10	LIN
D10	转向盘按键信号 2+	E11	后摄像头接地
D11	麦克风+	E12	TBOX 音频-
D12	HS-CAN L		

4.4.3 荣威 360 多媒体电脑（16 针+ 12 针+ 12 针）

以上汽荣威 2017 年款 360 车型为例，多媒体电脑端子图如图 4-23 所示，其端子定义见表 4-48。

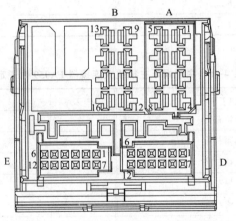

图 4-23 荣威 360 多媒体电脑端子图

表 4-48 荣威 360 多媒体电脑端子定义

端子	端子定义	端子	端子定义
A1	后右扬声器正极	B9	倒车信号
A2	前右扬声器正极	B10	背光照明
A3	前左扬声器正极	B11	车速信号
A4	后左扬声器正极	B13	天线放大器电源
A5	后右扬声器负极	B14	点火开关（ACC）
A6	前右扬声器负极	B15	电源
A7	前左扬声器负极	B16	电源接地
A8	后左扬声器负极	D1	外接音频输入左

续表

端子	端子定义	端子	端子定义
D3	转向盘开关	D9	外接视频输入
D4	转向盘开关1正极	D10	转向盘开关2正极
D5	麦克风负极	D11	麦克风正极
D6	CAN高	D12	CAN低
D7	外接音频输入右	E5	后视摄像头正极
D8	外接音频输入接地	E11	后视摄像头负极

4.5 新能源系统

4.5.1 荣威 E50 EV

4.5.1.1 高压电池低压接插件端子（16针）

高压电池低压接插件端子如图4-24所示，端子定义见表4-49。

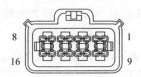

图 4-24 高压电池低压接插件端子

表 4-49 高压电池低压接插件端子定义

端子	端子定义	端子	端子定义
1	12V 低压供电正极（KL30）	9	主高压互锁线路源路
2	12V 低压供电负极接地（GND）	10	低压唤醒（KL15）
3	高速 CAN1 高电平	11	底盘接地
4	高速 CAN1 低电平	13	充电连接指示
6	主高压互锁线路回路	15	高压电池包冷却泵供电电源
7	充电状态指示	16	高压电池包冷却泵输出驱动
8	高压惯性开关		

4.5.1.2 车载充电器低压连接端子（16针）

车载充电器低压连接端子如图4-25所示，端子定义见表4-50。

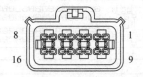

图 4-25 车载充电器低压连接端子

表 4-50　车载充电器低压连接端子定义

端子	端子定义	端子	端子定义
1	车载充电器低压供电	8	车载充电器低压唤醒
2	车载和非车载低压供电接地	11	车载充电器连接线检测输入
3	本地 CAN2 高电平（与车载充电器通信）	12	非车载充电器连接线检测输入
4	本地 CAN2 低电平（与车载充电器通信）	13	本地 CAN1 高电平（与非车载充电器通信）
6	充电高压互锁线路回路	14	本地 CAN1 低电平（与非车载充电器通信）
7	充电高压互锁线路源路	16	非车载充电器低压唤醒

4.5.1.3　电力电子箱 PEB 端子（28 针）

电力电子箱 PEB 端子如图 4-26 所示，其端子定义见表 4-51。

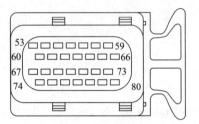

图 4-26　电力电子箱 PEB 端子

表 4-51　PEB 连接端子定义

端子	端子定义	端子	端子定义
53	高压互锁	69	正弦负信号
54	PEB 冷却泵控制信号	72	高速 CAN1 高电平
56	高压互锁	73	高速 CAN1 低电平
58	环境温度传感器接地	74	励磁负信号
59	电机温度模拟信号 0~5V	75	余弦正信号
60	碰撞信号输入	76	正弦正信号
62	屏蔽线接地	77	点火输入信号
63	接地	78	PEB 供电 12V
66	唤醒信号	79	本地 CAN 高电平
67	励磁正信号	80	本地 CAN 低电平
68	余弦负信号		

4.5.1.4　整车控制器端子（81 针）

整车控制器端子如图 4-27 所示，端子定义见表 4-52。

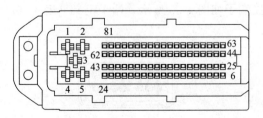

图 4-27　整车控制器端子

表 4-52 整车控制器端子定义

端子	端子定义	端子	端子定义
1~3	整车控制单元接地（GND）	53	制动踏板位置传感器信号
4、5	整车控制单元供电（B+）	55	高速 CAN2 高电平（HS CAN2 H）
6	整车控制单元供电（IGN）	56	高速 CAN2 低电平（HS CAN2 L）
12	整车控制单元供电（ST）	64	制动踏板位置传感器 & 加速踏板位置传感器 1 接地（GND）
15	加速踏板位置传感器 1 信号	65	加速踏板位置传感器 2 接地（GND）
16	加速踏板位置传感器 2 信号	67	制动踏板开关信号
17	高速 CAN1 低电平（CAN1 L）	69	制动踏板开关接地（GND）
18	高速 CAN1 高电平（CAN1 H）	71	制动踏板位置传感器 & 加速踏板位置传感器 1 接地（GND）
26	制动踏板位置传感器 & 加速踏板位置传感器 1 供电（+5V）	73	制动踏板位置传感器 & 加速踏板位置传感器 1 接地（GND）
27	加速踏板位置传感器 2 供电（+5V）	74	加速踏板位置传感器 2 接地（GND）
39	PWM 冷却风扇信号	75	加速踏板位置传感器 2 接地（GND）
45	PWM 冷却风扇继电器		

4.5.2 荣威 ERX5 EV

4.5.2.1 高压电池低压接插件端子（16 针）

高压电池低压接插件端子如图 4-28、图 4-29 所示，各端子定义见表 4-53、表 4-54。

图 4-28 整车低压接插件端子

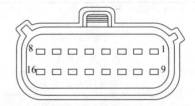

图 4-29 充电低压接插件端子

表 4-53 整车低压接插件端子定义

端子	端子定义	端子	端子定义
1	供电	8	充电呼吸灯
2	接地	9	主高压互锁线路源路
3	整车混动 CAN 高电平	10	整车唤醒
4	整车混动 CAN 低电平	12	接地
5	整车动力 CAN 高电平	13	整车动力 CAN 低电平
6	主高压互锁线路回路	14	供电

表 4-54 充电低压接插件端子定义

端子	端子定义	端子	端子定义
1	供电	8	慢充唤醒
2	接地	9	电池管理系统内部 CAN 高电平
3	本地 CAN 高电平	10	电池管理系统内部 CAN 低电平
4	本地 CAN 低电平	11	慢充枪连接
6	快充 CAN 高电平	12	快充枪连接
7	快充 CAN 低电平	16	快充唤醒

4.5.2.2 车载充电机低压接插件端子（12 针）

车载充电机低压接插件端子如图 4-30 所示，各端子定义见表 4-55。

图 4-30 车载充电机低压接插件端子

表 4-55 车载充电机低压接插件端子定义

端子	端子定义	端子	端子定义
1	充电 12V 输出	8	火线温度传感器＋
2	充电器地线	9	充电器唤醒
3	本地 CAN 高电平	10	零线温度传感器＋
4	本地 CAN 低电平	11	连接确认
5	充电器诊断 CAN 高电平	12	温度传感器－
6	充电器诊断 CAN 低电平		

4.5.2.3 电子电力箱（PEB）连接端子（28 针）

电子电力箱连接端子如图 4-31 所示，端子定义见表 4-56。

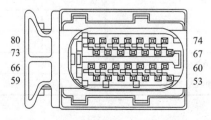

图 4-31 电子电力箱（PEB）连接端子

表 4-56 PEB 连接端子定义

端子	端子定义	端子	端子定义
53	高压互锁输入	68	旋变 cos−
55	PT-CAN L	69	旋变 sin−
56	高压互锁输出	72	混动 CAN H
58	电机温度传感器 GND	73	混动 CAN L
59	电机温度传感器输入	74	旋变激励−
61	PT-CAN H	75	旋变 cos+
62	旋变线束屏蔽地	76	旋变 sin+
63	GND	77	唤醒
67	旋变激励+	78	KL30

4.5.2.4 整车控制器（VCU）连接端子（81 针）

整车控制器连接端子如图 4-32 所示，端子定义见表 4-57。

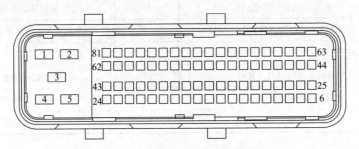

图 4-32 整车控制器连接端子

表 4-57 VCU 连接端子定义

端子	端子定义	端子	端子定义
1～3	接地	38	电子锁解锁信号
4、5	供电	39	冷却风扇信号
6	整车控制单元供电（CRANK/IGN）	48	制动踏板开关信号
14	整车控制单元供电（ACC/WakeUp）	54	冷却水温传感器信号
15	加速踏板位置传感器 1 信号	55	混动高速 CAN 高电平
16	加速踏板位置传感器 2 信号	56	混动高速 CAN 低电平
17	动力高速 CAN 低电平	57	电子锁锁止信号
18	动力高速 CAN 高电平	63	主继电器信号
19	冷却水泵信号	64	快充口正极温度传感器接地
26	加速踏板位置传感器 1 供电	65	快充口负极温度传感器接地
27	加速踏板位置传感器 2 供电	67	制动灯开关信号
31	微动开关信号	71	加速踏板位置传感器 1 接地
36	快充口正极温度传感器信号	73	冷却水温传感器接地
37	快充口负极温度传感器信号	74	加速踏板位置传感器 2 接地

4.5.3 荣威 ERX5 PHEV

4.5.3.1 高压电池包低压连接端子（18 针）

高压电池低压连接端子如图 4-33、图 4-34 所示，端子定义见表 4-58、表 4-59。

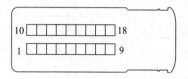

图 4-33 整车低压连接器端子

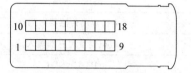

图 4-34 充电低压连接器端子

表 4-58 高压电池整车低压端子定义

端子	端子定义	端子	端子定义
1	12V 低压供电正极（KL30）	10	12V 低压供电正极（KL30）
2	12V 低压供电负极接地（GND）	11	12V 低压供电负极接地（GND）
3	高速 CAN 高电平（HY CAN H）	12	高速 CAN 高电平（PT CAN H）
4	高速 CAN 低电平（HY CAN L）	13	高速 CAN 低电平（PT CAN L）
6	主高压互锁回路（RTN）	15	高压电池冷却水泵输出驱动
7	KL15 低压唤醒（KL15）	16	高压电池冷却水泵供电电源
9	主高压互锁回路（SRC）	18	充电状态指示

表 4-59 高压电池充电低压端子定义

端子	端子定义	端子	端子定义
1	车载充电器低压供电 12V	9	车载充电器低压唤醒
2	车载充电器低压供电接地	11	车载充电器连接线检测
3	本地 CAN 高电平（FUN CAN H）	13	高速 CAN 高电平（Internal CAN H）
4	本地 CAN 低电平（FUN CAN L）	14	高速 CAN 低电平（Internal CAN L）
7	车载充电器低压供电 12V	17	高速 CAN 高电平（BMS）
8	车载充电器低压供电接地	18	高速 CAN 低电平（BMS）

4.5.3.2 车载充电器低压连接端子（12 针）

充电器低压连接端子如图 4-35 所示，端子定义见表 4-60。

图 4-35 充电器低压连接端子

表4-60 充电器低压连接端子定义

端子	端子定义	端子	端子定义
1	供电1	6	高速CAN低电平（Chassis CAN L）
2	接地1	7	供电2
3	本地CAN高电平（FUN CAN H）	8	接地2
4	本地CAN低电平（FUN CAN L）	9	BMS唤醒
5	高速CAN高电平（Chassis CAN H）	11	连接确认

4.5.3.3 混动控制单元（HCU）（81针）

混动控制单元主要用于协调控制动力系统。混动控制单元能够根据踏板信号和挡位状态解释驾驶员的驾驶意图，依据动力系统部件状态协调动力系统输出动力。控制单元连接端子排列如图4-36所示，各端子定义见表4-61。

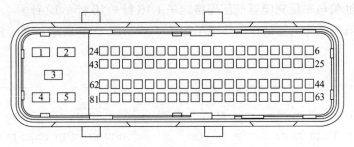

图4-36 混动控制单元端子

表4-61 混动控制单元端子定义

端子	端子定义	端子	端子定义
1~3	混动控制单元（-）	26	拨叉位置传感器（+）和制动踏板位置传感器（+）与加速踏板位置传感器1（+）
4、5	混动控制单元（+）	27	油压传感器1（+）和加速踏板位置传感器2（+）与油压传感器2（+）（保留）
6	Run/Crank信号	28	输出轴速度传感器（-）
7	输出轴速度传感器（+）	30	拨叉位置信号（反）
8	输入轴速度传感器（+）（保留）	34	油压传感器1信号
9	输入轴速度传感器（-）（保留）	35	油压传感器2信号（保留）
11	拨叉位置信号	38	离合器操作阀C1控制端
12	点火开关信号（保留）	39	离合器操作阀C2控制端
14	ACC/WakeUp信号	44	油泵继电器控制端
15	加速踏板位置信号1	47	E/N/S驾驶模式切换开关
16	加速踏板位置信号2	48	制动踏板开关信号1
17	整车CAN低电平	50	急停开关信号（保留）
18	整车CAN高电平	53	油温传感器信号
20	换挡压力阀控制端	54	水温传感器信号
22~24	安全阀（+）	55	混动CAN高电平

续表

端子	端子定义	端子	端子定义
56	混动CAN低电平	71	水温传感器（－）和加速踏板位置传感器1（－）
57	安全阀控制端	72	制动踏板位置信号（保留）
58	换挡方向阀控制端	73	制动踏板位置传感器（－）（保留）
60～62	离合器操作阀C1和换挡方向阀（＋）	74	油温传感器（－）和加速踏板位置传感器2（－）
64	拨叉位置传感器（－）	75	油压传感器2（－）（保留）
65	油压传感器1（－）	79～81	离合器操作阀C2（＋）和换挡压力阀（＋）
67	制动踏板开关信号2		

4.5.4 荣威 ei6 PHEV

4.5.4.1 高压电池包与车载充电器低压连接端子（16针＋16针＋12针）

高压电池包与车载充电器低压连接端子如图4-37～图4-39所示，端子定义见表4-62～表4-64。

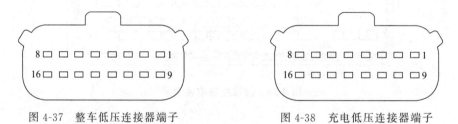

图4-37 整车低压连接器端子　　图4-38 充电低压连接器端子

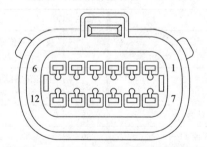

图4-39 车载充电器低压连接器端子

表4-62 高压电池整车低压连接器端子定义

端子	端子定义	端子	端子定义
1	供电1	8	慢充呼吸灯
2	接地1	9	主高压互锁回路（SRC）
3	混动CAN高电平	10	低压唤醒
4	混动CAN低电平	12	接地2
5	动力CAN高电平	13	动力CAN低电平
6	主高压互锁回路（RTN）	14	供电2
7	高压电池包冷却水泵输出驱动	15	高压电池包冷却水泵供电电源

表 4-63 高压电池充电低压连接器端子定义

端子	端子定义	端子	端子定义
1	供电 1	9	内部 CAN 高电平
2	接地 1	10	内部 CAN 低电平
3	本地 CAN 高电平	11	车载充电器连接线检测
4	本地 CAN 低电平	13	供电 2
8	车载充电器低压唤醒	14	接地 2

表 4-64 车载充电器低压连接器端子定义

端子	端子定义	端子	端子定义
1	供电 1	6	混动 CAN 低电平
2	接地 1	7	供电 2
3	本地 CAN 高电平	8	接地 2
4	本地 CAN 低电平	9	BMS 唤醒
5	混动 CAN 高电平	11	连接确认

4.5.4.2 电子电力箱（PEB）连接器（28 针 + 48 针）

电子电力箱连接器端子如图 4-40 所示，端子定义见表 4-65、表 4-66。

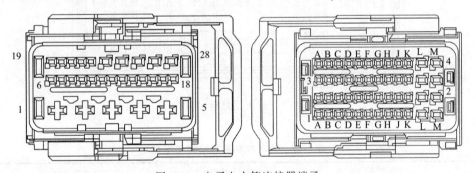

图 4-40 电子电力箱连接器端子

表 4-65 PEB 连接模块一端子定义

端子	端子定义	端子	端子定义
1、2	KL30	16	PT CAN_L
3～5	接地	17	PT CAN_H
6	ISG 标定 CAN_H（预留）	18	PT CAN_L
7	混动 CAN_H	19	ISG 标定 CAN_L（预留）
8	TM 标定 CAN_H（预留）	20	混动 CAN_L
9	高压互锁输出	21	TM 标定 CAN_L（预留）
10	混动 CAN_H	22	高压互锁输入
12	唤醒使能	23	混动 CAN_L
15	PT CAN_H		

表4-66 PEB 连接模块二端子定义

端子	端子定义	端子	端子定义
A1	S3 正弦差分信号-ISG	E3	TM 旋变屏蔽
A2	S1 正弦差分信号-ISG	F1	R12 激励信号-TM
B1	S4 余弦差分信号-ISG	F2	R11 激励信号-TM
B2	S2 余弦差分信号-ISG	G1	高压互锁输入-ISG
B3	ISG 旋变屏蔽	G2	高压互锁输出-ISG
C1	R11 激励信号-ISG	H1	高压互锁输入-TM
C2	R12 激励信号-ISG	H2	高压互锁输出-TM
D1	S2 正弦差分信号-TM	J1	TM 电机温度接地信号
D2	S4 正弦差分信号-TM	J2	ISG 电机温度接地信号
E1	S1 余弦差分信号-TM	K1	TM 电机温度信号
E2	S3 余弦差分信号-TM	K2	ISG 电机温度信号

4.5.4.3 整车控制器（HCU）连接端子（81针）

整车控制器连接端子如图 4-41 所示，端子定义见表 4-67。

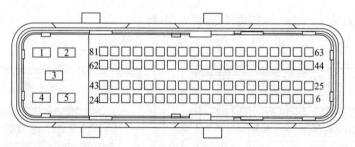

图 4-41 整车控制器连接端子

表 4-67 整车控制器连接端子定义

端子	端子定义	端子	端子定义
1~3	混动控制单元（-）	26	拨叉位置传感器（+）和加速踏板位置传感器1（+）
4、5	混动控制单元（+）	27	油压传感器1（+）和加速踏板位置传感器2（+）
6	Run/Crank 信号	28	输出轴速度传感器（-）
7	输出轴速度传感器（+）	30	拨叉位置信号（反）
11	拨叉位置信号	34	油压传感器1信号
14	ACC/WakeUp 信号	38	离合器操作阀 C1 控制端
15	加速踏板位置信号1	39	离合器操作阀 C2 控制端
16	加速踏板位置信号2	44	油泵继电器控制端
17	动力 CAN 低电平	48	制动行程开关信号
18	动力 CAN 高电平	53	油温传感器信号
20	换挡压力阀控制端	54	水温传感器信号
22~24	安全阀（+）	55	混动 CAN 高电平

续表

端子	端子定义	端子	端子定义
56	混动 CAN 低电平	65	油压传感器 1（—）
57	安全阀控制端	67	制动灯开关信号
58	换挡方向阀控制端	71	水温传感器（—）和加速踏板位置传感器 1（—）
60～62	离合器操作阀 C1（+）和换挡方向阀（+）	74	油温传感器（—）和加速踏板位置传感器 2（—）
64	拨叉位置传感器（—）	79～81	离合器操作阀 C2（+）和换挡压力阀（+）

4.5.5 荣威 e550 PHEV

4.5.5.1 高压电池低压连接器端子（16 针 + 16 针）

高压电池低压连接器端子如图 4-42、图 4-43 所示，端子定义见表 4-68、表 4-69。

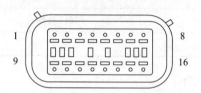

图 4-42 整车低压连接器端子

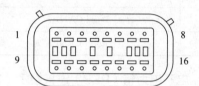

图 4-43 充电低压连接器端子

表 4-68 高压电池整车低压连接器端子定义

端子	端子定义	端子	端子定义
1	12V 低压供电正极（KL30）	10	KL15 低压唤醒（KL15）
2	12V 低压供电负极接地（GND）	11	接地
3	高速 CAN1 高电平（HS CAN1 H）	12	12V 低压供电负极接地（GND）
4	高速 CAN2 低电平（HS CAN2 L）	13	充电连接指示
6	主高压互锁线路回路（RTN）	14	12V 低压供电正极（KL30）
7	充电状态指示	15	高压电池冷却泵供电电源
8	惯性开关	16	高压电池冷却泵输出驱动
9	主高压互锁线路源路（SRC）		

表 4-69 高压电池充电低压连接器端子定义

端子	端子定义	端子	端子定义
1	车载充电器低压供电 12V	6	充电高压互锁线路回路
2	车载充电器低压供电接地	7	充电高压互锁线路源路
3	Local CANH2	8	车载充电器低压唤醒
4	Local CANL2	11	车载充电器连接线检测

4.5.5.2 车载充电器低压连接端子（12 针）

车载充电器低压连接端子如图 4-44 所示，端子定义见表 4-70。

图 4-44 车载充电器低压连接端子

表 4-70 车载充电器低压连接端子定义

端子	端子定义	端子	端子定义
1	12V 输出	5	Local CAN SHD
2	充电器接地	8	BMS 唤醒
3	Local CANH2	9	PMU 唤醒
4	Local CANL2	11	连接确认

4.5.5.3 电子电力箱（PEB）连接端子（28 针 + 48 针）

电子电力箱连接端子如图 4-45 所示，端子定义见表 4-71、表 4-72。

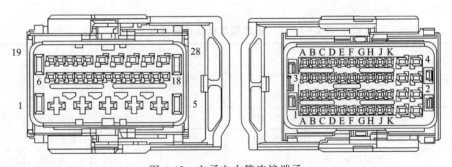

图 4-45 电子电力箱连接端子

表 4-71 PEB 连接模块一端子定义

端子	端子定义	端子	端子定义
1	KL30	10	混动高速 CAN_H
2	KL30	11	惯性开关
3	接地	12	KL15
4	接地	20	混动高速 CAN_L
5	接地	22	高压互锁输入
7	混动高速 CAN_H	23	混动高速 CAN_L
9	高压互锁输出	24	冷却水泵继电器

表 4-72 PEB 连接模块二端子定义

端子	端子定义	端子	端子定义
A1	S3 余弦差分信号-ISG	F1	R12 激励信号-TM
A2	S1 余弦差分信号-ISG	F2	R11 激励信号-TM
B1	S4 正弦差分信号-ISG	G1	高压互锁输入-ISG
B2	S2 正弦差分信号-ISG	G2	高压互锁输出-ISG
C1	R12 激励信号-ISG	H1	高压互锁输出-TM
C2	R11 激励信号-ISG	H2	高压互锁输入-TM
D1	S2 正弦差分信号-TM	J1	TM 电机温度信号
D2	S4 正弦差分信号-TM	J2	ISG 电机温度信号
E1	S1 余弦差分信号-TM	K1	TM 电机温度接地信号
E2	S3 余弦差分信号-TM	K2	ISG 电机温度接地信号

4.5.5.4 混动控制单元（HCU）端子（81针）

混动控制单元端子排列如图 4-46 所示，端子定义见表 4-73。

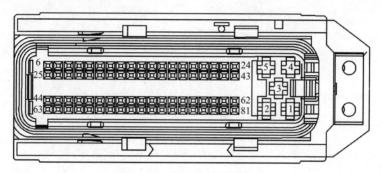

图 4-46 混动控制单元端子

表 4-73 混动控制单元端子定义

端子	端子定义	端子	端子定义
1	混动控制单元（−）	22	安全阀（＋）
2	混动控制单元（−）	23	安全阀（＋）
3	混动控制单元（−）	24	安全阀（＋）
4	混动控制单元（＋）	26	位置传感器供电（＋5V）
5	混动控制单元（＋）	27	油压传感器供电（＋5V）
6	混动控制单元供电（IGN）	28	输出轴速度传感器信号
7	输出轴速度传感器（＋）	30	位置传感器信号（−）
11	位置传感器信号（＋）	34	主油路压力传感器信号
12	混动控制单元供电（ST）	38	离合器操作阀 C1 控制端
17	高速 CAN1 低电平（HS CAN1 L）	39	离合器操作阀 C2 控制端
18	高速 CAN1 高电平（HS CAN1 H）	44	油泵继电器控制端
20	换挡压力阀控制端	47	E/N/M 驾驶模式切换开关

续表

端子	端子定义	端子	端子定义
53	油温传感器信号	64	位置传感器（-）
54	水温传感器信号	65	主油路压力传感器（-）
55	高速CAN2 高电平（HS CAN2 H）	67	制动踏板开关信号
56	高速CAN2 低电平（HS CAN2 L）	71	水温传感器（-）
57	安全阀控制端	74	油温传感器（-）
58	换挡方向阀控制端	79	离合器操作阀C2和换挡压力阀（+）
60	离合器操作阀C1和换挡方向阀（+）	80	离合器操作阀C2和换挡压力阀（+）
61	离合器操作阀C1和换挡方向阀（+）	81	离合器操作阀C2和换挡压力阀（+）
62	离合器操作阀C1和换挡方向阀（+）		

第5章 广汽传祺-长丰汽车

5.1 发动机电脑

5.1.1 广汽 1.3T 4A13M1 发动机（64针+48针）

以广汽传祺 2016 年款 GS4 车型为例，发动机电脑端子图如图 5-1 所示，端子定义见表 5-1、表 5-2。

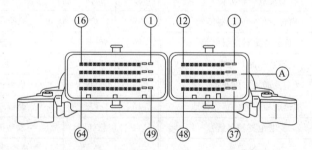

图 5-1 4A13M1 发动机电脑端子图

表 5-1 4A13M1 发动机电脑 48 针端子定义

端子	接线颜色	端子定义	端子	接线颜色	端子定义
1	橙/白	点火线圈 4	7	白	泄流控制阀
2	紫	节气门电机控制信号	8	橙	废气阀
3	紫/白	喷油器 4	9	蓝	喷油器 1
4	绿	前氧传感器加热	10	黄/黑	喷油器 2
5	棕	喷油器 3	12	绿	真空泵继电器
6	黄/黑	可变凸轮轴正时（进气端）	13	紫/白	点火线圈 2

续表

端子	接线颜色	端子定义	端子	接线颜色	端子定义
14	绿	节气门电机控制信号	32	白	相位传感器（进气端）信号
15	棕	节气门位置传感器接地	34	黄/黑	进气压力温度传感器压力信号
16	灰	进气压力温度传感器接地	35	灰	爆震传感器
17	绿	发动机转速传感器接地	36	蓝	爆震传感器
21	橙	前氧传感器接地	37	黑	接地
23	黄	电子节气门位置信号	38	黑	接地
24	橙	电子节气门位置信号	40	红/黑	进气压力温度传感器5V电源
25	蓝	点火线圈1	41	橙	发动机转速传感器5V电源
26	浅绿/白	点火线圈3	42	灰	节气门位置传感器5V电源
27	棕	相位传感器5V电源	44	黄/黑	相位传感器（排气端）信号
29	黄	发动机转速传感器信号	45	黄	前氧传感器信号
30	黑/白	相位传感器（进气端）接地	47	黑/白	进气压力温度传感器温度信号
31	绿/白	炭罐电磁阀	48	绿	冷却液温度传感器信号

表 5-2　4A13M1 发动机电脑 64 针端子定义

端子	接线颜色	端子定义	端子	接线颜色	端子定义
1	浅绿/白	供电	30	灰/白	传感器5V电源
2	浅绿/白	供电	32	棕	CAN-L
4	棕/白	启动反馈信号	33	白	后氧传感器加热
5	粉红	制动真空压力信号	34	棕	传感器接地
6	灰	离合器位置传感器信号	35	粉红	真空泵传感器压力信号
7	紫	智能传感器控制单元	36	蓝	加速踏板位置信号
8	白	巡航控制开关电源	38	黑	后氧传感器接地
9	粉红	发动机启停开关	39	灰	压缩机继电器控制信号
10	橙	加速踏板位置传感器接地	40	灰	燃油泵继电器控制信号
12	粉红/黑	主继电器控制信号	41	粉红/红	发动机启停开关指示灯
15	白	LIN 总线	44	黄/黑	加速踏板位置传感器5V电源
16	棕/白	CAN-H	45	灰	加速踏板位置传感器5V电源
17	灰	防盗线圈信号输入	46	红	IG1电源
18	蓝	风扇高速继电器控制信号	47	棕/红	发动机转速信号
19	紫/白	加速踏板位置信号	49	黑	接地
20	橙	供电	50	黑	接地
22	紫	离合器位置传感器信号	52	橙	真空泵传感器温度信号
24	浅蓝	制动信号	54	黑/白	加速踏板位置传感器接地
26	灰	制动信号	55	红/黑	发动机启停继电器控制信号
28	浅绿	后氧传感器信号	57	蓝	风扇低速控制信号
29	红/黑	供电			

5.1.2 广汽 1.6L 4B16K1 发动机（64 针 + 48 针）

以广汽传祺 2013 年款 GA3 车型为例，4B16K1 发动机电脑端子图如图 5-2 所示，端子定义见表 5-3、表 5-4。

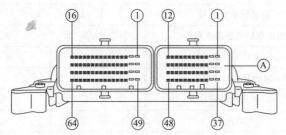

图 5-2　4B16K1 发动机电脑端子图

表 5-3　4B16K1 发动机电脑 48 针端子定义

端子	接线颜色	端子定义	端子	接线颜色	端子定义
1	橙/白	点火线圈 4	27	棕	相位传感器（排气端）电源
2	紫	节气门电机控制信号	28	灰/白	发动机转速传感器
3	紫/白	喷油器 4	29	黄	发动机转速传感器
4	绿	前氧传感器加热	30	黑/白	相位传感器（进气端）接地
5	棕/白	喷油器 3	31	绿/白	炭罐电磁阀
6	黄/黑	可变凸轮轴正时（进气端）	32	白/黑	相位传感器（进气端）信号
8	蓝/白	可变凸轮轴正时（排气端）	34	黄/黑	进气压力温度传感器压力信号
9	浅蓝/白	喷油器 1	35	紫/白	爆震传感器
10	黄/黑	喷油器 2	36	黑	爆震传感器
13	紫/白	点火线圈 2	37	黑	接地
14	绿	节气门电机控制信号	38	黑/黄	接地
15	棕	节气门位置传感器接地	40	黑/黄	进气压力温度传感器电源
16	灰	进气压力温度传感器接地	42	灰	节气门位置传感器电源
17	绿	冷却液温度传感器信号	43	棕	发电机反馈信号
21	橙	前氧传感器接地	44	黄/黑	相位传感器（排气端）信号
23	黄	电子节气门位置信号	45	黄/黑	前氧传感器信号
24	橙	电子节气门位置信号	47	黑/黄	进气压力温度传感器温度信号
25	蓝	点火线圈 1	48	黑/白	冷却液温度传感器接地
26	浅绿/白	点火线圈 3			

表 5-4　4B16K1 发动机电脑 64 针端子定义

端子	接线颜色	端子定义	端子	接线颜色	端子定义
1	红	供电	10	橙	加速踏板传感器 1 接地
2	红	供电	11	灰	离合器开关
8	白	巡航控制开关电源	12	棕	发动机控制单元继电器

续表

端子	接线颜色	端子定义	端子	接线颜色	端子定义
16	棕/白	CAN-H（驱动控制系统）	38	粉红	后氧传感器接地
17	灰	加速踏板传感器2电源	39	灰/黑	空调压缩机继电器
18	蓝	高速风扇继电器	40	绿/白	油泵继电器
19	紫/白	加速踏板传感器2信号	44	黄/黑	加速踏板传感器1电源
24	浅蓝	制动开关（常开）	45	灰	加速踏板传感器2电源
26	灰	制动开关（常闭）	46	橙	点火开关
28	浅绿	后氧传感器信号	47	棕/红	发动机转速信号输出
29	紫	供电	49	黑/绿	接地
32	棕	CAN-L（驱动控制系统）	50	黑/白	接地
33	棕/黑	后氧传感器加热	54	黑/白	加速踏板传感器2接地
34	棕	巡航控制开关接地	57	绿	低速风扇继电器
36	蓝	加速踏板传感器1信号			

5.1.3　广汽 1.8T 4B18M1 发动机（64针+48针）

以广汽传祺2016年款GA6车型为例，4B18M1发动机电脑端子图如图5-3所示，端子定义见表5-5、表5-6。

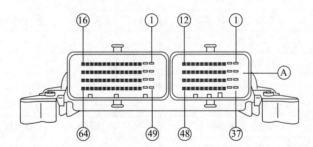

图 5-3　4B18M1 发动机电脑端子图

表 5-5　4B18M1 发动机电脑 48 针端子定义

端子	接线颜色	端子定义	端子	接线颜色	端子定义
1	橙/白	点火线圈4	10	黄/黑	喷油器2
2	紫	节气门电机控制信号	12	浅蓝	真空泵继电器
3	紫/白	喷油器4	13	紫/白	点火线圈2
4	绿	前氧传感器加热	14	绿	节气门电机控制信号
5	棕/白	喷油器3	15	棕	节气门位置传感器接地
7	蓝/白	泄流控制阀	16	黑/白	进气压力温度传感器接地
8	黄/黑	废气阀	17	黑/白	冷却液温度传感器接地
9	浅蓝/白	喷油器1	21	橙	前氧传感器接地

续表

端子	接线颜色	端子定义	端子	接线颜色	端子定义
23	黄	电子节气门位置信号	34	灰	进气压力温度传感器压力信号
24	橙	电子节气门位置信号	35	紫/白	爆震传感器
25	蓝	点火线圈1	36	黑	爆震传感器
26	浅绿/白	点火线圈3	37	黑	接地
27	灰	相位传感器5V电源	38	黑	接地
28	灰/白	发动机转速传感器	40	黑/黄	进气压力温度传感器5V电源
29	黄	发动机转速传感器	42	灰	节气门位置传感器5V电源
30	棕	相位传感器（进气端）接地	45	黄/黑	前氧传感器信号
31	绿/白	炭罐电磁阀	48	绿	冷却液温度传感器信号
32	紫/白	相位传感器（进气端）信号			

表 5-6 4B18M1 发动机电脑 64 针端子定义

端子	接线颜色	端子定义	端子	接线颜色	端子定义
1	红	供电	30	红/黄	传感器5V电源
2	红	供电	32	棕	CAN-L
4	粉红/白	启动反馈信号	33	棕/黑	后氧传感器加热
5	白/黑	制动真空传感器信号	34	黑/白	传感器接地
6	灰	离合器位置传感器信号	35	黄/黑	真空泵传感器压力信号
7	紫	智能传感器控制单元	36	蓝	加速踏板位置信号
8	白	巡航控制开关电源	38	橙	后氧传感器接地
9	粉红	发动机启停开关	39	灰/白	压缩机继电器控制信号
10	橙	加速踏板位置传感器接地	40	红	燃油泵继电器控制信号
12	棕	主继电器控制信号	41	紫	发动机启停开关指示灯
15	灰/黑	LIN总线	44	黄/黑	加速踏板位置传感器5V电源
16	棕/白	CAN-H	45	灰	加速踏板位置传感器5V电源
17	灰	防盗线圈5V电源	46	红	IG1电源
18	绿	风扇高速继电器控制信号	47	棕/红	发动机转速信号
19	紫/白	加速踏板位置信号	49	黑/白	接地
20	粉红	供电	50	黑/白	接地
22	紫	离合器位置传感器信号	52	灰	真空泵传感器温度信号
24	浅蓝	制动信号	54	黑/白	加速踏板位置传感器接地
26	灰	制动信号	55	棕	发动机启停继电器控制信号
28	浅绿	后氧传感器信号	57	绿	风扇低速控制信号
29	紫	供电			

5.1.4 广汽 2.0T 4B20M1 发动机（64 针+48 针）

以广汽传祺 2017 年款 GA8 车型为例，4B20M1 发动机电脑端子图如图 5-4 所示，端子定义见表 5-7、表 5-8。

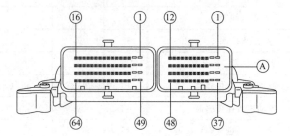

图 5-4　4B20M1 发动机电脑端子图

表 5-7　4B20M1 发动机电脑 48 针端子定义

端子	接线颜色	端子定义	端子	接线颜色	端子定义
1	紫	点火线圈 4	26	灰	点火线圈 3
2	紫	节气门电机控制信号	27	灰	相位传感器 5V 电源
3	紫	喷油器 4	29	黄	发动机转速传感器信号
4	绿	前氧传感器加热	30	白	相位传感器接地
5	橙	喷油器 3	31	绿	炭罐电磁阀
6	紫	可变凸轮轴正时（进气端）	32	黑/白	相位传感器（进气端）信号
7	蓝/白	泄流控制阀	34	棕	进气压力温度传感器压力信号
8	黄	可变凸轮轴正时（排气端）	35	紫/白	爆震传感器
9	灰	喷油器 1	36	黑	爆震传感器
10	黄/黑	喷油器 2	37	黑	接地
12	黄/黑	废气阀	38	黑	接地
13	紫/白	点火线圈 2	40	黄/黑	进气压力温度传感器 5V 电源
14	绿	节气门电机控制信号	41	白	发动机转速传感器 5V 电源
15	棕	节气门位置传感器接地	42	灰	节气门位置传感器 5V 电源
16	黑	进气压力温度传感器接地	44	紫	相位传感器（排气端）
21	橙	前氧传感器接地	45	黄/黑	前氧传感器信号
23	黄	电子节气门位置信号	47	紫	进气压力温度传感器温度信号
24	橙	电子节气门位置信号	48	绿	冷却液温度传感器信号
25	绿/白	点火线圈 1			

表 5-8　4B20M1 发动机电脑 64 针端子定义

端子	接线颜色	端子定义	端子	接线颜色	端子定义
1	红	供电	5	白	制动真空压力信号
2	红	供电	8	白	巡航控制开关电源
4	红/白	启动反馈信号	9	粉红	发动机启停开关

续表

端子	接线颜色	端子定义	端子	接线颜色	端子定义
10	橙	加速踏板位置传感器接地	36	蓝	加速踏板位置信号
12	棕	主继电器控制信号	38	橙	后氧传感器接地
15	灰/黑	LIN 总线	39	灰/白	压缩机继电器控制信号
16	棕/白	CAN-H	40	红	燃油泵继电器控制信号
17	灰	防盗线圈信号输入	41	灰	发动机启停开关指示灯
19	紫/白	加速踏板位置信号	44	黄/黑	加速踏板位置传感器 5V 电源
20	粉红	启动信号	45	灰	加速踏板位置传感器 5V 电源
24	浅蓝	制动信号	46	红	IG1 电源
26	灰	制动信号	47	粉红/黑	发动机转速输出信号
28	浅绿	后氧传感器信号	49	黑	接地
29	紫	供电	50	黑	接地
30	黄/黑	传感器 5V 电源	52	灰	增压温度传感器
32	棕	CAN-L	54	黑/白	加速踏板位置传感器接地
33	棕/黑	后氧传感器加热	55	红/黑	发动机启停继电器控制信号
34	黑	传感器接地	57	红	风扇控制信号
35	黄	进气压力传感器信号			

5.1.5 广汽 2.0L 4B20K2 发动机（81 针）

以广汽传祺 2013 年款 GS5 车型为例，4B20K2 发动机电脑端子图如图 5-5 所示，端子定义见表 5-9。

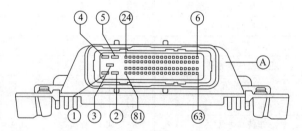

图 5-5 4B20K2 发动机电脑端子图

表 5-9 4B20K2 发动机电脑端子定义

端子	接线颜色	端子定义	端子	接线颜色	端子定义
1	紫/白	点火线圈 2	7	棕/白	喷油器 3
2	浅绿/白	点火线圈 3	8	棕/红	—
3	黑	点火地	12	紫	持续电源
4	橙/白	点火线圈 4	13	红	点火开关
5	蓝	点火线圈 1	14	棕	主继电器
6	黄/黑	喷油器 2	15	黄	发动机转速传感器 A 端

续表

端子	接线颜色	端子定义	端子	接线颜色	端子定义
16	蓝	加速踏板传感器 1	47	紫/白	喷油器 4
17	黑/白	传感器接地	48	黄/黑	可变凸轮轴正时（进气端）
18	黄/黑	前氧传感器信号	50	绿	低速风扇继电器
19	黑	爆震传感器 A 端	51	黑/白	电子地 2
20	紫/白	爆震传感器 B 端	53	黑/白	电子地 1
21	紫/白	制动开关（常开）	54	橙	电子节气门传感器 1
22	白/黑	制动真空泵传感器	55	浅绿	后氧传感器信号
23	白	油位传感器 1	57	红/黑	三态压力开关——高低压开关
24	白/黄	空挡开关	58	灰	制动开关（常闭）
25	浅蓝	可变进气控制阀	59	紫	相位传感器（排气端）
26	绿	前氧传感器加热	61	黑	功率地
27	浅蓝/白	喷油器 1	62	棕/白	CAN-H（驱动控制系统）
28	蓝/白	可变凸轮轴正时（排气端）	63	红	非持续电源
29	棕/黑	后氧传感器加热	64	紫	电子节气门电机 A+
30	浅蓝	真空泵继电器	65	紫	电子节气门电机 B+
32	灰	传感器 5V 供电电源 2	66	绿	电子节气门电机 A-
33	黄/黑	传感器 5V 供电电源 1	67	绿	电子节气门电机 B-
34	灰/白	发动机转速传感器 B 端	68	蓝	高速风扇继电器
35	黑/白	传感器接地 3	69	灰/黑	压缩机继电器
36	橙	传感器接地	70	绿/白	燃油泵继电器
37	黄/黑	进气压力传感器	71	浅蓝	诊断 K 线
38	黄	电子节气门传感器 2	72	棕	发电机负荷反馈信号
39	绿	发动机冷却液温度传感器	73	灰	防盗输入信号
40	紫/白	加速踏板传感器 2	74	灰	离合器开关
41	蓝/紫	油位传感器 2	76	蓝	三态压力开关——中压开关
42	灰	进气温度传感器	78	棕	传感器接地
43	白	巡航开关信号	79	黑/白	相位传感器（进气端）
44	红	非持续电源	80	黑	功率地
45	红	非持续电源	81	棕	CAN-L（驱动控制系统）
46	绿/白	活性炭罐电磁阀			

5.1.6 猎豹 1.5T CF4G15 发动机（94 针 + 60 针）

以广汽长丰 2018 年款猎豹 MATTU 车型为例，CF4G15 发动机电脑端子图如图 5-6 所示，端子定义见表 5-10、表 5-11。

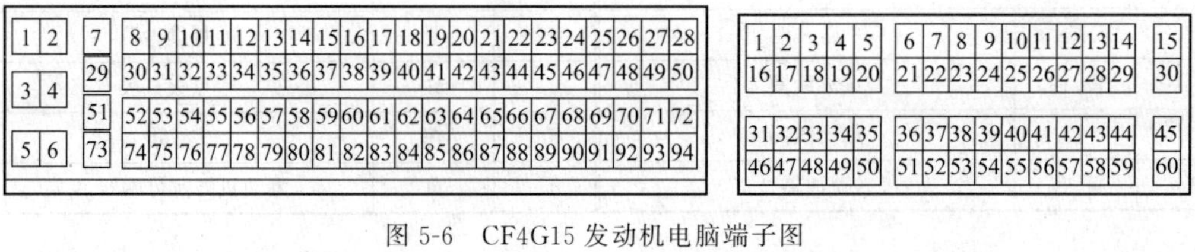

图 5-6 CF4G15 发动机电脑端子图

表 5-10　CF4G15 发动机电脑 94 针端子定义

端子	接线线径/mm² 与颜色	端子定义	端子	接线线径/mm² 与颜色	端子定义
1	1.5 B	接地	47	0.5 R/L	机油压力传感器 5V 电源
2	0.5 L/B	电源	48	0.5 O/Br	传动链继电器线圈控制
3	2.0 W/R	电源	49	0.5 Y	后氧传感器信号
4	1.5 B	接地	51	0.5 G	前氧传感器加热信号
5	2.0 W/R	电源	54	0.5 Y	电子加速踏板位置传感器 2 信号
6	1.5 B	接地	55	0.5 B/R	燃油泵继电器控制信号
7	0.5 L/B	真空度传感器信号	56	0.5 L/Y	起动机 Ⅱ 继电器控制信号
8	0.5 Y/G	制冷剂压力开关信号	60	0.5 W/G	增压器冷却水泵控制信号
11	0.5 R/G	制动开关检测信号	63	0.5 R/W	制冷剂开关输出
12	0.5 G	电源	65	0.5 L/Y	电子加速踏板位置传感器 1 5V 电源
16	0.5 B/L	电子加速踏板位置传感器 2 5V 电源	66	0.5 Y/R	IG 电源
17	0.5 B/R	前氧传感器接地	68	0.5 B/R	CAN_L
18	0.5 L/Gr	参考电压	69	0.5 W/R	CAN_H
20	0.5 W	后氧传感器接地	70	0.5 G/W	PCAN-L
21	0.5 O/G	空挡开关信号	71	0.5 G/Y	PCAN-H
22	0.5 B/W	离合器低位开关信号	72	0.5 G/R	GPF 压差传感器信号
24	0.5 Y/O	碰撞信号输出	73	0.5 R/B	后氧传感器加热信号
25	0.5 B/Y	电子加速踏板位置传感器 2 接地	76	0.5 Y/G	主继电器控制信号
26	0.5 R/L	电子加速踏板位置传感器 1 接地	80	0.5 Y/G	起动机 Ⅰ 继电器控制信号
28	0.5 Y/W	机油压力传感器信号	81	0.5 V	炭罐通风控制阀控制信号
29	0.5 V/W	炭罐脱附压力传感器信号	83	0.5 L/W	压缩机继电器控制信号
34	0.5 G/B	油箱压力信号	84	0.5 L/Y	冷却风扇低速继电器控制信号
35	0.5 G/W	电子加速踏板位置传感器 1 信号	85	0.5 B/W	冷却风扇高速继电器控制信号
36	0.5 L	前氧传感器信号	86	0.5 B/G	离合器高位开关信号
39	0.5 L	机油压力传感器接地	89	0.5 Y	GPF 温度传感器信号
40	0.5 L/G	泵电流输入	90	0.5 B/W	PVC 加热继电器控制信号
41	0.5 Gr	信号输出	91	0.5 W/B	电子节温器信号
42	0.5 Y/W	制动开关信号	92	0.5 P/G	蓄电池电量传感器信号
45	0.5 P/Y	巡航控制信号	94	0.5 B/L	启停开关信号

表 5-11　CF4G15 发动机电脑 60 针端子定义

端子	接线线径/mm² 与颜色	端子定义	端子	接线线径/mm² 与颜色	端子定义
1	1.0 G	一缸喷油器控制信号	5	0.75 Cy	二缸点火线圈控制信号
2	1.0 O/W	三缸喷油器控制信号	6	0.5 V	电子节气门位置传感器 5V+
3	0.75 O	四缸点火线圈控制信号	7	0.5 W	电子节气门位置传感器接地
4	0.75 W	一缸点火线圈控制信号	8	0.5 W/B	5V−

续表

端子	接线线径/mm² 与颜色	端子定义	端子	接线线径/mm² 与颜色	端子定义
9	0.5 Y	空气流量传感器信号	35	1.0 G/B	一缸喷油器电源
10	0.5 W/L	曲轴位置传感器信号	36	0.5 B/Y	5V-
14	0.75 W/G	炭罐清洗电磁阀控制信号	37	0.5 B/R	增压温度传感器信号
15	0.5 L	电子节气门电机控制信号-	38	0.5 O	真空度传感器信号
16	1.0 R/L	四缸喷油器控制信号	39	0.5 B/L	爆震传感器信号
17	1.0 R/B	二缸喷油器控制信号	40	0.5 B/G	爆震传感器接地
18	0.5 Y/L	增压温度/压力传感器 5V 电源	41	0.5 L/Y	增压温度/压力传感器接地
19	0.5 Y/B	5V+	42	0.5 L/W	进气凸轮轴位置传感器信号
20	0.75 Y	三缸点火线圈控制信号	43	0.5 P/Y	排气凸轮轴位置传感器信号
21	0.5 B/Y	增压压力传感器信号	44	0.75 G/R	排气相位控制阀控制信号
22	0.5 B	爆震传感器屏蔽线	46	1.0 L/R	喷油压力控制阀控制信号
24	0.5 Y/G	水温传感器信号	47	1.0 L/W	二缸喷油器电源
25	0.5 Y/Br	歧管压力传感器信号	48	1.0 R/G	喷油压力控制阀电源
26	0.5 Br	电子节气门位置传感器 2 信号	49	1.0 Br/R	四缸喷油器电源
27	0.5 Br/W	电子节气门位置传感器 1 信号	50	1.0 Y/O	三缸喷油器电源
28	0.75 G/L	涡轮增压控制阀控制信号	51	0.5 Br/B	高压油轨压力传感器信号
29	0.75 W/Y	涡轮泄压阀控制信号	53	0.5 B/W	空气温度传感器信号
30	0.5 Gr	电子节气门电机控制信号+	55	0.5V/B	PCV 管路诊断机电一体开关信号
31	0.5 Cy	5V+	57	0.5 R/Y	水泵摩擦轮电机控制阀控制信号
32	0.5 O	5V+	58	0.75 R/G	进气相位控制阀控制信号
33	0.5 W/B	5V-	59	0.5 G/P	ECM 电源

5.1.7 猎豹 2.4L 2TZ 发动机（81 针）

以广汽长丰 2017 年款猎豹 CT7 车型为例，2TZ 发动机电脑端子图如图 5-7 所示，端子定义见表 5-12。

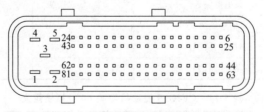

图 5-7 2TZ 发动机电脑端子图

表 5-12 2TZ 发动机电脑端子定义

端子	端子定义		缩写	线径/mm²	信号类型
1	Ignition Coil B（Cy#3）	点火线圈 B（3 缸）	COILB	0.75	输出
2	Power Gyound	电源接地	GND	1.5	接地

续表

端子	端子定义	缩写	线径/mm²	信号类型
3	Power Gyound	电源接地	GND	1.5	接地
4	Ijnition Coil A（Cyl#1）	点火线圈A（1缸）	COILA	0.75	输出
5	Protected Etc Battery	ETC电池保护	PROTBAT	0.75	电源
6	Injector Cylinder A（Cyl#1）	喷油器A（1缸）	INJA	0.5	输出
7	Injector Cylinder B（Cyl#3）	喷油器B（3缸）	INJB	0.5	输出
8	Injector Cylinder D（Cyl#2）	喷油器D（2缸）	INJD	0.5	输出
9	Fuel Pump Relay	燃油泵继电器	FPR	0.5	输出
10	A/C Clutch Relay Control	空调离合器控制继电器	ACCLUTCH	0.5	输出
11	Cranck Position Sensor Low	曲轴低位置传感器	58XLO	0.5	输入
12	Service Vehicle Soon	尽快维修车辆	SVS	0.5	输出
14	Start Stop Waming Lamp	启停警告灯	SSWL	0.5	输出
15	Start Relay	启动继电器	Start Relay	0.5	输出
16	Current Voltage Temperator Sensor	电流电压温度控制传感器	LIN	0.5	通信
17	High Speed Fan	高速风扇	FAN2	0.5	输出
19	Malfunction Indicator Lamp	故障指示灯	MIL	0.5	输出
20	Etc Motor-	ETC电机-	MTR-	0.75	输出
21	Etc Motor+	ETC电机+	MTR+	0.75	输出
23	Post-O2 Heater	后氧加热器	ORBHTR	0.5	输出
24	Pre-O2 Heater	前氧加热器	ORAHTR	0.5	输出
25	Injector Cycylinder C（Cyl#4）	喷油器C（4缸）	INJC	0.5	输出
27	Throttle Position Sensor2	节气门位置传感器2	TPS2	0.5	输入
28	Front A/C Evaperater Temprature	前空调蒸发器温度	FEAVP	0.5	输入
29	Drive Door	驾驶员门	drive door-	0.5	输入
30	Cranck Position Sensor High	曲轴高位置传感器	58XHI	0.5	输入
32	Brake Vaccum Sensor	制动真空传感器	BVS	0.5	输入
33	Brake Lamp Signal	制动灯信号	BRKLP	0.5	输入
34	Clutch Top	离合器高位	clutch top-	0.5	输入
35	A/C Middle Pressure Switch	空调中间压力开关	MP+	0.5	
36	Knock Sensor Signal High	爆震传感器高	KONCKHI	0.5	输入
37	Knock Sensor Signal Low	爆震传感器低	KONVKLO	0.5	输入
41	Pedal Position Seneor1	踏板位置传感器1	PPS1	0.5	输出
42	Pedal Position Seneor2	踏板位置传感器2	PPS2	0.5	输出
43	Intake Variable Valve Timming	进气可变气门正时	VVT1	0.5	输出
44	Main Power Relay Control	主电源继电器	MPR	0.5	输出
45	Drive-Train Status	驾驶-训练状态	DTS	0.5	输入
47	Pre-O2 Sensor Signal High	前氧传感器信号高	O1AHI	0.5	输入
48	Post-O2 Sensor Signal High	后氧传感器信号高	O2BHI	0.5	输入

续表

端子	端子定义		缩写	线径/mm²	信号类型
49	Coolant Temprature Sensor	冷却液温度传感器	CTS	0.5	输入
51	Vehicle Speed Sensor	车辆速度传感器	VSS	0.5	输入
52	Throttle Position Sensor1	节气门位置传感器1	TPS1	0.5	输入
53	S-S Enable/Disable Sw	S-S 有效/失效开关	SS E/DSW	0.5	输入
54	Intakemanifold Absolute Pressure Sensor	进气歧管绝对压力传感器	MAP	0.5	输入
56	Neutral Switch	空挡开关	NTR	0.5	输入
57	Clutch Bottom	离合器低位	CLB	0.5	输入
59	Crank Request	曲轴请求	CR	0.5	输入
61	Coolant Gauge	冷却液仪表	CG	0.5	输出
62	Ignition Coil C（Cy#4）	点火线圈C（4缸）	COILC	0.75	输出
63	Start Stop Status Lamp	启停状态灯	SSSL	0.5	输出
64	Canister Purge Soleniod Valve	炭罐电磁阀	CCP	0.5	输出
65	Low Speed Fan	低速风扇	FAN1	0.5	输出
66	Rerferance Voltage Source Supply2	参考电压2	V5REFR	0.5	参考电压
67	Battery	电池	BAT	0.75	电源
68	Ignition	点火开关	IGN	0.75	电源
69	Break Switch	快断开关	BRKSW	0.5	输入
70	Referance Voltage Source Supply1	参考电压1	V5REF1	0.5	参考电压
71	Manifold Air Temperature	进气歧管空气传感器	MAT	0.5	输入
72	Starter Status＋	起动机状态＋	Starter Status＋	0.5	输入
73	O2 Sensor Signal Low Common	氧传感器信号低于常值	V5RTN3	0.5	接地
74	V5 Return1	V5 返回1	V5RTN1	0.5	接地
75	Serial Communication	串行通信	KW2000	0.5	通信
76	V5 Return2	V5 返回2	V5RTN2	0.5	接地
77	Intake Camshaft Position Sensor	进气凸轮轴位置传感器	CAM1	0.5	输入
78	Wheel Speed Sensor	车轮速度传感器	WSS	0.5	输入
79	A/C Request Switch（－）	空调请求开关（－）	ACR－	0.5	输入
80	Tachometer	转速表	TACH	0.5	输出
81	Ignition Coil D（Cyl#2）	点火线圈D（2缸）	COILD	0.75	输出

5.2 变速器电脑

5.2.1 广汽G-DCT七速干式双离合变速器（50针）

以广汽传祺2016年款GS4车型为例，该变速器电脑端子图如图5-8所示，端子定义见表5-13。

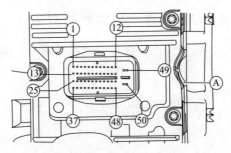

图 5-8 七速干式双离合变速器电脑端子图

表 5-13 七速干式双离合变速器电脑端子定义

端子	接线颜色	端子定义	端子	接线颜色	端子定义
2	浅蓝	驻车制动传感器信号	31	橙	供电
3	紫	奇数挡离合器传感器信号	37	棕	CAN-L
6	紫	制动信号	41	红/黑	驻车制动传感器供电
7	红	ACC 电源	42	绿	奇数挡离合器传感器5V电源
17	浅蓝	驻车制动传感器接地	47	红	IG1 电源
18	蓝	奇数挡离合器传感器接地	48	红/蓝	供电
21	红	启动继电器控制信号	49	红/白	供电
24	灰	驾驶员侧车门未关信号	50	橙	供电
25	棕/白	CAN-H			

5.2.2 广汽六速自动变速器（16针）

以广汽传祺 2017 年款 GA8 车型为例，该车变速器电脑端子图如图 5-9 所示，端子定义见表 5-14。

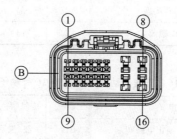

图 5-9 广汽六速自动变速器电脑端子图

表 5-14 广汽六速自动变速器电脑 16 针端子定义

端子	接线颜色	端子定义	端子	接线颜色	端子定义
3	棕	CAN-L	11	棕/白	CAN-H
4	粉红	启动信号	14	红	IG1 电源
8	红	电源	16	黑	接地

5.2.3 广汽 55-51SN 五速自动变速器（24 针 + 26 针）

以广汽传祺 2012 年款 GS5 车型为例，该车变速器电脑端子图如图 5-10 所示，端子定义见表 5-15、表 5-16。

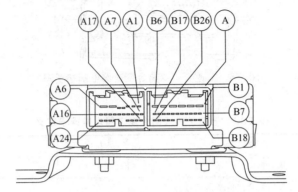

图 5-10 五速自动变速器电脑端子图

表 5-15 五速自动变速器电脑 24 针端子定义

端子	接线颜色	端子定义	端子	接线颜色	端子定义
A1	黑	AT 控制单元接地	A14	浅绿	变速器电磁阀
A2	棕/白	变速器电磁阀	A15	白	变速器电磁阀
A3	浅蓝/白	变速器电磁阀	A16	红	变速器电磁阀
A4	红	变速器电磁阀	A17	棕/白	CAN-H
A5	红/黑	变速器电磁阀	A19	黑/白	离合压力控制电磁阀接地
A6	红	AT 控制单元供电	A21	蓝	离合压力控制电磁阀
A11	棕/白	油温传感器	A22	紫	变速器电磁阀
A12	橙	油温传感器接地	A23	黑	AT 控制单元接地
A13	蓝	变速器电磁阀	A24	白	AT 控制单元供电

表 5-16 五速自动变速器电脑 26 针端子定义

端子	接线颜色	端子定义	端子	接线颜色	端子定义
B2	紫	AT 换挡杆（锁止电磁阀）	B14	红/黑	输出速度传感器
B4	浅蓝	AT 换挡杆（冬季模式）	B16	橙	输入速度传感器
B5	浅蓝/白	输出速度传感器	B19	白	换挡开关
B6	浅蓝	输入速度传感器	B20	灰	换挡开关
B7	黄	换挡开关	B21	蓝	AT 换挡杆（升挡）
B8	黑/白	换挡开关	B22	粉红	AT 换挡杆（驾驶员换挡控制）
B13	红	AT 换挡杆（降挡）			

5.2.4 猎豹 DCT360C 六速湿式双离合变速器（81 针）

以广汽长丰 2018 年款猎豹 MATTU 车型为例，该变速器电脑端子图如图 5-11 所示，端子定义见表 5-17。

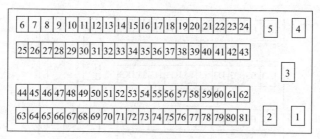

图 5-11　DCT360C 变速器电脑端子图

表 5-17　DCT360C 变速器电脑端子定义

端子	接线线径/mm² 与颜色	端子定义	端子	接线线径/mm² 与颜色	端子定义
1	1.5 B	接地	29	0.5 Gr/R	离合器转速
2	1.5 B	接地	30	0.5 B/Y	空挡位置信号
3	1.5 B	接地	31	0.5 R/Y	倒挡位置信号
4	1.5 R	蓄电池电源	38	0.5 G/Gr	轴 2_VBS
5	1.5 R	蓄电池电源	39	0.5 Y/G	Lube_VBS
6	0.5 Y/R	IG1 电源	44	0.5 G/Y	Multi_1_On/Off
7	0.5 Y/W	9V 电源_1	49	0.5 G/L	Sub-ROM_data_in/out
8	0.5 Y/Br	9V 电源_2	53	0.5 Y/L	离合器温度传感器信号
9	0.5 B/R	轴 1 转速信号	54	0.5 L	阀体温度信号
10	0.5 R/B	轴 2 转速信号	55	0.5 W/R	接地
11	0.5 B/G	位置 13	56	0.5 W/L	接地
12	0.5 R/G	位置 13	57	0.5 Gr/W	离合器 1_VFS
15	0.5 L/G	奇数离合器压力信号	58	0.5 Gr	离合器 2_VFS
16	0.5 L/Y	偶数离合器压力信号	60	0.75 L/R	阀体电源_2
17	0.5 Br/R	PCAN L	63	0.5 R/Br	Multi_2_On/Off
18	0.5 Br/W	PCAN H	64	0.75 Gr/G	传感器接地_1
19	0.5 Y/R	轴 1_VBS	65	0.75 R/W	传感器接地_2
20	0.5 G/W	主油管 _VBS	68	0.5 G/R	ub-ROM_clock
23	0.75 L/B	阀电源_1	69	0.5 G/B	Sub-ROM_chip_select
26	0.5 Gr/B	5V_传感器电源_1	71	0.5 Gr/L	传感器接地_1
27	0.5 R/L	5V_传感器电源_2	72	0.5 L/O	阀体油温信号
28	0.5 Gr/Y	输出转速	81	0.75 L/W	阀体电源_3

5.2.5 猎豹 VT2 CVT 无级变速器（48 针）

以广汽长丰 2018 年款 CS9 车型为例，VT2 变速器电脑端子图如图 5-12 所示，端子定义见表 5-18。

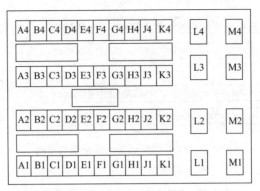

图 5-12　VT2 变速器电脑端子图

表 5-18　VT2 变速器电脑端子定义

端子	接线线径/mm² 与颜色	端子定义	端子	接线线径/mm² 与颜色	端子定义
C1	0.5 G/B	手动降挡信号	E3	0.75 Y/L	制动信号
D1	0.5 G/O	雪地模式	G3	0.5 P/Br	温度传感器信号
F1	0.5 Y/B	转速传感器信号	H3	0.5 Y/W	传感器接地
G1	0.5 B/Y	空气压力传感器接地	J3	0.5 O	DMS-A
H1	0.5 W/G	DMS-C	K3	0.75 B/L	EDS1 控制信号
K1	0.75 R/Y	EDS2 控制信号	M3	1.25 R/V	EDS 接地
M1	1.25 B	接地	A4	0.5 Br/R	CAN-L
C2	0.5 B/P	手动升挡信号	B4	0.5 B/W	传感器电源
D2	0.5 B/O	M/S 模式信号	G4	0.5 Y	速度传感器接地
E2	0.5 B/R	油压传感器信号	H4	0.5 W/Y	发动机转速
H2	0.5 P/Y	DMS-D	J4	0.5 L/W	DMS-B
J2	0.75 Y/R	TCM IG1 电源	K4	0.5 B/L	P 挡解锁电磁阀控制信号
K2	0.75 R/G	EDS3 控制信号	L4	1.25 R	蓄电池电源
A3	0.5 Br/W	CAN-H	M4	1.25 B	接地
B3	0.5 P/G	DMS-GND			

5.2.6 猎豹 VT3 CVT 无级变速器（48 针）

以广汽长丰 2018 年款 CS9 车型为例，VT3 变速器电脑端子图如图 5-13 所示，端子定义见表 5-19。

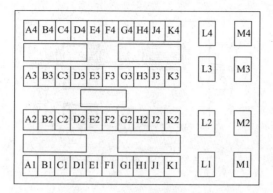

图 5-13　VT3 变速器电脑端子图

表 5-19　VT3 变速器电脑端子定义

端子	接线线径/mm² 与颜色	端子定义	端子	接线线径/mm² 与颜色	端子定义
C1	0.5 G/B	手动降挡信号	E3	0.75 Y/L	制动信号
D1	0.5 G/O	雪地模式	G3	0.5 P/Br	温度传感器信号
F1	0.5 Y/B	转速传感器信号	H3	0.5 Y/W	传感器接地
G1	0.5 B/Y	空气压力传感器接地	J3	0.5 O	DMS-A
H1	0.5 W/G	DMS-C	K3	0.75 B/L	EDS1 控制信号
K1	0.75 R/Y	EDS2 控制信号	M3	1.25 R/V	EDS 接地
M1	1.25 B	接地	A4	0.5 Br/R	CAN-L
C2	0.5 B/P	手动升挡信号	B4	0.5 B/W	传感器电源
D2	0.5 B/O	M/S 模式信号	G4	0.5 Y	速度传感器接地
E2	0.5 B/R	油压传感器信号	H4	0.5 W/Y	发动机转速
H2	0.5 P/Y	DMS-D	J4	0.5 L/W	DMS-B
J2	0.75 Y/R	TCM IG1 电源	K4	0.5 B/L	P 挡解锁电磁阀控制信号
K2	0.75 R/G	EDS3 控制信号	L4	1.25 R	蓄电池电源
A3	0.5 Br/W	CAN-H	M4	1.25 B	接地
B3	0.5 P/G	DMS-GND			

5.3　车身电脑

5.3.1　传祺 GS4 车身电脑（52 针+ 52 针+ 12 针+ 12 针）

以广汽传祺 2016 年款 GS4 车型为例，其车身电脑端子图如图 5-14 所示，端子定义见表 5-20～表 5-23。

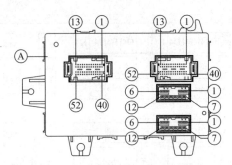

图 5-14 GS4 车身电脑端子图

表 5-20 GS4 车身电脑 12 针端子定义（一）

端子	接线颜色	端子定义	端子	接线颜色	端子定义
1	红/黑	供电	7	红/黑	供电
2	红	供电	8	白	洗涤电机
3	黑	接地	9	红	供电
4	蓝	后备厢电机	10	红	供电
5	红	供电	11	黄	中控门锁解锁信号
6	红	供电	12	黄	中控门锁解锁信号

表 5-21 GS4 车身电脑 12 针端子定义（二）

端子	接线颜色	端子定义	端子	接线颜色	端子定义
1	红	供电	7	灰/白	左前雾灯
2	绿	车内灯供电	8	灰/白	右前雾灯
3	黑	接地	9	红/黑	后雾灯
4	黑	接地	10	红	供电
5	粉红/黑	驾驶员侧车门锁中控解锁信号	11	白	中控门锁上锁信号
6	粉红/黑	驾驶员侧车门锁中控解锁信号	12	白	中控门锁上锁信号

表 5-22 GS4 车身电脑 52 针端子定义（一）

端子	接线颜色	端子定义	端子	接线颜色	端子定义
1	黑/白	防盗线圈供电	15	紫	灯光组合开关（前雾灯）
2	蓝/白	车窗升降继电器控制信号	16	绿	近光灯继电器控制信号
3	紫	刮水器继电器控制信号	17	黑	后刮水器电机控制信号
4	橙	供电	19	蓝	灯光组合开关（后雾灯）
7	灰	制动开关	20	红	IG1 电源
8	紫	后备厢开启	21	红	IG2 电源
11	棕/白	驾驶员侧车门锁止状态信号	22	粉红	刮水器清洗电机控制信号
12	粉红	雨刮喷水	23	黑	接地
14	灰	防盗线圈接地	25	棕	灯光组合开关（自动灯光）

续表

端子	接线颜色	端子定义	端子	接线颜色	端子定义
29	红	ACC 电源	41	粉红	鸣笛信号
30	灰	钥匙未拔信号	44	粉红/黑	远光灯继电器控制信号
31	蓝/紫	刮水器组合开关（后刮水器清洗）	45	浅蓝	灯光组合开关（位置灯）
32	粉红	自动驻车开启背光灯	46	棕	灯光组合开关（右转向灯）
33	橙	刮水器组合开关（高速）	47	紫/白	灯光组合开关（左转向灯）
34	蓝	刮水器组合开关（低速）	48	浅蓝	刮水器组合开关（间歇挡）
35	黄/黑	灯光组合开关（远光灯）	49	绿/蓝	危险警告灯
36	橙	刮水器组合开关（后刮水器）	50	粉红	前照灯清洗开关信号
38	黄	灯光组合开关（近光灯）	51	绿/白	刮水器组合开关（手动间歇挡）

表 5-23　GS4 车身电脑 52 针端子定义（二）

端子	接线颜色	端子定义	端子	接线颜色	端子定义
1	灰	制动灯供电	28	棕/白	中控门锁上锁信号
2	灰	制动灯供电	29	棕	中控门锁解锁信号
3	粉红	右后车门未关信号	30	黄	刮水器复位
5	蓝	左后车门未关信号	31	白	后刮水器复位
6	灰/黑	前排乘员侧车门未关信号	33	紫	制动开关
7	灰	驾驶员侧车门未关信号	34	棕	驾驶员侧车门锁锁芯解锁信号
8	粉红/黑	发动机舱盖未关信号	35	黑	接地
10	粉红	后备厢盖未关信号	36	粉红	LIN 总线
11	棕	前排乘员侧车门锁止状态	40	黄/黑	左前转向灯
13	棕	倒挡输出供电	41	棕/白	右前转向灯
14	灰/黑	左前位置灯	43	浅蓝/白	右后转向灯
15	黄/黑	左前转向灯	44	粉红	倒挡信号
16	蓝	左后转向灯	45	蓝	自动驻车信号
18	棕/白	CAN-H	46	棕/白	驾驶员侧车门锁锁芯上锁信号
19	棕	CAN-L	48	灰	大灯清洗控制信号
22	白	CAN-H	49	粉红	左前日间行车灯
23	黄	CAN-L	50	粉红/黑	右前日间行车灯
25	绿	P 挡信号	51	灰/白	前顶灯
26	灰/黑	左后雾灯	52	灰	室内背光灯
27	粉红	右侧位置灯			

5.3.2　传祺 GA8 车身电脑（12 针+ 12 针+ 52 针+ 52 针）

以广汽传祺 2017 年款 GA8 车型为例，其车身电脑端子图如图 5-15 所示，端子定义见表 5-24～表 5-27。

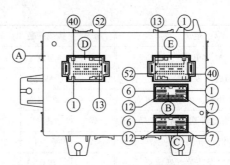

图 5-15　GA8 车身电脑端子图

表 5-24　GA8 车身电脑 12 针端子定义（一）

端子	接线颜色	端子定义	端子	接线颜色	端子定义
1	红	供电	7	红/白	供电
2	红	后雾灯/倒车灯电源	8	棕/白	洗涤电机
3	黑	接地	9	红	供电
4	黑	后备厢电机	10	红	供电
5	红	供电	11	黄	中控门锁解锁信号
6	红	供电	12	黄	中控门锁解锁信号

表 5-25　GA8 车身电脑 12 针端子定义（二）

端子	接线颜色	端子定义	端子	接线颜色	端子定义
1	红	供电	6	红	驾驶员侧车门锁中控解锁信号
2	红	车内灯供电	9	红	后雾灯
3	黑	接地	10	红	供电
4	黑	接地	11	灰	中控门锁上锁信号
5	红	驾驶员侧车门锁中控解锁信号	12	灰	中控门锁上锁信号

表 5-26　GA8 车身电脑 52 针端子定义（一）

端子	接线颜色	端子定义	端子	接线颜色	端子定义
3	棕	供电	15	紫	灯光组合开关（前雾灯）
4	紫	刮水器继电器控制信号	16	灰	近光灯继电器控制信号
5	灰	左前照明灯弯道辅助照明诊断反馈信号	19	蓝	灯光组合开关（后雾灯）
6	绿	后备厢开关	20	粉红/黑	IG1 电源
7	灰	制动开关	21	红	IG2 电源
8	灰	后备厢开启信号	23	黑	接地
11	蓝	驾驶员侧车门锁止状态信号	25	白	灯光组合开关（自动灯光）
12	黑/白	刮水器喷水	26	粉红	氛围灯
13	粉红/红	左前雾灯	27	灰	右前照明灯弯道辅助照明诊断反馈信号

续表

端子	接线颜色	端子定义	端子	接线颜色	端子定义
29	红/黄	ACC电源	45	浅蓝	灯光组合开关（位置灯）
33	橙	刮水器组合开关（高速）	46	棕	灯光组合开关（右转向灯）
34	蓝	刮水器组合开关（低速）	47	紫/白	灯光组合开关（左转向灯）
35	黄/黑	灯光组合开关（远光灯）	48	浅蓝	刮水器组合开关（间歇挡）
38	黄	灯光组合开关（近光灯）	49	棕	危险警告灯
39	红	左前照明弯道辅助照明灯	51	绿/白	刮水器组合开关（手动间歇挡）
41	黑/白	鸣笛信号	52	红	右前照明弯道辅助照明灯
44	黑/白	远光灯继电器控制信号			

表 5-27 GA8 车身电脑 52 针端子定义（二）

端子	接线颜色	端子定义	端子	接线颜色	端子定义
1	灰/白	制动灯供电	28	黄/黑	中控门锁上锁信号
2	灰/白	制动灯供电	29	蓝	中控门锁解锁信号
3	绿/黑	右后车门未关信号	30	黄	刮水器复位
4	红	油箱盖解锁信号	32	灰/黑	LIN2
5	绿/黑	左后车门未关信号	33	浅蓝	制动开关（常开）
6	黑	前排乘员侧车门未关信号	34	棕	驾驶员侧车门锁锁芯解锁信号
7	黑	驾驶员侧车门未关信号	35	黑	接地
8	粉红/黑	发动机舱盖未关信号	36	灰/黑	LIN1
10	棕/白	后备厢盖未关信号	39	灰	礼貌灯
11	黄/黑	前排乘员侧车门锁止状态	40	蓝	左前转向灯
13	蓝	倒挡输出供电	41	浅蓝/白	右前转向灯
14	浅蓝/白	左侧位置灯	43	浅蓝/白	右后转向灯
16	蓝	左后转向灯	46	棕/白	驾驶员侧车门锁锁芯上锁信号
22	黄	CAN_H	49	紫	左前日间行车灯
23	绿	CAN_L	50	绿	右前日间行车灯
25	绿	P挡信号	51	灰/白	前顶灯
26	灰	左后雾灯	52	灰	室内背光灯
27	紫	右侧位置灯			

5.3.3 传祺 GA6 车身电脑（12针+12针+52针+52针）

以广汽传祺 2016 年款 GA6 车型为例，其车身电脑端子图如图 5-16 所示，端子定义见表 5-28～表 5-31。

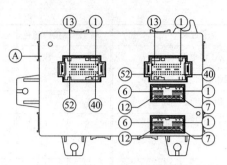

图 5-16　GA6 车身电脑端子图

表 5-28　GA6 车身电脑 12 针端子定义（一）

端子	接线颜色	端子定义	端子	接线颜色	端子定义
1	红	供电	7	红	供电
2	红	供电	8	棕/白	洗涤电机
3	黑	接地	9	红	供电
4	黑/白	后备厢电机	10	红	供电
5	红	供电	11	黄/黑	中控门锁解锁信号
6	红	供电			

表 5-29　GA6 车身电脑 12 针端子定义（二）

端子	接线颜色	端子定义	端子	接线颜色	端子定义
1	红	供电	7	粉红/红	左前雾灯
2	红	车内灯供电	8	粉红/红	右前雾灯
3	黑	接地	9	红	后雾灯
4	黑	接地	10	红	供电
5	红	驾驶员侧车门锁中控解锁信号	11	灰/黑	中控门锁解锁信号

表 5-30　GA6 车身电脑 52 针端子定义（一）

端子	接线颜色	端子定义	端子	接线颜色	端子定义
1	灰	防盗线圈供电	16	灰/白	近光灯继电器控制信号
2	紫	车窗升降继电器控制信号	19	蓝	灯光组合开关（后雾灯）
3	棕	刮水器继电器控制信号	20	粉红/黑	黑
4	紫	供电	21	红	IG2 电源
7	灰	制动开关	23	黑	接地
11	蓝/白	驾驶员侧车门锁止状态信号	25	棕	灯光组合开关（自动灯光）
12	黑/白	刮水器喷水	26	粉红	氛围灯
14	灰	防盗线圈接地	29	红/黄	ACC 电源
15	紫	灯光组合开关（前雾灯）	30	灰	钥匙未拔信号

续表

端子	接线颜色	端子定义	端子	接线颜色	端子定义
32	绿	自动驻车开启背光灯	45	浅蓝	灯光组合开关（位置灯）
33	橙	刮水器组合开关（高速）	46	棕	灯光组合开关（右转向灯）
34	蓝	刮水器组合开关（低速）	47	紫/白	灯光组合开关（左转向灯）
35	黄/黑	灯光组合开关（远光灯）	48	浅蓝	刮水器组合开关（间歇挡）
38	黄	灯光组合开关（近光灯）	49	棕	危险警告灯
41	黑/白	鸣笛信号	51	绿/白	刮水器组合开关（手动间歇挡）
44	黑/白	远光灯继电器控制信号			

表 5-31　GA6 车身电脑 52 针端子定义（二）

端子	接线颜色	端子定义	端子	接线颜色	端子定义
1	灰/白	制动灯供电	28	黄/黑	中控门锁上锁信号
2	灰/白	制动灯供电	29	蓝	中控门锁解锁信号
3	绿/黑	右后车门未关信号	30	黄	刮水器复位
5	绿/黑	左后车门未关信号	33	浅蓝	制动开关
6	绿/黑	前排乘员侧车门未关信号	34	棕	驾驶员侧车门锁锁芯解锁信号
7	绿/黑	驾驶员侧车门未关信号	35	黑	接地
8	粉红/黑	发动机舱盖未关信号	36	灰/黑	LIN 总线
10	棕/白	后备厢盖未关信号	39	绿	迎宾灯
11	浅绿/红	前排乘员侧车门锁止状态	40	蓝	左前转向灯
13	蓝/黑	倒挡输出供电	41	浅蓝/白	右前转向灯
14	浅蓝/白	左前位置灯	43	浅蓝/白	右后转向灯
16	蓝	左后转向灯	44	粉红	倒挡信号
18	棕/白	CAN-H	45	蓝	自动驻车信号
19	棕/白	CAN-L	46	棕/白	驾驶员侧车门锁锁芯上锁信号
22	黄	CAN-H	49	粉红	左前日间行车灯
23	绿	CAN-L	50	粉红	右前日间行车灯
25	绿	P 挡信号	51	灰/白	前顶灯
26	灰	左后雾灯	52	灰	室内背光灯
27	紫	右侧位置灯			

5.4　多媒体电脑

5.4.1　传祺 GS4 多媒体电脑（12 针 + 40 针）

以广汽传祺 2016 年款 GS4 车型为例，该车多媒体电脑端子如图 5-17 所示，端子定义见表 5-32、表 5-33。

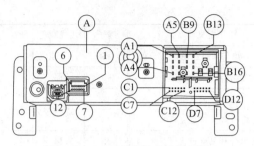

图 5-17　GS4 多媒体电脑端子图

表 5-32　GS4 多媒体电脑 12 针端子定义

端子	接线颜色	端子定义	端子	接线颜色	端子定义
1	红	音响开关-RXD 信号	7	紫	音响开关-接地
2	绿	音响开关-TXD 信号	8	灰	音响开关-接地
3	蓝	音响开关-电源	9	粉红	音响开关-SIG1 信号
4	黄	音响开关-背光灯电源	10	黑	音响开关-SIG2 信号
5	浅绿	音响开关-重置	11	白	音响开关-SIG3 信号
6	橙	音响开关-EN 信号	12	黑	音响开关-SIG4 信号

表 5-33　GS4 多媒体电脑 40 针端子定义

端子	接线颜色	端子定义	端子	接线颜色	端子定义
A1	橙/白	右后扬声器+	C10	白	倒车后视摄像头信号
A2	白	左后扬声器+	C11	棕/白	CAN-H
A3	黄	左前扬声器+	C12	白	CAN-H
A4	黄/黑	右前扬声器+	D1	绿	音量与调频控制信号
A5	浅绿	右后扬声器-	D2	白	模式选择与蓝牙信号
A6	黄	左后扬声器-	D3	屏蔽裸线	转向盘控制接地
A7	橙	左前扬声器-	D4	粉红/黑	T-BOX SPK+
A8	灰/黑	右前扬声器-	D5	灰	麦克风 1 信号
B9	黑	接地	D6	红/白	麦克风 2 信号
B12	红	ACC 电源	D7	橙	E-CALL 按键指示灯
B13	红	IG1 电源	D8	橙/白	B-CALL 按键指示灯
B16	红	供电	D9	紫/白	E-CALL 按键信号
C5	棕	CAN-L	D10	粉红/白紫	B-CALL 按键信号/T-BOX SPK-
C6	黄	CAN-L	D11	灰/白	麦克风 1 接地
C9	屏蔽裸线	倒车后视摄像头接地	D12	黑/白	麦克风 2 接地

5.4.2　传祺 GA8 多媒体电脑（40 针）

以广汽传祺 2017 年款 GA8 车型为例，该车多媒体电脑端子如图 5-18 所示，端子定义见表 5-34。

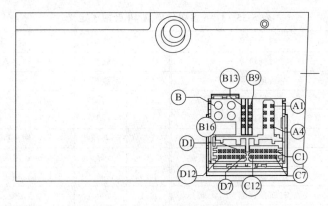

图 5-18　GA8 多媒体电脑端子图

表 5-34　GA8 多媒体电脑 40 针端子定义

端子	接线颜色	端子定义	端子	接线颜色	端子定义
A1	橙	右后扬声器+	C4	—	AUX
A2	白	左后扬声器+	C6	绿	BCAN-L
A3	黄	左前扬声器+	C7	红	音响放大器
A4	棕	右前扬声器+	C9	屏蔽裸线	倒车后视摄像头/全景泊车控制单元接地
A5	浅绿	右后扬声器−	C10	白	倒车后视摄像头信号/全景泊车控制单元
A6	黄	左后扬声器−	C12	黄	BCAN-H
A7	橙	左前扬声器−	D1	绿	音量与调频控制信号
A8	灰	右前扬声器−	D2	白	模式选择与蓝牙信号
B9	黑	接地	D3	屏蔽裸线	转向盘控制接地
B10	白	AUX	D4	白/绿	T-BOX SPK+
B11	绿	AUX	D5	绿	麦克风+
B12	红/黄	ACC 电源	D7	蓝	E-CALL 按键指示灯
B15	屏蔽裸线	AUX	D8	紫	B-CALL 按键指示灯
B16	红	供电	D9	黄	E-CALL 按键信号
C1	—	AUX	D10	灰	B-CALL 按键信号/T-BOX SPK−
C2	—	AUX	D11	黄	麦克风−
C3	—	AUX			

5.4.3　传祺 GA6 多媒体电脑（40 针）

以广汽传祺 2016 年款 GA6 车型为例，该车多媒体电脑端子如图 5-19 所示，端子定义见表 5-35。

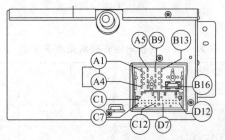

图 5-19　GA6 多媒体电脑端子图

表 5-35 GA6 多媒体电脑 40 针端子定义

端子	接线颜色	端子定义	端子	接线颜色	端子定义
A1	绿	右后扬声器+	C3	屏蔽裸线	AUX 接地
A2	绿	左后扬声器+	C4	屏蔽裸线	AUX
A3	绿	左前扬声器+	C5	棕	CAN-L
A4	绿	右前扬声器+	C6	绿	CAN-L
A5	黄	右后扬声器−	C9	屏蔽裸线	倒车后视摄像头接地
A6	黄	左后扬声器−	D1	绿	音量与调频控制信号
A7	黄	左前扬声器−	D10	灰	B-CALL 请求信号/T-BOX SPK−
A8	黄	右前扬声器−	D11	黄	麦克风 1 接地
B12	红/黄	ACC 电源	D12	粉红	麦克风 2 接地
B13	红/白	IG1 电源	D2	白	模式选择与蓝牙信号
B16	红	供电	D3	屏蔽裸线	转向盘控制接地
B9	黑	接地	D4	黄	T-BOX SPK+
C1	屏蔽裸线	AUX	D5	绿	麦克风 1 信号
C10	白	倒车后视摄像头信号	D6	橙	麦克风 2 信号
C11	棕/白	CAN-H	D7	棕	E-CALL 按键指示灯
C12	黄	CAN-H	D8	紫	B-CALL 按键指示灯
C2	屏蔽裸线	AUX	D9	蓝	E-CALL 按键信号

5.5 新能源系统

5.5.1 传祺 GA5 PHEV

5.5.1.1 高压电池管理单元端子（18 针）

高压电池管理单元端子如图 5-20 所示，端子定义见表 5-36。

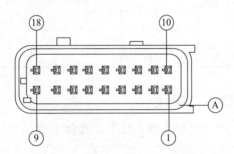

图 5-20 高压电池管理单元端子

表 5-36 高压电池管理单元端子定义

端子	接线颜色	端子定义	端子	接线颜色	端子定义
1	红	供电	4	—	屏蔽裸线
2	黑	接地	5	橙	HCAN-L
3	粉红	HCAN-H	9	黑	车身接地

续表

端子	接线颜色	端子定义	端子	接线颜色	端子定义
10	红/黑	ENABLE	16	黑	风扇接地
13	白	紧急信号	17	红	充电唤醒信号
14	红	充电器盒12V+	18	黑	充电器盒12V-
15	红	风扇电源			

5.5.1.2 双电机控制单元端子（23针+23针）

双电机控制单元连接端子如图5-21所示，端子定义见表5-37、表5-38。

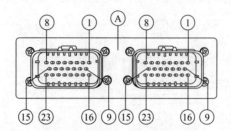

图5-21 双电机控制单元端子

表5-37 双电机控制单元23针端子定义（一）

端子	接线颜色	端子定义	端子	接线颜色	端子定义
1	红	供电	13	深蓝	DB9-01
2	粉红/黑	R1	14	橙	DB9-01
3	橙	S2	15	黑	DB9-01
4	棕/深蓝	S1	17	—	屏蔽裸线
5	粉红/黑	温度信号S1	18	棕	S4
6	红	点火开关供电	19	紫	温度信号S2
9	黑	双电机控制单元接地	20	灰/黑	S2接地
10	黑/白	R2	21	紫/白	DB9-01
11	蓝/红	S3	22	橙	DB9-01
12	灰/红	S1接地	23	紫	DB9-01

表5-38 双电机控制单元23针端子定义（二）

端子	接线颜色	端子定义	端子	接线颜色	端子定义
1	红	供电	7	粉红	HCAN-H
2	粉红/黑	R1	8	橙	HCAN-L
3	橙	S1	9	黑	双电机控制单元接地
4	棕	S2	10	白/黑	R2
5	粉红/黑	温度信号S1	11	深蓝/红	S4
6	—	屏蔽裸线	12	灰	S1接地

续表

端子	接线颜色	端子定义	端子	接线颜色	端子定义
13	黑	DB9-02	19	紫	温度信号 S2
14	紫/白	DB9-02	20	灰	S2 接地
15	灰	DB9-02	21	黑	DB9-02
17	黑	屏蔽裸线	22	橙	DB9-02
18	棕	S3	23	紫	DB9-02

5.5.1.3 整车控制器连接端子（73针+73针）

整车控制器连接端子如图 5-22 所示，端子定义见表 5-39、表 5-40。

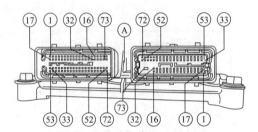

图 5-22 整车控制器连接端子

表 5-39 整车控制器连接端子定义（一）

端子	接线颜色	端子定义	端子	接线颜色	端子定义
1	浅蓝	整车控制器电源	43	黑	底盘接地 2
3	红	点火开关供电	44	黑	底盘接地 1
14	粉红	HCAN-H	45	绿	压缩机故障信号
15	橙	HCAN-L	48	灰	压缩机转速信号
16	褐	PCAN-L	49	红	充电信号
19	黄/深绿	EV 模式切换开关信号	60	深绿	低速风扇控制信号
21	橙	点火开关 ACC 信号	61	深蓝	高速风扇控制信号
23	紫/白	启动信号	62	灰	HCU 继电器控制信号
29	—	屏蔽裸线	66	白/蓝	EV 模式切换开关背光灯电源
31	橙	真空传感器信号	67	黑	真空助力泵控制信号
32	褐/白	PCAN-H	73	黑	整车控制器接地
41	红	压缩机功耗反馈信号			

表 5-40 整车控制器连接端子定义（二）

端子	接线颜色	端子定义	端子	接线颜色	端子定义
2	黑	制动位置传感器接地	39	红/黑	水温传感器信号
3	黑	真空助力传感器接地	43	橙	换挡开关 GSL3
4	红	制动位置传感器电源	46	深蓝	三态压力开关中压信号
8	橙	换挡开关 GSL0	54	紫	水泵继电器控制信号
9	紫	换挡开关 GSL1	64	绿	绿色充电指示灯
14	黄	制动位置传感器信号	65	红	红色充电指示灯
29	橙	换挡开关 GSL2	66	黄	黄色充电指示灯
31	灰	倒挡信号			

5.5.2 传祺 GE3 EV

5.5.2.1 高压电池管理单元（18 针）

高压电池管理单元端子如图 5-23 所示，端子定义见表 5-41。

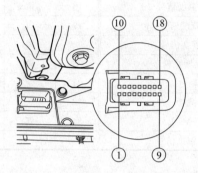

图 5-23　GE3 车型高压电池管理单元端子

该单元 18 芯插头连接，位于整车车体下部，高压动力电池总成内部。

表 5-41　高压电池管理单元端子定义

端子	接线颜色	端子定义	端子	接线颜色	端子定义
1	粉红	供电	12	绿	高压互锁输出信号
2	黑	接地	13	蓝	高压互锁紧急信号输入
3	绿	ECAN-H	14	绿	CHARGER_CAN-L
5	橙	ECAN-L	15	橙	直流充电信号
8	粉红	高压互锁输出信号	16	棕	充电连接确认
10	红	电池管理系统使能信号	17	绿	交流充电信号
11	蓝	CHARGER_CAN-H			

5.5.2.2 驱动电机控制单元（35 针）

GE3 车型驱动电机控制单元采用 35 芯插头连接，位于前机舱右侧，高压配电盒下方，连接端子如图 5-24 所示，定义见表 5-42。

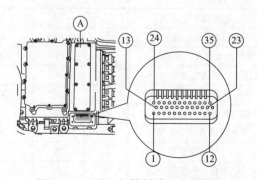

图 5-24　驱动电机控制单元连接端子

表 5-42 驱动电机控制单元端子定义

端子	接线颜色	端子定义	端子	接线颜色	端子定义
2	绿	ECAN-H	16	粉红	驱动电机温度信号 2−
3	橙	驱动电机温度信号 1+	17	绿	驱动电机旋变信号 sin−
4	蓝	驱动电机温度信号 2+	18	黄	驱动电机旋变信号 cos−
5	蓝	驱动电机旋变信号 sin+	19	白	驱动电机励磁信号 −
6	白	驱动电机旋变信号 cos+	22	黑	接地
7	黄	驱动电机励磁信号 +	23	黑	接地
11	粉红	供电	31	紫	高压互锁输出信号
12	粉红	供电	32	灰	高压互锁输入信号
14	橙	ECAN-L	34	红	IG1 电源
15	棕	驱动电机温度信号 1−			

5.5.2.3 温度控制单元（40 针）

温度控制单元为 40 芯插头连接，位于副仪表板内部，中央通道前方端子图如图 5-25 所示，端子定义见表 5-43。

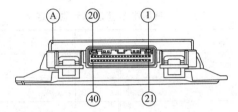

图 5-25 GE3 温度控制单元中央通道前方端子图

表 5-43 温度控制单元端子定义

端子	接线颜色	端子定义	端子	接线颜色	端子定义
1	红	唤醒信号	21	粉红	供电
2	黑	接地	22	粉红	供电
3	绿	温度压力传感器 5V 电源	23	紫	传感器接地
4	绿	ECAN-H	24	灰	温度压力传感器压力信号
5	橙	ECAN-L	26	紫	电动水泵 2 使能信号
6	黑	接地	27	粉红	温控系统电磁阀控制信号
7	白	LIN 线	28	绿	电动水泵 2 使能信号
9	绿	慢充插接件微动开关状态 1	29	绿	电动水泵 2 占空比输入信号
10	蓝	慢充插接件微动开关状态 2	30	绿	电动水泵 1 占空比输入信号
11	棕	温度压力传感器温度信号	31	紫	充电状态信号
12	橙	充电状态指示灯	34	灰	电动水泵 1 占空比输出信号
13	橙	L1 温度传感器信号+	35	蓝	环境温度传感器信号
16	紫	N1 温度传感器信号+	36	红	电动水泵 2 占空比输出信号
17	灰	DC+ 温度传感器信号	37	黑	M−
18	粉红	DC− 温度传感器信号	38	白	M+
19	黄	输入水温传感器信号	39	红	H 桥输出+
20	白	输出水温传感器信号	40	棕	H 桥输出−

5.5.2.4 整车控制单元（73针+73针）

整车控制单元为双73芯插头连接，位于左前组合灯后方，端子图如图5-26所示，端子定义见表5-44、表5-45。

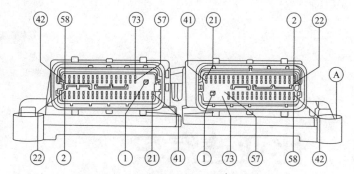

图5-26 GE3车型整车控制单元端子

表5-44 整车控制单元模块一连接端子定义

端子	接线颜色	端子定义	端子	接线颜色	端子定义
3	绿	低速风扇继电器控制信号	47	橙	大气压力传感器5V电源
11	粉红	大气压力传感器信号	54	蓝	D挡信号
12	灰	高压互锁使能信号	59	橙	电机温度传感器接地
14	黄	高速风扇继电器控制信号	60	灰	加速踏板位置传感器
23	绿	大气压力传感器接地	61	蓝	制动位置传感器5V电源
26	黄	定速巡航开关信号	63	紫	加速踏板位置传感器5V电源
28	灰	电机温度传感器信号	65	紫	R挡信号
43	白	制动位置传感器接地	66	绿	N挡信号
44	灰	定速巡航开关接地	71	棕	制动位置传感器信号

表5-45 整车控制单元模块二连接端子定义

端子	接线颜色	端子定义	端子	接线颜色	端子定义
1	黑	接地	42	绿	制动开关常开信号
9	绿	绿色充电指示灯	43	灰	制动开关常闭信号
10	红	红色充电指示灯	44	绿	P挡驻车信号
11	棕	主继电器控制信号	45	橙	快充充电连接器
15	黄	黄色充电指示灯	46	橙	ACC电源
16	白	电动真空泵使能信号	48	粉红	启动状态信号
25	粉红	真空度传感器5V电源	49	粉红	高压互锁使能反馈信号
26	灰	真空度传感器接地	56	绿	真空传感器压力信号
27	粉红	加速踏板位置5V电源1	57	蓝	PCAN-H
28	绿	加速踏板位置接地	58	红	电源
32	黑	接地	60	红	唤醒信号
33	黑	接地	66	紫	IG1电源
35	蓝	加速踏板位置信号1	71	绿	ECAN-H
36	白	加速踏板位置信号2	72	橙	ECAN-L
38	绿	慢充充电连接器	73	棕	PCAN-L

第6章 比亚迪汽车

6.1 发动机电脑

6.1.1 比亚迪 1.0L BYD371QA 发动机（64 针）

以比亚迪 2008 年款 F0 车型为例，BYD371QA 发动机电脑如图 6-1 所示，其端子定义见表 6-1。

图 6-1 371QA 发动机电脑

表 6-1 371QA 发动机电脑端子定义

端子	端子定义	类型	端子	端子定义	类型
1	下游 LSH 型氧传感器加热（Optional）	输出	6	上游 LSH 型氧传感器加热（Optional）	输出
2	上游氧传感器加热	输出	7	点火线圈 2	输出
3	点火线圈 1	输出	8	UBR	输入
4	下游氧传感器加热	输出	9	发动机转速输出	输出
5	点火地	地	10	KO/CBR 输入	输入

续表

端子	端子定义	类型	端子	端子定义	类型
11	ABS/IGN 输入	输入	38	保留	输出
12	电子负载 1	输入	39	传感器地	地
13	PAC/TAC	输入	40	传感器地	地
14	防盗信号输入	输入	41	发动机冷却温度	输入
15	诊断 K 线	输出输入	42	相位传感器	输入
16	UBD	输入	43	电器地	地
17	点火开关	地	44	空调开关	输入
18	5V 输出 2	输出	45	上游氧传感器	输入
19	5V 输出 1	输出	46	转速信号 B	输入
20	MIL 灯	输出	47	转速信号 A	输入
21	步进电机相位 B	输出	48	功率地	地
22	步进电机相位 A	输出	49	喷油 2	输出
23	SVS 灯/废气再循环阀	输出	50	喷油 1	输出
24	电子负载 2	输入	51	UBR	输入
25	进气温度	输入	53	保留	输出
26	节气门位置传感器	输入	54	保留	输出
27	FLS/TOIL 输入	输入	55	保留	输出
28	加速度传感器	输入	56	KVA/TMOT 输出	输出
29	下游氧传感器	输入	57	车速信号传感器	输入
30	爆震传感器 A	输入	58	废气再循环阀位置传感器	输入
31	爆震传感器 B	输入	59	进气压力传感器	输入
32	主继电器	输出	60	油泵继电器	输出
33	CAN 高	输入输出	61	空调压缩机继电器	输出
34	CAN 低	输入输出	62	风扇 1	输出
35	步进电机相位 C	输出	64	喷油 3	输出
37	炭罐控制阀	输出			

6.1.2 比亚迪 1.3L 473QA/1.5L 473QB 发动机（联电 M7）(81 针)

以比亚迪 2012 年款 F3/F3R 车型为例，473Q 联合电子 M7 控制系统电脑端子图如图 6-2 所示，端子定义见表 6-2。

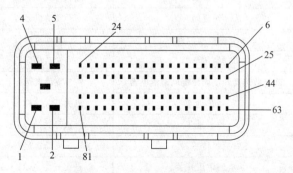

图 6-2 473Q 发动机电脑端子图

表 6-2　473Q 发动机电脑端子定义

端子	接线颜色	端子定义	测试条件	标准值
1	B/R	2 缸点火线圈	发动机运行	—
2	W	3 缸点火线圈	发动机运行	—
3	W/B	点火地	点火开关 ACC→ON	小于 1V
4	W	4 缸点火线圈	发动机运行	—
5	L/B	1 缸点火线圈	发动机运行	—
6	R/B	第二缸喷油器	发动机运行	—
7	O	第三缸喷油器	发动机运行	—
8	B	发动机转速输出	发动机运行	—
10	—	车速信号输出	—	—
12	R/W	持续电源	点火开关 ACC→ON	10～14V
13	B/O	点火开关	点火开关 ACC→ON	10～14V
14	B/W	主继电器	点火开关 ACC→ON	小于 1V
15	W	曲轴位置传感器 A 端	始终	—
16	P/W	节气门位置传感器	点火开关 ACC→ON	0～5V
17	B/W	传感器地 1	点火开关 ACC→ON	小于 1V
18	Y	前氧传感器	发动机运行	—
19	L	爆震传感器 A 端	发动机运行	—
20	B/W	爆震传感器 B 端	发动机运行	—
27	R/Y	第一缸喷油器	发动机运行	—
28	B/L	后氧传感器	发动机运行	—
32	G/W	5V 电源 2	点火开关 ACC→ON	5V
34	B	曲轴位置传感器 B 端	发动机运行	—
35	G	传感器地 3	点火开关 ACC→ON	小于 1V
36	P/L	传感器地 2	点火开关 ACC→ON	小于 1V
37	B/R	进气压力传感器	点火开关 ACC→ON	小于 1V
39	W	水温传感器	点火开关 ACC→ON	—
40	R/Y	进气温度传感器	点火开关 ACC→ON	—
44	B	非持续电源	点火开关 ACC→ON	10～14V
45	B	非持续电源	点火开关 ACC→ON	10～14V
46	R/Y	炭罐阀	发动机运行	—
47	Gr/Y	第四缸喷油器	发动机运行	—
48	P	前氧传感器	发动机运行	—
50	G	低速散热器和空调冷凝风扇继电器	发动机运行	—
51	W/B	电子地 2	点火开关 ACC→ON	小于 1V
53	W/B	电子地 1	点火开关 ACC→ON	小于 1V
55	G/L	后氧传感器	发动机运行	—
57	G/B	空调中压开关	点火开关 ACC→ON	小于 1V

续表

端子	接线颜色	端子定义	测试条件	标准值
61	W/B	功率地 1	点火开关 ACC→ON	小于 1V
62	P	FCANH	始终	2.5~3.5V
63	B	非持续电源	点火开关 ACC→ON	10~14V
64	P/W	步进电机相位 D	发动机运行	—
65	G/Y	步进电机相位 A	发动机运行	—
66	P/B	步进电机相位 B	发动机运行	—
67	Gr/L	步进电机相位 C	发动机运行	—
68	G/B	高速散热器风扇继电器	发动机运行	—
69	G/R	油泵继电器	发动机运行	小于 1V
70	R/L	空调允许	发动机运行	—
71	P/B	诊断 K 线	发动机运行	—
75	Y/R	空调请求	发动机运行	—
76	G/Y	动力转向开关	发动机运行	—
77	B	鼓风机补偿	发动机运行	—
79	Br/B	凸轮轴位置传感器	发动机运行	—
80	W/B	功率地	发动机运行	—
81	W	F-CANL	始终	1.5~2.5V

6.1.3 比亚迪 1.5L 4G15S/1.8L DA4G18 发动机（73 针）

以比亚迪 2012 年款 F3/F3R 车型为例，DA4G18 发动机（MT20U 系统）电脑端子图如图 6-3 所示，端子定义见表 6-3。

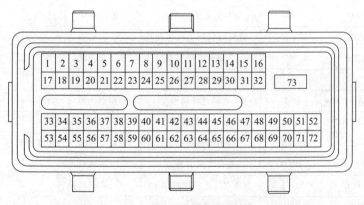

图 6-3 MT20U 系统发动机电脑端子图

表 6-3 MT20U 系统发动机电脑端子定义

端子	英文名字	接线颜色	端子定义	测试条件	标准值
1—车身	IGN	B/O	点火开关 ON 电源输入	点火开关 ACC→ON，始终	小于 1V→10~14V
3—车身	VSS	V/W	车速信号输入	车辆运行，始终	脉冲信号 （见组合仪表 9-C7）

续表

端子	英文名字	接线颜色	端子定义	测试条件	标准值
4—车身	V5B2	R/Y	ECM 5V 电源输出	发动机运行，始终	4～6V
5—车身	V5BRTN1	B/W	ECM 接地处理	发动机运行，始终	小于1V
6—车身	O2LO	P/L	氧传感器低信号	发动机闭环运行	—
8—车身	AC REQ（一）	Y/R	空调请求信号	空调制冷运行，始终	小于1V
9—车身	ELOAD2（一）	G/B	空调中压信号	空调压力至于中压	小于1V
10—车身	CAM	Br/B	凸轮轴位置传感器（霍尔型）	发动机运行	—
11—车身	SDATA	P/B	串行通信数据	外接故障诊断仪	输出数据流
12—车身	58XVRHI	W	58X 高信号	发动机运行	—
17—车身	BATTERY1	R/W	蓄电池电源1	始终	10～14V
18—车身	BATTERY2	R/W	蓄电池电源2	始终	10～14V
20—车身	V5B1	O/W	♯15V 电源	发动机运行，始终	4～6V
21—车身	V5BRTN2	B/R	♯25V 接地	发动机运行，始终	小于1V
24—车身	TPS	G/V	节气门位置传感器信号	发动机运行	—
27—车身	MAT	G	歧管进气温度传感器信号	发动机运行	—
28—车身	58XVRLO	B	58X 低信号	发动机运行	—
30—车身	DIAGREQ	L/R	故障诊断请求信号	进行故障诊断请求，始终	小于1V
31—车身	CEL	R/Y	检查发动机故障灯	组合仪表故障灯亮，始终	小于1V
32—车身	COILA	L/B	点火线圈 A 驱动	发动机运行	—
33—车身	IACBHI	P/B	怠速空气控制电机 B 高	发动机运行	—
34—车身	IACBLO	G/Y	怠速空气控制电机 B 低	发动机运行	—
36—车身	SPAREDI01	G/Y	转向助力开关信号	转向助力，始终	小于1V
38—车身	O2BHI	W	氧传感器 B 高信号	发动机闭环运行	—
42—车身	MAP	L/R	进气歧管压力传感器	发动机运行	—
43—车身	CLT	W	冷却水温传感器	发动机运行	—
45—车身	TN	B	发动机转速输出信号	发动机运行	—
46—车身	AC CLUTCH	R/L	空调允许信号	空调制冷运行，始终	小于1V
47—车身	FUEL PUMP	G/R	燃油泵继电器控制信号	燃油泵运行，始终	小于1V
50—车身	FAN2	G/B	散热器高速风扇	风扇高速运行，始终	小于1V
52—车身	COILB	W/G	点火线圈 B 驱动	发动机运行	—
53—车身	IACALO	Gr/L	怠速空气控制电机 A 低	发动机运行	—
54—车身	IACAHI	P/W	怠速空气控制电机 A 高	发动机运行	—
55—车身	INJA	R/Y	1缸喷油器	发动机运行	—
56—车身	INJC	O	3缸喷油器	发动机运行	—
57—车身	ELOAD1（＋）	B	电气负荷1（高有效）	鼓风机运行，始终	10～14V
58—车身	MPR	B/W	主继电器控制信号	主继电器闭合，始终	小于1V
61—车身	O2AHTR	P	氧传感器 A 加热控制	发动机运行	—

续表

端子	英文名字	接线颜色	端子定义	测试条件	标准值
62—车身	O2AHI	Y	氧传感器 A 高	发动机闭环运行	—
63—车身	ECP	R/Y	炭罐清洗电磁阀控制信号	发动机运行	—
64—车身	O2BHTR	Br	氧传感器 B 加热控制	发动机运行	—
67—车身	FAN1	G	散热器低速风扇控制信号	风扇低速运行,始终	小于1V
69—车身	ESC	L	爆震传感器信号	发动机运行	—
70—车身	INJB	R/B	2 缸喷油器	发动机运行	—
71—车身	INJD	Gr/Y	4 缸喷油器	发动机运行	—
73—车身	PWRGND	W/B	电源地	始终	小于1Ω

6.1.4 比亚迪 1.5T BYD476ZQA 发动机（81 针 + 40 针）

以比亚迪 2016 年款宋车型为例，476ZQA 发动机电脑端子图如图 6-4 所示，端子定义见表 6-4。

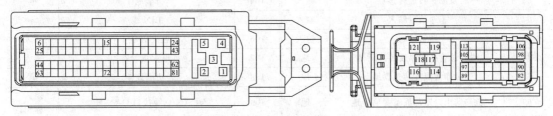

图 6-4　476ZQA 发动机电脑端子图

表 6-4　476ZQA 发动机电脑端子定义

端子	端子定义	类型	端子	端子定义	类型
1	燃油压力调节阀	输出	27	加速踏板位置传感器信号 2	输入
2	功率地 1	地	28	进气歧管压力传感器	输入
3	非持续电源 1	输入	29	高压燃油压力传感器	输入
4	电子节气门电机控制 -	输出	31	发动机冷却液温度传感器	输入
5	电子节气门电机控制 +	输出	32	进气总管气体温度传感器	输入
8	加速踏板位置传感器信号 1	输入	33	下游氧传感器	输入
9	进气总管压力传感器信号	输入	36	制动开关 1	输入
11	进气歧管温度传感器	输入	37	助力转向开关	输入
12	散热器出口冷却液温度传感器	输入	38	发动机反馈信号	输入
13	上游氧传感器	输入	41	车速输出	输出
14	节气门位置传感器 1	输入	43	油泵继电器	输出
18	制动开关 2	输入	44	凸轮轴相位传感器	输入
19	电子负载 2（后风挡加热开关）	输入	45	爆震传感器 B 端	输入
21	涡轮增压器空气循环阀	输出	46	爆震传感器 A 端	输入
22	增压压力限压电磁阀	输出	47	曲轴传感器地	地

续表

端子	端子定义	类型	端子	端子定义	类型
48	加速踏板位置传感器2地	地	87	加速踏板位置传感器1电源	输入
51	电子地1	地	88	电子节气门传感器电源+5V	输入
52	节气门位置传感器2	输入	89	进气歧管压力温度传感器电源	输入
53	进气歧管压力传感器信号地	地	94	进气总管歧管压力温度传感器电源	输入
54	空调请求信号	输入	95	传感器电源1	输入
55	上游氧传感器地	地	96	传感器电源2	输入
56	下游氧传感器地	地	97	加速踏板位置传感器2电源	输入
57	凸轮轴相位传感器地	地	98	点火信号3	输入
58	电子地2	地	99	点火信号1	输入
59	电子节气门电机控制+	输入	100	功率地2	地
60	电子节气门电机控制-	输入	101	CAN总线接口CAN-L	输入输出
61	空调允许信号	输入	102	主继电器	输出
62	上游氧传感器加热信号	输入	103	功率地3	地
63	发动机转速传感器	输入	104	功率地4	地
64	车速信号输入	输入	105	LIN线	
65	防盗输入	输入	106	点火信号4	输入
66	进气总管压力温度传感器地	地	107	点火信号2	输入
68	冷却液温度传感器地	地	108	功率地5	地
69	散热器出口冷却液温度信号地	地	109	CAN总线接口CAN-H	输入输出
70	高压燃油压力传感器地	地	112	点火开关	输入
71	节气门位置传感器信号地	地	113	持续电源	输入
72	加速踏板位置传感器1地	地	114	喷油器4（第4缸）	输出
74	冷却液循环泵继电器	输出	115	喷油高边1	输出
75	下游氧传感器加热信号	输入	116	喷油高边2	输出
76	发动机转速输出	输出	117	喷油器1（第1缸）	输出
78	炭罐阀	输出	118	喷油器3（第3缸）	输出
79	无级风扇控制	输出	119	非持续电源2	输入
81	OCV电磁阀	输出	120	非持续电源3	输入
86	曲轴传感器电源	输入	121	喷油器2（第2缸）	输出

6.1.5 比亚迪2.0T BYD487ZQA发动机（81针+40针）

以比亚迪2016年款宋车型为例，487ZQA发动机电脑端子图如图6-5所示，端子定义见表6-5。

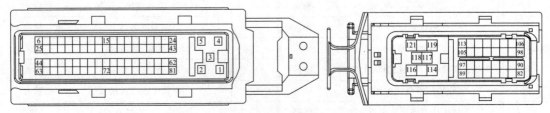

图6-5 487ZQA发动机电脑端子图

表 6-5　487ZQA 发动机电脑端子定义

端子	端子定义	类型	端子	端子定义	类型
1	燃油压力调节阀	输出	47	曲轴传感器地	地
2	功率地 1	地	48	加速踏板位置传感器 2 地	地
3	非持续电源 1	输入	49	巡航开关信号地	地
4	电子节气门电机控制−	输出	50	制动助力器压力传感器地	地
5	电子节气门电机控制＋	输出	51	电子地 1	地
7	巡航开关信号		52	节气门位置传感器 2	输入
8	加速踏板位置传感器信号 1	输入	53	进气歧管压力温度传感器地	地
9	进气总管压力传感器信号	输入	54	空调请求信号	输入
10	制动助力器压力传感器信号	输入	55	上游氧传感器地	地
11	进气歧管温度传感器	输入	56	下游氧传感器地	地
13	上游氧传感器	输入	57	凸轮轴相位传感器地	地
14	节气门位置传感器 1	输入	58	电子地 2	地
15	空调中压开关		59	电子节气门电机控制＋	输入
18	制动开关 2	输入	60	电子节气门电机控制−	输入
19	电子负载 2（后除霜补偿）	输入	61	空调允许信号	输入
21	涡轮增压器空气循环阀	输出	62	上游氧传感器加热信号	输入
22	增压压力限压电磁阀	输出	63	曲轴位置传感器	输入
23	OCV 电磁阀（排气）		64	车速信号输入	输入
24	油泵 PWM 输出		65	防盗输入	输入
25	凸轮轴相位传感器（排气）		66	进气总管压力温度传感器地	地
26	启停主开关		68	发动机冷却液温度传感器地	地
27	加速踏板位置传感器信号 2	输入	69		地
28	进气歧管压力传感器	输入	70	高压燃油压力传感器地	地
29	高压燃油压力传感器	输入	71	节气门位置传感器信号地	地
31	发动机冷却液温度传感器	输入	72	加速踏板位置传感器 1 地	地
32	进气总管气体温度传感器	输入	73	制动真空泵继电器	
33	下游氧传感器	输入	74		输出
34	低压燃油压力传感器		75	下游氧传感器加热信号	输入
36	制动开关 1	输入	76	发动机转速输出	输出
37	助力转向开关	输入	77	启动继电器	
38	发动机反馈信号	输入	78	炭罐控制阀	输出
40	高速风扇控制		79	低速风扇控制	输出
41	启停主开关状态指示灯	输出	81	OCV 电磁阀（进气）	输出
43	油泵继电器	输出	82	3、4 缸爆震传感器 B 端	
44	凸轮轴相位传感器（进气）	输入	86	曲轴传感器电源	输入
45	1、2 缸爆震传感器 B 端	输入	87	加速踏板位置传感器 1 电源	输入
46	1、2 缸爆震传感器 A 端	输入	88	电子节气门传感器电源＋5V	输入

续表

端子	端子定义	类型	端子	端子定义	类型
89	进气总管压力温度传感器电源	输入	106	点火信号4（4缸）	输入
90	3、4爆震传感器A端		107	点火信号2（2缸）	输入
94	进气歧管压力温度传感器电源	输入	108	功率地5	地
95	传感器电源1	输入	109	CAN总线接口CAN-H	输入输出
96	传感器电源2	输入	112	点火开关	输入
97	传感器电源3	输入	113	持续电源	输入
98	点火信号3（3缸）	输入	114	喷油器4（第4缸）	输出
99	点火信号1（1缸）	输入	115	喷油器1/4电源控制	输出
100	功率地2		116	喷油器2/3电源控制	输出
101	CAN总线接口CAN-L	输入输出	117	喷油器地线1（第1缸）	输出
102	主继电器	输出	118	喷油器地线3（第3缸）	输出
103	功率地3	地	119	非持续电源2	输入
104	功率地4	地	120	非持续电源3	输入
105	LIN线		121	喷油器地线2（第2缸）	输出

6.1.6 比亚迪1.8L BYD483QA/2.0L BYD483QB发动机（81针）

以比亚迪2016年款宋车型为例，483Q发动机电脑端子图如图6-6所示，端子定义见表6-6。

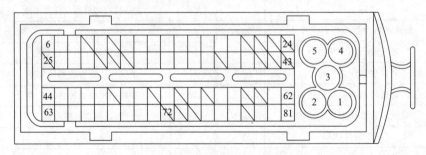

图6-6 483Q发动机电脑端子图

表6-6 483Q发动机电脑端子定义

端子	英文名字	接线颜色	端子定义	测试条件	正常值
2—车身	A-P-ZUE2I	Y/G	2#点火线圈驱动	发动机处于运行状态	—
3—车身	M-M-ZUE	B	点火地	电源挡位ACC→ON	小于1V
5—车身	A-P-ZUE1I	Gr	1#点火线圈驱动	发动机处于运行状态	—
6—车身	A-T-EV4	V	2缸喷油器	发动机运行	—
7—车身	A-T-EV2	G/R	3缸喷油器	发动机运行	—

续表

端子	英文名字	接线颜色	端子定义	测试条件	正常值
8—车身	A-P-DMTN	V	转速信号输出	发动机运行	—
12—车身	U-U-UBD	R/W	蓄电池电源	始终	11~14V
13—车身	E-S-KL15	Y	ON挡电源输入	电源挡位 ACC→ON	11~14V
14—车身	A-S-HR	B/W	电喷主继电器控制信号	电源挡位 ACC→ON	小于1V
15—车身	E-F-DGA	Br	发动机转速信号负	始终	—
16—车身	E-A-DKG	R	节气门位置传感器信号	电源挡位 ACC→ON	0~5V
17—车身	M-R-SEN1	R/W	传感器地1	电源挡位 ACC→ON	小于1V
19—车身	E-A-KS1A	Br/W	爆震传感器信号	发动机运行	—
18—车身	E-A-LSVK	W	前氧传感器信号	发动机运行	—
20—车身	E-A-KS1B	B/R	爆震传感器信号	发动机运行	—
26—车身	A-S-SU	B/L	真空电磁阀控制脚	发动机运行	—
27—车身	A-EV1	L	1缸喷油器	发动机运行	—
28—车身	A-S-LSHHK	B/W	后氧传感器加热控制	发动机运行	—
32—车身	A-U-5V2	L/R	5V电源2	电源挡位 ACC→ON	5V
33—车身	A-U-5V1	W/B	5V电源1	电源挡位 ACC→ON	5V
34—车身	E-F-DGB	G/Y	发动机转速信号	发动机运行	—
35—车身	M-R-SEN3	W	传感器地3	电源挡位 ACC→ON	小于1V
36—车身	M-R-SEN2	Br	传感器地2	电源挡位 ACC→ON	小于1V
37—车身	E-A-DS	Br/Y	进气压力传感器信号	电源挡位 ACC→ON	—
39—车身	E-A-TMOT	V/W	发动机冷却水温度信号	电源挡位 ACC→ON	—
40—车身	E-A-TANS	G/P	进气温度信号	电源挡位 ACC→ON	—
44—车身	U-U-UBR	Y/B	非持续电源	电源挡位 ACC→ON	11~14V
45—车身	U-U-UBR	Y/B	非持续电源	电源挡位 ACC→ON	11~14V
46—车身	A-T-TEV	Gr/B	炭罐控制阀控制信号	发动机运行	—
47—车身	A-T-EV3	Y	4缸喷油器	发动机运行	—
48—车身	A-S-LSHVK	P	前氧传感器加热控制	发动机运行	—
50—车身	A-S-FAN1	R/W	低速风扇控制信号	发动机运行	—
51—车身	M-M-EL2	B	电子地2	电源挡位 ACC→ON	小于1V
53—车身	M-M-EL1	B	电子地1	电源挡位 ACC→ON	小于1V
55—车身	E-A-LSHK	W/R	后氧传感器信号	发动机运行	—
57—车身	E-S-PSW	G/B	空调中压压力信号	电源挡位 ACC→ON	小于1V
58—车身	A-U-5V	W/B	5V电源1	电源挡位 ACC→ON	5V
59—车身	E-F-VFZ	V/W	车速信号输入	电源挡位 ACC→ON	—
61—车身	M-M-ES1	B	功率地1	电源挡位 ACC→ON	小于1V
63—车身	U-U-UBR	Y/B	非持续电源	电源挡位 ACC→ON	11~14V
62—车身	B-D-CANH	P	CAN线	始终	1.5~2.5V
64—车身	A-T-SMD	Y/O	步进电机相位D	发动机运行	—

续表

端子	英文名字	接线颜色	端子定义	测试条件	正常值
65—车身	A-T-SMA	Y/V	步进电机相位 A	发动机运行	—
66—车身	A-T-SMB	W/G	步进电机相位 B	发动机运行	—
67—车身	A-T-SMC	G/B	步进电机相位 C	发动机运行	—
68—车身	A-S-FAN2	G	高速风扇控制	发动机运行	—
69—车身	A-S-KOS	L/Y	空调允许	发动机运行	—
70—车身	A-S-EKP	G/Y	油泵继电器控制	发动机运行	小于 1V
71—车身	B-D-DIAK	L	诊断 K 线	发动机运行	—
75—车身	E-S-AC	L/B	空调请求（低有效）	发动机运行	—
76—车身	E-S-EL1	G/W	助力转向开关信号	发动机运行	—
77—车身	E-S-EL2	B/Y	后除霜补偿	发动机运行	—
79—车身	E-S-NWHG	O	凸轮轴位置传感器信号	发动机运行	—
80—车身	M-M-ES2	B	功率地 2	发动机运行	小于 1V
81—车身	B-D-CANL	V	CAN 线	始终	1.5～2.5V

6.1.7 比亚迪 1.5L 473Q 发动机（64 针+ 48 针）

以比亚迪 2015 年款元车型为例，473Q 发动机采用联合电子 ME17 管理系统，电脑端子图如图 6-7 所示，端子定义见表 6-7。

 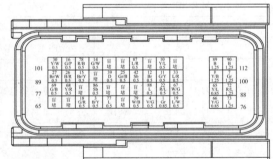

图 6-7　473Q 发动机电脑端子图

表 6-7　473Q 发动机电脑端子定义

端子	端子定义	测试条件	正常值
1	CAN 总线接口	始终	约 2.5V
5	主继电器	点火开关 ACC→ON	小于 1V
6	离合器开关		
7	加速踏板地		
14	动力转向开关	发动机运行	—
15	非持续电源	点火开关 ACC→ON	10～14V
16	非持续电源	点火开关 ACC→ON	10～14V
17	CANL 接口	始终	约 2.5V

续表

端子	端子定义	测试条件	正常值
18	诊断 K 线	发动机运行	
20	持续电源	点火开关 ACC→ON	10~14V
21	后氧传感器	发动机运行	—
23	制动开关		
24	空调中压开关	点火开关 ACC→ON	小于 1V
25	制动灯		
28	空调开关	发动机运行	—
29	鼓风机补偿	发动机运行	—
30	加速踏板传感器信号 2		
31	高速散热器风扇继电器	发动机运行	
32	防盗输入		
34	发动机转速输出	发动机运行	—
35	点火开关	点火开关 ACC→ON	10~14V
36	加速踏板 2，5V 电源		
37	加速踏板 1，5V 电源		
41	油泵继电器	发动机运行	小于 1V
43	后氧传感器地	点火开关 ACC→ON	小于 1V
45	加速踏板传感器信号 1		
47	模拟信号传感器地	点火开关 ACC→ON	小于 1V
48	后氧传感器加热	发动机运行	—
56	低速散热器风扇和冷凝风扇继电器	发动机运行	—
58	空调控制	发动机运行	—
59	加速踏板地	点火开关 ACC→ON	小于 1V
63	功率地 2	点火开关 ACC→ON	小于 1V
64	功率地 1	点火开关 ACC→ON	小于 1V
65	车速输出		
67	二缸喷油器	发动机运行	—
68	一缸喷油器	发动机运行	—
69	可变气门升程阀		
71	废气循环阀		
72	三缸喷油器	发动机运行	
73	前氧传感器加热	发动机运行	
74	四缸喷油器	发动机运行	
75	电子节气门执行器正		
76	四缸点火线圈	发动机运行	—
77	节气门位置传感器 1		
78	节气门位置传感器 1		
80	前氧传感器地	点火开关 ACC→ON	小于 1V
84	传感器地	点火开关 ACC→ON	小于 1V

续表

端子	端子定义	测试条件	正常值
85	进气温度压力传感器地	点火开关 ACC→ON	小于 1V
86	节气门地	点火开关 ACC→ON	小于 1V
87	电子节气门执行器负		
88	二缸点火线圈	发动机运行	—
89	爆震传感器 B 端	发动机运行	
90	爆震传感器 A 端	发动机运行	
91	进气压力传感器	点火开关 ACC→ON	小于 1V
93	相位传感器		
94	炭罐控制阀	发动机运行	
95	相位传感器地	点火开关 ACC→ON	小于 1V
96	曲轴位置传感器 A 端	始终	
97	曲轴位置传感器 B 端	发动机运行	
98	相位传感器 5V 电源		
99	三缸点火线圈	发动机运行	—
100	一缸点火线圈	发动机运行	—
101	冷却液温度传感器	点火开关 ACC→ON	
102	进气温度传感器	点火开关 ACC→ON	
103	废气循环阀位置输入		
104	前氧传感器	发动机运行	
107	节气门位置传感器 5V 电源	点火开关 ACC→ON	5V
108	相位传感器 5V 电源	发动机运行	
109	进气温度压力传感器 5V 电源		
111	功率地 4	点火开关 ACC→ON	小于 1V
112	功率地 3	点火开关 ACC→ON	小于 1V

6.1.8 比亚迪 2.4L 4G69 发动机（27 针 + 28 针 + 29 针 + 30 针 + 26 针）

以比亚迪 2011 年款 S6 车型为例，4G69 发动机电脑端子图如图 6-8 所示，端子定义见表 6-8～表 6-12。

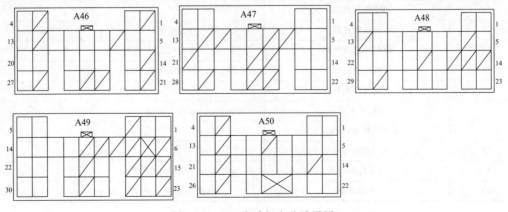

图 6-8　4G69 发动机电脑端子图

表 6-8　4G69 发动机电脑 27 针端子定义

端子	端子定义	端子	端子定义
1	预留	15	EGR 电磁阀 C
2	EGR 电磁阀 A	16	后氧传感器加热控制
3	预留	17	低速冷却风扇拉低控制端
4	1# 喷油器喷油信号控制端	18	空调允许信号输出端
5	巡航指示灯控制	19	ETV 继电器拉低控制端
6	EGR 电磁阀 B	20	3# 喷油器喷油信号控制端
7	预留	21	预留
8	前氧传感器加热控制	22	EGR 电磁阀 D
9	高速冷却风扇拉低控制端	23	预留
10	油泵继电器拉低控制端	24	预留
11	故障指示灯信号驱动	25	炭罐控制信号输入
12	预留	26	预留
13	2# 喷油器喷油信号控制端	27	4# 喷油器喷油信号控制端
14	预留		

表 6-9　4G69 发动机电脑 28 针端子定义

端子	端子定义	端子	端子定义
1	非持续电源输入，ON 挡为 12V	15	IG1 电源输入
2	ECM 接地	16	预留
3	2# 点火线圈信号控制端	17	预留
4	1# 点火线圈信号控制端	18	动力转向开关信号输入端
5	非持续电源输入，ON 挡为 12V	19	空调请求信号输入端
6	ECM 接地	20	电压调节器控制地
7	预留	21	预留
8	预留	22	电源输入，常电
9	制动灯开关信号输入，12V 电	23	主继电器拉低控制端
10	加速位置传感器位置开关信号输入端	24	预留
11	预留	25	预留
12	预留	26	制动信号输入端
13	3# 点火线圈信号控制端	27	预留
14	启动信号输入端	28	4# 点火线圈信号控制端

表 6-10　4G69 发动机电脑 29 针端子定义

端子	端子定义	端子	端子定义
1	输入轴位置信号输入端	3	CAN-L
2	进气流量信号输入	4	CAN-H

端子	端子定义	端子	端子定义
5	输出轴位置信号输入端	18	预留
6	预留	19	手动模式升挡信号输入端
7	凸轮轴位置信号输入	20	D 挡信号输入端
8	曲轴位置信号输入	21	N 挡信号输入端
9	空调中压信号输入	22	诊断 K 线
10	手动模式降挡信号输入端	23	爆震信号输入控制
11	R 挡信号输入	24	传感器内部地
12	P 挡信号输入	25	发动机转速输出端
13	预留	26	电压调节器控制信号输入
14	预留	27	手动模式信号输入端
15	预留	28	预留
16	预留	29	转速信号输出端
17	车速信号输出端		

表 6-11　4G69 发动机电脑 30 针端子定义

端子	端子定义	端子	端子定义
1	机油控制阀信号输入	16	预留
2	定速巡航控制信号输入	17	预留
3	预留	18	前级氧信号输入
4	加速位置传感器主信号电源端	19	预留
5	加速位置传感器主信号内部接地	20	加速位置传感器副信号输入端
6	预留	21	节气门位置传感器电源输出端
7	预留	22	节气门位置传感器地
8	预留	23	预留
9	预留	24	变速器油温信号输入端
10	预留	25	预留
11	进气温度信号输入	26	后级氧信号输入
12	冷却液温度传感器电源信号	27	预留
13	加速位置传感器副信号电源端	28	节气门位置主信号输入端
14	传感器内部地	29	加速位置传感器主信号输入端
15	预留	30	节气门位置副信号输入端

表 6-12　4G69 发动机电脑 26 针端子定义

端子	端子定义	端子	端子定义
1	非持续电源输入	3	预留
2	非持续电源输入	4	1 挡信号输出端

续表

端子	端子定义	端子	端子定义
5	电子节气门电机控制信号输出（＋）	16	ECM 接地
6	非持续电源输入	20	预留
7	ECM 接地	21	3 挡信号输出端
9	预留	22	定速巡航控制地端
11	AT 继电器拉低控制端	23	ECM 接地
12	预留	24	ECM 接地
13	2 挡信号输出端	25	预留
14	电子节气门电机控制信号输出（－）	26	4 挡信号输出端
15	预留		

6.2 变速器电脑

6.2.1 比亚迪 BYD6DT35 六速湿式双离合变速器（36 针＋ 64 针）

以比亚迪 2014 年款起 S7 车型为例，6DT35 变速器电脑端子图如图 6-9 所示，端子定义见表 6-13、表 6-14。

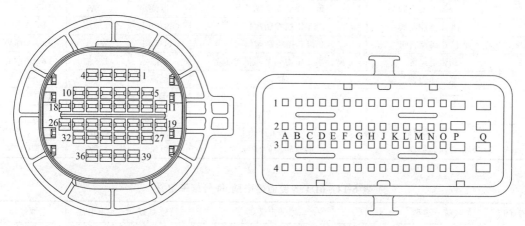

图 6-9 6DT35 变速器电脑端子图

表 6-13 6DT35 变速器电脑 36 针端子定义

端子	端子名称	端子定义	信号类型	冲击电流	电源性质
1	6/R 挡位传感器	6/R 挡位传感器信号	PWM	50mA	DC ＋5V
2	LIN	EEPROM 存储器 LIN 线	数字	12mA	数字
3	离合器温度传感器	离合器温度传感信号	电压	5mA	DC ＋5V
4	＋12V（EEPROM）	LINBUS 电源	电压	50mA	DC ＋12V
5	发动机速度传感器信号	发动机速度传感器信号	PWM	50mA	DC ＋5V
6	传感器供电电源地	6/R、5/N 离合器速度、温度 LIN 电源地	DC	150mA	DC 0V
7	液压油温度传感器	液压油温度信号	电压	5mA	DC ＋5V

续表

端子	端子名称	端子定义	信号类型	冲击电流	电源性质
8	传感器供电电源地	液压油温度信号地	电压	5mA	DC +5V
9	传感器供电电源正	6/R、5/N离合器速度、温度供电电源	DC	100mA	DC +5V
10	5/N挡位传感器	5/N挡位传感器信号	PWM	50mA	DC +5V
11	1/3挡位传感器	1/3挡位传感器信号	PWM	50mA	DC +5V
12	2/4挡位传感器	2/4挡位传感器信号	PWM	50mA	DC +5V
13	轴1速度传感器	轴1速度传感器信号	PWM	16mA	DC +5V
14	轴2速度传感器	轴2速度传感器信号	PWM	16mA	DC +5V
15	传感器供电电源正	1/3、2/4、轴1、轴2供电电源	电压	120mA	DC +5V
16	传感器供电电源地	1/3、2/4、轴1、轴2供电电源地	电压	120mA	DC 0V
17	离合器	传感器压力信号	PWM	2mA	DC +5V
18	离合器1压力传感器	离合器1压力传感器压力信号	PWM	2mA	DC +5V
19	传感器供电电源地	离合器压力传感器地	电压	4mA	DC 0V
20	传感器供电电源正	离合器压力传感器电源	电压	4mA	DC +5V
21	阀供电电源	安全阀1、3/N、1/5电磁阀供电电源	DC	5.3A	DC +12V
22	离合器1安全阀	离合器1安全阀信号	恒流	1.3A	DC +12V
23	3挡N挡控制阀	3挡N挡控制阀信号	ON/OFF	4.0A	DC +12V
24	1挡5挡控制阀	1挡5挡控制阀信号	ON/OFF	4.0A	DC +12V
25	阀供电电源	离合器1压力调节阀供电电源	DC	1.6A	DC +12V
26	离合器1压力调节阀	K1V	恒流	1.6A	DC +12V
27	阀供电电源	安全阀2、4/R、2/6电磁阀供电电源	DC	5.3A	DC +12V
28	离合器2安全阀	离合器2安全阀信号	恒流	1.3A	DC +12V
29	4挡R挡控制阀	4挡R挡控制阀信号	ON/OFF	4.0A	DC 12V
30	2挡6挡控制阀	2挡6挡控制阀信号	ON/OFF	4.0A	DC +12V
31	阀供电电源	离合器2压力调节阀供电电源	DC	1.6A	DC +12V
32	离合器2压力调节阀	K2V	恒流	1.6A	DC +12V
33	阀供电电源	主压力、多路选择、冷却压力阀电源	DC	4.1A	DC +12V
34	冷却压力调节阀	冷却压力调节阀信号	恒流	1.3A	DC +12V
35	主压力调节阀	主压力调节阀信号	恒流	1.6A	DC +12V
36	多路转换阀	多路转换阀信号	恒流	1.2A	DC +12V

表 6-14 6DT35 变速器电脑 64 针端子定义

端子	端子名称	端子定义	信号类型	冲击电流	电源性质
A1	发动机速度传感器信号	发动机速度传感器信号	PWM	50mA	DC +5V
B1	轴2速度传感器	轴2速度传感器信号	PWM	16mA	DC +5V
C1	4挡R挡控制阀	4挡R挡控制阀信号	ON/OFF	4.0A	DC 12V
D1	2挡6挡控制阀	2挡6挡控制阀信号	ON/OFF	4.0A	DC +12V
E1	1挡5挡控制阀	1挡5挡控制阀信号	ON/OFF	4.0A	DC +12V
F1	离合器1安全阀	离合器1安全阀信号	恒流	1.3A	DC +12V
G1	离合器2安全阀	离合器2安全阀信号	恒流	1.3A	DC +12V
H1	3挡N挡控制阀	3挡N挡控制阀信号	ON/OFF	4.0A	DC +12V
J1	离合器1压力调节阀	K1V	恒流	1.6A	DC +12V
K1	离合器2压力调节阀	K2V	恒流	1.6A	DC +12V
L1	冷却压力调节阀	冷却压力调节阀信号	恒流	1.3A	DC +12V

续表

端子	端子名称	端子定义	信号类型	冲击电流	电源性质
M1	多路转换阀	多路转换阀信号	恒流	1.2A	DC +12V
N1	主压力调节阀	主压力调节阀信号	恒流	1.6A	DC +12V
O1	阀供电电源	主压力、多路选择、冷却压力阀电源	DC	4.1A	DC +12V
P1	蓄电池负极	常供电	DC	20.0A	DC 0V
Q1	蓄电池正极	常供电	DC	20.0A	DC +12V
A2	传感器供电电源正	6/R、5/N 离合器速度、温度供电电源	DC	100mA	DC +5V
B2	轴1速度传感器	轴1速度传感器信号	PWM	16mA	DC +5V
D2	传感器供电电源地	6/R、5/N 离合器速度、温度LIN电源地	DC	150mA	DC 0V
F2	阀供电电源	安全阀2、4/R、2/6 电磁阀供电电源	DC	5.3A	DC +12V
G2	阀供电电源	安全阀2、4/R、2/6 电磁阀供电电源	DC	5.3A	DC +12V
H2	阀供电电源	安全阀1、3/N、1/5 电磁阀供电电源	DC	5.3A	DC +12V
J2	阀供电电源	离合器1压力调节阀供电电源	DC	1.6A	DC +12V
K2	阀供电电源	离合器2压力调节阀供电电源	DC	1.6A	DC +12V
L2	阀供电电源	安全阀1、3/N、1/5 电磁阀供电电源	DC	5.3A	DC +12V
O2	阀供电电源	主压力、多路选择、冷却压力阀电源	DC	4.1A	DC +12V
P2	蓄电池负极	常供电	DC	20.0A	DC 0V
Q2	蓄电池正极	常供电	DC	20.0A	DC +12V
A3	+12V (EEPROM)	LINBUS 电源	电压	50mA	DC +12V
C3	CAN线	CAN-H	差分	80mA	DC +5.0V
F3	2/4 挡位传感器	2/4 挡位传感器信号	PWM	50mA	DC +5V
G3	6/R 挡位传感器	6/R 挡位传感器信号	PWM	50mA	DC +5V
H3	1/3 挡位传感器	1/3 挡位传感器信号	PWM	50mA	DC +5V
J3	5/N 挡位传感器	5/N 挡位传感器信号	PWM	50mA	DC +5V
K3	方向传感器	方向传感器信号	电流	16.8mA	DC +5V
N3	离合器温度传感器	离合器温度传感器信号	电压	5mA	DC +5V
O3	液压油温度传感器	液压油温度传感器信号	电压	5mA	DC +5V
P3	离合器2压力传感器	离合器2压力传感器压力信号	PWM	2mA	DC +5V
Q3	传感器供电电源地	离合器压力传感器地	电压	4mA	DC 0V
A4	LIN	EEPROM 存储器 LIN 线	数字	12mA	数字
C4	CAN线	CAN-L	差分	80mA	+5.0V
F4	坡度传感器	坡度传感器信号	电压	30mA	DC +5V
G4	坡度传感器电源	坡度传感器电源	电压	1.1mA	DC +5V
H4	坡度传感器电源地	坡度传感器电源地	电压	30mA	DC 0V
J4	传感器供电电源正	1/3、2/4、轴1、轴2供电电源	电压	120mA	DC +5V
K4	方向传感器电源地	方向传感器电源地	电流	16.8mA	DC +5V
M4	传感器供电电源地	1/3、2/4、轴1、轴2供电电源地	电压	120mA	DC 0V
N4	传感器供电电源正	离合器压力传感器电源	电压	4mA	DC +5V
O4	传感器供电电源地	液压油温度信号地	电压	5mA	DC +5V
P4	离合器1压力传感器	离合器1压力传感器压力信号	PWM	2mA	DC +5V
Q4	点火	点火开关电源	电压	300mA	DC +12V

6.2.2 比亚迪 BYD6DT25 六速干式双离合变速器（11 针 + 16 针）

电控单元连接端子如图 6-10 所示，端子定义见表 6-15。

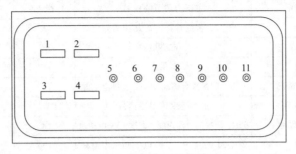

图 6-10　电控单元连接端子

表 6-15　电控单元端子定义

端子	端子定义	端子	端子定义
1	+5V 电源	7	CAN-L
2	GND	8	电机使能信号
3	+12V 电源	9	调制脉宽信号
4	GND	10	电机转速反馈
5	转速方向传感器接地	11	转速方向信号
6	CAN-H		

电控单元电机电源模块端子如图 6-11 所示，端子定义见表 6-16。

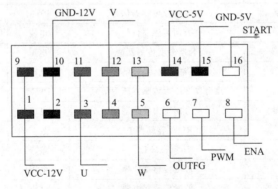

图 6-11　电控单元电机电源模块端子

表 6-16　电机电源模块端子定义

端子	端子定义	端子	端子定义
1	电源正极	5	电机电源 W 相
2	电源负极	6	电机转速反馈
3	电机电源 U 相	7	TWN 脉冲输入信号端
4	电机电源 V 相	8	电机停转控制角

续表

端子	端子定义	端子	端子定义
9	电源正极	13	电机电源 W 相
10	电源负极	14	5V 电压正极
11	电机电源 U 相	15	5V 电压负极
12	电机电源 V 相	16	点火线

6.2.3 比亚迪 VT2 CVT 无级变速器（94 针）

以比亚迪 2010 年款 L3 车型为例，变速器电脑端子图如图 6-12 所示，端子定义见表 6-17。

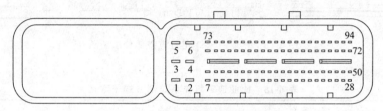

图 6-12 CVT 变速器电脑端子图

表 6-17 CVT 变速器电脑端子定义

端子	端子定义	端子	端子定义
1，2	常闭合电源 KL.30	34	制动信号
6	点火电源 KL.15	59	手动模式信号
3，4	接地 KL.31	81	加挡信号
5	VHSD1（执行器电源）	80	减挡信号
30，77，78	转速和位置传感器电源（8V，4V）	75	P_S2（从动锥轮压力）
32，74	压力传感器电源（5V）	76	P-cluch（离合器压力，可选）
33	GND 驾驶模式传感器	48	换挡锁
41，64，86	GND 传感器接地	85	K-Line
38	变速器油温	9	CAN-高速
61	N_Prim（主动锥轮转速）	8	CAN-低速
63	N_ab（从动锥轮转速）	92	启动锁
87	N_MOT（发动机转速信号）	91	EDS1（从动锥轮压力调节器）
57	DMS_A（驾驶模式传感信号）	90	EDS2（主动锥轮压力调节器）
58	DMS_B（驾驶模式传感信号）	89	EDS3（离合器压力调节器）
79	DMS_C（驾驶模式传感信号）	71	倒车灯继电器
35	DMS_D（驾驶模式传感信号）		

6.3 车身电脑

6.3.1 比亚迪宋车型车身电脑

以比亚迪 2015 年款宋车型为例，车身电脑灯光与防盗部分端子如图 6-13 所示，定义见表 6-18、表 6-19。

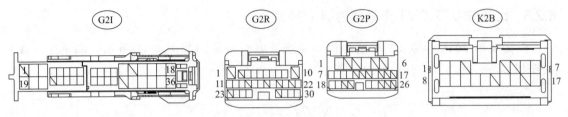

图 6-13　比亚迪宋灯光与防盗部分端子图

表 6-18　比亚迪宋灯光系统部分端子定义

端子	接线颜色	端子定义	测试条件	正常值
G2I-13—车身地	W/R	制动灯开关信号	踩下制动踏板	11~14V
G2R-4—车身地	L/Y	后备厢灯信号	后备厢打开	小于 1V
G2R-15—车身地	G/Y	左后门灯开关信号	左后门打开	小于 1V
G2R-16—车身地	L/G	右后门灯开关信号	右后门打开	小于 1V
G2R-28—车身地	G	紧急告警灯开关信号输入	按下开关时	小于 1Ω
G2P-22—车身地	L	杂物箱照明灯	打开杂物箱	11~14V
G2P-7—车身地	W/B	外后视镜照脚灯驱动信号	照脚灯点亮	小于 1V
G2P-8—车身地	Y/L	左前门灯驱动	左前门打开	小于 1V
G2P-10—车身地	Y/G	右前门灯驱动	右前门打开	小于 1V

表 6-19　比亚迪宋防盗系统部分端子定义

端子	接线颜色	端子定义	测试条件	正常值
G2R-27	Br	右前门闭锁器位置检测	右前门锁闭锁	大于 10kΩ
			右前门锁解锁	小于 1V
G2R-30	G/Y	左后门闭锁器位置检测	左后门锁闭锁	大于 10kΩ
			左后门锁解锁	小于 1V
G2R-21	G/L	右后门闭锁器位置检测	右后门锁闭锁	大于 10kΩ
			右后门锁解锁	小于 1V
K2B-15	L/Y	左前门灯开关信号	关门悬空、开门拉低	小于 1V
G2R-15	G/Y	左后门灯开关信号	关门悬空、开门拉低	小于 1V
K2B-9	L/G	右前门灯开关信号	关门悬空、开门拉低	小于 1V
G2R-16	L/G	右后门灯开关信号	关门悬空、开门拉低	小于 1V
G2P-18—车身地	B	模块地	始终	小于 1V
G2I-20—车身地	B	模块地	始终	小于 1V

中控门锁部分连接端子见图 6-14，定义如表 6-20 所示。

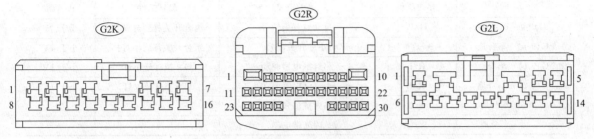

图 6-14　比亚迪宋中控门锁部分端子图

表 6-20　比亚迪宋中控门锁部分端子定义

端子	接线颜色	端子定义	测试条件	正常值
G2R-21—车身地	L	右后门闭锁器位置	右后门闭锁	小于 1V
G2R-30—车身地	L	左后门闭锁器位置	左后门闭锁	小于 1V
G2R-27—车身地	Lg/R	右前门闭锁器位置	右前门闭锁	小于 1V
G2R-4—车身地	B	后备厢灯开关	后备厢开启	小于 1V
G2K-16—车身地	Y/B	右前门闭锁器闭锁电源	右前门闭锁	11～14V
G2L-8—车身地	Y	右前门闭锁器解锁电源	右前解锁	11～14V
G2K-3—车身地	Y/B	右后门闭锁器闭锁电源	右后门闭锁	11～14V
G2K-5—车身地	Y	右后门闭锁器解锁电源	右后解锁	11～14V
G2K-2—车身地	Y/B	左后门闭锁器闭锁电源	左后门闭锁	11～14V
G2L-4—车身地	Y	左后门闭锁器解锁电源	左后解锁	11～14V
G2K-11—车身地	Y/G	左前门闭锁器解锁电源	左前解锁	11～14V
G2L-14—车身地	Y	左前门闭锁器闭锁电源	左前门闭锁	11～14V

6.3.2　比亚迪元车型车身电脑

以比亚迪 2015 年款元车型为例，灯光系统连接端子如图 6-15 所示，端子定义见表 6-21、表 6-22。

图 6-15　灯光系统部分连接端子

表 6-21　灯光系统（智能钥匙配置）端子定义

端子	接线颜色	端子定义	测试条件	正常值
G49-4—车身地	W/B	车身地	始终	小于 1V
G49-8—车身地	R/G	大灯开关信号	组合开关打到大灯挡	小于 1V

续表

端子	接线颜色	端子定义	测试条件	正常值
G49-9—车身地	G/W	自动灯开关信号	组合开关打到自动挡	小于1V
G49-10—车身地	G	小灯开关信号	组合开关打到小灯挡	小于1V
G49-14—车身地	R/L	小灯继电器驱动	ON挡打开小灯	小于1V
G49-25—车身地	R/B	大灯继电器驱动	ON挡打开大灯	小于1V
G50-5—车身地	Y/R	室内灯信号采集	—	—
G50-6—车身地	Y/G	闪光继电器	—	—

表6-22 灯光系统（机械钥匙配置）端子定义

端子	接线颜色	端子定义	测试条件	正常值
G50-1—车身地	R/G	大灯开关信号	组合开关打到大灯挡	小于1V
G50-8—车身地	R/L	小灯继电器驱动	ON挡打开小灯	小于1V
G50-9—车身地	G	小灯开关信号	组合开关打到小灯挡	小于1V
G50-10—车身地	G/W	自动灯开关信号	组合开关打到自动挡	小于1V
G50-16—车身地	R/B	大灯继电器驱动	ON挡打开大灯	小于1V

防盗系统与中控门锁部分连接端子如图6-16所示，定义见表6-23、表6-24。

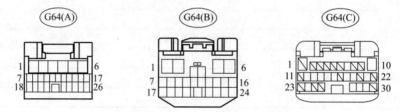

图6-16 防盗系统与中控门锁部分连接端子

表6-23 防盗系统连接端子定义

端子	接线颜色	端子定义	测试条件	正常值
G64（A）-1	R/G	四门LOCK信号		
G64（A）-2	L/B	四门UNLOCK信号		
G64（A）-4	W	后背门UNLOCK		
G64（A）-6	B	地	始终	小于1Ω
G64（A）-9	Y/G	左前门灯开关信号		
G64（A）-13	G/W	右前门灯开关信号		
G64（A）-23	Br	左后门灯开关信号		
G64（B）-8	Gr	右后门灯开关信号		
G64（A）-16	Y/L	左前门锁闭锁检测		
G64（A）-19	Br/W	其余三门锁闭锁检测		
G64（B）-7	W/B	前舱盖开关信号		
G64（A）-3	P	防盗报警器驱动		

续表

端子	接线颜色	端子定义	测试条件	正常值
G64（B）-6	R/W	电源		
G64（B）-12	P	CAN_H	始终	约 2.5V
G64（B）-13	P	CAN_L	始终	约 2.5V
G64（B）-17	G/L	后背门开关信号		
G64（B）-23	B/Y	IG1 信号检测		
G64（B）-24	B	地	始终	小于 1Ω

表 6-24 中控门锁部分连接端子定义

端子	接线颜色	端子定义	测试条件	正常值
G64（A）-16—车身地	Y/L	左前门闭锁器位置	左前门闭锁	小于 1V
G64（A）-19—车身地	Br/W	其余三门闭锁器位置（右前、左后、右后）	其余三门闭锁	小于 1V
G64（A）-17—车身地	G/L	后备厢灯开关	后备厢开启	小于 1V

6.4 多媒体电脑

6.4.1 比亚迪宋多媒体电脑

以比亚迪 2015 年款宋车型为例，多媒体电脑端子图如图 6-17 所示，定义见表 6-25、表 6-26。

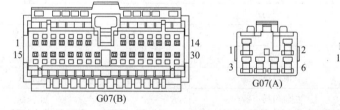
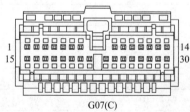

图 6-17 宋多媒体电脑端子图

表 6-25 尊贵型配置端子定义

端子	接线颜色	端子定义	测试条件	正常值
G07（B）-3	R/Y	ACC 电	ACC	11～14V
G07（B）-4	R	常电	常电	11～14V
G07（B）-7	B	接地	始终	小于 1Ω
G07（B）-8	Y	天线放大器电源输出		
G07（C）-1	V	舒适网 CAN_L	始终	约 2.5V
G07（C）-2	P	舒适网 CAN_H	始终	约 2.5V

续表

端子	接线颜色	端子定义	测试条件	正常值
G07（C）-4	W/R	预配电信号输入		11～12V
G07（C）-5		SPDIF 屏蔽地	始终	小于 1V
G07（C）-6	P/L	SPDIF 输出＋		正弦波
G07（C）-7	G	SPDIF 输出－		正弦波
G07（C）-9	Y	倒车信号输入		
G07（C）-10	Gr	驻车信号输入		
G07（C）-12	Lg	全景影像视频信号地		
G07（C）-13	B	全景影像视频信号输入		正弦波
G07（C）-15	Gr	MIC 信号输入		正弦波
G07（C）-16	Gr	MIC 信号地		正弦波
G07（C）-17		MIC 信号屏蔽地		
G07（C）-18	Gr	MIC 信号输入		正弦波
G07（C）-19	Gr	MIC 信号地		正弦波
G07（C）-20		MIC 信号屏蔽地		
G07（C）-23	R/G	按键背光正极		电流
G07（C）-24	B/Y	按键背光负极		电压
G07（C）-28		全景影像屏蔽地		

表 6-26 豪华型配置端子定义

端子	接线颜色	端子定义	测试条件	正常值
G07（B）-1	G/Y	右前门扬声器＋		正弦波
G07（B）-2	G	左前门扬声器＋		正弦波
G07（B）-3	R/Y	ACC 电	ACC	11～14V
G07（B）-4	R	常电	常电	11～14V
G07（B）-5	L	右前门扬声器－		正弦波
G07（B）-6	Br	左前门扬声器－		正弦波
G07（B）-7	B	接地	始终	小于 1Ω
G07（B）-8	Y	天线放大器电源输出		
G07（A）-1	Y/G	右后 C 柱环绕扬声器＋		正弦波
G07（A）-2	L/W	左后 C 柱环绕扬声器＋		正弦波
G07（A）-3	B/Y	右后 C 柱环绕扬声器－		正弦波
G07（A）-6	L/B	左后 C 柱环绕扬声器－		正弦波
G07（C）-1	V	舒适网 CAN_L	始终	约 2.5V
G07（C）-2	P	舒适网 CAN_H	始终	约 2.5V
G07（C）-4	W/R	预配电信号输入		
G07（C）-9	Y	倒车信号输入		

续表

端子	接线颜色	端子定义	测试条件	正常值
G07（C）-10	Gr	驻车信号输入		
G07（C）-12	Lg	全景影像视频信号地		
G07（C）-13	B	全景影像视频信号输入		正弦波
G07（C）-15	Gr	MIC信号输入		正弦波
G07（C）-16	Gr	MIC信号地		正弦波
G07（C）-17		MIC信号屏蔽地		
G07（C）-18	Gr	MIC信号输入		正弦波
G07（C）-19	Gr	MIC信号地		正弦波
G07（C）-20		MIC信号屏蔽地		
G07（C）-23	R/G	按键背光正极		电流
G07（C）-24	B/Y	按键背光负极		电压
G07（C）-28		全景影像屏蔽地		

6.4.2 比亚迪元多媒体电脑

以比亚迪2015年款元车型多媒体系统为例，接插件端子图如图6-18所示，定义见表6-27。

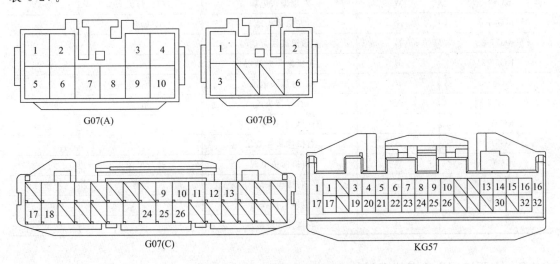

图6-18 元多媒体电脑端子图

表6-27 元多媒体电脑端子定义

端子	接线颜色	端子定义	测试条件	正常值
G07（C）-24	R	预配电	上电后退电	11~14V
G07（A）-4	W/G	常电	常电	11~14V
G07（A）-3	V/R	ACC电	ACC	11~14V
G07（A）-7	B	接地	—	<1V

续表

端子	接线颜色	端子定义	测试条件	正常值
G07（A）-1	G/Y	右前门扬声器正	—	—
G07（A）-2	Gr	右前门扬声器负	—	—
G07（A）-5	G/B	左前门扬声器正	—	—
G07（A）-6	Gr/B	左前门扬声器负	—	—
G07（B）-2	W	左后环绕扬声器正	—	—
G07（B）-6	L	左后环绕扬声器负	—	—
G07（B）-1	Y	右后环绕扬声器正	—	—
G07（B）-3	Y/B	右后环绕扬声器负	—	—
KG57-1—地	R/G	全景 ECU 常电	始终	约 12V
KG57-30—地	V/R	全景 ECU ACC 电	ACC	约 12V
KG57-17—地	B	全景 ECU 地	始终	小于 1V
KG57-13—地	P	CAN H	始终	约 2.5V
KG57-14—地	V	CAN L	始终	约 2.5V
KG57-7	R	后摄像头电源	打开摄像头	约 5V
KG57-8	Y	后摄像头地	始终	小于 1V
KG57-24	L	后摄像头视频信号	—	—
KG57-23	B	后摄像头屏蔽层	—	—
KG57-5	W	左摄像头电源	打开摄像头	约 5V
KG57-6	Gr	左摄像头地	始终	小于 1V
KG57-22	G	左摄像头视频信号	—	—
KG57-21	B	左摄像头屏蔽层	—	—
KG57-3	R	右摄像头电源	打开摄像头	约 5V
KG57-4	Y	右摄像头地	始终	小于 1V
KG57-20	L	右摄像头视频信号	—	—
KG57-19	B	右摄像头屏蔽层	—	—
KG57-9	W	右摄像头电源	打开摄像头	约 5V
KG57-10	Gr	右摄像头地	始终	小于 1V
KG57-26	G	右摄像头视频信号	—	—
KG57-25	B	右摄像头屏蔽层	—	—

6.4.3 比亚迪 S7 多媒体电脑

以比亚迪 2014 年款 S7 车型为例，其多媒体电脑端子如图 6-19 所示，端子定义见表 6-28。

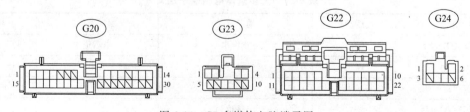

图 6-19 S7 多媒体电脑端子图

表 6-28　S7 多媒体电脑端子定义

端子	接线颜色	端子定义	测试条件	正常值
G20-1—车身地	Y/G	SPDIF_OUT+	—	—
G20-2—车身地	Y/L	SPDIF_OUT-	—	—
G20-3—车身地	Y/O	GND	始终	小于 1V
G20-14—车身地	Sb	车载电话，倒车摄像头开关控制	—	—
G20-15—车身地	G/R	转向盘音响控制	—	—
G20-16—车身地	Br	转向盘开关地	—	—
G20-17—车身地	W/R	PM2.5 开关信号	开关按下	小于 1V
G20-18—车身地	W/R	辅屏开关信号输出	开关按下	小于 1V
G20-20—车身地	Y	倒车灯信号	ON 挡挂倒挡	11～14V
G22-1—车身地	L/Y	接右侧摄像头电源	—	—
G22-2—车身地	B/R	接右侧摄像头地	—	—
G22-3—车身地	O/R	接右侧摄像头信号	—	—
G22-4—车身地	Y/G	接右侧摄像头信号地	—	—
G22-5—车身地	B/R	接倒车摄像头电源	—	—
G22-6—车身地	B/L	接倒车摄像头地	—	—
G22-7—车身地	W/L	接倒车摄像头信号	—	—
G22-12—车身地	P	CAN_H	始终	约 2.5V
G22-13—车身地	V	CAN_L	始终	约 2.5V
G22-21—车身地	G/P	驻车信号	驻车制动拉起	小于 1V
G23-3—车身地	L	ACC	ACC 挡电	11～14V
G23-4—车身地	R	常电	始终	11～14V
G23-7—车身地	R	车身地	始终	小于 1V
G23-8—车身地	—	天线引线电源	—	—
G23-9—车身地	—	背光灯-	—	—
G23-10—车身地	—	背光灯+	—	—
G24-5—车身地	R/Y	多媒体预配电	—	—

6.5　新能源系统

6.5.1　比亚迪秦 PHEV

6.5.1.1　分布式电池管理系统 DBMS 端子（34 针+ 26 针+ 26 针）

DBMS 端子分布如图 6-20 所示，端子定义见表 6-29。

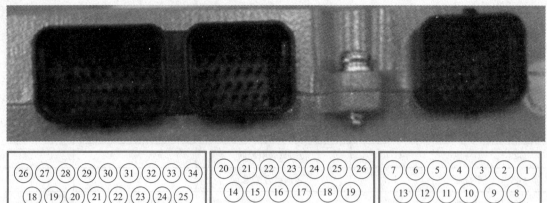

图 6-20 DBMS 端子排列

表 6-29 电池管理系统端子定义

端子	端子定义	接线颜色	测试条件	正常值
K64-1—GND	维修开关输出信号	Y/G	ON 挡/OK 挡/充电	PWM 脉冲信号
K64-6—GND	整车低压地	B	始终	小于 1V
K64-9—GND	主接触器	L	整车上高压电	小于 1V
K64-14—GND	12V 启动电池正	G/R	ON 挡/OK 挡/充电	9～16V
K64-17—GND	预充接触器	L/W	预充过程中	小于 1V
K64-26—GND	电流霍尔输出信号	R/B	电源 ON 挡	0～4.2V
K64-27—GND	电流霍尔电源正	R/W	ON 挡/OK 挡/充电	9～16V
K64-29—GND	电流霍尔电源负	R	ON 挡/OK 挡/充电	－16～－9V
K64-30—GND	整车低压地	B	始终	小于 1V
K64-31—GND	仪表充电指示灯信号		车载充电时	
K64-33—GND	交流充电接触器	G	上 ON 挡后 2s	小于 1V
K64-34—GND	负极接触器	L/Y	始终	小于 1V
K65-1—GND	双路电	R/L	电源 ON 挡/充电	11～14V
K65-7—GND	高压互锁 1 输入信号	W/R	ON 挡/OK 挡/充电	PWM 脉冲信号
K65-9—GND	整车 CANH	P	ON 挡/OK 挡/充电	2.5～3.5V
K65-18—GND	慢充感应信号	L	车载充电时	小于 1V
K65-21—GND	整车 CAN 地	B	始终	小于 1V
K65-22—GND	整车 CANL	V	ON 挡/OK 挡/充电	1.5～2.5V
K65-24—GND	高压互锁 2 输入信号		ON 挡/OK 挡/充电	PWM 脉冲信号
K65-25—GND	碰撞信号	L	启动	约－15V
K65-26—GND	车载充电指示灯信号		车载充电时	
BMC03-1—GND	采集器 CANL	Y	ON 挡/OK 挡/充电	1.5～2.5V

续表

端子	端子定义	接线颜色	测试条件	正常值
BMC03-2—GND	采集器 CAN 地	B	始终	小于 1V
BMC03-3—GND	模组接触器 1 控制	R/L	模组继电器吸合时	小于 1V
BMC03-7—GND	BIC 供电电源正	R	ON 挡/OK 挡/充电	9~16V
BMC03-8—GND	采集器 CANH	W	ON 挡/OK 挡/充电	2.5~3.5V
BMC03-13—GND	GND	B	始终	小于 1V
BMC03-14—GND	模组接触器 1 电源	L/B	ON 挡/OK 挡/充电	9~16V

6.5.1.2 高压配电箱低压连接端子（22 针）

高压配电箱低压控制 22 针接插件端子排列如图 6-21 所示，端子定义见表 6-30。

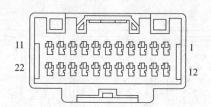

图 6-21 高压配电箱低压接插件端子排列

表 6-30 高压配电箱低压接插件端子定义

端子	端子定义	对接模块端子	对地正常值
1	预充接触器电源	双路电	约 12V
2	高压互锁检测输出	维修开关 K66-01 脚	—
3	正极接触器电源	双路电	约 12V
5	负极接触器电源	双路电	约 12V
6	高压互锁检测输入	电池管理器 K64-01 脚	
9	电流霍尔传感器信号	电池管理器 K64-26 脚	<1V
10	负极接触器控制	电池管理器 K64-34 脚	<1V
13	预充接触器控制	电池管理器 K64-17 脚	<1V
14	正极接触器控制	电池管理器 K64-09 脚	<1V
15	充电互锁检测输入（新增）	电池管理器 K65-24 脚	—
16	充电互锁检测输出（新增）	车载充电器 M21-13 脚	—
19	霍尔电流传感器+15V	电池管理器 K64-27 脚	约+15V
21	霍尔电流传感器-15V	电池管理器 K64-29 脚	约-15V

6.5.2 比亚迪唐 PHEV

6.5.2.1 电池管理系统（BMS）端子（34 针+ 26 针+ 26 针）

BMS 接插件端子分布如图 6-22 所示，各连接端子排列见图 6-23，端子定义见表 6-31。

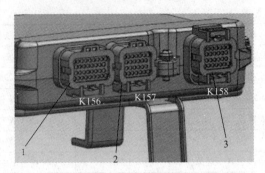

图 6-22　BMS 接插件端子分布

1—K156，34 针接插件（接触器控制和电流信息处理等）；2—K157，26 针接插件（与整车通信等功能）；3—K158，26 针接插件（与采集器通信）

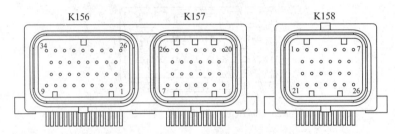

图 6-23　BMS 端子排列

表 6-31　BMS 系统端子定义

端子	端子定义	接线颜色	测试条件	正常值
K156-1—GND	驱动互锁输出信号	BR	ON 挡/OK 挡/充电	PWM 脉冲信号
K156-2—GND	一般漏电信号	Sb	一般漏电	小于 1V
K156-6—GND	整车低压地	B	始终	小于 1V
K156-9—GND	放电正极接触器	L	ON 挡/OK 挡/充电	小于 1V
K156-10—GND	严重漏电信号	L/Y	严重漏电	小于 1V
K156-14—GND	12V 铁电池正	O	ON 挡/OK 挡/充电	9～16V
K156-17—GND	预充接触器	G	预充过程中	小于 1V
K156-26—GND	电流霍尔输出信号	W/L	电源 ON 挡/充电	0～4.2V
K156-27—GND	电流霍尔电源正	Y	ON 挡/OK 挡/充电	9～16V
K156-28—GND	电流霍尔信号屏蔽地	B	始终	小于 1V
K156-29—GND	电流霍尔电源负	W	ON 挡/OK 挡/充电	－16～－9V
K156-30—GND	整车低压地	B	始终	小于 1V
K156-31—GND	仪表充电指示灯信号	B/R	车载充电时	小于 1V
K156-34—GND	负极接触器	B	始终	小于 1V
K157-1—GND	12V DC 电源正	G	电源 ON 挡/充电	11～14V
K157-7—GND	高压互锁输入信号	Gr	ON 挡/OK 挡/充电	PWM 脉冲信号
K157-15—GND	整车 CANH	P	ON 挡/OK 挡/充电	2.5～3.5V
K157-18—GND	慢充感应信号	W/L	车载充电时	小于 1V

续表

端子	端子定义	接线颜色	测试条件	正常值
K157-22—GND	整车 CANL	V	ON 挡/OK 挡/充电	1.5~2.5V
K157-24—GND	充电系统互锁信号	R	充电	小于 1V
K157-25—GND	碰撞信号	L	启动	约-15V
K157-26—GND	车载充电指示灯信号	L/W	车载充电时	小于 1V
K158-1—GND	采集器 CANL	P/L	ON 挡/OK 挡/充电	1.5~2.5V
K158-2—GND	采集器 CAN 地	B	始终	小于 1V
K158-3—GND	模组接触器 1 控制	G/Y	模组分压继电器吸合时	小于 1V
K158-4—GND	模组接触器 2 控制	L/R	模组分压继电器吸合时	小于 1V
K158-6—GND	BIC 供电电源正	Y/L	ON 挡/OK 挡/充电	9~16V
K158-7—GND	BIC 供电电源正	B/Y	ON 挡/OK 挡/充电	9~16V
K158-8—GND	采集器 CANH	G	ON 挡/OK 挡/充电	2.5~3.5V
K158-13—GND	BIC 供电 GND	L/W	始终	小于 1V
K158-14—GND	模组接触器 1 电源	W/R	ON 挡/OK 挡/充电	9~16V
K158-15—GND	模组接触器 2 电源	B/W	ON 挡/OK 挡/充电	9~16V
K158-26—GND	BIC 供电 GND	P/G	模组分压继电器吸合时	小于 1V

6.5.2.2 高压配电箱低压接插件端子

高压配电箱低压接插件端子分布如图 6-24 所示，端子定义见表 6-32。

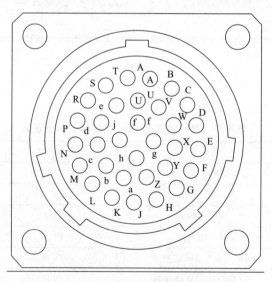

图 6-24 高压配电箱低压接插件端子分布

表 6-32 高压配电箱低压接插件端子定义

端子	端子定义	对接模块端子	对地正常值
B	主预充/主接触器电源	双路电	约 12V
D	霍尔电流传感器+15	电池管理器 K156-18 脚	约+15V

续表

端子	端子定义	对接模块端子	对地正常值
E	霍尔电流传感器-15	电池管理器 K156-20 脚	约+15V
F	霍尔电流传感器信号	电池管理器 K156-26 脚	<1V
G	主预充继电器控制	电池管理器 K156-17 脚	<1V
H	主接触器控制	电池管理器 K156-9 脚	<1V
K	BMS 高压互锁输入	电池包 K161-18 脚	
L	BMS 高压互锁输出	前电机控制器 KJ01-20	
M	充电系统高压互锁输入	车载充电器 K157-24	
N	充电系统高压互锁输出	车载充电器 K154-N	
R	电流霍尔信号屏蔽地	电池管理器 K156-28	

6.5.2.3 前驱电机与 DC-DC 控制器端子（62针）

前驱电机与 DC-DC 控制器端子分布如图 6-25 所示，端子定义见表 6-33。

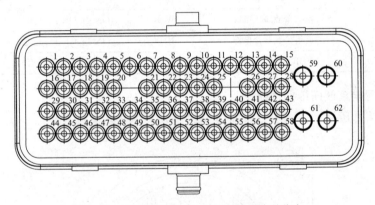

图 6-25 前驱电机与 DC-DC 控制器端子分布

表 6-33 前驱电机与 DC-DC 控制器端子定义

端子	端子定义	测试条件	正常值
B63-1—车身地	12V 输出正极	EV 模式，ON 挡	13.5~14.5V
B51-1—B51-16	CAN-HDCCAN-L	OFF 挡	54~69Ω
B51-2—车身地	DC 电源地	OFF 挡	小于 1Ω
B51-17—车身地	DC 电源地	OFF 挡	小于 1Ω
B51-3—B51-17	DC 双路电 DC 电源地	ON 挡	11~14V
B51-18—B51-17	DC 双路电 DC 电源地	ON 挡	11~14V
B51-4—B51-61	/HV_LOCK2 高压互锁输入 2	ON 挡	PWM 信号
B51-5—B51-61	/PUMP_TEST 水泵检测输入	OK 挡，EV 模式	10~14V
B51-9—B51-61	CRASH-IN 碰撞信号	ON 挡	PWM 信号
B51-10—车身地	GND 水温检测电源地	OFF 挡	小于 1Ω
B51-11—B51-39	GND 巡航信号地	OFF 挡	2150~2190Ω
B51-12—B51-61	GND 加速踏板深度电源地 1	OFF 挡	小于 1Ω

续表

端子	端子定义	测试条件	正常值
B51-13—B51-61	GND 加速踏板深度电源地 2	OFF 挡	小于 1Ω
B51-14—B51-61	GND 制动踏板深度电源地 2	OFF 挡	小于 1Ω
B51-15—B51-61	+5V 制动踏板深度电源 1	ON 挡	0~5V 模拟信号
B51-19—B51-61	/IN_HAND_BRAKE 驻车制动信号	ON 挡	0~12 高低电平信号
B51-20—车身地	/HV-LOCK1 高压互锁输入 1	ON 挡	PWM 信号
B51-21	调试 CAN 高	—	—
B51-22	调试 CAN 低	—	—
B51-23—车身地	KEY_CONTROL 钥匙信号	—	—
B51-24—车身地	GND 水压检测地	—	—
B51-25—车身地	+5V 水压检测电源	—	—
B51-26—车身地	+5V 加速踏板深度电源 1	ON 挡	0~5V 模拟信号
B51-27—车身地	+5V 加速踏板深度电源 2	ON 挡	0~5V 模拟信号
B51-28—车身地	GND 制动踏板深度电源地 1	OFF 挡	小于 1Ω
B51-29—B51-44	/EXCOUT 励磁-/EXCOUT 励磁-	OFF 挡	7~10Ω
B51-30—B51-45	sin-正弦-	OFF 挡	15~19Ω
B51-31—B51-46	cos-余弦-	OFF 挡	15~19Ω
B51-34	/FAN_H_OUT 风扇高速输出（空）	—	—
B51-36—B51-37	CANLCAN 信号低	OFF 挡	54~69Ω
B51-37—B51-36	CANHCAN 信号高	OFF 挡	54~69Ω
B51-38—车身地	GND2 电机温度地	OFF 挡	小于 1Ω
B51-39—B51-11	CURISE_IN 巡航信号	OFF 挡	2150~2190Ω
B51-40—车身地	WATER_T_IN 水温信号	ON 挡	0~5V 模拟信号
B51-41—车身地	DC_GAIN1 加速踏板深度信号 1	ON 挡	0~5V 模拟信号
B51-42—车身地	GND 制动踏板深度屏蔽地	OFF 挡	小于 1Ω
B51-43—车身地	+5V 制动踏板深度电源 2	ON 挡	4.5~5.5V
B51-44—车身地	EXCOUT 励磁+	OFF 挡	7~10Ω
B51-45—B51-30	sin+正弦+	OFF 挡	15~19Ω
B51-46—B51-31	cos+余弦+	OFF 挡	15~19Ω
B51-47—车身地	GND 旋变屏蔽地	OFF 挡	小于 1Ω
B51-35—B51-61	/PUMP_OUT 水泵输出	ON 挡	10~14V
		水泵未工作	
		OK，EV 模式水泵工作	小于 1V
B51-48—车身地	/IN_FEET_BRAKE 制动踏板信号	—	—
B51-49—车身地	/BAT-OFF-OUT 铁电池切断继电器	—	—
B51-50	/FAN_L_OUT 风扇低速输出（空）	—	—
B51-51—车身地	GND (CAN) CAN 屏蔽地	OFF 挡	小于 1Ω
B51-52—车身地	/IN_EMACHINE 电机过温		

续表

端子	端子定义	测试条件	正常值
B51-53—车身地	STATOR_T_IN 电机绕组温度	ON 挡	0~5V 模拟信号
B51-54—车身地	PRESSURE_IN 水压检测信号	—	—
B51-55—车身地	GND 加速踏板深度屏蔽地	OFF 挡	小于 1Ω
B51-56—车身地	DC_GAIN2 加速踏板深度信号 2	ON 挡	0~5V 模拟信号
B51-57—车身地	DC_BRAKE1 制动踏板深度 1	ON 挡	0~5V 模拟信号
B51-58—车身地	DC_BRAKE2 制动踏板深度 2	ON 挡	0~5V 模拟信号
B51-59—车身地	GND（VCC）外部电源地	OFF 挡	小于 1Ω
B51-60—B51-61	VCC 外部 12V 电源	ON 挡	10~14V
B51-61—车身地	GND（VCC）外部电源地	OFF 挡	小于 1Ω
B51-62—B51-61	VCC 外部 12V 电源	ON 挡	10~14V

6.5.2.4 后驱电机控制器低压接插件端子（23 针）

后驱电机控制器低压接插件端子排列如图 6-26 所示，端子定义见表 6-34。

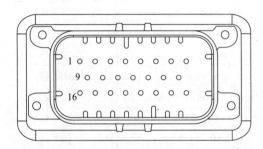

图 6-26 后驱电机控制器低压接插件端子排列

表 6-34 后驱电机控制器低压接插件端子定义

端子	端子定义	端子	端子定义
1	12+（ON 挡）	13	电机温度地
2	CAN-H	14	余弦+
3	驱动互锁（BMSk157\7）	15	正弦+
5	电机绕组温度	16	接地
7	余弦—	17	接地
8	正弦—	18	CAN 屏蔽地
9	12+（ON 挡）	21	旋变屏蔽地
10	CAN-L	22	励磁—
11	驱动互锁（前控 b51\4）	23	励磁+

6.5.3 比亚迪 e6 EV

6.5.3.1 高压电池管理器（BMS）端子（40 针）

BMS 管理模块端子如图 6-27 所示，端子定义见表 6-35。

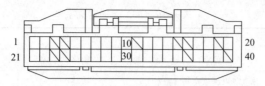

图 6-27 高压电池管理器端子

表 6-35 高压电池管理器端子定义

端子	端子定义	接线颜色	测试条件	正常值
1—车身地	充电接触器控制	G/B	充电	小于 1V
2—车身地	预充接触器控制	Y/B	启动	小于 1V
5—车身地	车身地	B	始终	小于 1V
6—车身地	电源信号	R/B	常电	11~14V
7—车身地	车身地	B	始终	小于 1V
10—车身地	充电感应开关	L	充电	小于 1V
12—车身地	漏电传感器电源	W	启动	约 −15V
13—车身地	一般漏电信号	G/Y	一般漏电	小于 1V
14—车身地	屏蔽地	B	始终	小于 1V
15—车身地	充电通信 CAN-L	V	充电	1.5~2.5V
16—车身地	充电通信 CAN-H	P	充电	2.5~3.5V
17—车身地	F-CAN_L	V	电源 ON 挡	1.5~2.5V
18—车身地	F-CAN_H	P	电源 ON 挡	2.5~3.5V
20—车身地	电流霍尔信号	G	电流信号	—
21—车身地	正极接触器控制	R/Y	启动	小于 1V
22—车身地	DC 继电器	L	充电或启动	小于 1V
25—车身地	预充信号	G/R	上 ON 挡电后 2s	小于 1V
26—车身地	车身地	B	始终	小于 1V
27—车身地	电源	W/R	电源 ON 挡/充电	11~14V
28—车身地	车身地	B	始终	小于 1V
31—车身地	漏电传感器电源	R	启动	约 +15V
32—车身地	漏电传感器地	B	始终	小于 1V
33—车身地	严重漏电信号	B/Y	严重漏电	小于 1V
38—车身地	电流霍尔电源	L	启动	约 −15V
39—车身地	电流霍尔电源	R	启动	约 +15V

6.5.3.2 驱动电机控制器（24 针+ 24 针）

驱动电机控制器端子图如图 6-28 所示，端子定义见表 6-36、表 6-37。

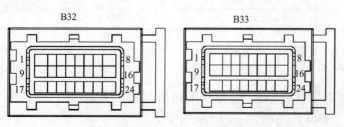

图 6-28 驱动电机控制器端子图

表 6-36　B32 端子定义

端子	接线颜色	端子定义	测试条件	正常值
1	黑	GND	始终	小于 1V
2	绿	制动踏板深度电源 1，2	始终	约 5V
7	橙	加速踏板深度电源 1，2	ON 挡电	约 5V
8	红	12V	ON 挡电	11～14V
9	黑	制动踏板深度信号屏蔽地	始终	小于 1V
10	粉	制动踏板深度电源地 1，2	始终	小于 1V
15	绿黑	加速踏板深度电源地 1，2	始终	小于 1V
16	黑	加速踏板深度屏蔽地	始终	小于 1V
17	黄黑	制动踏板深度 1	踩制动踏板至一定角度	模拟信号
18	棕	制动踏板深度 2	踩制动踏板至一定角度	模拟信号
22	蓝黑	预充满	ON 挡上电后约 2s	小于 1V
23	绿黄	加速踏板深度 1	踩加速踏板至一定角度	模拟信号
24	黄红	加速踏板深度 2	踩加速踏板至一定角度	模拟信号

表 6-37　B33 端子定义

端子	接线颜色	端子定义	测试条件	正常值
3	绿	MG2 旋变屏蔽地	始终	小于 1V
4	黄	MG2 励磁＋	线束端（断接插件）	与励磁－：8.1（－2.2）Ω
5	蓝	MG2 正弦＋	线束端（断接插件）	与正弦－：(14±4)Ω
6	橙	MG2 余弦＋	线束端（断接插件）	与余弦－：(14±4)Ω
7	粉	MG2 电机过温	线束端（断接插件）	与 15 脚有电阻值（小于 100Ω）
8	灰	运行模式切换信号输入	ON 挡	小于 1V 或 11～14V
11	紫	CAN 屏蔽地	始终	小于 1V
12	绿黑	MG2 励磁·	线束端（断接插件）	与励磁＋：(8.1±2)Ω
13	黄黑	MG2 正弦·	线束端（断接插件）	与正弦＋：(14±4)Ω
14	蓝黑	MG2 余弦·	线束端（断接插件）	与余弦＋：(14±4)Ω
15	绿黄	MG2 电机过温地	线束端（断接插件）	与 7 脚有电阻值（小于 100Ω）
16	黄红	运行模式切换信号输出	ON 挡	小于 1V 或 11～14V
19	棕	CAN 信号高	始终	2.5～3.5V
20	白	CAN 信号低	始终	1.5～2.5V
21	白黑	驻车制动信号	驻车	小于 1V
22	白红	制动踏板信号	踩制动踏板	11～14V

6.5.4　比亚迪 e5 EV

6.5.4.1　高压电池管理系统（BMS）端子（34 针＋26 针＋26 针）

BMS 连接端子如图 6-29 所示，端子定义见表 6-38。

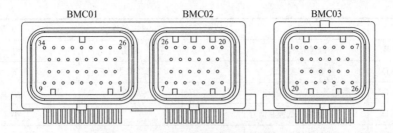

图 6-29 BMS 连接端子

表 6-38 BMS 连接端子定义

端子	端子定义	接线颜色	测试条件	正常值
BMC01-1—GND	高压互锁输出信号	W	ON 挡/OK 挡/充电	PWM 脉冲信号
BMC01-2—GND	一般漏电信号	L/W	一般漏电	小于 1V
BMC01-6—GND	整车低压地	B	始终	小于 1V
BMC01-9—GND	主接触器拉低控制信号	Br	整车上高压电	小于 1V
BMC01-10—GND	严重漏电信号	Y/G	严重漏电	小于 1V
BMC01-14—GND	12V 蓄电池正	G/R	ON 挡/OK 挡/充电	9～16V
BMC01-17—GND	主预充接触器拉低控制信号	W/L	预充过程中	小于 1V
BMC01-26—GND	直流霍尔信号	W/B	电源 ON 挡	0～4.2V
BMC01-27—GND	电流霍尔+15V	Y/B		9～16V
BMC01-28—GND	直流霍尔屏蔽地	Y/G		
BMC01-29—GND	电流霍尔-15V	R/G	ON 挡/OK 挡/充电	-16～-9V
BMC01-30—GND	整车低压地	B	始终	小于 1V
BMC01-31—GND	仪表充电指示灯信号	G	充电时	
BMC01-33—GND	直流充电正、负极接触器拉低控制信号	Gr		小于 1V
BMC01-34—GND	交流充电接触器控制信号	G/W	始终	小于 1V
BMC02-1—GND	12V DC 电源正	R/B	电源 ON 挡/充电	11～14V
BMC02-4—GND	直流充电感应信号	Y/R	充电时	
BMC02-6—GND	整车低压地	B	始终	
BMC02-7—GND	高压互锁输入信号	W	ON 挡/OK 挡/充电	PWM 脉冲信号
BMC02-11—GND	直流温度传感器高	G/Y	ON 挡/OK 挡/充电	2.5～3.5V
BMC02-13—GND	直流温度传感器低	R/W		
BMC02-14—GND	直流充电口 CAN2H	P		
BMC02-15—GND	整车 CAN1H	P	ON 挡/OK 挡/充电	1.5～2.5V
BMC02-16—GND	整车 CAN 屏蔽地			
BMC02-18—GND	VTOG/车载感应信号	L/B	充电时	小于 1V
BMC02-20—GND	直流充电口 CAN2L	V	直流充电时	
BMC02-21—GND	直流充电口 CAN 屏蔽地		始终	小于 1V
BMC02-22—GND	整车 CANH	V	ON 挡/OK 挡/充电	1.5～2.5V

续表

端子	端子定义	接线颜色	测试条件	正常值
BMC02-25—GND	碰撞信号	Y/G	启动	约-15V
BMC03-1—GND	采集器 CANL	V	ON 挡/OK 挡/充电	1.5~2.5V
BMC03-2—GND	采集器 CAN 屏蔽地		始终	小于 1V
BMC03-3—GND	1# 分压接触器拉低控制信号	G/B		小于 1V
BMC03-4—GND	2# 分压接触器拉低控制信号	Y/B		小于 1V
BMC03-7—GND	BIC 供电电源正	R/L	ON 挡/OK 挡/充电	9~16V
BMC03-8—GND	采集器 CANH	P	ON 挡/OK 挡/充电	2.5~3.5V
BMC03-10—GND	负极接触器拉低控制信号	L/B	接触器吸合时	小于 1V
BMC03-11—GND	正极接触器拉低控制信号	R/G	接触器吸合时	小于 1V
BMC03-14—GND	1# 分压接触器 12V 电源	G/R	ON 挡/OK 挡/充电	9~16V
BMC03-15—GND	2# 分压接触器 12V 电源	L/R	ON 挡/OK 挡/充电	9~16V
BMC03-20—GND	负极接触器 12V 电源	Y/W	ON 挡/OK 挡/充电	9~16V
BMC03-21—GND	正极接触器 12V 电源	R/W	ON 挡/OK 挡/充电	9~16V
BMC03-26—GND	采集器电源地	R/Y	ON 挡/OK 挡/充电	—

6.5.4.2 高压电控总成连接端子（64 针+ 33 针）

高压电控总成低压接插件端子分布如图 6-30、图 6-31 所示，端子定义见表 6-39、表 6-40。

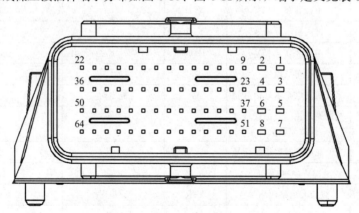

图 6-30 64 针低压接插件端子

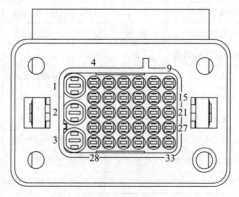

图 6-31 33 针低压接插件

表 6-39 高压电控总成 64 针低压端子定义

端子	端子名称	端子定义	线束接法
1	+12V	外部提供 ON 挡电源	双路电
2	+12V	外部提供常火电	常电
4	+12V	外部提供 ON 挡电源	双路电
6	GND	加速踏板深度屏蔽地	车身地
7	GND	外部电源地	车身地
8	GND	外部电源地	车身地
10	GND	巡航地	—
11	GND	充电枪温度 1 地（标准）	充电口
12	MES-BCM	BCM 充电连接信号	BCM
13	NET-CC1	充电控制信号 1（标准）	充电口
14	CRUISE-IN	巡航信号	转向盘
15	STATOR-T-IN	电机绕组温度	电机
16	CHAR-TEMP1	充电枪座温度信号 1（标准）	充电口
17	DC-BRAKE1	制动踏板深度 1	制动踏板
18	DC-GAIN2	加速踏板深度 2	加速踏板
19	MES-BMS-OUT	BMS 信号	BMS
26	GND	动力网 CAN 信号屏蔽地	充电口
29	GND	电机模拟温度地	电机
31	DC-BRAKE2	制动踏板深度 2	制动踏板
32	DC-GAIN1	加速踏板深度 1	加速踏板
33	DIG-YL1-OUT	预留开关量输出 1	—
34	DIG-YL2-OUT	预留开关量输出 2	—
35	/IN-HAND-BRAKE	驻车制动信号	—
37	GND	制动踏板深度屏蔽地	—
38	+5V	制动踏板深度电源 1	制动踏板
39	+5V	加速踏板深度电源 2	加速踏板
40	+5V	加速踏板深度电源 1	加速踏板
41	+5V	制动踏板深度电源 2	制动踏板
43	SWITCH-YL1	预留开关量输入 1	—
44	—	车内插座触发信号	车内插座
45	GND	旋变屏蔽地	电机
46	EXT-ECO/SPO	经济/运动模式输入	开关组
47	NET-CP	充电电流确认信号（国标 CP）	充电口
49	CANH	动力网 CANH	动力网 CANH
50	CANL	动力网 CANL	动力网 CANL
51	GND	制动踏板深度电源地 1	制动踏板
52	GND	加速踏板深度电源地 2	加速踏板
54	GND	加速踏板深度电源地 1	加速踏板
55	GND	制动踏板深度电源地 2	制动踏板
56	SWITCH-YL2	预留开关量输入 2	—
57	IN-FEET-BRAKE	制动信号	制动踏板

续表

端子	端子名称	端子定义	线束接法
58	DSP-ECO/SPO-OUT	经济/运动模式输出	开关组
59	/EXCOUT	励磁—	电机
60	EXCOUT	励磁+	电机
61	cos+	余弦+	电机
62	cos—	余弦—	电机
63	sin+	正弦+	电机
64	sin—	正弦—	电机

表 6-40 高压电控总成 33 针低压端子定义

端子	端子名称	端子定义	线束接法
4	—	VCC 双路电电源	—
5	—	VCC 双路电电源	—
8	—	GND 双路电电源地	—
9	—	GND 双路电电源地	—
10	—	GND	直流霍尔屏蔽地
13	GND	CAN 屏蔽地	—
14	—	CAN_H	动力网
15	—	CAN_L	动力网
16	—	直流霍尔电源+	BMS
17	—	直流霍尔电源—	BMS
18	—	直流霍尔信号	BMS
20	—	一般漏电信号	BMS
21	—	严重漏电信号	BMS
22	驱动/充	高压互锁+	BMS
23	电	高压互锁—	
24	—	主接触器/预充接触器电源	—
25	—	交直流充电正负极接触器电源	—
29	—	主预充接触器控制信号	BMS
30	—	直流充电正极接触器控制信号	BMS
31	—	直流充电负极接触器控制信号	BMS
32	—	主接触器控制信号	BMS
33	—	交流充电接触器控制信号	BMS

6.5.4.3 主控制器低压接插件（32 针+ 16 针）

主控制器低压接插件端子如图 6-32 所示，端子定义见表 6-41、表 6-42。

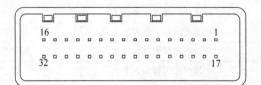
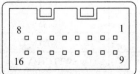

图 6-32 主控制器低压接插件端子排列

表 6-41 32 针低压接插件端子定义

端子	端子定义	线束接法	信号类型
2	制动信号输入	制动开关	12V 高电平有效
3	IO in（开关输出预留）	—	—
4	真空泵继电器检测信号	真空泵继电器 1、2 与真空泵 1 号脚的交会处	高电平有效
6	信号输入（预留）	—	—
7	+5V（预留）	—	—
8	+5V（预留）	—	—
9	信号输入（预留）	—	—
11	水温传感器信号输入	水温传感器 C 脚	模拟量
12	水温传感器信号地	水温传感器 A 脚	地
13	DC +5V 真空压力传感器电源	真空压力传感器 1 号脚	5V 电压
14	真空泵压力传感器信号	真空压力传感器 3 号脚	模拟量
15	真空压力传感器电源地 GND	真空压力传感器 2 号脚	5V 地
16	12V 电源 DC +12V	双路电源	电源
20	信号输入（预留）		高有效
23	信号输入（预留）		低有效
24	模拟信号输入（预留）		模拟量
25	模拟信号输入（预留）		模拟量
26	车速传感器输入 LS Z1	车速传感器 2 号脚	PWM
30	电源地 GND	车身地	

表 6-42 16 针低压接插件端子定义

端子	端子定义	线束接法	信号类型
1	CAN_L	动力网	差分
2	真空泵启动控制 2	真空泵继电器 2 控制脚	低电平有效
3	IO 输出（预留）	—	—
4	冷却风机低速继电器控制输出	低速继电器控制脚	低电平有效
5	冷却风机高速继电器控制输出	高速继电器控制脚	低电平有效
6	IO 输出（预留）	—	—
8	车速信号输出 2（预留）	—	—
9	CAN_H	动力网	差分
10	IO 输出（预留）		低有效
11	IO 输出（预留）		低有效
12	真空泵启动控制 1	真空泵继电器 1 控制脚	低电平有效
16	车速信号输出 1（预留）		

第 7 章　奇瑞汽车

7.1　发动机电脑

7.1.1　奇瑞 1.1L SQR472WF 发动机（64 针）

SQR472WF 发动机电脑端子如图 7-1 所示，其端子定义见表 7-1。

图 7-1　SQR472WF 发动机电脑端子图

表 7-1　SQR472WF 发动机电脑端子定义

端子	端子定义	端子	端子定义
2	前氧传感器加热	10	空调双态开关
3	1、4 缸点火线圈 1	12	动力转向开关
4	后氧传感器加热	13	蒸发器温度传感器
5	地	15	诊断线
7	2、3 缸点火线圈 2	16	电源
8	电源	17	IGN1 点火开关
9	发动机转速输出	18	进气温度压力传感器

续表

端子	端子定义	端子	端子定义
19	节气门位置传感器	43	地
20	组合仪表 OBD 灯	44	高低压开关
21	步进电机	45	上游氧传感器
22	步进电机	46	转速传感器
23	组合仪表发动机故障灯	47	转速传感器
24	灯光开关	48	地
25	进气压力温度传感器	49	喷嘴 3
26	节气门位置传感器	50	喷嘴 1
29	下游氧传感器	51	电源
30	爆震传感器	52	高速风扇继电器
31	爆震传感器	56	油耗输出
32	主继电器	57	车速输入
35	步进电机	59	进气压力温度传感器
36	步进电机	60	油泵继电器
37	炭罐控制阀	61	空调继电器
39	前后氧/蒸发器/水温传感器接地点	62	低速冷却风扇继电器
40	进气压力温度传感器	63	喷嘴 2
41	水温传感器	64	喷嘴 4
42	相位传感器		

7.1.2 奇瑞 1.5L E4G15B 发动机（64 针 + 48 针）

E4G15B 发动机电脑端子如图 7-2 所示，其端子定义见表 7-2。

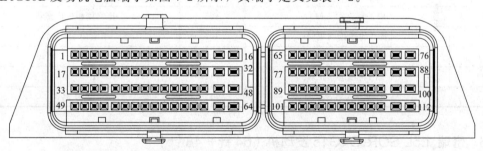

图 7-2 E4G15B 发动机电脑端子图

表 7-2 E4G15B 发动机电脑端子定义

端子	端子定义	端子	端子定义
1	CAN 总线 1 高	15	UBR 非持续性电源
5	主继电器	16	UBR 非持续性电源
6	离合器开关	17	CAN 总线 1 低
7	电子加速踏板传感器 1 地	20	UBD 持续电源
9	巡航信号	21	下游氧传感器
13	启动信号	23	刹车制动开关

续表

端子	端子定义	端子	端子定义
24	空调压缩机中压开关	74	喷油器（第4缸）
25	制动灯开关	75	节气门执行器（＋）
28	AC请求	77	节气门位置传感器1
30	电子加速踏板传感器2	78	节气门位置传感器2
31	高速风扇继电器	80	氧传感器地
32	防盗输入	84	模拟地
35	点火开关	86	节气门地
36	电子加速踏板传感器2的5V电源	87	节气门执行器（－）
37	电子加速踏板传感器1的5V电源	89	爆震传感器B
41	油泵继电器	90	爆振传感器A
42	空调压缩机继电器	91	进气压力传感器
43	下游氧传感器地	93	进气侧相位传感器
45	电子加速踏板传感器1	94	TEV炭罐阀
47	模拟地	95	传感器地
48	下游氧传感器加热	96	发动机转速传感器A
53	空调高低压开关	97	发动机转速传感器B
56	低速风扇继电器	98	＋5V电源1
58	起动机控制	99	点火线圈驱动2
59	电子加速踏板传感器2地	100	点火线圈驱动1
63	ECU地2	101	发动机冷却水传感器
64	ECU地1	102	进气温度传感器
67	喷油器（第2缸）	104	上游氧传感器
68	喷油器（第1缸）	105	排气侧相位传感器
69	可变凸轮轴排气正时阀	107	节气门5V电源
70	可变进气阀	109	进气歧管5V电源
71	可变凸轮轴进气正时阀	111	ECU地4
72	喷油器（第3缸）	112	ECU地3

7.1.3 奇瑞1.5L SQR-D4G15发动机（64针＋48针）

SQR-D4G15发动机电脑端子如图7-3所示，其端子定义见表7-3。

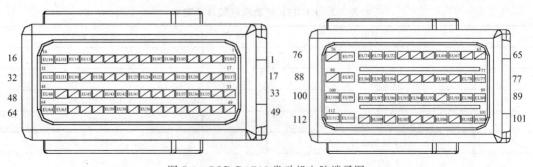

图7-3 SQR-D4G15发动机电脑端子图

表 7-3 SQR-D4G15 发动机电脑端子定义

端子	端子定义	端子	端子定义
1	CAN 总线 1 高	68	喷油器 1（第 1 缸）
5	主继电器	72	喷油器 2（第 3 缸）
6	离合器开关	73	上游氧传感器加热
7	电子加速踏板传感器 1 地	74	喷油器 3（第 4 缸）
13	KL50 状态（来自点火开关的启动信号）	75	节气门执行器（＋）
14	电子负载 1（助力泵开关）	77	节气门位置传感器 1
15	UBR 非持续性电源	78	节气门位置传感器 2
16	UBR 非持续性电源	80	氧传感器地
17	CAN 总线 1 低	84	模拟地
20	UBD 持续电源	85	歧管地
21	下游氧传感器	86	节气门地
23	刹车制动开关	87	节气门执行器
24	空调压缩机中压开关	89	爆震传感器 B
25	制动灯开关	90	爆震传感器 A
28	空调开关	91	进气压力传感器
30	电子加速踏板传感器 2	93	相位传感器
31	风扇控制 2	94	TEV 炭罐阀
32	防盗输入	95	Hall 传感器地
35	点火开关	96	发动机转速传感器 A
36	电子加速踏板传感器 2 的 5V 电源	97	发动机转速传感器 B
37	电子加速踏板传感器 1 的 5V 电源	98	＋5V 电源 1
41	油泵继电器	99	点火线圈驱动 2
43	下游氧传感器地	100	点火线圈驱动 1
45	电子加速踏板传感器 1	101	发动机冷却液传感器
48	下游氧传感器加热	102	进气温度传感器
56	风扇控制 1	104	上游氧传感器
58	启动控制继电器	107	节气门 5V 电源
59	电子加速踏板传感器 2 地	109	进气歧管 5V 电源
63	ECU 地 2	111	ECU 地 4
64	ECU 地 1	112	ECU 地 3
67	喷油器 4（第 2 缸）		

7.1.4 奇瑞 1.5L SQR477F 发动机（81 针）

SQR477F 发动机电脑端子如图 7-4 所示，其端子定义见表 7-4。

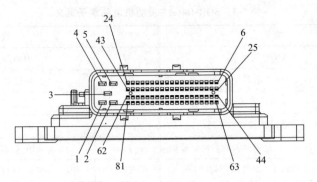

图 7-4 SQR477F 发动机电脑端子图

表 7-4 SQR477F 发动机电脑端子定义

端子	端子定义	端子	端子定义
1	点火线圈 B 驱动	47	前氧传感器信号高
2	系统地	48	后氧传感器信号高
3	系统地	49	冷却液温度信号
4	点火线圈 A 驱动	51	车速信号
6	喷油器 1 缸	52	4 号 5V 电源地
7	喷油器 3 缸	54	进气压力传感器信号
8	喷油器 2 缸	55	大灯开关
9	油泵继电器	58	氧传感器信号低
10	空调压缩机继电器	60	动力转向信号
11	58 齿信号低	64	炭罐控制阀控制
17	高速风扇控制	65	低速风扇控制
20	怠速空气控制 A 高	66	2 号 5V 电源
21	怠速空气控制 A 低	67	蓄电池电源
23	后氧传感器加热控制	68	点火开关电源
24	前氧传感器加热控制	69	空调中压开关信号
25	喷油器 4 缸	70	1 号 5V 电源
27	节气门位置传感器	71	进气温度传感器
30	58 齿信号高	73	3 号 5V 电源地（爆震信号地）
37	爆震信号	74	1 号 5V 电源地
38	CAN 信号低	75	K 线
39	CAN 信号高	76	2 号 5V 电源地
41	怠速空气控制 B 高	77	凸轮轴位置信号
42	怠速空气控制 B 低	79	空调请求
44	主继电器		

7.1.5 奇瑞 1.6L SQR-E4G16 发动机（64 针 + 48 针）

SQR-E4G16 发动机电脑端子如图 7-5 所示，其端子定义见表 7-5。

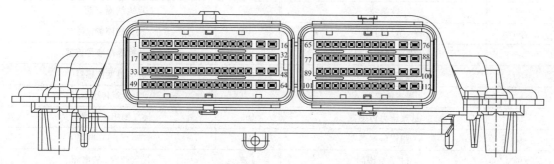

图 7-5　SQR-E4G16 发动机电脑端子图

表 7-5　E4G16 发动机电脑端子定义

端子	端子定义	端子	端子定义
1	CAN 总线 1 高	37	电子加速踏板传感器 1 的 5V 电源
3	CCP CAN 总线 2 低	41	油泵继电器
4	CCP CAN 总线 2 高	43	氧传感器地
5	主继电器	45	电子加速踏板传感器 1
6	离合器开关	47	模拟地
7	电子加速踏板传感器 1 地	48	下游氧传感器加热
13	KL50 状态（来自点火开关的启动信号）	53	空调高低压开关
14	电子开关 EL1	56	风扇控制 1
15	UBR 非持续性电源	58	空调压缩机继电器
16	UBR 非持续性电源	59	电子加速踏板传感器 2 地
17	CAN 总线 1 低	63	ECU 地 2
18	诊断 K 线	64	ECU 地 1
19	5V 电源 1	67	喷油器 4（第 2 缸）
20	UBD 持续电源	68	喷油器 1（第 1 缸）
21	下游氧传感器	69	可变凸轮轴排气正时阀
23	刹车制动开关	70	可变进气阀
24	空调压缩机中压开关	71	可变凸轮轴进气正时阀
25	制动灯开关	72	喷油器 2（第 3 缸）
28	空调开关	73	上游氧传感器加热
30	电子加速踏板传感器 2	74	喷油器 3（第 4 缸）
31	风扇控制 2	75	节气门执行器（＋）
32	防盗输入	77	节气门位置传感器 1
35	点火开关	78	节气门位置传感器 2
36	电子加速踏板传感器 2 的 5V 电源	80	氧传感器地

端子	端子定义	端子	端子定义
84	模拟地	98	+5V 电源 1
85	歧管地	99	点火线圈驱动 2
86	节气门地	100	点火线圈驱动 1
87	节气门执行器	101	发动机冷却液传感器
89	爆震传感器 B	102	进气温度传感器
90	爆震传感器 A	104	上游氧传感器
91	进气压力传感器	105	排气侧相位传感器
93	相位传感器	107	节气门 5V 电源
94	TEV 炭罐阀	109	进气歧管 5V 电源
95	Hall 传感器地	111	ECU 地 4
96	发动机转速传感器 A	112	ECU 地 3
97	发动机转速传感器 B		

7.1.6 奇瑞 2.0L SQR484F 发动机（81 针）

SQR484F 发动机电脑端子定义见表 7-6。

表 7-6　SQR484F 发动机电脑端子定义

端子	端子定义	端子	端子定义
1	氧传感器加热	20	爆震传感器 B
2	点火线圈 2	21	刹车灯
3	点火地	23	加速度传感器
4	氧传感器加热	27	喷油器 1（第 1 缸）
5	点火线圈 1	31	EOBD 检测灯
6	喷油器 4（第 2 缸）	32	5V 电源 2
7	喷油器 2（第 3 缸）	33	5V 电源 1
8	发动机转速	34	发动机转速传感器 B
9	冷却液温度	35	传感器地 3
10	燃油消耗	36	传感器地 2
11	故障指示灯	37	空气流量传感器
12	持续电源	38	电子节气门位置
13	点火开关	39	发动机冷却液温度传感器
14	主继电器	40	加速踏板位置传感器
15	发动机转速传感器 A	41	空调压力
16	加速踏板位置传感器	42	进气温度
17	传感器地 1	44	非持续电源
18	上游氧传感器	45	非持续电源
19	爆震传感器 A	46	炭罐阀

续表

端子	端子定义	端子	端子定义
47	喷油器3（第4缸）	67	电子节气门控制
50	风扇控制1	68	冷却风扇
51	电子地2	69	空调继电器
53	电子地1	70	油泵继电器
54	电子节气门位置	71	诊断K线
55	下游氧传感器	73	防盗器
58	刹车开关	74	离合器开关
59	车速信号	75	空调开关
60	中压开关	76	动力转向开关
61	功率地1	77	大灯开关
62	CAN通信	78	传感器地
63	非持续电源	79	相位传感器
64	电子节气门控制	80	功率地2
65	电子节气门控制	81	CAN通信
66	电子节气门控制		

7.1.7 奇瑞2.0L SQR484B发动机（81针）

SQR484B发动机电脑端子如图7-6所示，其端子定义见表7-7。

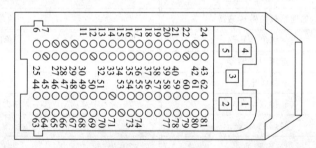

图7-6 SQR484B发动机电脑端子图

表7-7 SQR484B发动机电脑端子定义

端子	端子定义	端子	端子定义
1	点火线圈2	11	防盗
2	点火线圈3	12	持续电源
3	点火地	13	点火开关
4	点火线圈4	14	主继电器
5	点火线圈1	15	发动机转速传感器
6	第2缸喷油器	16	加速踏板位置传感器
7	第3缸喷油器	17	传感器地1

续表

端子	端子定义	端子	端子定义
18	上游氧传感器	50	冷却风扇继电器
19	爆震传感器 A	51	电子地 2
20	爆震传感器 B	53	电子地 1
21	刹车灯	54	电子节气门位置
22	环境温度传感器	55	后氧传感器
24	环境压力传感器	56	增压压力传感器
25	废气循环控制阀	57	空调压缩机开关
27	第 1 缸喷油器	58	刹车开关
28	下游氧传感器	59	车速信号
29	废气旁通电磁阀	60	空调压缩机中压
30	电子真空泵	61	功率地 1
32	5V 电源 2	62	CAN 总线接口
33	5V 电源 1	63	非持续电源
34	发动机转速传感器	64	电子节气门控制
35	传感器地 3	65	电子节气门控制
36	传感器地 2	66	电子节气门控制
37	空气流量传感器	67	电子节气门控制
38	电子节气门位置	68	冷却风扇继电器
39	冷却液温度传感器	69	压缩机继电器
40	加速踏板位置传感器	70	油泵继电器
42	进气温度传感器	71	诊断 K 线
43	真空压力传感器	73	5V 电源
44	非持续电源	74	离合器开关
45	非持续电源	76	动力转向开关
46	炭罐电磁阀	78	传感器地
47	第 4 缸喷油器	79	相位传感器
48	前氧传感器加热	80	功率地 2
49	电子水泵继电器	81	CAN 总线接口

7.1.8 奇瑞 1.0L SQR372A 柴油发动机（94 针）

SQR372A 柴油发动机电脑端子定义见表 7-8。

表 7-8 SQR372A 柴油发动机电脑端子定义

端子	端子定义	端子	端子定义
1	接电源负极	4	接电源正极
2	接电源负极	5	喷油器 3 高压侧
3	喷油器 1、2 高压侧	6	接电源正极

续表

端子	端子定义	端子	端子定义
7	喷油器2低压侧	53	空气流量计接地
8	启动请求接地	54	轨压传感器信号
9	EGR位置传感器接地	57	进气温度传感器信号
11	水温传感器接地	58	EGR位置传感器接地
15	EGR位置传感器供电	59	空调蒸发器温度传感器输入温度信号
18	加速踏板位置传感器1供电	60	加速踏板位置传感器2信号
19	燃料滤清器水位传感器信号	61	加速踏板位置传感器1信号
22	车速传感器输入信号	64	诊断接口
23	离合器开关信号	65	CAN线接口（low）
24	辅刹车开关信号	66	CAN线接口（high）
26	OBD（MIL）灯	67	预热塞继电器
28	发动机转速输出信号	68	高速风扇继电器
29	喷油器3低压侧	69	预热指示灯
30	转速传感器接地	71	点火开关T15线
31	空气流量计流量信号	72	冷却液温度指示输出信号
32	轨压传感器供电	73	喷油器1低压侧
33	水温传感器信号	74	转速传感器信号负
40	加速踏板位置传感器2供电	75	空气流量计温度信号
41	空调请求开关信号	76	轨压传感器接地
44	凸轮轴位置传感器接地	79	进气温度传感器接地
45	凸轮轴位置传感器供电	80	主刹车开关信号
46	凸轮轴位置传感器信号	81	空调蒸发器温度传感器接地
47	启动请求信号	82	加速踏板位置传感器2接地
48	系统报错灯	83	加速踏板位置传感器1接地
49	真空阀执行器	89	高压油泵控制单元
50	主继电器	90	低速风扇继电器
52	转速传感器信号正	94	空调继电器

7.1.9 奇瑞1.9L SQR481A柴油发动机（94针+60针）

SQR481A柴油发动机电脑端子如图7-7所示，其端子定义见表7-9。

图7-7 SQR481A发动机电脑端子图

表 7-9　SQR481A 发动机电脑端子定义

端子	端子定义	端子	端子定义
K1	通过主继电器接电源	K80	副制动开关信号
K2	接电源负极	K90	风扇继电器
K3	通过主继电器接电源	K91	系统故障灯
K4	接电源负极	K92	加热指示灯
K5	通过主继电器接电源	K93	加热继电器
K6	接电源负极	A1	喷油器 3
K8	加速踏板位置传感器 2 地	A2	喷油器 2
K9	加速踏板位置传感器 1 信号	A7	转速传感器屏蔽线
K12	空调压缩机压力传感器地	A8	轨压传感器接地
K13	空调压缩机压力传感器信号	A9	EGR 位置传感器供电
K17	主制动开关信号	A11	相位传感器供电
K22	空调压缩机压力传感器供电	A12	转速传感器负极
K25	防盗控制器通信接口（诊断口）	A13	增压压力传感器供电
K26	水温输出信号	A15	增压压力执行器
K27	燃油消耗输出信号	A16	喷油器 1
K28	经点火开关接电源	A17	喷油器 4
K29	EGR 旁通冷却	A19	燃料调节单元供电
K30	加速踏板位置传感器 1 地	A20	相位传感器接地
K31	加速踏板位置传感器 2 信号	A23	增压压力传感器接地
K38	巡航控制执行器（复位）	A27	转速传感器信号正极
K40	燃料滤清器水位传感器	A28	轨压传感器供电
K45	加速踏板位置传感器 1 供电	A31	喷油器 2
K46	加速踏板位置传感器 2 供电	A33	喷油器 4
K48	发动机速度输出信号	A37	进气温度传感器信号
K49	防盗控制复位线（R 线）	A40	增压压力传感器信号
K53	车速传感器地	A41	水温传感器接地
K54	空调开关	A42	空气流量计接地
K56	巡航控制执行器（设定/加速）	A43	轨压传感器信号
K58	离合器开关信号	A44	空气流量计接地
K61	CAN 接口 1（低）	A46	喷油器 3
K62	CAN 接口 1（高）	A47	喷油器 1
K68	空调继电器	A49	燃料调节单元
K70	OBD 灯	A50	相位传感器信号
K71	巡航控制指示灯	A51	EGR 位置传感器接地
K72	主继电器	A53	增压压力传感器温度信号
K75	车速传感器输入信号	A57	EGR 位置传感器信号
K77	巡航控制执行器（OFF 挡）	A58	水温传感器信号
K78	巡航控制执行器（设定/减速）	A60	EGR 执行器

7.2 变速器电脑

7.2.1 奇瑞QR019CH无级变速器（56针）

QR019CH无级变速器电脑端子如图7-8所示，其端子定义见表7-10。

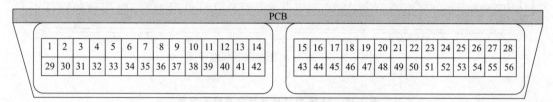

图7-8　QR019CH无级变速器电脑端子图

表7-10　QR019CH无级变速器电脑端子定义

端子	端子定义	端子	端子定义
3	电磁阀供电反馈	28	钥匙开关
5	冬季模式开关	30	P挡电磁阀锁
6	刹车开关1	31	主继电器控制
7	刹车开关2	32	离合器电磁阀控制
8	一轴压力传感器电源	33	液力变矩器电磁阀控制
10	一轴压力传感器地	34	二轴压力控制阀
11	一轴压力传感器信号	35	一轴压力控制阀
12	二轴压力传感器信号	36	二轴压力传感器电源
13	二轴压力传感器地	41	CAN高
14	倒挡开关	42	CAN低
15	P挡开关	43	升挡开关
16	空挡开关	44	降挡开关
17	D挡开关	45	手动模式开关
18	低速挡开关	46	钥匙开关
19	二轴转速传感器接地	47	油温传感器信号
20	温度传感器接地	48	P/N挡反馈
21	涡轮转速传感器接地	49	挡位开关电源反馈
22	涡轮转速传感器信号	50	二轴转速传感器信号
23	一轴转速传感器接地	51	一轴转速传感器信号
24	接地	54	二轴转速传感器电源
25	接地	55	Turbine转速传感器电源
26	接地	56	电源

注：一轴对应输入带轮轴，二轴对应输出带轮轴。

7.2.2 奇瑞 5F25 自动变速器（90 针）

5F25 自动变速器电脑端子如图 7-9 所示，其端子定义见表 7-11。

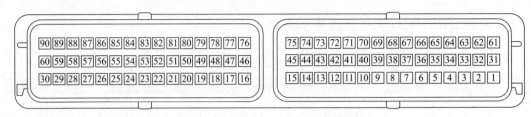

图 7-9　5F25 自动变速器电脑端子图

表 7-11　5F25 自动变速器电脑端子定义

端子	端子定义	端子	端子定义
2	接地	49	D 挡开关
3	接地	56	K 诊断线
14	油温传感器接地	61	电源
15	油温传感器信号	62	电源
16	冬季模式开关	65	二挡制动器电磁阀
18	输入轴转速传感器接地	66	液力变矩器离合器电磁阀
19	输出轴转速传感器接地	67	超速挡离合器电磁阀
20	R 挡开关	69	减速挡制动器电磁阀
24	接地	70	低倒挡制动器电磁阀
25	接地	72	电源
29	电源	73	电源
30	电源	76	输入轴转速传感器信号
32	换挡杆锁止信号	77	降挡开关
35	车速传感器输出信号	78	手动模式开关
36	减速挡离合器电磁阀	79	N 挡开关
43	制动开关信号	81	P 挡开关
46	输出轴转速传感器信号	87	CAN 低
48	升挡开关	88	CAN 高

7.3　车身电脑

7.3.1　艾瑞泽 7 车身电脑（32 针+ 32 针+ 26 针+ 2 针）

以奇瑞 2013 年款艾瑞泽 7 车型为例，该车车身电脑端子图如图 7-10 所示，端子定义见表 7-12～表 7-15。

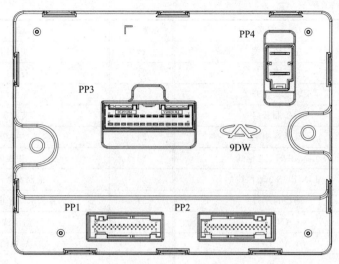

图 7-10 艾瑞泽 7 车身电脑端子图

表 7-12 PP1 连接端子定义

端子	端子定义	端子	端子定义
1	KEY IN	17	前雾灯开关
2	ACC	18	后雾灯开关
3	IGN	19	危险灯开关
4	刮水器灵敏度开关	20	后风挡及后视镜除霜开关
5	远光灯、自动灯、小灯、关闭开关	21	后备厢开启开关
6	远光、闪光开关	22	前刮水器开关 1
7	转向灯开关	23	前刮水器开关 2
8	巡航开关（CC ON OFF）	24	前清洗开关
9	巡航开关（CC RESUME）	25	后刮水器/清洗开关 1-预留
10	巡航开关（SET）	26	后刮水器/清洗开关 2-预留
11	TEMPER IN 预留	27	CAN-H/2
12	LED 驱动/驱动外部继电器（预留，硬件不贴）	28	CAN-L/2
13	高/低端输入检测（预留，硬件不贴）	29	危险灯开关指示
14	高/低端输入检测（预留，硬件不贴）	30	喷嘴加热-预留
15	LIN3 通信接口	31	钥匙锁止-预留
16	PARK IN 预留	32	LED 驱动/驱动外部继电器（预留，硬件不贴）

表 7-13 PP2 连接端子定义

端子	端子定义	端子	端子定义
1	大灯清洗-预留	4	驾驶侧左后窗开关
2	驾驶侧左前窗开关	5	驾驶侧右后窗开关
3	驾驶侧右前窗开关	6	右前窗开关

续表

端子	端子定义	端子	端子定义
7	左后窗开关	20	左后门微开
8	右后窗开关	21	右前门微开
9	乘客窗禁止开关	22	左前门微开
10	后备厢开启	23	前舱盖微开
11	高低音喇叭	24	中控开锁
12	LIN BUS 1 通信线	25	中控闭锁
13	LIN BUS 2 通信线	26	前刮水器停止开关
14	防盗指示灯	27	后刮水器停止开关-预留
15	CAN-H/1	28	后清洗-预留
16	CAN-L/1	29	后风挡除霜
17	倒车开关	30	后雾灯
18	后备厢微开	31	后刮水器-预留
19	右后门微开	32	外置天线

表 7-14　PP3 连接端子定义

端子	端子定义	端子	端子定义
1	左前窗上升	14	左前窗下降
2	左后窗下降	15	中控闭锁
3	左后窗上升	16	中控开锁
4	右前窗下降	17	后备厢灯
5	右前窗上升	18	右前、后小灯、背光照明
6	右后窗下降	19	右转向灯
7	右后窗上升	20	左转向灯
8	顶灯、钥匙照明	21	防盗喇叭-预留
9	后视镜除霜	22	节能电源
10	日间行车灯-预留	23	前雾灯
11	前清洗	24	远光灯
12	左前、后小灯、牌照灯	25	近光灯
13	低速刮水器	26	高速刮水器

表 7-15　PP4 连接端子定义

端子	端子定义	端子	端子定义
1	电源	2	地线

7.3.2　瑞虎 7 车身电脑（52 针+ 24 针+ 14 针+ 12 针+ 20 针）

以奇瑞 2016 年款瑞虎 7 车型为例，该车车身电脑端子图如图 7-11 所示，端子定义见表 7-16～表 7-20。

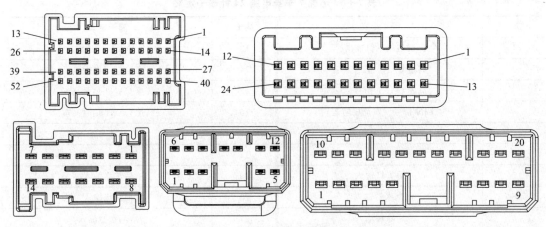

图 7-11 瑞虎 7 车身电脑端子图

表 7-16 瑞虎 7 车身电脑 52 针端子定义

端子	端子定义	端子	端子定义
1	右后迎宾灯	30	高速刮水器输出
2	左前迎宾灯	31	倒车灯输出
3	LIN 信号（雨量传感器）	32	光线传感器输入
10	左后门开信号	33	右前车窗升降开关
12	右后门开信号	34	左前车窗升降开关
13	左前门锁状态信号	35	后背门解锁信号输入
14	左后迎宾灯	36	乘客侧车窗升降禁止开关
15	右前迎宾灯	37	右前门开信号
16	LIN 信号（换挡模块）	38	倒挡信号
17	前雾灯输出	39	制动开关输入
18	远光灯输出	40	乘客侧车窗升降禁止开关工作指示
19	右后车窗升降开关	42	低速刮水器输出
20	乘客侧右前车窗升降开关	43	近光灯输出
21	乘客侧左后车窗升降开关	44	喇叭输出
22	乘客侧右后车窗升降开关	45	模拟地
23	左前门开信号	46	转向灯开关
24	前刮水器停止位信号	47	左后车窗升降开关
26	后刮水器停止位信号	48	后背门开信号
27	顶灯输出	49	中控闭锁开关输入
28	后备厢灯输出	50	中控解锁开关输入
29	后除霜输出	52	前舱盖接触开关

表 7-17 瑞虎 7 车身电脑 24 针端子定义

端子	端子定义	端子	端子定义
1	防盗指示灯输出	13	外部天线（预留）
2	高速 CAN2 信号低端	14	危险灯工作指示
3	高速 CAN1 信号低端	15	高速 CAN2 信号高端
4	LIN 信号（发动机防盗）	16	高速 CAN1 信号高端
5	ACC 信号输入	17	IGN 信号输入
6	前雾灯输入	18	钥匙插入信号
7	后雾灯输入	19	后洗涤输入
8	前刮水器输入 2	20	前洗涤输入
9	后除霜输入	21	后刮水器输入
10	后视镜折叠输入	22	前刮水器输入 1
11	危险灯输入	23	灯光输入
12	远光-闪光输入	24	刮水器灵敏度开关

表 7-18 瑞虎 7 车身电脑 14 针端子定义

端子	端子定义	端子	端子定义
1	电源 3	8	左后车窗上升输出
2	电源 6	9	左后车窗下降输出
3	接地 1	10	电源 1
4	接地 2	11	右前车窗上升输出
5	右后车窗下降输出	12	右前车窗下降输出
6	右后车窗上升输出	13	左前车窗上升输出
7	电源 2	14	左前车窗下降输出

表 7-19 瑞虎 7 车身电脑 12 针端子功能

端子	端子定义	端子	端子定义
1	右转向灯 LED 输出	6	左转向灯 LED 输出
2	中控解锁输出	9	电源 5
3	中控闭锁输出	10	后刮水器输出
4	后背门解锁输出	12	后洗涤输出
5	前洗涤输出		

表 7-20 瑞虎 7 车身电脑 20 针端子定义

端子	端子定义	端子	端子定义
2	外后视镜展开输出	5	右转向灯输出
3	外后视镜折叠输出	6	防盗喇叭输出
4	左转向灯输出	7	后位置灯输出

续表

端子	端子定义	端子	端子定义
8	左右制动灯输出	15	右日行灯输出
9	前位置灯＋背光＋牌照灯	16	电池节能输出
10	换挡电磁阀输出	17	后雾灯输出
11	高位制动灯输出	20	电源4
14	左日行灯输出		

7.3.3 奇瑞 E3 车身电脑（32 针＋32 针＋20 针＋12 针）

以奇瑞 2013 年款 E3 车型为例，该车车身电脑端子图如图 7-12 所示，PE1、PE2、PP3、PP4 端子定义见表 7-21～表 7-24。

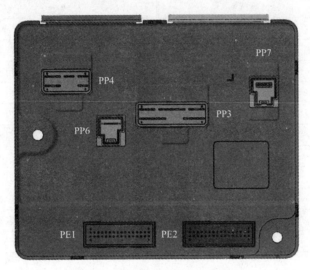

图 7-12　奇瑞 E3 车身电脑端子图

表 7-21　PE1 连接端子定义

端子	端子定义	端子	端子定义
1	小灯输入	12	远光灯输入
2	刮水器输入 2（预留）	14	前雾灯开关背光输出（预留）
3	倒车雷达数据输入	15	除霜开关背光输出（预留）
4	右后门开输入	16	除霜输出
5	洗涤输入（预留）	17	刮水器停止挡（预留）
6	危险灯输入	18	刮水器输入 1（预留）
7	后雾灯开关背光输出（预留）	19	后备厢开关输入
8	倒车雷达时钟输入	20	左后门开输入
9	左转向灯输入	21	倒车输入
10	刮水器调节输入（预留）	22	喇叭输入
11	前雾灯输出	23	右转向输入

续表

端子	端子定义	端子	端子定义
24	近光灯输出	29	除霜指示输出
25	远光灯输出	30	除霜输入
26	钥匙照明输出	31	后雾灯指示输出（预留）
27	后雾灯输出	32	天线
28	前雾灯指示输出（预留）		

表 7-22　PE2 连接端子定义

端子	端子定义	端子	端子定义
1	CAN 低	17	CAN 低
2	CAN 唤醒	18	CAN 高
4	闭锁输入	19	K-LINE
5	开锁输入	21	右后门玻璃下降输入
6	乘客门开输入	22	左后门玻璃下降输入
7	司机侧门开输入	23	右后门玻璃上升输入
8	后雾灯输入	24	左后门玻璃上升输入
9	前雾灯输入	25	右前门玻璃下降输入
10	钥匙状态信号	26	左前门玻璃下降输入
11	安全带信号	27	右前门玻璃上升输入
12	近光灯输入	28	左前门玻璃上升输入
13	安全气囊开锁输入	29	乘客安全带信号
14	后备厢输入	30	TEMPER 输入
15	ACC 信号	31	IGN 信号
16	刹车输入	32	前舱盖开关输入

表 7-23　PP3 连接端子定义

端子	端子定义	端子	端子定义
1	日间行车灯（预留）	12	开锁输出
2	顶灯控制输出	13	闭锁输出
3	防盗指示灯输出	14	刹车灯输出
4	右转向灯输出	15	后备厢开启输出
5	左转向灯输出	16	刮水器低速输出（预留）
6	右后车窗上升输出	17	刮水器高速输出（预留）
7	右后车窗下降输出	18	防盗指示输出
8	左后车窗上升输出	19	电池节能输出
9	左后车窗下降输出	20	喇叭输出
10	防盗喇叭输出		

表 7-24　PP4 连接端子定义

端子	端子定义	端子	端子定义
1	左前门玻璃上升输出	7	收音机熔丝（预留）
2	左前门玻璃下降输出	8	AMT 熔丝（预留）
3	倒车灯输出	9	AMT 熔丝（预留）
4	右前门玻璃上升输出	10	小灯输出 2
5	右前门玻璃下降输出	11	背光输出
6	收音机（预留）	12	小灯输出 1

7.3.4　瑞麒 G3 车身电脑（40 针 + 24 针 + 21 针 + 15 针 + 3 针）

以奇瑞 2010 年款瑞麒 G3 车型为例，该车车身电脑端子图如图 7-13 所示，端子定义见表 7-25。

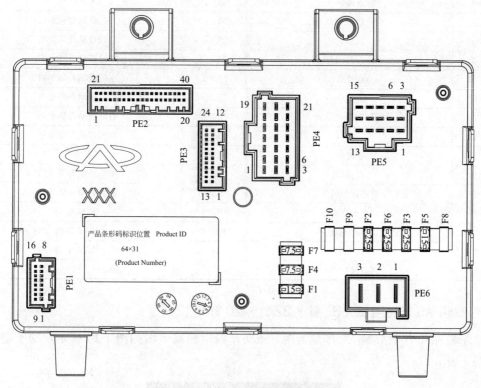

图 7-13　瑞麒 G3 车身电脑端子图

表 7-25　瑞麒 G3 车身电脑端子定义

端子	端子定义	端子	端子定义
PE2-5	中控闭锁	PE2-15	右前门车窗升降开关
PE2-6	中控开锁	PE2-16	左后门车窗升降开关
PE2-10	车窗安全开关	PE2-17	右后门车窗升降开关
PE2-12	喇叭继电器控制端	PE2-23	玻璃升降开关公共接地端
PE2-14	左前门车窗升降开关	PE2-24	左前门钥匙上锁

续表

端子	端子定义	端子	端子定义
PE2-25	左前门钥匙开锁	PE3-24	CAN-HIGH
PE2-26	右前门钥匙接触开关	PE4-1	顶灯及钥匙孔照明控制
PE2-27	左前门接触开关	PE4-2	后雾灯
PE2-28	后背门接触开关	PE4-3	后背门闭锁电机
PE2-29	前舱盖接触开关	PE4-4	BCM 接地
PE2-30	右后门接触开关	PE4-6	左转向灯
PE2-36	左前门钥匙上锁反馈	PE4-7	室内灯
PE2-37	左前门钥匙开锁反馈	PE4-8	夜光调节
PE2-39	左后门玻璃升降开关	PE4-9	右转向灯
PE2-40	右后门玻璃升降开关	PE4-10	闭锁电机
PE3-1	警告灯开关	PE4-12	后除霜加热
PE3-2	后备厢开关	PE4-13	闭锁电机
PE3-4	防盗指示灯	PE4-14	后备厢灯控制
PE3-5	后雾灯	PE5-1	右后玻璃升降电机
PE3-7	警告灯闪烁	PE5-2	左后玻璃升降电机
PE3-10	位置灯	PE5-3	左后玻璃升降电机
PE3-11	近光灯	PE5-4	右后玻璃升降电机
PE3-12	后除霜请求信号	PE5-6	右前玻璃升降电机
PE3-13	前雾灯	PE5-9	右前玻璃升降电机
PE3-15	左转向	PE5-10	前雾灯
PE3-16	右转向	PE5-12	左前玻璃升降电机
PE3-17	钥匙接触开关	PE5-15	左前玻璃升降电机
PE3-18	点火电源	PE6-1	BCM 电源
PE3-20	ACC 电源	PE6-2	BCM 接地
PE3-21	远光灯	PE6-3	BCM 电源
PE3-23	CAN-LOW		

7.3.5 威麟 X5 车身电脑（32 针+ 32 针+ 20 针+ 12 针）

以奇瑞 2010 年款威麟 X5 车型为例，该车车身电脑端子图如图 7-14 所示，端子定义见表 7-26、表 7-27。

图 7-14 威麟 X5 车身电脑端子图

表 7-26 PE1、PE2 端子定义

端子	模块上标识 PE2 端子定义	电平	端子	模块上标识 PE1 端子定义	电平
1	CAN 低		1	位置灯输入	低
4	中控闭锁输入	低	2	前刮水器低速输入	低
5	中控开锁输入	低	3	自动亮灯输入（预留）	低
6	副驾驶门门接触开关输入	低	4	后洗涤输入	低
7	驾驶门门接触开关输入	低	5	后刮水器输入	低
8	后雾灯输入	低	6	危险灯输入	低
9	前雾灯输入	低	8	自动刮水器输入	低
10	钥匙插入信号输入		10	灵敏度调节输入	
11	P 挡输入（预留）		14	除霜指示灯输出	
12	近光灯输入	低	17	刮水器停止位输入	低
13	巡航减输入（预留）	低	18	高速刮水器输入	低
14	前洗涤输入	低	19	后背门门接触开关输入	低
15	ACC 电源输入		20	电动滑门接触开关输入	低
16	—	低	21	倒挡输入	
18	CAN		22	喇叭输入	低
19	LIN（预留）		23	钥匙锁输出（预留）	
20	LIN		24	近光灯输出	
21	远光灯输入	低	25	远光灯输出	低
22	右转向输入	低	26	钥匙照明输出	低
23	超车灯输入	低	28	后刮水器输出	
24	左转向输入	低	29	后雾灯输出	低
25	右前车窗下降输入	低	30	除霜输入	低
26	左前车窗下降输入	低	31	CAN 唤醒	低
27	右前车窗上升输入	低			
28	左前车窗上升输入	低			
29	巡航加输入（预留）	低			
30	巡航输入（预留）	低			
31	点火开关电源输入				
32	前舱门接触开关输入	低			

表 7-27　PP3～PP7 端子定义

模块上标识 PP3			模块上标识 PP4		
端子	端子定义	电平	端子	端子定义	电平
2	顶灯输出	低	1	左前车窗上升输出	高
3	安全指示灯地端输出	高	2	左前车窗下降输出	高
4	右转向输出	高	3	防盗喇叭输出	高
5	左转向输出	高	4	右前车窗上升输出	高
6	前雾灯输出（1）	高	5	右前车窗下降输出	高
7	前雾灯输出（2）		10	位置灯输出 2	高
8	除霜输出（1）	高	11	背光输出	高
9	除霜输出（2）		12	位置灯输出 1	高
10	日间行车灯输出（预留）	高	模块上标识 PP6：地		
12	中控开锁输出	高			
13	中控闭锁输出	高			
14	后洗涤输出	高			
15	前洗涤输出	高			
16	低速刮水器输出	高			
17	高速刮水器输出	高			
19	蓄电池节能输出	高	模块上标识 PP7：12V 电源		
20	喇叭输出	高			

7.4　多媒体电脑

7.4.1　艾瑞泽 5 多媒体系统（8 针+ 8 针+ 12 针+ 12 针+ 22 针）

以奇瑞 2015 年款艾瑞泽 5 车型为例，该车多媒体电脑端子图如图 7-15 所示，端子定义见表 7-28、表 7-29。

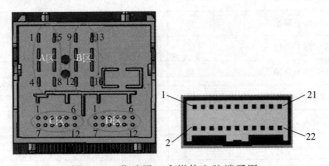

图 7-15　艾瑞泽 5 多媒体电脑端子图

表 7-28　A、B、C 区域端子定义

端子	端子定义	插件区域	端子	端子定义	插件区域
1	左前（+）		1	倒车信号	
2	左前（-）		4	摄像头视频	
3	右前（+）		5	摄像头视频	
4	右前（-）	A 区	6	摄像头电源	
5	左后（+）	（线端棕色）	7	地	C 区
6	左后（-）		8	启动信号（IGN）	（线端蓝色）
7	右后（+）		9	电源地	
8	右后（-）		10	转向盘按键信号 1	
9	地		11	转向盘按键信号 2	
10	放大器电源		12	转向盘按键地	
12	背光控制信号				
13	ACC 触发电源	B 区			
14	工作/记忆电压	（线端黑色）			
15	CAN 高信号				
16	CAN 低信号				

表 7-29　22 针连接端子定义

端子	端子定义	端子	端子定义
1	按键信号 1	10	音量调节 +
2	信号地	11	信号地
3	按键信号 2	12	音量调节 -
4	按键电源 3.3V	13	信号地
5	信号地	14	开关信号
6	按键背光灯电源	15	信号地
7	按键背光灯电源	16	信号地
8	电源地	17	信号地
9	电源地		

7.4.2　奇瑞 E3 音响主机（16 针）

以奇瑞 2013 年款 E3 车型为例，该车音响主机端子图如图 7-16 所示，端子定义见表 7-30。

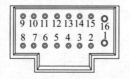

图 7-16　奇瑞 E3 音响主机端子图

表 7-30 奇瑞 E3 音响主机端子定义

端子	端子定义	英文名字	功能说明	信号出入
1	GND	GND	电源地	输入
2	左前+	FL+	左前扬声器音频信号+	输出
3	左前−	FL−	左前扬声器音频信号−	输出
4	右前−	FR−	右前扬声器音频信号−	输出
5	右前+	FR+	右前扬声器音频信号+	输出
6	左后+	RL+	左后扬声器音频信号+	输出
7	左后−	RL−	左后扬声器音频信号−	输出
8	右后+	RR+	右后扬声器音频信号+	输出
9	右后−	RR−	右后扬声器音频信号−	输出
10	转向盘按键电源	Steer	转向盘按键工作电源	输出
11	AMP	AMP	天线工作电源	输出
12	速度信号	Speed	车速信号	输入
13	转向盘按键信号	Steer signal	转向盘按键信号	输入
14	背光信号	ILL	背光调节信号	输入
15	ACC	ACC	工作触发电源	输入
16	电源	BATT	工作电源	输入

7.4.3 威麟 X5 多媒体电脑（16 针+ 16 针）

以奇瑞 2010 年款威麟 X5 车型为例，该车多媒体电脑端子图如图 7-17 所示，端子定义见表 7-31。

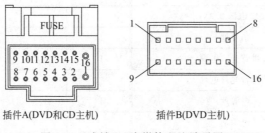

插件A(DVD和CD主机)　　插件B(DVD主机)

图 7-17　威麟 X5 多媒体电脑端子图

表 7-31　威麟 X5 多媒体电脑端子定义

插件 A		插件 B	
端子	端子定义	端子	端子定义
1	接地	1	倒车信号
2	左前扬声器+	4	免提音频输入+
3	左前扬声器−	5	免提音频输入−
4	右前扬声器−	6	倒车雷达时钟信号
5	右前扬声器+	7	倒车雷达数据信号

续表

插件 A			插件 B	
端子	端子定义	端子	端子定义
6	左后扬声器+	8	倒车雷达输入信号
7	左后扬声器-	9	倒车影像地
8	右后扬声器+	12	免提电话静音信号
9	右后扬声器-	14	免提电话系统地
10	转向盘按键电源		
11	天线放大器电源		
12	车速信号		
13	转向盘按键信号		
14	小灯控制信号（背景灯）		
15	触发电源		
16	工作/记忆电源		

7.5 新能源系统

7.5.1 艾瑞泽 7 PHEV

7.5.1.1 电机控制器（39针）

电机控制器连接端子如图 7-18 所示，端子定义见表 7-32。

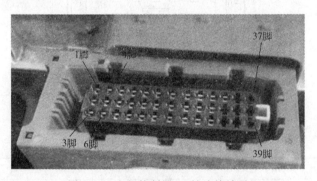

图 7-18 电机控制器 39 针连接端子

表 7-32 电机控制器连接端子定义

端子	英文名字	端子定义	端子	英文名字	端子定义
1	EXTW_KL30_SUPPLY	KL30 电源信号	5	EXTGND_KL30	电源地信号
2	EXTW_KL30_SUPPLY	KL30 电源信号	6	EXTGND_KL30	电源地信号
3	EXTID_KL15	KL15 电源信号	7	EXTC_CAN_HI	电机控制器 CAN(高) 信号
4	VMS_INVERTER_ENABLE	VMS 使能控制信号	8	EXTC_CAN_LO	电机控制器 CAN(低) 信号

续表

端子	英文名字	端子定义	端子	英文名字	端子定义
9	SHIELD_GND_CAN1	CAN屏蔽线	23	EXTP_S4	旋变传感器信号
10	M1T+	电机温度传感器信号	24	SHIELD_GND_S24	旋变传感器信号屏蔽线
11	M1T-	电机温度传感器信号	25	HVIL_DC1_IN	环路互锁信号输入
12	SHIELD_GND_M1T	温度传感器屏蔽线	26	HVIL_DC1_OUT	环路互锁信号输出
13	M2T+	电机温度传感器信号	27	HVIL_DC2_IN	环路互锁信号输入（预留）
14	M2T-	电机温度传感器信号	28	HVIL_DC2_OUT	环路互锁信号输入（预留）
15	SHIELD_GND_M2T	温度传感器屏蔽线	29	HVIL_DC3_IN	环路互锁信号输入（预留）
16	EXTP_R1	旋变传感器信号	30	HVIL_DC3_OUT	环路互锁信号输入（预留）
17	EXTP_R2	旋变传感器信号	31	CAN2_H	DCDCCAN（高）信号
18	SHIELD_GND_R12	旋变传感器信号屏蔽线	32	CAN2_L	DCDCCAN（低）信号
19	EXTP_S1	旋变传感器信号	33	SHIELD_GND_CAN2	CAN屏蔽线
20	EXTP_S3	旋变传感器信号	34	EXTID_KL15	KL15电源信号
21	SHIELD_GND_S13	旋变传感器信号屏蔽线	35	EXTGND_KL30	电源地信号
22	EXTP_S2	旋变传感器信号			

7.5.1.2 驱动电机连接端子（12针）

驱动电机连接端子如图7-19所示，端子定义见表7-33。

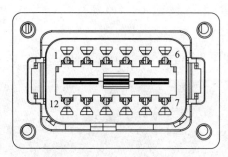

图7-19 驱动电机连接端子

表7-33 驱动电机连接端子定义

端子	端子定义	端子	端子连接定义
1	旋变 EXTP_R1	7	电机温度传感器 TEMP_1
2	旋变 EXTP_R2	8	电机温度传感器 TEMP_1
3	旋变 EXTP_S1	9	电机温度传感器 TEMP_2
4	旋变 EXTP_S3	10	电机温度传感器 TEMP_2
5	旋变 EXTP_S2	11	盲塞
6	旋变 EXTP_S4	12	盲塞

7.5.1.3 变速器控制单元（56针）

变速器控制单元端子如图7-20所示，端子定义见表7-34。

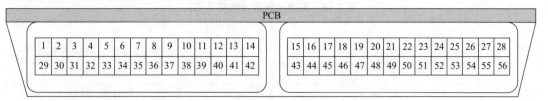

图 7-20 变速器控制单元端子

表 7-34 变速器控制单元端子定义

端子	端子定义	端子	端子定义
1	换挡锁电磁阀供电反馈	27	接地
2	耦合机构离合器电磁阀供电反馈	28	KL15 电信号
4	二轴压力电磁阀	29	离合器电磁阀供电反馈
5	离合器电磁阀	30	耦合机构制动器电磁阀供电反馈
6	耦合机构制动器电磁阀	31	换挡锁电磁阀
7	CAN2 低	33	一轴压力电磁阀
8	CAN1 低	34	耦合机构离合器电磁阀
9	涡轮转速传感器接地	35	CAN2 高
10	一轴转速传感器	36	CAN1 高
11	一轴转速传感器接地	37	一轴压力传感器接地
12	油温传感器接地	38	涡轮转速传感器
13	油温传感器	39	二轴转速传感器
14	一轴压力传感器	41	挡位开关电源反馈
15	二轴压力传感器	44	Brake2
16	刹车信号 1	48	冬季模式开关信号
17	P 挡信号	49	L 挡信号
18	R 挡信号	51	KL30 电信号
19	N 挡信号	52	KL30 电信号
20	D 挡信号	53	KL30 电信号
23	手动开关信号	54	一轴压力传感器、涡轮转速传感器供电
25	运动模式开关信号	55	接地
26	一轴、二轴转速，二轴压力传感器供电	56	接地

7.5.1.4 车辆控制器（HCU）(81 针)

车辆控制器连接端子如图 7-21 所示，端子定义见表 7-35。

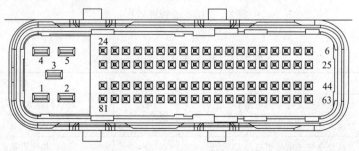

图 7-21 车辆控制器连接端子

表 7-35 车辆控制器连接端子定义

端子	端子定义	端子	端子定义
1	地（KL31）	48	启动使能继电器（高电平驱动）
2	地（KL31）	50	启动信号（预留）
3	地（KL31）	66	ECO 模式开关
4	电源（KL30）	67	驾驶模式开关
5	电源（KL30）	19	IPU 水泵 PWM 控制信号
26	5V 电源 1（正）	38	PTC 水泵 PWM 控制信号
64	5V 电源地（负）	44	启动继电器（低电平驱动）
6	IGN（KL15）	17	CAN 信号 1 低
14	ACC/唤醒	18	CAN 信号 1 高
15	空调压力高压信号	56	CAN 信号 3 低
11	碰撞高压关闭	55	CAN 信号 3 高
30	PTC 水泵信号反馈	79	启动继电器（高电平驱动）
31	IPU 水泵信号反馈	63	ECO 指示灯

7.5.2 奇瑞 EQ1 EV

7.5.2.1 高压电池管理器连接端子（28 针）

高压电池管理器连接端子如图 7-22 所示，定义见表 7-36。

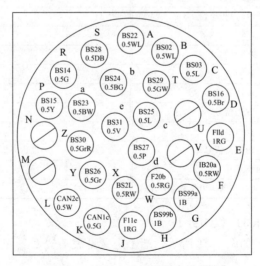

图 7-22 高压电池管理器连接端子

表 7-36 高压电池管理器端子定义

端子	端子定义	端子	端子定义
A	交流充电桩充电导引电路 CC 信号	D	高压回路继电器闭合使能信号
B	交流充电桩充电导引电路 CP 信号	E	BMS 供电 12V 电源
C	直流充电桩充电导引电路 CC 信号	F	快充设备点火信号

续表

端子	端子定义	端子	端子定义
G	BMS 电源地	V	内网 CAN 低
H	BMS 电源地	W	整车点火信号
J	BMS 供电 12V 电源	X	充电机点火信号
K	整车 CAN 高	Y	风扇 PWM 控制
L	整车 CAN 低	Z	热敏电阻 2（新国标预留接快充温度传感器）
P	快充电 CAN 网络高	a	充电指示灯驱动信号 1（红）
R	快充电 CAN 网络低	b	充电指示灯驱动信号 2（绿）
S	热敏电阻 1（新国标预留接快充温度传感器）	c	风扇反馈信号
T	热敏电阻 1 地（新国标预留接快充温度传感器）	d	风扇继电器低边控制信号
U	内网 CAN 高	e	热敏电阻 2 地（新国标预留接快充温度传感器）

7.5.2.2 车载充电机系统（12 针）

车载充电机连接端子如图 7-23 所示，定义见表 7-37、表 7-38。

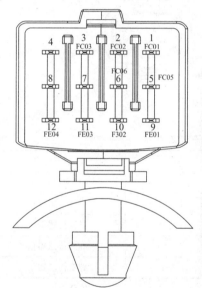

图 7-23　车载充电机连接端子

表 7-37　12 针连接端子定义

端子	端子定义	额定电流/A	端子	端子定义	额定电流/A
1	A+ 低压辅助电源正	1.5	9	热敏电阻 1	0.02
2	CANL/S−	—	10	热敏电阻 1 地	0.02
3	CANH/S+	—	11	热敏电阻 2	0.02
5	CC2 充电连接确认 1	0.02	12	热敏电阻 2 地	0.02
6	A− 低压辅助电源负	1.5			

表 7-38 充电接口连接定义

端子	额定电压/额定电流	端子定义
DC+	750V/125A	直流电源正，连接直流电源正与电池正极
DC−	750V/125A	直流电源负，连接直流电源正与电池负极
⏚	—/—	保护接地（PE），连接供电设备地线和车辆电平台
S+	0～30V/2A	充电通信 CAN_H，连接非车载充电机与电动汽车的通信线
S−	0～30V/2A	充电通信 CAN_L，连接非车载充电机与电动汽车的通信线
CC1	0～30V/2A	充电连接确认
CC2	0～30V/2A	充电连接确认
A+	0～30V/2A	低压辅助电源正，连接非车载充电机为电动汽车提供低压辅助电源
A−	0～30V/2A	低压辅助电源负，连接非车载充电机为电动汽车提供低压辅助电源

7.5.2.3 电机控制系统（MCU）端子（23针+10针）

电机控制系统端子如图 7-24 所示，定义见表 7-39、表 7-40。

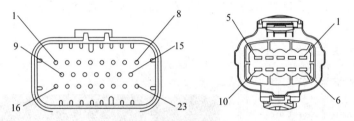

图 7-24 电机控制系统端子

表 7-39 电机控制系统端子定义

端子	英文名字	端子定义	端子	英文名字	端子定义
1	12V (KL30)	KL30 电源信号	10	VCU-EN	VCU 使能控制信号
2	12V (KL30)	KL30 电源信号	11	TEMP-1	温度传感器信号
3	R1	旋变传感器信号	12	TEMP-2	温度传感器信号
4	R2	旋变传感器信号	13	S2	旋变传感器信号
5	S1	旋变传感器信号	14	S4	旋变传感器信号
6	S3	旋变传感器信号	15	Screen-GND	屏蔽（地）信号
7	CAN-H	CAN（高）信号	16	12VGND-KL31	电源地信号
8	CANL	CAN（低）信号	17	12VGND-KL31	电源地信号
9	KL15	KL15 电源信号			

表 7-40 驱动电机连接端子定义

端子	端子定义	端子	端子定义
1	旋变 EXTP_R1	5	旋变 EXTP_S2
2	旋变 EXTP_R2	6	旋变 EXTP_S4
3	旋变 EXTP_S1	7	电机温度传感器 TEMP_1
4	旋变 EXTP_S3	8	电机温度传感器 TEMP_1

7.5.2.4 整车控制器（VCU）端子（81针）

整车控制器端子如图 7-25 所示，定义见表 7-41。

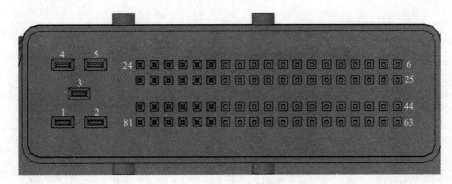

图 7-25 整车控制器端子

表 7-41 整车控制器端子定义

端子	英文名字	端子定义	端子	英文名字	端子定义
1	KL30_supply	KL30 电源信号	27	ED_Spare_3	数字输入备用口 3
2	KL30_supply	KL30 电源信号	28	ED_Spare_4	数字输入备用口 4
3	Power_GND	电源地信号	29	DCDC_OK	DCDC 自检信号
4	KL30_supply_GND	电源地信号	30	Brake	刹车信号
5	KL30_supply_GND	电源地信号	31	Lowside_Spare_1	低端驱动备用口 1
6	CANBUSHIGHSIGNAL	CAN 高	32	Lowside_Spare_2	低端驱动备用口 2
7	CANBUSLOWSIGNAL	CAN 低	33	Lowside_Spare_3	低端驱动备用口 3
8	EXTAN_Temp_1	热敏电阻采集 1	34	Lowside_Spare_4	低端驱动备用口 4
9	EXTAN_Spare_1	模拟备用口 1	35	Lowside_Spare_5	低端驱动备用口 5
10	EXTAN_Spare_2	模拟备用口 2	36	Reverselampdriver	倒车灯驱动信号
11	DCDC_load_Current	DCDC 负载电流	37	Inverterenable	电机使能信号
14	AN_Accelarator_1	加速踏板信号 1	38	Battery_contactor_ene	电池连接信号
15	AN_Accelarator_2	加速踏板信号 2	39	Highside_Spare_1	高端驱动备用口 1
16	DCDC_enable	DCDC 使能	40	ED_Spare_5	数字输入备用口 5
17	DCDC_setpoint	DCDC 输出电压调节	41	AnalogGND	模拟地
18	CRANK	Ready 信号	42	AnalogGND	模拟地
19	Air_condition	空调开启信号	43	AnalogGND	模拟地
20	ACC	附件开关	44	DI_ECO_Switch	经济模式开关
21	Ignition	点火开关	45	ED_Spare_6	数字输入备用口 6
22	AN5V	模拟 5V 输出	46	AN_Spare_2	模拟备用口 2
23	AN5V	模拟 5V 输出	47	AN_Spare_2	模拟备用口 3
24	AN5V	模拟 5V 输出	48	Lowside_Spare_6	低端输出备用 6
25	ED_Spare_1	数字输入备用口 1	49	Lowside_Spare_7	低端输出备用 7
26	ED_Spare_2	数字输入备用口 2	50	高端输出备用 2	数字

续表

端子	英文名字	端子定义	端子	英文名字	端子定义
51	高端输出备用 3	数字	64	CAN_B_H	CAN 信号高
52	PWM1	方波脉冲输出 1	65	EXTAN_Temp2	热敏电阻采集 2
53	PWM2	方波脉冲输出 2	66	AN_Spare3	模拟备用口 3
54	PWM3	方波脉冲输出 3	67	AN_Spare4	模拟备用口 4
55	Spare5	数字输入备用口 5	68	AN_Spare5	模拟备用口 5
56	Spare6	数字输入备用口 6	69	AN_Spare6	模拟备用口 6
57	Charger_wake	数字输入口	70	AN_Spare7	模拟备用口 7
58	Spare3	数字输入备用口 3	71	AN_Spare8	模拟备用口 8
59	Spare4	数字输入备用口 4	72	CAN_C_H	
60	Charge_Connector_ok	充电连接	73	CAN_C_L	
61	ED_PWM1	方波脉冲输入 1	74	Spare7	数字输入备用口 7
62	ED_PWM2	方波脉冲输入 2	75	Spare8	数字输入备用口 8
63	CAN_B_L	CAN 信号低			

第 8 章 北汽-绅宝-幻速-威旺

8.1 发动机电脑

8.1.1 北汽 1.3L 4A90M 发动机（81 针）

以北汽绅宝 E130、E150 车型为例，发动机电脑端子如图 8-1 所示，端子定义见表 8-1。

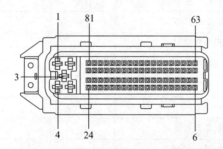

图 8-1 4A90M 发动机电脑端子图

表 8-1 4A90M 发动机电脑端子定义

端子	端子定义	端子	端子定义
1	点火线圈 2 控制信号	12	发动机控制单元电源 30b1
2	点火线圈 3 控制信号	13	发动机控制单元电源 15
3	发动机控制单元接地	14	主继电器
4	点火线圈 4 控制信号	15	发动机转速传感器信号
5	点火线圈 1 控制信号	16	加速踏板位置传感器信号
6	喷油器 2 控制信号	17	传感器接地
7	喷油器 3 控制信号	18	前氧传感器信号

续表

端子	端子定义	端子	端子定义
19	爆震传感器信号 A	55	后氧传感器信号
20	爆震传感器信号 B	56	巡航开关
21	制动开关常开信号	57	空调压力开关高低压信号
22	蒸发箱温度传感器信号	58	制动开关常闭信号
23	巡航开关	59	碰撞信号
26	前氧传感器加热信号	60	空调压力开关中压开关信号
27	喷油器 1 控制信号	61	发动机控制单元接地
28	后氧传感器加热信号	62	CAN-H
32	传感器电源	63	发动机控制单元电源 30b1
33	传感器电源	64	电子节气门电机信号 2
35	传感器接地	65	电子节气门电机信号 2
36	接地	66	电子节气门电机信号 1
37	进气温度压力传感器压力信号	67	电子节气门电机信号 1
38	节气门位置传感器 2 信号	68	风扇继电器 2
39	冷却液温度传感器信号	69	压缩机继电器
40	加速踏板位置传感器信号	70	油泵继电器
42	进气温度压力传感器温度信号	71	K 线诊断线
43	巡航开关	72	近光灯调节信号
44	发动机控制单元电源 30b1	73	电子节气门电源
45	发动机控制单元电源 30b1	74	离合开关
46	炭罐电磁阀控制信号	75	空调控制信号
47	喷油器 4 控制信号	76	巡航开关/接线端 30b1
48	可变凸轮轴正时电磁阀控制信号	77	转向助力泵负载信号
50	风扇继电器 1	78	节气门位置传感器接地
51	发动机控制单元接地	79	相位传感器信号
53	发动机控制单元接地	80	发动机控制单元接地
54	节气门位置传感器 1 信号	81	CAN-L

8.1.2　北汽 1.3L A131 发动机（64 针+ 48 针）

以北汽绅宝 2016 年款 X35 车型为例，发动机电脑端子图如图 8-2 所示，端子定义见表 8-2。

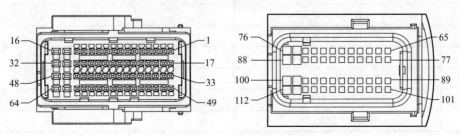

图 8-2　A131 发动机电脑端子图

表 8-2　A131 发动机电脑端子定义

端子	端子定义	端子	端子定义
1	CAN1-H	70	可变进气阀
5	主继电器控制信号	71	可变凸轮轴正时（进气）
6	离合器开关（MT 车型）	72	喷油器 3
7	踏板 1 地	73	上游氧传感器加热
9	巡航控制信号（AT 车型）	74	喷油器 4
14	大灯开关	75	节气门执行器
15	非持续电源	76	点火线圈 4
16	非持续电源	77	节气门位置传感器 1
17	CAN-L	78	节气门位置传感器 2
18	K 线诊断信号	80	氧传感器地
20	持续电源	84	模拟地
23	制动开关	85	歧管地
24	空调中压开关	86	节气门地
25	制动灯	87	节气门执行器
26	安全气囊输入	88	点火线圈 2
28	AC 控制信号	89	爆震传感器 B
29	转向助力泵信号	90	爆震传感器 A
30	加速踏板传感器 2	91	进气压力传感器
31	风扇控制 2（高速）	92	下游氧传感器
32	防盗	93	相位传感器
35	点火开关	94	炭罐阀
36	踏板 2 的 5V 电源	95	相位地
37	踏板 1 的 5V 电源	96	发动机转速传感器输入
41	油泵继电器	98	相位 5V 电源
42	空调压缩机继电器	99	点火线圈 3
43	蒸发箱温度传感器接地	100	点火线圈 1
45	加速踏板传感器 1	101	发动机冷却液温度传感器
47	模拟地（AT 车型）	102	进气温度传感器
53	空调高低压开关	104	上游氧传感器
56	空风扇控制 1（低速）	106	发电机负荷反馈
59	空踏板 2 地	107	节气门 5V 电源
62	蒸发箱温度传感器信号	108	5V 电源 2
63	ECU 地 2	109	歧管 5V 电源
64	ECU 地 1	110	下游氧传感器加热
67	喷油器 2	111	ECU 地 4
68	喷油器 1	112	ECU 地 3

8.1.3 北汽 1.3T JLB-4G13T 发动机（64 针 + 48 针）

以北汽威旺 2017 年款 M50F 车型为例，4G13T 发动机电脑端子如图 8-3 所示，端子定义见表 8-3、表 8-4。

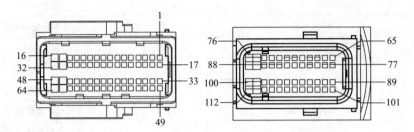

图 8-3 4G13T 发动机电脑端子图

表 8-3 4G13T 发动机电脑 64 针端子定义

端子	接线颜色	端子定义	端子	接线颜色	端子定义
1	黑黄	PCAN-H	32	绿	防盗输入
2	浅绿黑	LIN 通信	35	蓝白	点火开关
5	棕黑	主继电器	36	绿	踏板 25V 电源
7	棕白	踏板 1 地	37	红	踏板 15V 电源
11	绿黑	大灯开关	42	黄白	空调压缩机继电器
12	绿棕	制动真空度传感器	43	黑棕	传感器地 2
14	黑绿	空调高低压开关	44	绿黄	离合器下位开关
15	蓝红	非持续电源	45	黄绿	加速踏板传感器 1
16	蓝红	非持续电源	46	黑蓝	增压压力传感器
17	黄黑	PCAN-L	47	红绿	真空度/增压压力温度传感器地
19	蓝黄	真空度传感器/增压压力温度传感器 5V	48	灰紫	下游氧传感器加热
20	白红	持续电源	49	黄红	油泵继电器
21	灰蓝	下游氧传感器	54	黑橙	电子真空泵继电器
22	紫黄	起动机状态反馈	56	绿白	风扇控制 1（低速）
23	绿灰	制动开关	58	紫黑	起动机控制
24	紫橙	空调中压开关	59	黄	踏板 2 地
25	绿	制动灯	60	黑紫	空调温度传感器
28	紫红	空调请求开关	62	灰绿	增压温度传感器
30	蓝黑	加速踏板传感器 2	63	黑	ECU 地 2
31	蓝	风扇控制 2（高速）	64	黑	ECU 地 1

表 8-4 4G13T 发动机电脑 48 针端子定义

端子	接线颜色	端子定义	端子	接线颜色	端子定义
65	紫蓝	废气控制阀	90	绿	爆震传感器 A
67	白黑	喷油器 4	91	棕白	进气压力传感器
68	白绿	喷油器 1	93	绿	相位传感器
70	绿黄	泄流控制阀	94	黑白	炭罐电磁阀
71	黑黄	可变凸轮轴正时	95	棕红	相位地
72	白蓝	喷油器 2	96	白	转速传感器 A 端
73	灰白	上游氧传感器加热	97	灰黄	转速传感器 B 端
74	白黄	喷油器 3	98	棕黄	相位 5V 电源
75	绿蓝	节气门执行器	99	黄	点火线圈 3
76	绿	点火线圈 4	100	白	点火线圈 1
77	蓝白	节气门位置传感器 1	101	绿红	水温传感器
78	蓝黄	节气门位置传感器 2	102	棕黑	进气温度传感器
80	棕绿	氧传感器地	103	红蓝	倒挡开关
85	灰绿	水温/进气压力温度传感器地	104	灰	上游氧传感器
86	蓝红	节气门地	107	绿	节气门 5V 电源
87	绿黑	节气门执行器	109	红白	歧管 5V 电源
88	棕	点火线圈 2	111	黑	ECU 地 4
89	黄	爆震传感器 B	112	黑	ECU 地 3

8.1.4 北汽 1.5L A151 发动机（64 针 + 48 针）

与 A131 发动机相同，相关内容请参考 8.1.2 小节。

8.1.5 北汽 1.5L 4A91S 发动机（81 针）

与 4A90M 发动机相同，相关内容请参考 8.1.1 小节。

8.1.6 北汽 1.5T 4A91T 发动机（64 针 + 48 针）

以北京汽车 2016 年款 BJ20 车型为例，发动机电脑端子图如图 8-4 所示，端子定义见表 8-5。

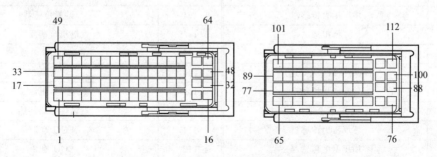

图 8-4 4A91T 发动机电脑端子图

表 8-5 发动机电脑端子定义

端子	端子定义	端子	端子定义
1	CAN 总线 1 高	64	ECU 地 1
2	LIN 通信线（用于装配启停的汽车）	65	废气控制阀
5	主继电器	67	喷油器 2
7	踏板 1 地	68	喷油器 1
9	巡航控制信号	71	可变凸轮轴正时（进气）
12	制动真空度传感器	72	喷油器 3
13	KL50 状态	73	前氧传感器加热
14	大灯开关	74	喷油器 4
15	非持续电源	75	节气门执行器
16	非持续电源	76	点火线圈 4
17	CAN 总线 1 低	77	节气门位置传感器 1
19	5V 电源 1	78	节气门位置传感器 2
20	持续电源	80	氧传感器地
22	起动机状态反馈	84	模拟地
23	制动开关	85	歧管地
24	空调中压开关	86	节气门地
25	制动灯	87	节气门执行器
26	安全气囊输入	88	点火线圈 2
28	空调开关	89	爆震传感器 B
29	离合位置传感器信号（MT 车型）	90	爆震传感器 A
30	加速踏板传感器 2	91	进气压力传感器
31	风扇控制 2（高速）	92	后氧传感器
32	防盗	93	相位传感器
34	发动机转速输出（CVT 车型）	94	炭罐电磁阀
35	点火开关 IG1 电源	95	相位地
36	踏板 25V 电源	96	发动机转速传感器输入
37	踏板 15V 电源	98	相位 5V 电源
41	油泵继电器	99	点火线圈 3
42	空调压缩机继电器	100	点火线圈 1
43	传感器地（MT 车型）	101	发动机冷却水温度传感器
44	离合器底开关（MT 车型）	102	进气温度传感器
45	加速踏板传感器 1	103	离合器顶开关（MT 车型）
46	增压压力传感器	104	前游氧传感器
47	模拟地	106	发电机负荷反馈
54	制动真空泵继电器	107	节气门 5V 电源
56	风扇控制 1（低速）	108	5V 电源 2
58	起动机控制	109	歧管 5V 电源 2
59	踏板 2 地	110	后氧传感器加热
60	环境压力传感器	111	ECU 地 4
61	增压温度传感器	112	ECU 地 3
63	ECU 地 2		

8.1.7 北汽 1.8T B185RGA 发动机（73 针+ 73 针）

以北汽绅宝 2015 年款 D70 车型为例，发动机电脑端子如图 8-5 所示，端子定义见表 8-6、表 8-7。

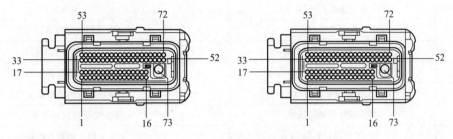

图 8-5　B185RGA 发动机电脑端子图

表 8-6　B185RGA 发动机电脑 73 针端子定义（一）

端子	端子定义	端子	端子定义
1	发动机控制单元电源	38	加速踏板位置传感器 2 电源
3	发动机控制单元电源	39	加速踏板位置传感器 2 接地
6	发动机控制单元电源	46	后氧传感器加热丝控制信号
12	加速踏板位置传感器 1 信号	51	A/C 继电器控制信号
16	PTCAN-L	54	巡航开关电源
17	制动开关信号	55	后氧传感器信号地
18	制动灯信号	56	环境温度压力传感器电源
22	发动机控制单元电源	57	环境温度压力传感器接地
23	离合开关信号	58	空调压力开关电源
24	倒车开关信号	59	空调压力开关接地
25	空调压力开关信号	62	主继电器控制信号
27	加速踏板位置传感器 2 信号	64	动力转向开关信号
29	环境温度压力传感器压力信号	66	电子风扇高速控制信号
30	后氧传感器信号正	67	电子风扇低速控制信号
31	巡航开关信号	71	油泵继电器控制信号
32	PTCAN-H	72	K 诊断线
36	加速踏板位置传感器 1 电源	73	发动机控制单元接地
37	加速踏板位置传感器 1 接地		

表 8-7　B185RGA 发动机电脑 73 针端子定义（二）

端子	端子定义	端子	端子定义
1	点火线圈 A 控制信号（1 缸）	4	电子节气门电源
2	前氧传感器信号地	5	进气歧管压力传感器电源
3	电子节气门接地	6	增压温度传感器电源

续表

端子	端子定义	端子	端子定义
9	环境温度压力传感器温度信号	33	点火线圈C控制信号（4缸）
10	前氧传感器信号	34	进气歧管压力传感器接地
12	爆震传感器正极	36	碰撞信号
13	发电机信号	39	节气门位置传感器信号1
14	前氧传感器加热丝信号	40	驻车制动开关信号
15	泵轮增压控制电磁阀控制信号	41	增压温度传感器压力信号
17	点火线圈B控制信号（3缸）	43	增压温度传感器温度信号
19	增压温度传感器接地	53	点火线圈D控制信号（2缸）
20	曲轴位置传感器−	57	炭罐电磁阀控制信号
21	曲轴位置传感器＋	58	启动继电器控制信号
24	冷却液温度传感器接地	61	电子节气门电机负极
26	节气门位置传感器信号2	63	2缸喷油器信号
27	进气歧管压力传感器信号	64	3缸喷油器信号
28	爆震传感器负极	65	1缸喷油器信号
29	冷却液温度传感器信号	66	4缸喷油器信号
31	涡轮泄压控制电磁阀信号	67	电子节气门电机正极

8.1.8 北汽 2.0T B205EFA 发动机（73针+73针）

以北汽绅宝 2016 年款 X65 车型为例，发动机电脑端子如图 8-6 所示，端子定义见表 8-8、表 8-9。

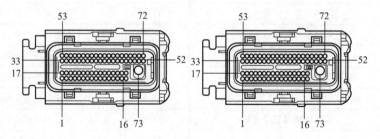

图 8-6 B205EFA 发动机电脑端子图

表 8-8 B205EFA 发动机电脑 73 针端子定义（一）

端子	端子定义	端子	端子定义
1	发动机控制单元电源	18	制动灯信号
3	发动机控制单元电源	19	离合开关信号（MT车型）
6	发动机控制单元电源	21	启动请求信号（MT车型）
12	加速踏板位置传感器1信号	22	发动机控制单元电源
16	PCAN-L	24	倒车开关信号（MT车型）
17	制动开关信号	25	空调压力开关信号

续表

端子	端子定义	端子	端子定义
27	加速踏板位置传感器2信号	56	环境温度压力传感器电源
29	环境温度压力传感器压力信号	57	环境温度压力传感器接地
30	后氧传感器信号正	58	空调压力开关电源
31	巡航开关信号	59	空调压力开关接地
32	PCAN-H	62	主继电器控制信号
36	加速踏板位置传感器1电源	64	动力转向开关信号
37	加速踏板位置传感器1接地	65	空调请求信号（非自动空调车型）
38	加速踏板位置传感器2电源	66	电子风扇高速控制信号
39	加速踏板位置传感器2接地	67	电子风扇低速控制信号
46	后氧传感器加热丝控制信号	70	启动机继电器控制信号（MT车型）
51	A/C继电器控制信号	71	油泵继电器控制信号
54	巡航开关电源	72	K诊断线
55	后氧传感器信号地	73	发动机控制单元接地

表8-9 B205EFA发动机电脑73针端子定义（二）

端子	端子定义	端子	端子定义
1	点火线圈A控制信号（1缸）	28	爆震传感器负极
2	前氧传感器信号地	29	冷却液温度传感器信号
3	电子节气门接地	31	涡轮增压控制电磁阀信号
4	电子节气门电源	33	点火线圈C控制信号（4缸）
5	进气歧管压力传感器电源	34	进气歧管压力传感器接地
6	增压温度传感器电源	36	碰撞信号
9	环境温度压力传感器温度信号	39	节气门位置传感器信号1
10	前氧传感器信号	40	驻车制动开关信号
12	爆震传感器正极	41	增压温度传感器压力信号
13	发电机信号	43	增压温度传感器温度信号
14	前氧传感器加热丝信号	53	点火线圈D控制信号（2缸）
15	涡轮泄压控制电磁阀控制信号	57	炭罐电磁阀控制信号
17	点火线圈B控制信号（3缸）	58	启动继电器控制信号
19	增压温度传感器接地	61	电子节气门电机负极
20	曲轴位置传感器−	63	2缸喷油器信号
21	曲轴位置传感器＋	64	3缸喷油器信号
24	冷却液温度传感器接地	65	1缸喷油器信号
26	节气门位置传感器信号2	66	4缸喷油器信号
27	进气歧管压力传感器信号	67	电子节气门电机正极

8.1.9 北汽 2.0T B201R 发动机（64 针+ 48 针）

以北京汽车 2016 年款 BJ40 车型为例，发动机电脑端子如图 8-7 所示，端子定义见表 8-10、表 8-11。

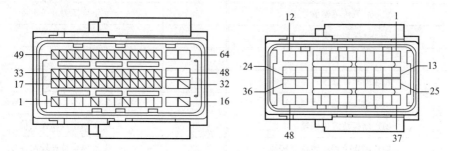

图 8-7　B201R 发动机电脑端子图

表 8-10　B201R 发动机电脑 64 针端子定义

端子	端子定义	端子	端子定义
2	发动机控制单元 IGN1 电源	35	加速踏板位置传感器 1 信号
3	炭罐电磁阀信号	37	加速踏板位置传感器 2 电源
4	风扇低速继电器控制	38	真空压力传感器信号
5	风扇高速继电器控制	42	后氧传感器信号＋
7	真空泵继电器控制端	47	接地
8	离合信号（MT 车型）	48	接地
9	燃油泵继电器控制	49	传感器接地
11	V-CANL	50	传感器接地
12	V-CANH	51	传感器电源
13	后氧传感器加热丝控制信号	52	空调高低压开关信号
14	主继电器控制	53	空调中压开关信号
15	发动机控制单元主继电器输入电源	58	定速巡航开关信号（AT 车型）
18	制动开关信号	60	压缩机继电器控制
19	动力转向开关	61	加速踏板位置传感器 2 信号
25	制动开关常闭触点	63	发动机控制单元电源
29	机油压力开关信号	64	发动机控制单元电源
31	发动机控制单元主继电器输入		

表 8-11　B201R 发动机电脑 48 针端子定义

端子	端子定义	端子	端子定义
4	喷油器 A	7	喷油器 D
5	喷油器 B	14	节气门位置传感器信号 1
6	喷油器 C	18	增压温度传感器

续表

端子	端子定义	端子	端子定义
19	交流发电机	36	点火线圈 3 信号
20	冷却液温度传感器信号	37	爆震传感器一
21	凸轮轴位置传感器信号	38	传感器电源
22	前氧传感器信号＋	39	传感器电源
23	节气门电机＋	41	前氧传感器加热丝控制信号
24	节气门电机一	43	进气歧管绝对压力传感器信号
25	爆震传感器＋	45	传感器接地
28	增压温度传感器电源	46	传感器接地
33	曲轴位置传感器信号	47	点火线圈 4 信号
35	点火线圈 1 信号	48	点火线圈 2 信号

8.1.10 北汽 2.3T B231R 发动机（64 针＋48 针）

与 B201R 相同，相关内容请参考 8.1.9 小节。

8.1.11 北汽 2.4L G4CA-C06/BNX495QA 发动机（73 针）

以北京汽车 2013 年款 BJ40 车型为例，发动机电脑端子如图 8-8 所示，端子定义见表 8-12。

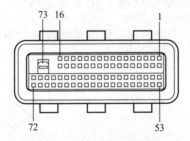

图 8-8 发动机电脑端子图

表 8-12 495QA 发动机电脑端子定义

端子	端子定义	端子	端子定义
1	点火开关电源	14	HCANL
3	车速信号	15	HCANH
4	传感器 5V 电源	17	蓄电池供电电源
5	传感器信号接地	18	蓄电池供电电源
6	氧传感器接地	20	传感器 5V 电源
8	空调压力开关	21	进气歧管温度压力传感器温度信号接地
11	K 线	24	节气门位置传感器信号
12	曲轴位置传感器信号＋	27	进气歧管温度压力传感器温度信号

续表

端子	端子定义	端子	端子定义
28	曲轴位置传感器信号—	55	喷油器 1#
30	L 线	56	喷油器 3#
32	点火线圈驱动	58	主继电器控制信号
33	自动怠速＋	61	氧传感器加热器控制
34	自动怠速—	62	前氧传感器信号
38	后氧传感器信号	63	炭罐电磁阀控制信号
42	进气歧管温度压力传感器压力信号	64	前氧传感器加热器控制信号
43	冷却液温度信号	67	电子风扇继电器控制信号
46	空调压缩机继电器控制信号	69	爆震传感器信号
47	燃油泵继电器控制信号	70	喷油器 2#
52	点火线圈	71	喷油器 4#
53	目标怠速—	73	ECU 接地
54	目标怠速＋		

8.2 变速器电脑

8.2.1 北汽 TF-80SC 六速自动变速器（16 针＋22 针）

以北汽绅宝 2015 年款 X65 车型为例，变速器电脑端子如图 8-9 所示，端子定义见表 8-13、表 8-14。

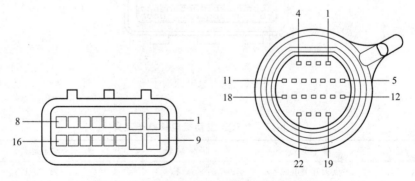

图 8-9 TF-80SC 六速自动变速器电脑端子图

表 8-13 TF-80SC 六速自动变速器电脑 16 针端子

端子	端子定义	端子	端子定义
1	自动变速器控制单元电源	11	自动变速器控制单元电源
6	PCAN-L	13	自动变速器控制单元信号
9	自动变速器控制单元接地	14	PCAN-H

表 8-14　TF-80SC 六速自动变速器电脑 22 针端子定义

端子	端子定义	端子	端子定义
1	管路压力控制电磁阀 SLTG	12	输入轴转速传感器 NIN+
2	2 号变速器 3 通电磁阀 S2	13	输入轴转速传感器 NIN-
3	管路压力控制电磁阀 SLT	14	换挡控制电磁阀 SLC3
4	锁止控制电磁阀 SLUG	16	换挡控制电磁阀 SLB1G
5	1 号变速器 3 通电磁阀 S1	17	换挡控制电磁阀 SLC2
7	机油温度传感器 OTG	18	换挡控制电磁阀 SLC2G
8	机油传感器 OT	19	输出轴转速传感器 SP+
9	锁止控制电磁阀 SLU	20	输出轴转速传感器 SP-
10	换挡控制电磁阀 SLC1G	21	换挡控制电磁阀 SLB1
11	换挡控制电磁阀 SLC1	22	换挡控制电磁阀 SLC3G

8.2.2　北汽 TB60 六速自动变速器（35 针 + 21 针）

TB60 变速器电脑端子如图 8-10 所示，端子定义见表 8-15、表 8-16。

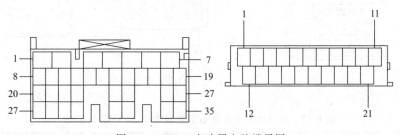

图 8-10　TB60 变速器电脑端子图

表 8-15　TB60 六速自动变速器电脑 35 针端子定义

端子	端子定义	端子	端子定义
1	LUP 管路压力控制电磁阀接地	16	线性电磁阀 1 信号
3	接地	17	换挡电磁阀 2
4	线性压力控制电磁阀 1 信号	22	油温传感器 1 信号
5	线性压力控制电磁阀 2 信号	23	油温传感器 1 接地
6	换挡电磁阀 3	26	自动变速器控制单元电源
7	换挡电磁阀 1	28	VCANL
9	线性压力控制电磁阀 1 接地	29	VCANH
11	线性压力控制电磁阀 2 接地	30	油温传感器 2 信号
12	线性电磁阀 1 接地	31	油温传感器 2 接地
13	L-UP 管路压力控制电磁阀信号	33	接地
14	换挡电磁阀 4	34	自动变速器控制单元 IG1 电源
15	电磁阀继电器	35	自动变速器控制单元 IG1 电源

表 8-16 TB60 六速自动变速器液压单元（21 针）端子定义

端子	端子定义	端子	端子定义
2	油温传感器 1 接地	13	油温传感器 1 信号
3	油温传感器 2 接地	14	油温传感器 2 信号
4	线性压力控制电磁阀 2 接地	15	线性压力控制电磁阀 2 信号
5	线性电磁阀 1 接地	16	线性电磁阀 1 信号
6	L-UP 控制电磁阀接地	17	L-UP 控制电磁阀信号
7	线性压力控制电磁阀 1 接地	18	线性压力控制电磁阀 1 信号
8	电磁阀继电器	19	换挡电磁阀 4
9	换挡电磁阀 3	20	换挡电磁阀 2
10	换挡电磁阀 1		

8.2.3 北汽 55-51SN 五速自动变速器（24 针+ 26 针+ 16 针）

以北汽绅宝 2012 年款 D 系列车型为例，变速器电脑端子如图 8-11 所示，端子定义见表 8-17～表 8-19。

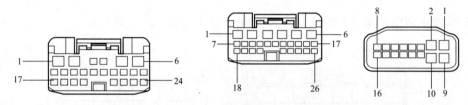

图 8-11 55-51SN 五速自动变速器电脑端子图

表 8-17 55-51SN 五速自动变速器电脑 24 针端子定义

端子	端子定义	端子	端子定义
1	自动变速器控制单元接地	14	3 号换挡电磁阀信号
2	线性压力控制电磁阀接地	15	2 号换挡电磁阀信号
3	L-UP 控制电磁阀接地	16	1 号换挡电磁阀信号
4	线性压力控制电磁阀信号	17	PTCAN-H
5	L-UP 控制电磁阀信号	19	离合器压力控制电磁阀接地
6	自动变速器控制单元电源	21	离合器压力控制电磁阀信号
7	PTCAN-L	22	5 号换挡电磁阀信号
11	油温传感器信号	23	自动变速器控制单元接地
12	油温传感器信号接地	24	自动变速器控制单元电源
13	4 号换挡电磁阀信号		

表 8-18 55-51SN 五速自动变速器电脑 26 针端子定义

端子	端子定义	端子	端子定义
5	输出转速传感器信号负	16	输入转速传感器信号正
6	输入转速传感器信号负	18	自动变速器模式选择开关信号
7	挡位开关信号 B	19	挡位开关信号 PA
9	挡位开关信号 A	20	挡位开关信号 C
14	输出转速传感器信号正		

表 8-19 换挡电磁阀 16 针端子定义

端子	端子定义	端子	端子定义
1	油温传感器信号接地	11	离合器压力控制电磁阀信号
2	油温传感器信号	12	L-UP 控制电磁阀信号
3	离合器压力控制电磁阀接地	13	线性压力控制电磁阀信号
4	L-UP 控制电磁阀接地	14	4 号换挡电磁阀信号
5	线性压力控制电磁阀接地	15	2 号换挡电磁阀信号
6	5 号换挡电磁阀信号	16	1 号换挡电磁阀信号
7	3 号换挡电磁阀信号		

8.2.4 北汽 TS-41SN 四速自动变速器（26 针 + 24 针 + 13 针）

以北汽绅宝 2016 年款 X35 车型为例，变速器电脑端子如图 8-12 所示，端子定义见表 8-20～表 8-22。

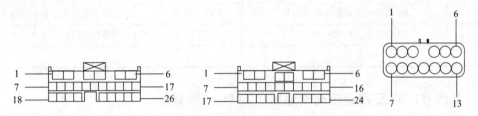

图 8-12 TS-41SN 四速自动变速器电脑端子图

表 8-20 TS-41SN 四速自动变速器电脑 26 针端子定义

端子	端子定义	端子	端子定义
1	AT 换挡开关 R 挡	13	动力模式开关电源
2	启动继电器控制信号	14	转速输出传感器信号 +
4	雪地模式开关信号	16	转速输入传感器信号 +
5	转速输出传感器信号 −	18	AT 换挡开关 L 挡
6	转速输入传感器信号 −	19	AT 换挡开关 2 挡
7	AT 换挡开关 D 挡	20	AT 换挡开关 P 挡
8	AT 换挡开关 N 挡		

表 8-21 TS-41SN 四速自动变速器电脑 24 针端子定义

端子	端子定义	端子	端子定义
1	接地	6	蓄电池电源
2	B1 管路压力控制电磁阀接地	7	P-CANL
3	LOCK-UP 管路压力控制电磁阀接地	9	C1 管路压力控制电磁阀接地
4	B1 管路压力控制电磁阀信号	10	电子油泵接地
5	LOCK-UP 管路压力控制电磁阀信号	11	油温传感器 +

续表

端子	端子定义	端子	端子定义
12	油温传感器—	21	C2管路压力控制电磁阀信号
15	电子油泵信号	22	C1管路压力控制电磁阀信号
16	换挡电磁阀NO1信号	23	接地
17	P-CANH	24	点火电源
19	C2管路压力控制电磁阀接地		

表8-22 换挡电磁阀模块13针端子定义

端子	端子定义	端子	端子定义
1	油温传感器+	8	电子油泵接地
2	电子油泵信号	9	LOCK-UP管路压力控制电磁阀接地
3	LOCK-UP管路压力控制电磁阀信号	10	换挡电磁阀NO1信号
4	B1管路压力控制电磁阀信号	11	B1管路压力控制电磁阀接地
5	C2管路压力控制电磁阀信号	12	C2管路压力控制电磁阀接地
6	C1管路压力控制电磁阀信号	13	C1管路压力控制电磁阀接地
7	油温传感器—		

8.2.5 北汽81-40LE四速自动变速器（24针+26针）

81-40LE四速自动变速器电脑端子如图8-13所示，端子定义见表8-23、表8-24。

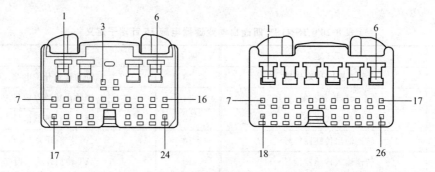

图8-13 81-40LE四速自动变速器电脑端子图

表8-23 81-40LE四速自动变速器电脑24针端子定义

端子	端子定义	端子	端子定义
1	自动变速器控制单元接地	12	油温传感器接地
2	管路压力控制电磁阀	14	正时电磁阀
4	管路压力控制电磁阀	15	换挡电磁阀2
5	液力变矩器锁止控制电磁阀	16	换挡电磁阀1
6	自动变速器控制电源15	17	CANH
7	CANL	23	自动变速器控制单元接地
11	油温传感器	24	自动变速器控制单元电源

表 8-24　81-40LE 四速自动变速器电脑 26 针端子定义

端子	端子定义	端子	端子定义
1	AT 换挡开关 R 挡信号	16	转速传感器接地
4	AT 换挡杆雪地模式信号	18	AT 换挡开关 L 挡信号
6	转速传感器信号	19	AT 换挡开关 2 挡信号
7	AT 换挡开关 D 挡信号	20	AT 换挡开关 P 挡信号
8	AT 换挡开关 N 挡信号	25	车速传感器信号
13	AT 换挡杆动力模式信号		

8.2.6　北汽 VT3 无级变速器（48 针+ 16 针）

以北京汽车 2016 年款 BJ20 车型为例，变速器电脑端子如图 8-14 所示，端子定义见表 8-25、表 8-26。

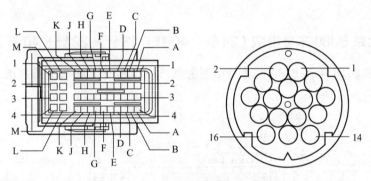

图 8-14　VT3 无级变速器电脑端子图

表 8-25　VT3 无级变速器电脑 48 针端子定义

端子	端子定义	端子	端子定义
A2	K 线	H2	驾驶模式传感器 D
A3	PT-CANH	H3	驾驶模式传感器供电
A4	PT-CANL	H4	发动机转速输入信号
B3	驾驶模式传感器接地	J2	自动变速器控制单元点火开关电源
B4	从动锥轮压力传感器接地	J3	驾驶模式传感器信号 A
C1	M－挡	J4	驾驶模式传感器 B
C2	M＋挡	K1	从动锥轮压力调节器
D1	雪地模式	K2	离合器压力调节器
D2	M 挡	K3	主动锥轮压力调节器
E2	从动锥轮压力传感器电源	L1	起动机控制继电器控制信号
E4	运动模式信号	L4	自动变速器控制单元电源
F1	从动锥轮轮速传感器信号	M1	自动变速器控制单元接地
G1	从动锥轮压力传感器信号	M2	倒车灯信号
G3	油温传感器信号	M3	内部执行器电源
G4	主动锥轮转速传感器信号	M4	自动变速器控制单元接地
H1	驾驶模式传感器 C		

表 8-26 VT3 无级变速器电脑 16 针端子定义

端子	端子定义	端子	端子定义
1	换挡电磁阀电源	9	驾驶模式传感器供电
2	主动锥轮压力调节器	10	从动锥轮压力传感器信号
3	从动锥轮压力调节器	11	从动锥轮轮速传感器
4	离合器压力调节器	12	主动锥轮轮速传感器
5	油温传感器信号	13	驾驶模式传感器信号 A
6	驾驶模式传感器接地	14	驾驶模式传感器信号 B
7	从动锥轮压力传感器接地	15	驾驶模式传感器信号 C
8	换挡电磁阀电源	16	驾驶模式传感器信号 D

8.3 车身电脑

8.3.1 北汽北京 BJ80 车身电脑（24 针+ 40 针+ 18 针+ 22 针+ 40 针）

以北京汽车 2016 年款 BJ80 自动挡车型为例，该车车身电脑端子图如图 8-15 所示，端子定义见表 8-27～表 8-31。

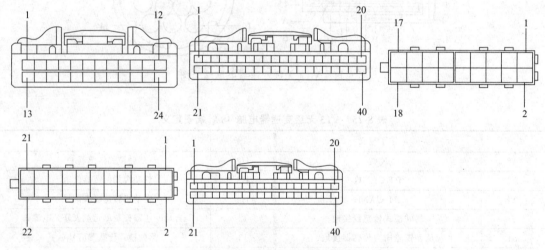

图 8-15 BJ80 车身电脑端子

表 8-27 BJ80 车身电脑 24 针端子定义

端子	端子定义	端子	端子定义
1	右日间行车灯电源	14	喇叭控制开关信号
3	大灯洗涤电机控制线圈	15	前雾灯控制线圈
4	前刮水器高速控制线圈	16	近光灯控制线圈
7	制动液位开关	17	前刮水器低速控制线圈
12	机舱盖开关	19	前刮水器复位信号
13	左日间行车灯电源		

表 8-28　BJ80 车身电脑 40 针端子定义（一）

端子	端子定义	端子	端子定义
4	换挡电磁阀+	20	后刮水器复位信号
5	背光电源	25	BCM 逻辑地
7	后备厢锁开关信号	29	左刹车位置灯故障信号
11	BCM 逻辑地	30	右刹车位置灯故障信号
12	LIN1	31	左转向灯故障信号
13	ECANL	39	碰撞信号
14	ECANH	40	左位置灯电源
17	右转向灯故障信号		

表 8-29　BJ80 车身电脑 18 针端子定义

端子	端子定义	端子	端子定义
3	灯光电源 1	11	制动灯电源
4	灯光电源 2	12	后喷淋电源
5	倒车灯电源	13	门控灯地
6	后雾灯电源	14	BCM 电源地
7	右转向灯电源	15	室内灯电源
8	左转向灯电源	16	后备厢锁闭锁电源
9	右位置灯、牌照灯电源	17	BCM 门锁电源
10	前喷淋电源	18	后备厢锁开锁电源

表 8-30　BJ80 车身电脑 22 针端子定义

端子	端子定义	端子	端子定义
17	BCM 门锁地	20	灯光电源 3
18	后刮水器电机电源	22	近光灯电磁阀

表 8-31　BJ80 车身电脑 40 针端子定义（二）

端子	端子定义	端子	端子定义
6	后除霜控制信号	22	右侧照脚灯电源
8	后刮水器信号	23	后备厢灯电源
9	后刮水器与喷淋信号	24	BCM ACC 电源信号
10	除霜开关	25	BCM 制动开关信号
11	IG1 电源	29	前刮水器信号
13	室外灯开关信号	31	前刮水器调速信号
15	前刮水器喷淋信号	32	转向开关信号
17	室外灯开关信号地	35	超车灯信号
20	前雾灯开关信号	36	驻车制动开关信号
21	左侧照脚灯电源	40	后雾灯开关信号

8.3.2 北汽绅宝 X35 车身电脑（18 针+ 9 针+ 15 针+ 40 针+ 40 针）

以北汽绅宝 2016 年款 X35 车型为例，车身电脑端子图如图 8-16 所示，端子定义见表 8-32～表 8-36。

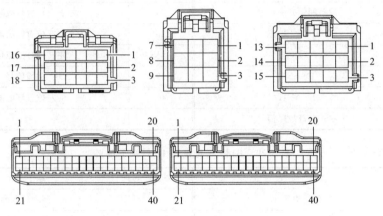

图 8-16　X35 车身电脑端子图

表 8-32　X35 车身电脑 18 针端子定义

端子	端子定义	端子	端子定义
1	后视镜折叠控制输出	11	右转向灯输出
2	延时电源控制输出	13	前洗涤电机控制输出
3	位置灯牌照灯控制输出	14	左转向灯输出
4	后视镜展开控制输出	15	门锁地
5	车内顶灯输出	16	四门闭锁控制输出
7	喇叭地	17	四门解锁控制输出
8	按键背光灯输出	18	后背门解锁控制输出

表 8-33　X35 车身电脑 9 针端子定义

端子	端子定义	端子	端子定义
1	右前窗电源	6	灯光电源
2	右后窗电源	7	门锁电源
3	左前窗电源	9	喇叭电源
4	左后窗电源		

表 8-34　X35 车身电脑 15 针端子定义

端子	端子定义	端子	端子定义
1	左后位玻璃上升控制输出	9	右后窗电机地
2	左后窗电机地	10	副驾位玻璃上升控制输出
3	右后位玻璃下降控制输出	12	主驾位玻璃下降控制输出
4	左后位玻璃下降控制输出	13	副驾位玻璃下降控制输出
6	右后位玻璃上升控制输出	14	左前窗电机地
7	右前窗电机地	15	主驾位玻璃上升控制输出

表 8-35　X35 车身电脑 40 针端子定义（一）

端子	端子定义	端子	端子定义
2	后雾灯继电器控制输出	20	KL30 输入
3	前刮水器高速切换继电器输出	23	后风窗加热继电器控制输出
4	危险警告灯开关输入	24	灯光组合开关 1 输入
5	前雾灯继电器控制输出	25	日间行车灯继电器控制输出
6	前刮水器低速继电器控制信号	26	远光灯继电器控制输出
7	钥匙插入信号输入	27	近光灯继电器控制输出
8	PC-CANH	28	组合灯开关输入
9	PC-CANL	29	喇叭开关输入
10	INT OPEN	30	超车灯开关输入
11	右转向灯开关输入	31	远光灯开关输入
12	后洗涤继电器控制输出	32	左转向灯开关输入
13	后雾灯开关输入	33	后刮水器继电器控制输出
14	前洗涤开关输入	34	前雾灯开关输入
15	前刮水器开关 2 输入	35	后刮水器开关输入
16	LIN1	36	前刮水器开关 1 输入
17	LIN2	37	后洗涤开关输入
18	KL15 输入	39	前刮水器回位信号输入
19	KL15 输入		

表 8-36　X35 车身电脑 40 针端子定义（二）

端子	端子定义	端子	端子定义
4	门窗升降儿童锁开关输入	25	后视镜折叠开关输入
5	逻辑地	26	右后位门开关输入
7	P 挡开关信号输入	27	门锁中控开关输入
8	左前位门窗升降开关输入	28	机械解锁开关输入
9	左后位门窗升降开关输入	29	发动机盖开关输入
10	右前位门窗升降开关输入	30	后背门开关输入
11	右后位门窗升降开关输入	31	左后位门开关输入
12	左后位门窗下降开关输入	32	主驾位门开关输入
13	左后位门窗上升开关输入	33	机械闭锁开关输入
14	右后位门窗下降开关输入	34	副驾位门开关输入
15	右后位门窗上升开关输入	35	后背门解锁开关输入
16	右前位门窗上升开关输入	36	B-CANL
18	制动开关输入	37	B-CANH
21	换挡锁止电磁阀输出	38	副驾位玻璃下降开关输入
23	喇叭继电器控制输出	39	碰撞信号输入
24	倒挡开关信号输入	40	后刮水器回位信号输入

8.3.3 北汽幻速 S70 车身电脑（52 针 + 48 针 + 22 针 + 32 针）

以北汽幻速 2018 年款 S70 车型为例，该车车身电脑（联电系统）端子如图 8-17 所示，端子定义见表 8-37～表 8-40。

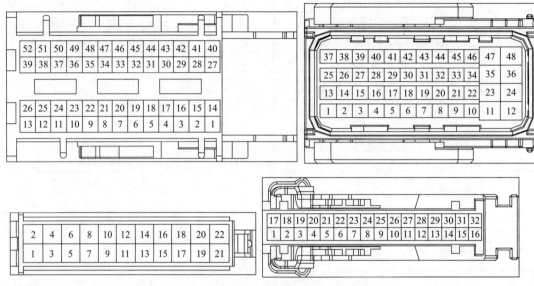

图 8-17　S70 车身电脑端子图

表 8-37　S70 车身电脑 52 针端子定义

端子	端子定义	端子	端子定义
1	PCAN2-L	25	P/N 挡开关
2	自动灯光传感器	26	前雾灯开关
3	远光/闪光灯开关	28	右前车窗下降
4	SGN3（地）	29	刮水器开关地
5	左/右转向灯开关	30	空挡信号
7	KL75_继电器反馈（ACC）	31	离合器开关踏板
8	KL_15_继电器反馈	32	驻车制动信号
9	危险报警灯开关	35	闭锁信号输出（天窗）
10	后雾灯开关	37	后刮水器开关
13	前刮水器高速/间隙（自动）开关	40	右后车窗上升
14	P CAN2-H	41	B CAN2-L
15	左前车窗上升	42	B CAN2-H
16	前刮水器高速/低速/点动开关	45	前刮水器间隙挡
21	后洗涤开关	47	机械钥匙插入信号
22	油箱盖开启信号	49	乘客车窗开关（中控）
23	近光/位置/自动灯开关	50	P/N 挡开关
24	前洗涤开关		

表 8-38　S70 车身电脑 48 针端子定义

端子	端子定义	端子	端子定义
1	左后门开关	26	车速信号
2	右后门开关	27	乘客门开关
4	机械钥匙闭锁/解锁	29	左后车窗升
5	左前车窗开关	30	右车车窗降
6	前雾灯继电器	31	后视镜尾开
7	发动机舱盖开关	33	左后车窗开关
8	SGND4	34	LIN1 ESCL
10	后刮水器	35	右转向灯
11	后雾灯	36	日间行车灯
12	内顶灯	37	气囊引爆型号（12V）
13	BRAKE_LAMP_SW	38	中控解锁/闭锁
14	驾驶员车窗降	39	驾驶门开关
15	乘客车窗升	40	尾门开关
16	左后车窗升	41	近光灯继电器
17	后视镜折叠	42	喇叭继电器
18	远光灯继电器	43	倒车灯
19	尾门拉手开关	44	后刮水器归位开关
21	前刮水器归位开关	45	倒挡信号
22	右后车窗开关	46	雨量传感器、四窗防夹
23	背景灯	47	节电输出
24	左转向灯	48	刹车灯
25	右角灯		

表 8-39　S70 车身电脑 22 针端子定义

端子	端子定义	端子	端子定义
1	KL30_BCM1	12	后背门单独开启
2	后洗涤电源	14	中控锁系统电源
3	KL30_BCM2	15	前刮水器高速
4	后洗涤	16	油箱盖开启
5	后保险杠位置	17	前刮水器电源
6	前洗涤电源	18	四门闭锁
7	地	19	前刮水器接地
8	前洗涤继电器接地	20	四门解锁
9	SGNDGND-SIGNAL-2	21	前刮水器低速
10	前洗涤	22	电源地

表 8-40　S70 车身电脑 32 针端子定义

端子	端子定义	端子	端子定义
1	继电器反馈	19	IMMO 线圈
2	驾驶员门把手开关	20	后备厢天线
3	后视镜打开折叠	21	后备厢天线
7	地	22	内部天线 1（换挡手柄处）
8	启动停止开关 1	23	内部天线 1（换挡手柄处）
9	启动停止开关 2	24	驾驶员门把手天线
10	ACC_LED	25	驾驶员门把手天线
11	ING_LED	26	内部天线 2（后方顶篷处）
14	ESCL 锁状态	27	内部天线 2（后方顶篷处）
15	KL15_1Relay	30	天窗 LIN
16	ESCLenable	31	KL15_2Relay
17	ESCL 电源	32	KL75_Relay
18	IMMO 线圈		

8.3.4　北汽威旺 M50F 车身电脑（52 针 + 48 针 + 22 针 + 24 针 + 18 针）

以北汽威旺 2017 年款 M50F 车型为例，该车车身电脑端子如图 8-18 所示，端子定义见表 8-41～表 8-45。

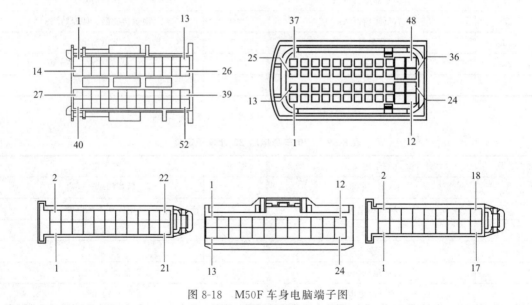

图 8-18　M50F 车身电脑端子图

表 8-41　M50F 车身电脑 52 针端子定义

端子	接线颜色	端子定义	端子	接线颜色	端子定义
1	黄黑	PCAN-L	3	绿白	中控输入
2	黑红	KL50	4	黑	接地

端子	接线颜色	端子定义	端子	接线颜色	端子定义
5	红白	左转向开关	32	黄黑	前洗涤开关
7	绿	ACC	33	白黄	后雾灯开关
8	绿黄	IG	34	蓝绿	前雾灯开关
9	黑蓝	危险报警输入	35	紫蓝	除霜指示
13	白红	远光灯输入	38	红蓝	倒挡
14	黑黄	PCAN-H	40	白绿	BCAN-L
16	绿红	前刮水器输入组合2	41	绿白	BCAN-H
21	蓝红	灯光组合1	45	绿黑	前刮水器间歇挡开关
29	黑绿	刮水器开关接地	47	银黑	机械闭锁输入
30	黄绿	后视镜折叠开关	49	蓝	右转向输入
31	银	机械解锁开关	50	黄白	前刮水器输入组合1

表8-42 M50F车身电脑48针端子定义

端子	接线颜色	端子定义	端子	接线颜色	端子定义
1	棕蓝	左后门输入	24	蓝白	左转向灯输出
2	棕	右后门输入	25	棕白	背光灯输出
3	蓝黄	后备厢输入	27	橙黑	右前门输入
4	蓝黑	灯光组合1	31	银白	前刮水器高速输出
5	绿黑	右前窗输入	33	黄白	左后窗输入
6	棕黑	前雾灯输出	35	蓝黄	右转向灯输出
7	黄黑	前舱盖输入	36	银白	日间行车灯输出
8	黑	地	37	黑粉	碰撞输入
11	红蓝	后雾灯输出	38	绿	左前窗输入
13	棕白	刹车输入	39	棕绿	左前门输入
17	银蓝	前刮水器输出	40	白	后备厢解锁输入
18	浅绿黑	远光灯输出	41	蓝绿	近光灯输出
19	浅绿粉	喇叭输入	42	浅绿	喇叭输出
21	浅绿白	前刮水器归位	43	粉白	除霜输出
22	黄黑	右后窗输入	47	银绿	内顶灯输出
23	绿	位置灯输出	48	绿灰	倒车灯输出

表8-43 M50F车身电脑22针端子定义

端子	接线颜色	端子定义	端子	接线颜色	端子定义
1	红粉	内灯电源	4	银红	后视镜展开输出
2	红橙	后视镜展开电源	5	银黑	节电
3	白红	外灯电源	6	红橙	后视镜折叠电源

续表

端子	接线颜色	端子定义	端子	接线颜色	端子定义
7	黑	接地	14	红黑	中控电源
8	黑	后视镜接地	16	白	后备厢解锁输出
9	黑	接地	18	蓝黄	中控闭锁输出
10	银黑	后视镜折叠输出	20	白	中控解锁输出
12	红绿	前洗涤输出	22	黑	接地

表 8-44　M50F 车身电脑 24 针端子定义

端子	接线颜色	端子定义	端子	接线颜色	端子定义
3	橙紫	右前窗上升输入	14	绿红	左后窗下降输入
4	橙绿	右前窗下降输入	15	棕红	右后窗下降输入
6	白黑	除霜输入	16	棕黑	右后窗上升输入
7	白黑	远光灯输入	17	绿黑	左后窗上升输入
9	绿黄	车窗禁止输入			

表 8-45　M50F 车身电脑 18 针端子定义

端子	接线颜色	端子定义	端子	接线颜色	端子定义
3	黑	右前窗接地	11	红黑	左后窗上升输出
4	黑	左前窗接地	12	红蓝	右后窗上升输出
5	黄黑	右前窗下降输出	13	红白	左后窗电源
6	黄	左前窗下降输出	14	红黄	右后窗电源
7	红黄	右前窗电源	15	黄蓝	左后窗下降输出
8	红白	左前窗电源	16	黄红	右后窗下降输出
9	红绿	右前窗上升输出	17	黑	左后窗接地
10	红白	左前窗上升输出	18	黑	右后窗接地

8.4　多媒体电脑

8.4.1　北汽北京 BJ40 多媒体电脑（16 针）

以 2013 年款北京汽车 BJ40 车型为例，多媒体电脑端子图如图 8-19 所示，端子定义见表 8-46。

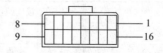

图 8-19　BJ40 车型多媒体电脑端子图

表 8-46　BJ40 车型多媒体电脑端子定义

端子	端子定义	端子	端子定义
1	音响控制单元接地	9	右上扬声器—
2	左前扬声器＋	11	多功能键——音响控制
3	左前扬声器—	12	多功能键——接地
4	右前扬声器—	13	多功能键——蓝牙
5	右前扬声器＋	14	音响控制单元背景灯电源
6	左上扬声器＋	15	音响控制单元电源
7	左上扬声器—	16	音响控制单元电源
8	右上扬声器＋		

8.4.2　北汽绅宝 X35 多媒体电脑（20 针＋ 8 针＋ 8 针）

以北汽绅宝 2016 年款 X35 车型为例，多媒体电脑端子图如图 8-20 所示，端子定义见表 8-47～表 8-49。

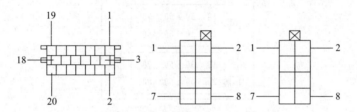

图 8-20　X35 多媒体电脑端子图

表 8-47　X35 多媒体电脑 20 针端子定义

端子	端子定义	端子	端子定义
1	面板按键 1	9	B-CANH
2	面板按键 1 接地	10	B-CANL
3	面板按键 2	15	转向盘按键信号线
4	VDD	16	转向盘按键信号地
5	面板地	17	摄像头信号线
6	面板按键背光	18	摄像头信号线地
7	麦克风＋	19	摄像头供电地
8	麦克风—	20	摄像头供电 12V

表 8-48　X35 多媒体电脑 8 针端子定义（一）

端子	端子定义	端子	端子定义
1	车速信号	6	倒车信号
2	LIN 信号	7	音响控制单元电源
3	背光灯信号	8	音响控制单元接地
5	音响控制单元 ACC 电源		

表 8-49 X35 多媒体电脑 8 针端子定义（二）

端子	端子定义	端子	端子定义
1	右后声道+	5	左前声道+
2	右后声道−	6	左前声道−
3	右前声道+	7	左后声道+
4	右前声道−	8	左后声道−

8.4.3 北汽幻速 S3 多媒体电脑（20 针+8 针+8 针）

多媒体系统端子分布如图 8-21 所示，端子定义 CD 机只用了 A、B 腔，DVD 机用了 A、B、C、E 腔，见表 8-50、表 8-51。

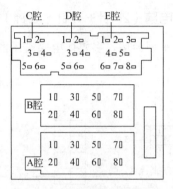

图 8-21 S3 多媒体电脑端子图

表 8-50 S3 多媒体电脑 A、B 腔端子定义

端子	端子定义	端子	端子定义
B1	右后扬声器正（RR+）	A1	串口通信+
B2	右后扬声器负（RR−）	A2	串口通信−
B3	右前扬声器正（FR+）	A3	线控+
B4	右前扬声器负（FR−）	A4	电源（ACC+）
B5	左前扬声器正（FL+）	A5	线控−
B6	左前扬声器负（FL−）	A6	小灯（ILL+）
B7	左后扬声器正（RR+）	A7	电池电源+
B8	左后扬声器负（RR+）	A8	地（GND）

表 8-51 S3 多媒体电脑 C、D、E 腔端子定义

端子	端子定义	端子	端子定义
C1	倒车视频信号地	C4	驻车制动信号
C2	倒车视频信号	E3	倒车摄像头供电
C3	倒挡信号	E4	倒车摄像头供电地

8.4.4 北汽威旺 M50F 多媒体电脑（20 针+ 8 针+ 8 针）

以北汽威旺 2017 年款 M50F 车型为例，多媒体电脑端子如图 8-22 所示，端子定义见表 8-52～表 8-54。

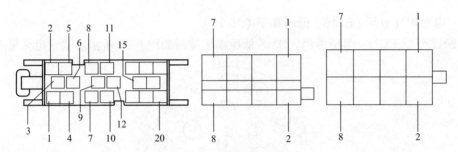

图 8-22 M50F 多媒体电脑端子图

表 8-52 M50F 多媒体电脑 20 针端子定义

端子	接线颜色	端子定义	端子	接线颜色	端子定义
1	蓝	倒车视频信号	8	—	DVR 音频信号左（预留）
2	屏蔽层	倒车信号地	9	—	DVR 音频信号右（预留）
3	绿黑	摄像头电源地	10	屏蔽层	屏蔽地
4	红绿	摄像头电源	11	白绿	BCAN-L
7	绿	DVR 视频信号	12	绿白	BCAN-H

表 8-53 M50F 多媒体电脑 8 针端子定义（一）

端子	接线颜色	端子定义	端子	接线颜色	端子定义
1	蓝橙	车速信号	5	绿红	转向盘控制－
2	红蓝	倒挡信号	6	棕白	背光调节信号
3	绿黄	转向盘控制＋	7	黄黑	工作电源
4	绿	ACC 信号	8	黑	电源地

表 8-54 M50F 多媒体电脑 8 针端子定义（二）

端子	接线颜色	端子定义	端子	接线颜色	端子定义
1	紫橙	右后声道＋	5	紫白	左前声道＋
2	紫粉	右后声道－	6	紫黑	左前声道－
3	紫红	右前声道＋	7	紫绿	左后声道＋
4	紫黄	右前声道－	8	紫棕	左后声道－

8.5 新能源系统

8.5.1 北汽新能源 EC 系列车型

8.5.1.1 电池管理单元（BMS）低压端子（19 针）

以 2017 年款 EC180 车型为例，BMS 低压端子排列如图 8-23 所示，端子定义见表 8-55。

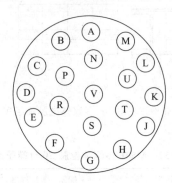

图 8-23　BMS 低压端子

表 8-55　电池管理单元 BMS 低压端子定义

端子	端子定义	端子	端子定义
A	BMS 使能 DC-DC 信号	M	BMS 12V 常电 -
B	BMS IG 电源 +	N	CAN-H
C	充电口连接状态检测	P	CAN-L
D	唤醒电源	R	CAN-L
E	BMW 12V 常电 +	S	CAN-H
L	CHG 唤醒 BMS 信号		

8.5.1.2 主控制单元（MCU）端子（35 针）

以 2018 年款 EC220 低压版车型为例，主控制单元端子如图 8-24 所示，端子定义见表 8-56。

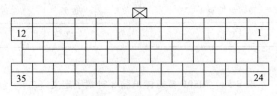

图 8-24　主控制单元端子

表 8-56　主控制单元端子定义

端子	端子定义	端子	端子定义
5	挡位开关 1	11	MCU-12V 电源 -
6	挡位开关 2	12	CAN-L
7	电子加速踏板电源 -	16	电机速度检测传感器电源 +
9	MCU 风扇电源 +	17	挡位开关 3
10	MCU 输出倒车信号	18	电子加速踏板电源 +

续表

端子	端子定义	端子	端子定义
19	制动开关信号	28	电机速度检测传感器信号 B
20	MCU 风扇电源−	29	挡位开关 4
21	MCU-12V 电源−	30	电子加速踏板开关信号
22	唤醒电源	31	电子加速踏板加速信号
23	CAN-H	32	MCU-12V 电源+
24	电机温度传感器+	33	MCU-12V 电源+
25	电机温度传感器−	34	MCU 调试串口 EX
26	电机速度检测传感器电源−	35	MCU 调试串口 TX
27	电机速度检测传感器信号 A		

8.5.1.3　整车控制器（VCU）端子（81 针+ 40 针）

以北汽新能源 2018 年款 EC3 车型为例，VCU 端子如图 8-25 所示，定义见表 8-57、表 8-58。

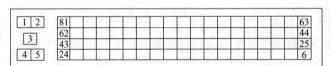
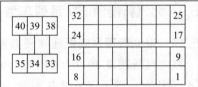

图 8-25　整车控制器端子

表 8-57　控制器 81 针端子定义

端子	端子定义	端子	端子定义
1	蓄电池电源	31	快充温度 RW2+
2	数字地	36	慢充 CC 连接确认
4	NBS 电源	37	IG 电源
5	功率地	48	快充温度 RW1−
6	加速踏板位置信号 1	51	DCDC 参考地
9	加速踏板位置信号 1 电源	52	加速踏板位置信号 2 地
13	高低压互锁信号	53	加速踏板位置信号 1 地
17	快充连接确认	60	组合仪表唤醒信号
21	制动灯开关信号	62	DCDC 使能输出
22	制动灯信号	63	EMC 接地
25	加速踏板位置信号 2	79	MCU 唤醒信号
28	加速踏板位置信号 2 电源	80	充电机唤醒信号
29	快充温度 RW1+	81	BMS 唤醒信号
30	快充温度 RW2−		

表 8-58 控制器 40 针端子定义

端子	端子定义	端子	端子定义
1	挡位信号 4	26	FCCAN-H
2	挡位信号 2	27	IBUS CAN-H
3	挡位信号地	28	快充 XC2234 CAN-H
9	挡位信号 3	30	EVBUS CAN-H
10	挡位信号 1	31	远程唤醒输入
15	倒车灯继电器	32	慢充唤醒
16	总负继电器开关	34	冷却水泵继电器
19	FCCAN-L	35	快充负极继电器
20	IBUS CAN-L	36	低速冷却风扇继电器
21	快充 XC2234 CAN-L	37	快充正极继电器
23	EVBUS CAN-L	39	高速冷却风扇继电器
24	快充唤醒	40	空调继电器控制

8.5.2 北汽新能源 EU 系列车型

8.5.2.1 电池管理系统低压端子数据（19 针）

以北汽新能源 2017 年款 EU220/260/300/400 车型为例，电池管理系统低压端子排列如图 8-26 所示，端子定义见表 8-59。

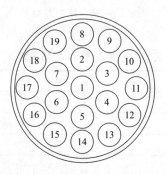

图 8-26 电池管理系统低压端子

表 8-59 电池管理系统低压端子定义

端子	端子定义	线束走向	端子	端子定义	线束走向
1	12V＋常电	FB14 保险	11	新能源 CAN1L	VCU104 脚
2	接地	车身搭铁	12	内部 CAN3H	OBD 接口
3	12V＋常电	FB13 保险	13	内部 CAN3L	OBD 接口
4	接地	车身搭铁	14	快充 CAN2H	快充口
5	总负继电器控制	VCU97 脚	15	快充 CAN2L	快充口
6	BMS 唤醒	VCU81 脚	16	CAN2-屏蔽	接地
10	新能源 CAN1H	VCU111 脚	19	CAN1-屏蔽/空	接地

8.5.2.2 电力电子箱(PEU)系统端子

以北汽新能源 2017 年款 EU220/260/300/400 车型为例,PEU 系统外部连接件如图 8-27 所示,PEU 系统低压接插件端子如图 8-28 所示,充电机低压接插件端子如图 8-29 所示,端子定义见表 8-60、表 8-61。

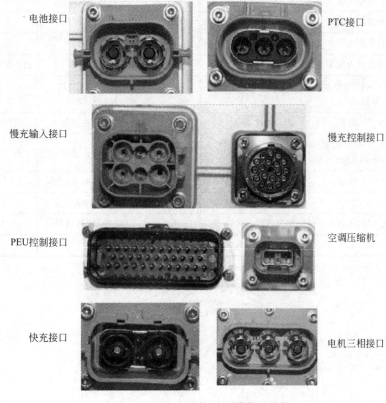

图 8-27 电力电子箱系统外部连接件

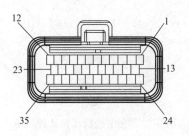

图 8-28 PEU 低压接插件端子

表 8-60 PEU 低压接插件端子定义

端子	端子定义	线束走向	端子	端子定义	线束走向
20	激励绕组 R1 (9Ω)	旋变插件 A	9	正弦绕组 S2 (13Ω)	旋变插件 E
8	激励绕组 R2	旋变插件 B	21	正弦绕组 S4	旋变插件 F
22	余弦绕组 S1 (13Ω)	旋变插件 C	11	电机识别电阻 1	旋变插件 N
10	余弦绕组 S3	旋变插件 D	23	电机识别电阻 2	旋变插件 V

续表

端子	端子定义	线束走向	端子	端子定义	线束走向
30	W相温度电阻2	旋变插件L	24	GND（DC-DC/PTC）	车身搭铁S28节点
31	W相温度电阻1	旋变插件M	26	GND（高低压互锁）	车身搭铁S28节点
32	V相温度电阻2	旋变插件J	25	高低压互锁	压缩机控制器5脚
33	V相温度电阻1	旋变插件K	6	CAN_H	新能源CAN
34	U相温度电阻2	旋变插件G	17	CAN_L	新能源CAN
35	U相温度电阻1	旋变插件H	18	CAN_屏蔽	接电机控制器RC阻容
1	12V+（PTC控制器电源）	熔丝盒J3插件B1脚	12	CAN_SHIELD（电机屏蔽）	旋变插件
3	12V+常电	FB22熔丝	2	PTC温度传感器+	PTC本体温度传感器
15	12V+（VCU控制继电器电源）	熔丝盒J3插件A10脚	13	PTC温度传感器-	PTC本体温度传感器
27	12V+常电	FB22熔丝	28	快充正继电器控制	VCU118脚
4	GND	车身搭铁S28节点	29	快充负继电器控制	VCU116脚
5	CAN GND	车身搭铁S28节点	14	DC-DC使能信号	VCU62脚
16	GND	车身搭铁S28节点			

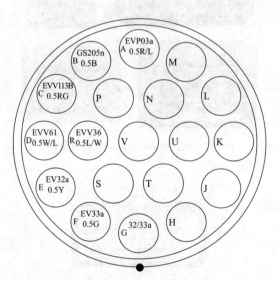

图8-29 充电机低压接插件端子

表8-61 充电机低压接插件端子定义

端子	端子定义	线束走向	端子	端子定义	线束走向
A	12V+常电	FB22熔丝	E	CAN1H	新能源CAN
B	GND	车身接地	F	CAN1L	新能源CAN
C	慢充唤醒	VCU113脚、数据采集终端A7脚	G	屏蔽层	充电机内部
D	充电机使能	VCU61脚	R	充电连接确认	VCU36脚、慢充口CC

8.5.3 北汽新能源 EV 系列车型

8.5.3.1 车载充电接口端子

以 2016 年款 EV160/200 车型为例，车载充电机连接端子如图 8-30～图 8-32 所示，端子定义见表 8-62、表 8-63。

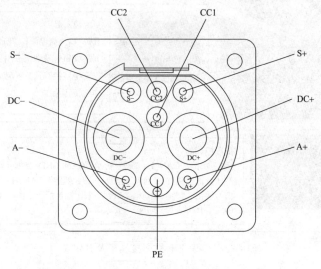

图 8-30　快充口端子

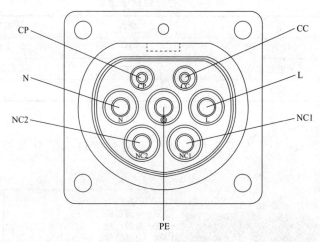

图 8-31　慢充口端子

表 8-62　快充口端子定义

端子	端子定义	端子	端子定义
DC−	直流电源负	CC1	充电连接确认
DC+	直流电源正	CC2	充电连接确认
PE	车身地（搭铁）	S+	充电通信 CAN_H
A−	低压辅助电源负极	S−	充电通信 CAN_L
A+	低压辅助电源正极		

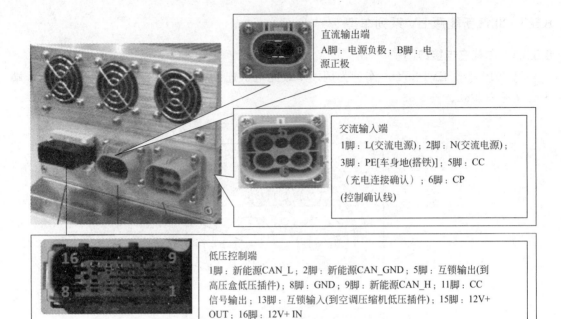

图8-32 车载充电机连接端子及其定义

表 8-63 慢充口端子定义

端子	端子定义	端子	端子定义
CP	控制确认线	L	交流电源
CC	充电连接确认	PE	车身地（搭铁）
N	交流电源		

8.5.3.2 高压配电盒接口端子

以 2016 年款 EV160/200 车型为例，高压配电盒接口端子分布及其定义如图 8-33、图 8-34 所示。

接高压盒
1脚：电源负极
2脚：电源正极
3脚：互锁信号线
4脚：互锁信号线(到盒盖开关)

低压控制端插件
1脚：快充继电器线圈(正极)
2脚：快充负继电器线圈(控制端)
3脚：快充正继电器线圈(控制端)
4脚：空调继电器线圈(正极)
5脚：空调继电器线圈(控制端)
6脚：PTC控制器_GND
7脚：PTC控制器CAN_L
8脚：PTC控制器CAN_H
9脚：PTC温度传感器负极
10脚：PTC温度传感器正极

图 8-33 高压配电盒外部接口及其定义

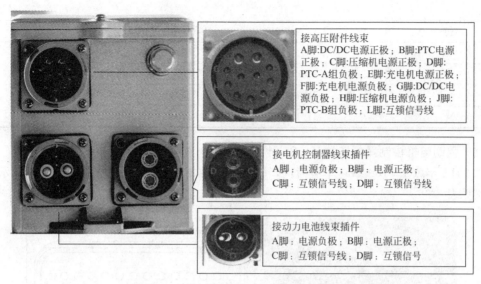

图 8-34 高压配电盒接口端子分布及其定义

8.5.3.3 驱动电机连接端子

以 2016 年款 EV160/200 车型为例，驱动电机系统状态和故障信息会通过整车 CAN 网络上传给整车控制器（VCU），传输通道是两根信号线束，分别是电机到控制器的 19 针插件和控制器到 VCU 的 35 针插件，连接端子排列如图 8-35 所示，端子定义见表 8-64。

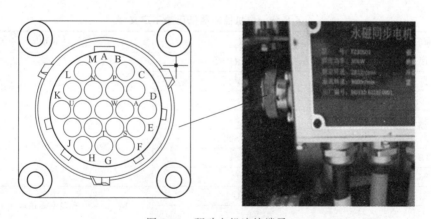

图 8-35 驱动电机连接端子

表 8-64 驱动电机连接端子定义

端子	端子定义	说明
A	激励绕组 R1	电机旋转变压器接口
B	激励绕组 R2	
C	余弦绕组 S1	
D	余弦绕组 S3	
E	正弦绕组 S2	
F	正弦绕组 S4	

续表

端子	端子定义	说明
G	TH0	电机温度接口
H	TL0	
L	HVIL1（+L1）	高低压互锁接口
M	HVIL2（+L2）	

8.5.3.4 驱动电机控制器低压端子（35针）

以2016年款EV160/200车型为例，驱动电机控制器低压端子排列如图8-36所示，端子定义见表8-65。

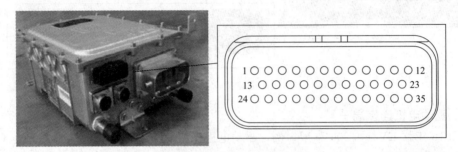

图8-36 电机控制器低压端子

表8-65 电机控制器低压端子定义

端子	端子定义	说明
12	激励绕组R1	电机旋转变压器接口
11	激励绕组R2	
35	余弦绕组S1	
34	余弦绕组S3	
23	正弦绕组S2	
22	正弦绕组S4	
33	屏蔽层	
24	12V_GND	控制电源接口
1	12V+	
32	CAN_H	CAN总线接口
31	CAN_L	
30	CAN_PB	
29	CAN_SHIELD	
10	TH	电机温度传感器接口
9	TL	
28	屏蔽层	
8	485+	RS485总线接口
7	485-	
15	HVIL1（+L1）	高低压互锁接口
26	HVIL2（+L2）	

8.5.4 北汽新能源 EX 系列车型

8.5.4.1 电池管理模块低压端子（19 针）

以 2017 年款 EX200/260 车型为例，电池管理模块低压端子如图 8-37 所示，定义见表 8-66。

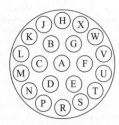

图 8-37 电池管理模块低压端子

表 8-66 电池管理模块低压端子定义

端子	端子定义	端子	端子定义
B	BMS 供电正	P	新能源 CAN1-H
C	BMS 唤醒	R	新能源 CAN1-L
F	负继电器控制	S	快充 CAN2-H
G	BMS 供电负	T	快充 CAN2-L
H	继电器供电正	U	动力电池内部 CAN3-H
J	继电器供电负	V	动力电池内部 CAN3-L
L	HVIL 信号	W	CAN2_屏蔽
N	新能源 CAN1-屏蔽		

8.5.4.2 电驱控制器（PDU）接口端子（35 针）

以 2017 年款 EX200/260 车型为例，PDU 端子排列如图 8-38 所示，定义见表 8-67。

图 8-38 PDU 接口端子

表 8-67 PDU 端子定义

端子	英文名字	端子定义	信号走向
3	BAT_Power	常电12V	输入 12V
4	BAT_Power	常电12V	输入 12V
5	Grand	蓄电池负极	输出

续表

端子	英文名字	端子定义	信号走向
6	Grand	蓄电池负极	输出
7	CANH EVBUS	新能源 CAN 高	连接至 CAN 网络
8	CANL EVBUS	新能源 CAN 低	连接至 CAN 网络
9	CAN_SHIELD	CAN 屏蔽线	连接至 CAN 网络
10	CAN_GND	CAN 地线	连接至 CAN 网络
11	CANH-VBUS	原车 CAN 高	—
12	CANL-VBUS	原车 CAN 低	—
13	CC-out	充电口连接状态检测	连接至 VCU
14	OBC_EN_VCU	充电过程中唤醒 VCU 及 BMS 等低压控制器	对外唤醒
15	VCU_EN_OBC	VCU 使能控制 OBC	外部唤醒 OBC 控制
17	EN_DC/DC	DC/DC 使能信号	输入12V
18	PTC_SENSE+	PTC 温度采集	输入信号
19	PTC_SENSE−	PTC 温度采集	输入信号
24	QC-RELAY+	快充高压正极继电器线圈控制	输入信号
25	QC-RELAY−	快充高压负极继电器线圈控制	输入信号
26	HV-LOCK	高压互锁开关线	NA
27	HV-LOCK	高压互锁开关线	NA
28	12V_PTC_RUN	PTC 控制器供电	输入电源

第 9 章 众泰汽车

9.1 发动机电脑

9.1.1 众泰 1.5T 15S4G 发动机（81 针）

以众泰 2017 年款 T600 COUPE 车型为例，15S4G 发动机电脑端子图如图 9-1 所示，端子定义见表 9-1。

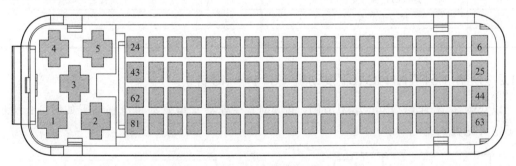

图 9-1 15S4G 发动机电脑端子图

表 9-1 15S4G 发动机电脑端子定义

端子	端子定义	端子	端子定义
2	点火线圈（第 1、4 缸）控制	13	点火开关 IGN 电源
3	发动机 ECU 功率地	14	主继电器
5	点火线圈（第 2、3 缸）控制	15	转速传感器位置信号
6	喷油器（第 1 缸）控制	16	加速踏板传感器位置信号 1
7	喷油器（第 4 缸）控制	17	参考电压接地
11	真空泵继电器	18	前氧传感器信号
12	蓄电池电源	19	爆震传感器高

续表

端子	端子定义	端子	端子定义
20	爆震传感器低	53	发动机 ECU 信号地
21	制动开关常开信号	54	电子节气门信号 1
23	制动真空传感器信号	55	后氧传感器信号
26	前氧传感器加热控制	56	增压压力传感器压力信号
27	喷油器（第 3 缸）控制	57	空调压力开关高低压信号
28	后氧传感器加热控制	58	制动开关常闭信号
29	排放控制阀控制	60	空调压力开关中压信号
32	传感器参考电压 2	61	发动机 ECU 功率地
33	传感器参考电压 1	62	CAN_H
35	传感器参考电压接地 2	63	经过主继电器的电源
36	传感器参考电压接地 1	64	电子节气门怠速步进电机＋
37	空气流量计压力信号	65	电子节气门怠速步进电机＋
38	电子节气门信号 2	66	电子节气门怠速步进电机−
39	冷却液温度传感器反馈	67	电子节气门怠速步进电机−
40	加速踏板传感器位置信号 2	68	风扇继电器（高速）
41	空气流量计温度信号	69	压缩机继电器
42	增压压力传感器温度信号	70	油泵继电器
44	经过主继电器的电源	71	诊断接口诊断 K 线
45	经过主继电器的电源	73	空气流量计参考电压
46	炭罐控制阀控制	74	离合器开关信号
47	喷油器（第 2 缸）控制	78	电子节气门 5V 参考电压
48	进气凸轮轴可变正时控制	79	相位传感器反馈
50	风扇继电器（低速）	80	发动机 ECU 功率地
51	发动机 ECU 信号地	81	CAN_L

9.1.2 众泰 1.5T TNN4G15T 发动机（64 针＋48 针）

以众泰 2018 年款 T500 车型为例，配 5MT 变速器车型发动机电脑端子如图 9-2 所示，端子定义见表 9-2。

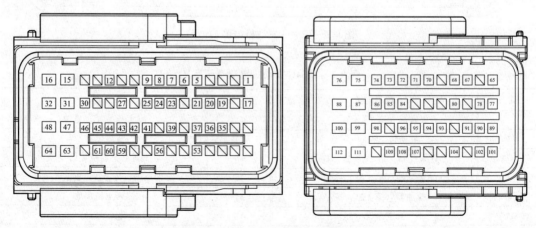

图 9-2 5MT 车型发动机电脑端子图

表 9-2　5MT 车型发动机电脑端子定义

端子	端子定义	端子	端子定义
1	PCAN-H	64	GND
5	主继电器 RLY20 控制	65	废气控制阀控制
6	离合器开关信号	67	2 缸喷油器控制
7	APS 电子加速踏板位置传感器 1 地	68	1 缸喷油器控制
8	离合器（常开）开关信号	70	电控泄压阀控制
9	巡航开关信号	71	可变凸轮轴正时 VVT 控制
12	制动真空传感器信号	72	3 缸喷油器控制
15	主继电器输出蓄电池电源	73	前氧传感器加热控制
16	主继电器输出蓄电池电源	74	4 缸喷油器控制
17	PCAN-L	75	节气门电机 −
19	K-LINE	76	4 缸点火线圈控制
20	蓄电池常电源	77	电子节气门位置信号 1
21	后氧传感器监测信号	78	电子节气门位置信号 2
23	制动（常闭）开关信号	80	前氧传感器地
24	空调中压压力开关信号	84	转速传感器地
25	制动（常开）开关信号	85	发动机水温/进气压力温度传感器地
27	空挡开关信号	86	电子节气门位置传感器地
30	APS 电子加速踏板位置 2 信号	87	节气门电机 +
31	风扇高速继电器 RLY12 控制	88	2 缸点火线圈控制
32	电子加速踏板防盗输入信号	89	爆震传感器 B
35	IG1 电源	90	爆震传感器 A
36	APS 电子加速踏板位置传感器 2 电源	91	IAPS 进气压力信号
37	APS 电子加速踏板位置传感器 1 电源	93	凸轮轴位置传感器信号
39	电子真空泵继电器 RLY10 控制	94	炭罐电磁阀控制
41	燃油泵继电器 RLY07 控制	95	凸轮轴位置传感器地
42	压缩机继电器 RLY04 控制	96	发动机转速信号输入
43	后氧传感器信号地	98	凸轮轴位置传感器电源
44	离合器（常闭）开关信号	99	3 缸点火线圈控制
45	APS 电子加速踏板位置 1 信号	100	1 缸点火线圈控制
46	增压压力信号	101	发动机水温信号
47	增压压力温度传感器地	102	IATS 进气温度信号
48	后氧传感器加热控制	104	前氧传感器监测信号
53	空调高、低压压力开关信号	107	电子节气门位置信号电源
56	风扇低速继电器 RLY08 控制	108	转速传感器电源
59	APS 电子加速踏板位置传感器 2 地	109	进气压力温度传感器电源
60	环境压力传感器信号	111	GND
61	增压温度信号	112	GND
63	GND		

配 6AT 变速器车型电脑端子如图 9-3 所示，端子定义见表 9-3。

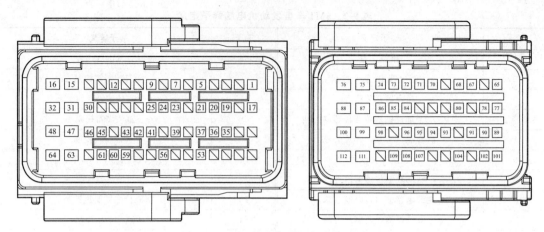

图 9-3　6AT 车型发动机电脑端子图

表 9-3　6AT 车型发动机电脑端子定义

端子	端子定义	端子	端子定义
1	PCAN-H	45	APS 电子加速踏板位置 1 信号
5	主继电器 RLY20 控制	46	增压压力信号
7	APS 电子加速踏板位置传感器 1 地	47	增压压力温度传感器地
9	巡航开关信号	48	后氧传感器加热控制
12	制动真空传感器信号	53	空调高、低压压力开关信号
15	主继电器输出蓄电池电源	56	风扇低速继电器 RLY08 控制
16	主继电器输出蓄电池电源	59	APS 电子加速踏板位置传感器 2 地
17	PCAN-L	60	环境压力传感器信号
19	K-LINE	61	增压温度信号
20	蓄电池常电源	63	GND
21	后氧传感器监测信号	64	GND
23	制动（常闭）开关信号	65	废气控制阀控制
24	空调中压压力开关信号	67	2 缸喷油器控制
25	制动（常开）开关信号	68	1 缸喷油器控制
30	APS 电子加速踏板位置 2 信号	70	电控泄压阀控制
31	风扇高速继电器 RLY12 控制	71	可变凸轮轴正时 VVT 控制
32	电子加速踏板防盗输入信号	72	3 缸喷油器控制
35	IG1 电源	73	前氧传感器加热控制
36	APS 电子加速踏板位置传感器 2 电源	74	4 缸喷油器控制
37	APS 电子加速踏板位置传感器 1 电源	75	节气门电机—
39	电子真空泵继电器 RLY10 控制	76	4 缸点火线圈控制
41	燃油泵继电器 RLY07 控制	77	电子节气门位置信号 1
42	压缩机继电器 RLY04 控制	78	电子节气门位置信号 2
43	后氧传感器信号地	80	前氧传感器地

续表

端子	端子定义	端子	端子定义
84	转速传感器地	98	凸轮轴位置传感器电源
85	发动机水温/进气压力温度传感器地	99	3缸点火线圈控制
86	电子节气门位置传感器地	100	1缸点火线圈控制
87	节气门电机+	101	发动机水温信号
88	2缸点火线圈控制	102	IATS进气温度信号
89	爆震传感器B	104	前氧传感器监测信号
90	爆震传感器A	107	电子节气门位置信号电源
91	IAPS进气压力信号	108	转速传感器电源
93	凸轮轴位置传感器信号	109	进气压力温度传感器电源
94	炭罐电磁阀控制	111	GND
95	凸轮轴位置传感器地	112	GND
96	发动机转速信号输入		

9.1.3 众泰 1.5T 4A91T 发动机（81针）

以众泰2015年款大迈X5车型为例，发动机电脑端子如图9-4所示，端子定义见表9-4。

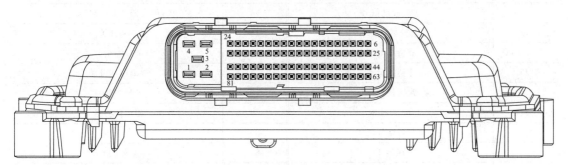

图9-4 4A91T发动机电脑端子图

表9-4 4A91T发动机电脑端子定义

端子	端子定义	端子	端子定义
1	点火4	13	点火开关
2	点火2	14	主继电器控制
3	点火地	15	转速正
4	点火3	16	加速踏板信号
5	点火1	17	传感器地1
6	喷油器4	18	上游氧传感器信号
7	喷油器2	19	爆震信号A
8	转速输出（CVT）	20	爆震信号B
12	持续电源	21	制动灯

续表

端子	端子定义	端子	端子定义
22	空调温度信号	53	电子地
23	真空压力传感器	54	节气门信号
25	泄流控制阀	55	下游氧传感器信号
26	上游氧传感器加热	56	增压压力传感器
27	喷油器1	58	制动开关
28	下游氧传感器加热	61	功率地
29	废气控制阀	62	CAN高
30	电子真空泵	63	非持续电源
32	5V电源2	64	节气门执行器
33	5V电源1	65	节气门执行器
35	传感器地3	66	节气门执行器
36	传感器地2	67	节气门执行器
37	进气压力信号	68	风扇2
38	节气门信号	69	空调压缩机继电器
39	冷却水温度信号	70	油泵继电器
40	加速踏板信号	71	K线通信
41	增压温度传感器	73	防盗开关
42	进气温度信号	74	离合器开关（MT）
43	巡航控制（CVT）	75	空调开关
44	非持续电源	76	空调压缩机开关
45	非持续电源	77	空调中压开关
46	炭罐控制阀	78	传感器地4
47	喷油器3	79	相位传感器
49	进气可变气门正	80	功率地
50	风扇1	81	CAN低
51	电子地		

9.1.4 众泰1.6L TNN4G16发动机（81针）

以众泰2018年款T500车型为例，发动机电脑端子如图9-5所示，端子定义见表9-5。

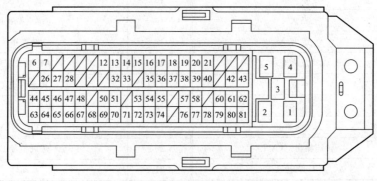

图9-5 TNN4G16发动机电脑端子图

表 9-5 TNN4G16 发动机电脑端子定义

端子	端子定义	端子	端子定义
1	点火线圈 4	46	炭罐电磁阀信号线
2	点火线圈 2	47	喷油器（第 4 缸）
3	点火地	48	可变凸轮轴正时（进气）
4	点火线圈 3	50	低速风扇控制
5	点火线圈 1	51	地
6	喷油器（第 2 缸）	53	地
7	喷油器（第 3 缸）	54	节气门位置传感器 1
12	蓄电池电源	55	下游氧传感器
13	点火开关	57	空调高低压开关
14	主继电器	58	制动开关
15	发动机转速传感器	60	空调中压开关
16	加速踏板传感器	61	功率地 1
17	传感器地	62	PCAN-H
18	前氧传感器信号线	63	IG 电源
19	爆震传感器 A 端	64	节气门执行器
20	爆震传感器 B 端	65	节气门执行器
21	制动信号输入	66	节气门执行器
26	前氧传感器加热线	67	节气门执行器
27	喷油器（第 1 缸）	68	高速风扇控制
28	后氧传感器加热	69	空调压缩机继电器
32	5V 电源	70	油泵继电器控制
33	5V 电源	71	K 线
35	传感器地	72	传动链结合状态信号
36	传感器地	73	发动机防盗控制
37	进气压力传感器信号线	74	离合器开关
38	节气门位置传感器 2	76	离合器底开关
39	发动机冷却液温度传感器	77	空挡开关
40	加速踏板传感器	78	传感器地
42	进气温度传感器	79	相位传感器信号
44	IG 电源非持续电源	80	功率地
45	IG 电源非持续电源	81	PCAN-L

9.1.5 众泰 1.8T TN4G18T 发动机（64 针+ 48 针）

以众泰 2018 年款 T600 车型为例，4G18T 发动机电脑端子图如图 9-6 所示，端子定义见表 9-6、表 9-7。

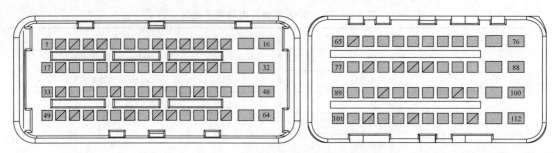

图 9-6　4G18T 发动机电脑端子图

表 9-6　4G18T 发动机电脑 64 针端子定义

端子	端子定义	端子	端子定义
1	CAN 总线高	36	加速踏板传感器参考电压 2
5	主继电器控制	37	加速踏板传感器参考电压 1
6	离合器开关（只适用于 MT 项目）	39	电子水泵继电器控制
7	加速踏板参考电压接地 1	41	油泵继电器控制
9	巡航控制（只适用于 DCT 项目）	42	空调压缩机继电器控制
15	非持续电源	43	后氧传感器信号−
16	非持续电源	45	加速踏板传感器位置信号 1
17	CAN 总线低	46	增压压力传感器温度信号
19	传感器供电	47	传感器地
20	持续电源	48	下游氧传感器加热控制
21	后氧传感器信号＋	53	空调高低压开关信号
23	制动灯开关信号	56	低速电子风扇继电器控制
24	空调压缩机中压开关信号	59	加速踏板参考电压接地 2
25	制动灯开关信号	60	环境压力传感器
30	加速踏板传感器位置信号 2	61	增压压力传感器压力信号
31	高速电子风扇继电器控制	63	ECU 地 2
32	防盗输入	64	ECU 地 1
35	非持续电源		

表 9-7　4G18T 发动机电脑 48 针端子定义

端子	端子定义	端子	端子定义
65	排放（PWM）电磁阀控制	72	3 缸喷油器控制
67	2 缸喷油器控制	73	前氧传感器加热控制
68	1 缸喷油器控制	74	4 缸喷油器控制
69	VVT 排气正时阀控制	75	电子节气门怠速步进电机＋
70	泄压阀控制	76	4 缸点火线圈控制
71	VVT 进气正时阀控制	77	电子节气门信号 1

续表

端子	端子定义	端子	端子定义
78	电子节气门信号2	96	曲轴位置传感器信号
80	前氧传感器信号—	98	相位传感器5V参考电压
84	曲轴位置传感器参考电压接地	99	3缸点火线圈控制
85	参考电压接地	100	1缸点火线圈控制
86	电子节气门5V参考电压1	101	水温传感器信号反馈
87	电子节气门怠速步进电机—	102	进气压力传感器温度信号
88	2缸点火线圈控制	104	前氧传感器信号+
89	爆震传感器信号低	105	相位传感器（排气）信号
90	爆震传感器信号高	107	电子节气门5V参考电压2
91	进气压力传感器压力信号	108	曲轴位置传感器5V参考电压
93	相位传感器（进气）信号	109	进气压力传感器5V参考电压
94	炭罐电磁阀控制	111	ECU地4
95	相位传感器地	112	ECU地3

9.1.6 众泰2.0T 4G63T发动机（64针+48针）

以众泰2017年款T600 COUPE车型为例，4G63T发动机电脑端子图如图9-7所示，端子定义见表9-8、表9-9。

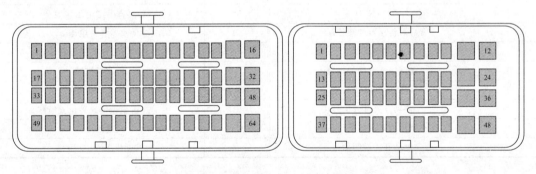

图9-7 4G63T发动机电脑端子图

表9-8 4G63T发动机电脑48针端子定义

端子	端子定义	端子	端子定义
3	喷油器1控制	16	电子节气门信号1
4	喷油器3控制	18	增压压力传感器温度信号
7	喷油器4控制	20	冷却液温度传感器反馈
8	喷油器2控制	21	相位传感器反馈
9	排放控制阀控制	22	前氧传感器信号
14	电子节气门信号2	23	电子节气门怠速步进电机—

续表

端子	端子定义	端子	端子定义
24	电子节气门怠速步进电机+	39	电子节气门5V参考电压
25	爆震传感器高	41	空气流量计温度信号
28	增压压力传感器压力信号	43	歧管压力传感器信号
33	曲轴传感器位置信号	45	传感器参考电压2
35	点火线圈（第1缸）控制	46	参考电压接地
36	点火线圈（第3缸）控制	47	点火线圈（第4缸）控制
37	爆震传感器低	48	点火线圈（第2缸）控制
38	传感器参考电压1		

表9-9 4G63T发动机电脑64针端子定义

端子	端子定义	端子	端子定义
2	蓄电池电源	31	经过主继电器的电源
3	炭罐控制阀控制	35	电子加速踏板传感器位置信号1
4	风扇继电器（低速）	37	传感器参考电压2
5	风扇继电器（高速）	38	制动真空传感器信号
7	真空泵继电器	42	后氧传感器信号
9	压缩机继电器	47	发动机ECU功率地
10	离合器开关信号	48	发动机ECU功率地
11	CAN_L	49	传感器参考电压接地
12	CAN_H	50	传感器参考电压接地
13	后氧传感器加热控制	51	传感器参考电压2
14	主继电器	53	空调压力开关中压信号
15	经过主继电器的电源	58	传感器控制
17	诊断接口诊断K线	60	油泵继电器
18	制动开关常开信号	61	电子加速踏板传感器位置信号2
19	空调压力开关高低压信号	63	蓄电池电源
25	制动开关常闭信号	64	发动机ECU功率地

9.1.7 众泰2.0T 20L4E发动机（60针+94针）

以众泰2018年款T800车型为例，20L4E发动机电脑端子如图9-8所示，端子定义见表9-10、表9-11。

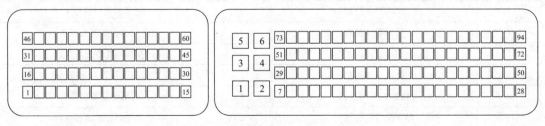

图9-8 20L4E发动机电脑端子图

表 9-10　20L4E 发动机电脑 60 针端子定义

端子	端子定义	端子	端子定义
1	点火线圈 4 控制	31	喷油器 1+
2	点火线圈 2 控制	32	喷油器 4+
3	燃油控制阀	33	喷油器 1−
4	燃油控制阀	34	喷油器 3−
5	可变气门正时排气 OCV 阀	35	炭罐控制阀控制
7	传感器 5V 参考电压	36	增压压力传感器信号
8	相位传感器参考电压	37	巡航信号
10	爆震传感器信号低	38	增压压力传感器温度信号
12	传感器地	39	进气压力传感器 5V
13	传感器压力信号	40	油轨压力传感器
14	参考电压接地	41	电子节气门电机正极
15	水泵接地	44	电子节气门信号 2
16	点火线圈 1 控制	46	喷油器 3+
17	点火线圈 3 控制	47	喷油器 2+
18	废气控制阀控制	48	喷油器 4−
19	电子节气门传感器正	49	喷油器 2−
20	电子节气门信号 1	50	OCV 阀——进气电源
21	增压器 RCV 阀/进气泄流阀	53	相位传感器（进气）信号
22	相位传感器 5V 参考电压	54	相位传感器（排气）信号
23	转速传感器信号	56	空气流量计
24	电子节气门电机负极	57	水温传感器信号反馈
25	爆震传感器信号高	58	空气流量计
26	参考电压接地	59	空气流量计
27	相位传感器地	60	接电子节温器
29	参考电压接地		

表 9-11　20L4E 发动机电脑 94 针端子定义

端子	端子定义	端子	端子定义
1	接地	14	后氧传感器
2	接地	19	制动常开信号
3	ECU 接地	22	高低压开关常闭
4	接地	23	高低压开关常开
5	ECU 电源	24	自动常闭信号
6	ECU 电源	26	低速风扇控制
11	踏板 1 路 5V 电压	27	高速风扇控制
13	制动真空传感器	28	油泵控制信号

续表

端子	端子定义	端子	端子定义
29	信号正极	65	接蓄电池传感器
30	ECU 电	69	主继电器控制信号
31	主继电器控制	72	压缩机控制信号
32	巡航信号	73	前氧传感器电源
33	后氧传感器电源负极	76	接前氧传感器
35	踏板 2 路接地	77	接前氧传感器
42	传感器参考电压接地	78	接前氧传感器
44	CANL	79	接前氧传感器
45	CANH	81	踏板 1 路接地
48	起动机励磁	82	踏板 2 路信号输出
58	加速踏板、真空泵	83	踏板 1 路信号输出
61	踏板 2 路 5V 电压	87	ECU 和发电机励磁 IG 电
62	后氧传感器信号负极		

9.2 变速器电脑

9.2.1 众泰 DCT360C 六速湿式双离合变速器（81 针+ 36 针）

以众泰 2018 年款新 T600 车型为例，该变速器电脑端子图如图 9-9 所示，端子定义见表 9-12、表 9-13。

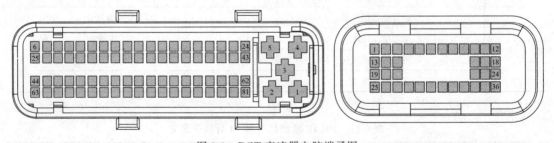

图 9-9 DCT 变速器电脑端子图

表 9-12 DCT 变速器 81 针端子定义

端子	端子定义	端子	端子定义
1	接地	6	点火开关
2	接地	7	传感器电源 1
3	接地	8	传感器电源 2
4	电源 1	9	奇数输入轴速度传感器
5	电源 2	10	偶数输入轴速度传感器

续表

端子	端子定义	端子	端子定义
11	1/3 挡换挡拨叉位置传感器	39	油压传感器信号
12	2/4 挡换挡拨叉位置传感器	44	多路信号 1
15	奇数离合器压力传感器	49	SubROMRead/Write
16	偶数离合器压力传感器	53	油压传感器信号
17	CANL（低）	54	阀体温度传感器
18	CANH（高）	57	奇数离合器电磁阀
19	换挡电磁阀 1	58	偶数离合器电磁阀
20	主油路压力电磁阀	60	电磁阀 2
23	电磁阀 1	63	多路信号 2
26	传感器电源 1	64	传感器接地 1
27	传感器电源 2	65	传感器接地 2
28	输出速度传感器	68	SubROMclock
29	离合器速度传感器	69	SubROMChipSelect
30	5 挡换挡拨叉位置传感器	71	传感器接地 1
31	6/R 挡换挡拨叉位置传感器	81	电磁阀 3
38	润滑压力电磁阀		

表 9-13　DCT 变速器 36 针端子定义

端子	端子定义	端子	端子定义
1	奇数离合器压力传感器	20	传感器电源 1
3	偶数离合器压力传感器	21	传感器电源 2
4	阀体温度传感器	22	油压传感器信号
5	传感器接地 2	23	偶数离合器电磁阀
6	传感器电源 2	24	奇数离合器电磁阀
7	偶数输入轴速度传感器	25	离合器速度传感器
8	2/4 挡换挡拨叉位置传感器	26	输出速度传感器
9	6/R 挡换挡拨叉位置传感器	27	传感器接地 1
11	多路信号 2	28	传感器接地 1
12	多路信号 1	29	传感器电源 1
13	SubROMChipSelect	30	奇数输入轴速度传感器
14	SubROMRead/Write	31	5 挡换挡拨叉位置传感器
15	SubROMclock	32	1/3 挡换挡拨叉位置传感器
16	主油路压力电磁阀	34	电磁阀 3
17	润滑压力电磁阀	35	电磁阀 2
18	换挡电磁阀 1	36	电磁阀 1
19	油压传感器信号		

9.2.2 众泰 VT2I/VT3 无级变速器（48 针）

以众泰 2017 年款 T300 车型为例，无级变速器电脑端子如图 9-10 所示，端子定义见表 9-14。

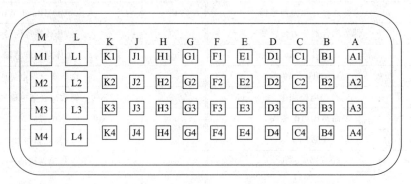

图 9-10 无级变速器电脑端子图

表 9-14 无级变速器电脑端子定义

端子	线号	接线线径/mm² 与颜色	端子定义
M1	M1	1.5B	接地
M2	M2	0.5B	倒挡信号
M3	M3	1.5Br	从动锥轮压力调节器
M4	M4	1.5B	接地
L4	L4	1.5R	电源
K1	K1	0.5GY	变速器油温
K2	K2	0.5GW	离合器压力调节器
K3	K3	0.5BW	执行器电源
K4	K4	0.5YR	换挡锁
J2	FB20B	0.5RG	IG1 电源
J3	J3	0.5 LW	从动锥轮压力
J4	J4	0.5 BY	驾驶模式传感器信号 D
H1	H1	0.5 WG	驾驶模式传感器信号 C
H2	H2	0.5 Gr	驾驶模式传感器信号 B
H3	H3	0.5 Y	驾驶模式传感器
H4	M08/M34	0.5 BrR	发动机转速信号
G1	G1	0.5 LR	驾驶模式传感器信号 A
G3	G3	0.5 RB	主动锥轮压力调节器
G4	G4	0.5 LB	从动锥轮转速
F1	F1	0.5 WR	主动锥轮转速
E2	E2	0.5 W	传感器接地
E3	E3	0.35 WY	制动信号继电器反馈

续表

端子	线号	接线线径/mm² 与颜色	端子定义
D1	D1	0.5 GL	雪地模式
D2	D2	0.5 WB	手动换挡信号
C1	C1	0.5 YL	手动换挡—
C2	C2	0.5 LY	手动换挡＋
B3	B3	0.5 G	转速和位置传感器电源
B4	B4	0.5 RY	压力传感器电源
A2	OBD7/OB07B	0.35 V	K-Line
A3	IC30Q	0.35 R	CAN-H
A4	IC29Q	0.35 L	CAN-L

9.2.3 众泰 A6F5A621PL 六速自动变速器（81针＋26针＋10针）

以众泰 2018 年款 T500 车型为例，该变速器连接端子图如图 9-11 所示，端子定义见表 9-15～表 9-17。

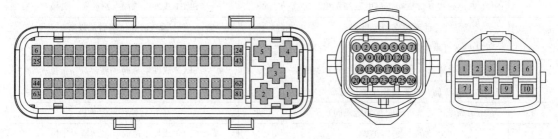

图 9-11 变速器连接端子图

表 9-15 变速器 81 针连接端子定义

端子	端子定义	端子	端子定义
1	功率接地 1	22	SLC2 线性电磁阀供电电源
2	功率接地 2	23	ON/OFF 电磁阀供电电源
3	功率接地 3	28	输出轴转速传感器
4	持续电源	30	TIP＋开关
5	持续电源	31	TIP—开关
6	点火开关	34	手动模式开关
7	9V 电源 1	35	冬季模式开关
9	输入转速传感器负极	38	SLU 线性电磁阀
17	CAN 总线接口	39	SLT 线性电磁阀
18	CAN 总线接口	42	9V 电源 1
19	SLC2 线性电磁阀	44	ON/OFF1 电磁阀
20	SLB1 线性电磁阀	48	N 挡开关
21	SLC1 线性电磁阀供电电源	50	D 挡开关

续表

端子	端子定义	端子	端子定义
53	运动模式开关	63	ON/OFF2 电磁阀
55	CAN 总线接口	66	P 挡开关
56	CAN 总线接口	67	R 挡开关
57	SLC2 线性电磁阀	72	油温传感器
58	SLC3 线性电磁阀	73	油温传感器地
59	SLC3 线性电磁阀供电电源	79	SLT 线性电磁阀供电电源
60	SLU 线性电磁阀供电电源	80	SLB1 线性电磁阀供电电源
61	ON/OFF2 电磁阀供电电源		

表 9-16　变速器 26 针连接端子定义

端子	端子定义	端子	端子定义
1	SLU 线性电磁阀（主油压电磁阀）正极	15	SLC2 线性电磁阀（离合器）负极
2	S2 通断电磁阀（机械阀控制电磁阀）控制信号	16	SLC3 线性电磁阀（离合器）负极
3	SLT 线性电磁阀（变矩器锁止油压电磁阀）正极	17	输出转速传感器正极
4	S1 通断电磁阀（机械阀控制电磁阀）控制信号	18	SLB1 线性电磁阀（制动器）负极
7	油温传感器负极	19	输入转速传感器正极
8	SLU 线性电磁阀（主油压电磁阀）负极	21	SLC1 线性电磁阀（离合器）正极
9	S2 通断电磁阀（机械阀控制电磁阀）负极	22	SLC2 线性电磁阀（离合器）正极
10	SLT 线性电磁阀（变矩器锁止油压电磁阀）负极	23	SLC3 线性电磁阀（离合器）正极
11	S1 通断电磁阀（机械阀控制电磁阀）负极	24	输出转速传感器负极
13	油温传感器正极	25	SLB1 线性电磁阀（制动器）正极
14	SLC1 线性电磁阀（离合器）负极	26	输入转速传感器负极

表 9-17　变速器 10 针连接端子定义

端子	端子定义	端子	端子定义
1	R 挡信号输出	7	N 挡信号输出
2	电源供电	8	P 挡信号输出
3	启动回路	10	D 挡信号输出
4	启动回路		

9.3　车身电脑

9.3.1　众泰 T600 车身电脑（52 针＋48 针＋22 针＋32 针＋24 针）

以众泰 2018 年款 T600 车型为例，集成式车身控制模块端子图如图 9-12 所示，端子定义见表 9-18～表 9-22。

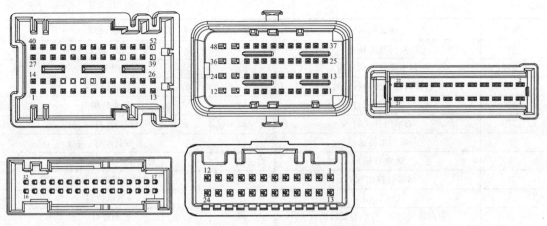

图 9-12 集成式车身控制模块端子图

表 9-18 车身电脑 52 针端子定义

端子	端子定义	端子	端子定义
2	电源	27	右后转向灯
4	信号地	29	模拟地
5	转向灯开关输入	30	AT：P 挡开关 MT 离合（常开）
7	ACC 电源	32	喇叭开关输入
8	ON 挡电源	33	后雾灯开关输入
9	左前门闭锁反馈信号	34	左前转向灯反馈
10	左后转向灯反馈	37	后刮水器输入 1
11	危险警告指示灯输出	38	右前转向灯反馈
12	门把手照明	41	车身 CAN_L
13	前刮水器输入 1	42	车身 CAN_H
16	前刮水器输入 2	45	前刮水器灵敏度调节输入
21	后刮水器输入 2	48	防盗指示灯
22	制动踏板输入 1	49	变光开关输入
23	大灯开关输入	50	前雾灯开关输入
24	前刮水器洗涤开关		

表 9-19 车身电脑 48 针端子定义

端子	端子定义	端子	端子定义
1	左后门开关输入	9	后背门灯输出
2	右后门开关输入	12	顶灯输出
3	后备厢开锁输入	13	制动踏板输入 2
4	前舱盖门开入	15	后雾灯输出
7	车门解锁反馈信号	16	后备厢解锁输出
8	接地	17	前雾灯输出（左）

续表

端子	端子定义	端子	端子定义
19	双闪开关输入	37	安全气囊 ECU 信号
21	前刮水器归位信号输入	39	左前门开关输入
24	左前转向灯和左后视镜转向灯	40	后备厢门开输入
25	左后转向灯	41	近光灯输出
27	右前门开关输入	42	日间行车灯（左）
28	后刮水器输出	43	日间行车灯（右）
30	远光灯输出	44	后刮水器归位信号输入
31	前雾灯输出（右）	46	雨量光照传感器和天窗遮阳帘
34	ESCL LIN	47	节电控制
35	右前转向灯 & 右后视镜转向灯	48	刹车灯
36	小灯 & 牌照灯 & 整车背光灯		

表 9-20　车身电脑 22 针端子定义

端子	端子定义	端子	端子定义
1	蓄电池常电	14	门锁电源和刮水器电源
2	ESCL 电机电源	15	前刮水器高速
3	蓄电池常电	16	后洗涤输出
4	喇叭输出	17	前刮水器电源
6	喇叭电源	18	四门闭锁输出
7	信号地	19	前刮水器地
8	ESCL 地	20	三门解锁输出
9	信号地	21	前刮水器低速
10	主驾门解锁输出	22	电源地
12	前洗涤输出		

表 9-21　车身电脑 32 针端子定义

端子	端子定义	端子	端子定义
1	MT：离合器信号（常闭）	19	内部前排天线 −
7	信号地	20	内部后排天线 +
8	一键启动开关信号 1	21	内部后排天线 −
9	一键启动开关信号 2	24	左前门把手天线 +
13	一键启动背光	25	左前门把手天线 −
14	ESCL 锁状态反馈信号	26	右前门把手天线 +
15	ON 挡继电器控制输出	27	右前门把手天线 −
16	ESCL 使能	28	氛围灯 1
17	ESCL 电源信号	29	启动继电器控制输出
18	内部前排天线 +	32	ACC 继电器控制输出

表 9-22　车身电脑 24 针端子定义

端子	端子定义	端子	端子定义
1	左前门把手按钮	3	右后转向灯反馈
2	右前门把手按钮	17	背光灯

9.3.2 众泰 T300 车身电脑（32 针 + 32 针）

以众泰 2017 年款 T300 车型为例，该车车身电脑端子图如图 9-13 所示，端子定义见表 9-23、表 9-24。

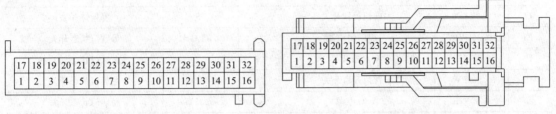

图 9-13 T300 车身电脑端子图

表 9-23 T300 车身电脑 32 针端子定义（一）

端子	接线线径/mm² 与颜色	端子定义	端子	接线线径/mm² 与颜色	端子定义
2	0.35 GW	位置灯开关、近光灯开关、自动大灯开关	16	0.35 VW	前雾灯输出
3	0.35 BL	远光灯开关、闪光开关	17	0.5 BW	信号地
4	0.35 RL	刮水器灵敏度开关	18	0.35 R	CAN-H
5	0.35 RW	转向灯开关	19	0.35 L	CAN-L
6	0.35 YW	左后窗开关	21	0.35 WB	中控锁指示灯
7	0.35 GL	右后窗开关	22	0.35 GO	车窗禁止指示灯
8	0.35 LY	中控门锁开关	23	0.35 YR	警报指示灯
9	0.35 GR	右前门窗开关	24	0.35 GrL	防盗指示灯
10	0.35 GB	左后门窗开关	26	0.5 RG	后视镜折叠
11	0.35 WL	右后门窗开关	27	0.5 RY	后视镜打开
12	0.35 YB	右前门窗开关	28	0.35 L	日行灯输出
13	0.35 BrR	左前门窗开关	29	0.5 GW	后刮水器输出
14	0.35 P	远光输出	31	0.35 Gr	天窗 LIN/雨量传感器 LIN
15	0.35 R	近光输出	32	0.35 BrW	防夹电机 LIN

表 9-24 T300 车身电脑 32 针端子定义（二）

端子	接线线径/mm² 与颜色	端子定义	端子	接线线径/mm² 与颜色	端子定义
1	0.35 WL	后刮水器开关 1	6	0.35 GR	后视镜折叠开关
2	0.35 WG	前刮水器开关 1	8	0.75 GrB	后刮水器停止信号
3	0.35 LgR	前刮水器开关 2	9	0.35 GW	前刮水器停止信号
4	0.35 BrY	右转向灯诊断	10	0.35 BrB	前雾灯开关
5	0.35 WY	左转向灯诊断	11	0.35 LB	后雾灯开关

续表

端子	接线线径/mm² 与颜色	端子定义	端子	接线线径/mm² 与颜色	端子定义
12	0.35 GrG	前洗涤开关	23	0.35 GB	碰撞信号
13	0.35 RY	儿童锁开关	24	0.35 YB	喇叭开关
14	0.35 GY	左前门解锁开关	25	0.35 G	警报灯开关
15	0.35 WR	左前门闭锁器	26	0.35 GrR	后背门状态开关
17	0.35 YB	后刮水器开关 2	28	0.35 GrG	右后门状态开关
19	0.35 PW	后背门开启开关	29	0.35 YR	左后门状态开关
20	0.35 GL	ACC 电源	30	0.35 V	左前门状态开关
21	0.35 BrW	钥匙接触开关	31	0.35 YL	右前门状态开关
22	0.5 Br	IG1 电源	32	0.35 BY	遥控钥匙天线

9.3.3 众泰 T800 车身电脑（52 针+ 48 针+ 22 针+ 32 针+ 24 针）

以众泰 2018 年款 T800 车型为例，该车车身电脑端子图如图 9-14 所示，端子定义见表 9-25～表 9-29。

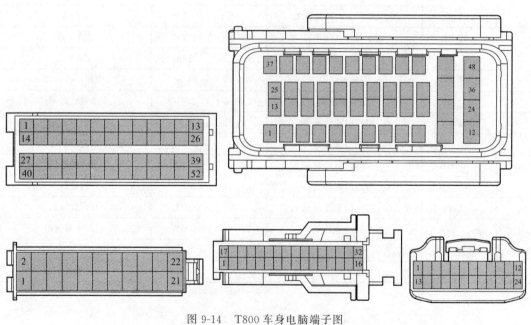

图 9-14 T800 车身电脑端子图

表 9-25 T800 车身电脑 48 针端子定义

端子	端子定义	端子	端子定义
1	左后门碰开关	7	左前门锁状态开关
2	右后门碰开关	8	接地
3	后背门开启开关	9	后背厢灯输出
4	前舱盖接触开关	12	前顶灯开关

续表

端子	端子定义	端子	端子定义
13	制动开关常开端	31	右前雾灯继电器控制
15	后雾灯继电器控制	35	右转向灯输出
16	后背门解锁继电器控制	36	位置灯输出
17	左前雾灯继电器控制	37	碰撞信号
19	警告灯开关	39	左前门碰开关
21	前刮水器电机位置反馈	40	后背门状态开关
24	左转向灯输出	41	近光继电器控制
25	左后转向灯输出	42	日行灯继电器控制
27	右前门碰开关	44	后刮水器电机位置反馈
28	后刮水器继电器控制	46	LIN
29	右前角灯继电器控制	47	节电控制
30	远光继电器控制	48	制动灯输出

表 9-26　T800 车身电脑 52 针端子定义

端子	端子定义	端子	端子定义
2	电源	29	开关地
4	接地	30	离合开关
5	转向灯开关	32	喇叭开关
7	ACC 挡电反馈	33	后雾灯开关
8	ON 挡电反馈	34	左转向灯反馈
9	左前门闭锁器	37	刮水器/洗涤开关
10	转向灯反馈	38	右转向灯反馈
11	警告灯开关	40	右前角灯继电器控制
12	门把手照明灯输出	41	CAN L
13	前刮水器开关	42	CAN H
16	前刮水器开关	45	前刮水器开关调节
21	后刮水器开关	47	脚踢传感器
22	制动开关常闭端	48	防盗指示灯
23	位置灯/近光灯/自动大灯开关	49	远光灯开关
24	前洗涤开关	50	前雾灯开关
27	右后转向灯输出		

表 9-27　T800 车身电脑 22 针端子定义

端子	端子定义	端子	端子定义
1	电源	7	接地
2	电源	8	接地
3	电源	9	接地
4	喇叭输出	10	解锁
6	电源	12	前洗涤

续表

端子	端子定义	端子	端子定义
14	电源	19	接地
15	前刮水器电机高速	20	解锁
16	后洗涤	21	前刮水器电机低速
17	电源	22	接地
18	闭锁		

表 9-28　T800 车身电脑 32 针端子定义

端子	端子定义	端子	端子定义
2	左前门把手解锁信号	18	前部天线
3	左前门把手闭锁信号	19	前部天线
4	右前门把手解锁信号	20	室内后部天线
5	右前门把手闭锁信号	21	室内后部天线
7	接地	22	后保天线
8	一键启动开关	23	后保天线
9	一键启动开关	24	左前门把手天线
10	灯输出	25	左前门把手天线
13	一键启动指示灯	28	氛围灯输出
15	ON 继电器控制	32	ACC 继电器控制

表 9-29　T800 车身电脑 24 针端子定义

端子	端子定义
3	右后转向灯反馈

车身辅助模块端子如图 9-15 所示，端子定义见表 9-30～表 9-33。

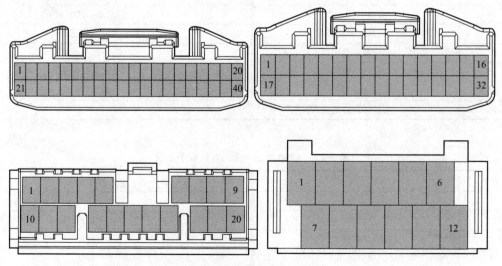

图 9-15　车身辅助模块端子图

表 9-30 辅助模块 40 针端子定义

端子	端子定义	端子	端子定义
1	左门开信号	36	左前门灯/照地灯控制
10	大手套箱开关信号	37	右前门灯/照地灯控制
11	小手套箱开关信号	38	左后门灯控制
33	右门开信号	39	右后门灯控制

表 9-31 辅助模块 32 针端子定义

端子	端子定义	端子	端子定义
1	常电源	19	IGN 电
2	记忆电地	21	左后视镜左右调节电机位置输入
3	LIN	22	左后视镜上下调节电机位置输入
6	右前车窗开关上升信号	23	右后视镜上下调节电机位置输入
7	右前车窗开关下降信号	24	右后视镜左右调节电机位置输入
8	左后车窗开关上升信号	26	记忆电 5V
9	左后车窗开关下降信号	27	右后视镜公共端
10	右后车窗开关上升信号	28	右后视镜上下调节
11	右后车窗开关下降信号	29	左后视镜公共端
14	IGN 电	30	左后视镜上下调节
15	CAN L	31	左后视镜左右调节
16	CAN H（V3） CAN H（V1/V2）	32	右后视镜左右调节

表 9-32 辅助模块 20 针端子定义

端子	端子定义	端子	端子定义
9	大手套箱电机输出	15	常电源
12	节能输出＋	19	接地
13	后视镜折叠＋	20	小手套箱电机输出
14	后视镜打开＋		

表 9-33 辅助模块 12 针端子定义

端子	端子定义	端子	端子定义
1	电源_左车	7	左前车窗升
2	电源_右车	8	左前车窗降
3	接地	9	右前车窗升
4	接地	10	右前车窗降
5	右后车窗升	11	左后车窗升
6	右后车窗降	12	左后车窗降

9.4 多媒体电脑

9.4.1 众泰 T600 多媒体电脑（20 针 + 8 针 + 8 针）

以众泰 2018 年款 T600 车型为例，该车多媒体系统采用无机芯导航系统，系统主插件连接端子如图 9-16 所示，端子定义见表 9-34。

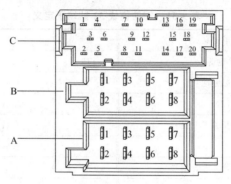

图 9-16 无机芯导航系统主插件端子图

表 9-34 无机芯导航系统主插件端子定义

端子	端子定义	端子	端子定义
A1	转向盘线控信号 1	B8	RL−
A2	转向盘线控信号 2	C3	MC1−
A3	转向盘线控信号接地	C4	CAN_L
A4	B+	C5	MC2+
A5	天线供电	C6	MC2−
A6	背光照明+（小灯信号）	C7	摄像头视频地
A7	ACC 点火控制线	C8	重低音信号正
A8	GND	C9	背光控制
B1	RR+	C11	重低音信号
B2	RR−	C13	显示屏电源
B3	RF+	C15	显示屏电源地
B4	RF−	C16	摄像头电源+
B5	LF+	C18	功放控制信号地
B6	LF−	C19	摄像头电源地
B7	RL+	C20	功放控制信号

9.4.2 众泰 T500 多媒体电脑（8 针 + 8 针 + 20 针）

以众泰 2018 年款 T500 车型为例，该车多媒体电脑端子如图 9-17 所示，端子定义见表 9-35。

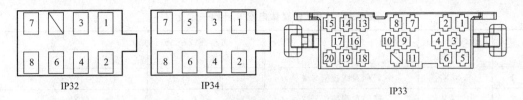

图 9-17　T500 多媒体电脑端子图

表 9-35　T500 多媒体电脑端子定义

端子	端子定义	端子	端子定义
IP32 端子定义			
1	转向盘音量开关+	6	背景灯电源
2	转向盘音量开关-	7	常电电源
3	转向盘线控地	8	电源地
4	IG 电源		
IP34 端子定义			
1	右后扬声器正极	5	左前扬声器正极
2	右后扬声器负极	6	左前扬声器负极
3	右前扬声器正极	7	左后扬声器正极
4	右前扬声器负极	8	左后扬声器负极
IP33 端子定义			
1	前摄像头电源	11	车道偏离指示灯输出
2	前摄像头电源地	13	右摄像头电源
3	前摄像头信号+	14	右摄像头电源地
4	前摄像头信号-	15	右摄像头信号+
5	车道偏离开关信号	16	右摄像头信号-
6	360 全景影像开关信号	17	后摄像头电源+
7	左摄像头电源	18	后摄像头电源-
8	左摄像头电源地	19	后摄像头信号+
9	左摄像头信号+	20	后摄像头信号+
10	左摄像头信号-		

9.4.3　众泰 T300 多媒体电脑（8 针+ 8 针+ 24 针）

以众泰 2017 年款 T300 车型为例，多媒体电脑端子如图 9-18 所示，定义见表 9-36～表 9-38。

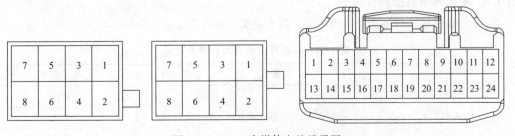

图 9-18　T300 多媒体电脑端子图

表 9-36　T300 多媒体电脑 8 针端子定义（一）

端子	接线线径/mm² 与颜色	端子定义	端子	接线线径/mm² 与颜色	端子定义
1	0.35 G	转向盘线控信号 1	6	0.35 L	背光灯
2	0.35 W	转向盘线控信号 2	7	0.5 V	ACC 电源
4	1.0 Y	记忆电源（B+）	8	1.0 B	接地

表 9-37　T300 多媒体电脑 8 针端子定义（二）

端子	接线线径/mm² 与颜色	端子定义	端子	接线线径/mm² 与颜色	端子定义
1	0.5 BrW	后右扬声器+	5	0.5 BrY	前左扬声器+
2	0.5 LW	后右扬声器−	6	0.5 LY	前左扬声器−
3	0.5 BrR	前右扬声器+	7	0.5 BrB	后左扬声器+
4	0.5 LR	前右扬声器−	8	0.5 LB	后左扬声器−

表 9-38　T300 多媒体电脑 24 针端子定义

端子	接线线径/mm² 与颜色	端子定义	端子	接线线径/mm² 与颜色	端子定义
1	0.35 R	CAN-H	15	0.35 R	T-BOX_USB 电源
3	0.35 G	T-BOX_USB 信号−	16	0.35 B	T-BOX_USB 电源地
4	0.35 W	T-BOX_USB 信号+	17	0.35 B	扬声器屏蔽线
6	0.35 P	扬声器−	18	0.35 W	麦克风+
7	0.35 W	扬声器+	19	0.35 B	麦克风−
9	0.35 W	视频信号+	21	0.35 B	视频信号−
10	0.35 W	行车记录仪视频信号+	22	0.35 B	行车记录仪视频信号−
13	0.35 L	CAN-L			

9.5　新能源系统

9.5.1　众泰云 100 系列 EV

9.5.1.1　车载充电机接插件端子

车载充电机接插件如图 9-19 所示，端子定义见表 9-39。

表 9-39　车载充电机接插件端子定义

类型	功能	端子	端子定义
充电机输入	交流电 220V 输入充电机	1	地线
		2	火线
		3	零线

续表

类型	功能	端子	端子定义
充电机输出＋DC 输入	充电机高压直流输给 DC-DC	A	充电机输出正
		B	充电机输出负
		C	DC 输入正
		D	DC 输入负
DC 输出	DC-DC 输出正负极线	1	DC 输出正
		2	DC 输出负
充电机信号＋DC 使能	8 芯控制信号	A	CAN H
		B	CAN L
		C	13V 电源＋
		D	13V 电源−
		E	DC 使能

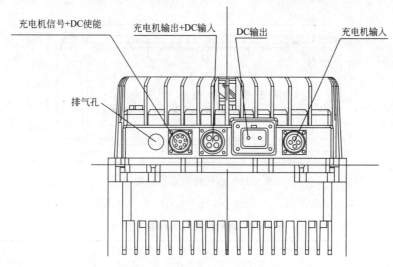

图 9-19　车载充电机接插件端子

9.5.1.2　电池管理单元低压连接端子（19 针）

电池管理单元低压连接端子如图 9-20 所示，端子定义见表 9-40。

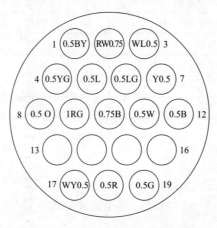

图 9-20　电池管理单元低压连接端子

表 9-40 电池管理单元低压连接端子定义

端子	端子定义	端子	端子定义
1	放点继电器负控	9	快充 12V+
2	整车 12V	10	整车 12V−
3	慢充 CC 信号	11	整车 CAN H
4	快充 CC2 信号	12	整车 CAN L
5	快充 CAN H	17	CP 信号
6	快充 CAN L	18	BMS 内网 CAN H
7	气囊碰撞输出	19	BMS 内网 CAN L
8	START 信号		

9.5.1.3 电机控制器连接端子（35 针）

电机控制器连接端子如图 9-21 所示，端子定义见表 9-41。

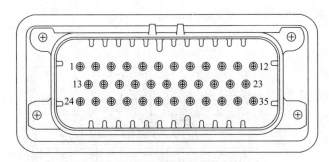

图 9-21 电机控制器连接端子

表 9-41 电机控制器连接端子定义

端子	接线颜色	端子定义	端子	接线颜色	端子定义
1	紫色	钥匙开关信号（KSI）	18	棕色	编码器 B 信号（QEP1B）
3	棕色	后退信号线（REV）	19	黄色	加速开关信号（LOCK1）
4	蓝色	前进信号线（FWD）	20	绿色	加速器信号（IND+）
5	红色	开关信号供电正极（PG12V）	26	橙色	接刹车信号（BRACK+）
6	紫色	编码器供电正极（PG5V）	27	绿色	接车载 DC 地线（BREAK−）
7	白色	电机温度电阻（TEMP_M−）	29	灰色	编码器供电负极
8	红色	加速器供电正极（12V）	30	白色	电机温度电阻（TEMP_M+）
11	红色	CANH	31	黑色	加速器供电负极（GND）
17	粉色	编码器 A 信号（QEP1A）	34	黑色	CANL

9.5.2 众泰 T11 系列 EV

9.5.2.1 电机控制器连接端子（35 针）

电机控制器连接端子如图 9-22 所示，端子定义见表 9-42。

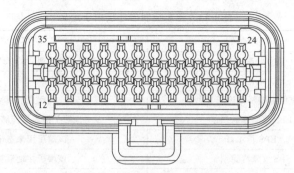

图 9-22 电机控制器连接端子

表 9-42 电机控制器连接端子定义

端子	端子定义	端子	端子定义
1	驱动电机霍尔 C	19	车速传感器信号
2	驱动电机霍尔 B	20	差速器Ⅰ挡挡位到位信号（T11S）
3	驱动电机霍尔 A	21	差速器Ⅱ挡挡位到位信号（T11S）
4	驱动、换挡电机霍尔电源负端	22	GND（键盘接口）
5	刹车信号，刹车时输入 5V 信号	23	换挡电机 B 相线
6	CAN-H	24	换挡电机霍尔、加速踏板 5V 电源
7	CAN-L	25	充电机正在充电信号 12V+
8	RS485-H（键盘接口）	26	SCI_RXDA（程序升级接口）
9	RS485-L（键盘接口）	27	SCI_TXDA（程序升级接口）
10	TDO（程序升级使能接口）	28	充电机正在充电信号 12V−
11	换挡电机 A 相线	29	驱动电机霍尔端口 1
12	换挡电机 C 相线	30	驱动电机霍尔端口 2
13	加速踏板 5V−，前进后退电源地	31	+15V（键盘接口）
14	加速踏板霍尔信号	32	后退输入信号
15	换挡电机霍尔 C	33	前进输入信号
16	换挡电机霍尔 B	34	挡位信号公共端（T11S 为电机温度信号）
17	换挡电机霍尔 A	35	控制器启动信号
18	加速踏板霍尔信号 2		

9.5.2.2 整车控制器（HCU）连接端子（55针）

整车控制器连接端子如图 9-23 所示，端子定义见表 9-43。

图 9-23 整车控制器连接端子

表 9-43 整车控制器连接端子定义

端子	端子定义	信号类型
1	动力电池+72V	蘑菇开关接通后的72V，检测是否有电
2	动力电池-72V	
5	刹车助力控制器诊断 K 线	判别真空泵是否故障
7	EPS 故障诊断端子	该端子接地后能够启动故障诊断
8	EPS 指示灯	该端子用来送出故障代码
9	EPS 故障清除端子	该端子接地后清除故障码
15	控制信号1延时继电器使能	该端子由 HCU 控制电池合闸，5mA 负载能力
16	控制信号2暖风加热控制器使能	控制暖风加热 PTC 模块工作
18	控制信号2暖风加热控制器使能	控制暖风加热 PTC 模块工作
19	HCU GND-12V 搭铁	
25	整车 CAN-L	该端子接车身的 CAN 总线
26	整车 CAN-H	该端子接车身的 CAN 总线
32	OBD 数据读取	
37	HCU 供电+12V	
38	HCU 供电+12V	
39	HCU 供电+12V	
40	充电机充电时供电+12V	
43	暖风机调速电阻	检测鼓风机是否启动
50	OBD 数据诊断	
51	通信 CAN-H2	至车载定位终端数据交换
52	通信 CAN-L2	至车载定位终端数据交换
54	冷凝器风扇使能信号	
55	OBD 数据读写	

9.5.3 众泰芝麻 E30 EV

9.5.3.1 电池管理单元（BMS）端子（32针）

电池管理单元端子如图 9-24 所示，端子定义见表 9-44。

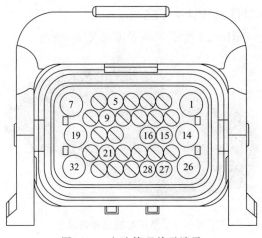

图 9-24 电池管理单元端子

表 9-44 电池管理单元端子定义

端子检查		接线颜色	端子定义	测试条件	正常值
万用表正极	万用表负极				
1	接地	R	蓄电池电源	电源状态"LOCK"	电压：蓄电池电压
5	接地	W/R	CC 线	充电枪已接但未连接交流电源	电阻：680Ω
7	接地	B	接地	电源状态"LOCK"	电阻：0Ω
9	接地	R/W	CP 线	—	—
14	接地	R	蓄电池电源	电源状态"LOCK"	电压：12V
15	接地	R	CAN-H	电源状态"ON"	脉冲信号
16	接地	L	CAN-L	电源状态"ON"	脉冲信号
19	接地	B	接地	电源状态"LOCK"	电阻：0Ω
21	接地	G/B	碰撞信号	—	—
26	接地	R	充电唤醒信号	充电时	电压：13.5V
27	接地	O	"ON"信号	电源状态"ON"	电压：12V
28	接地	V	"ACC"信号	电源状态"ACC"	电压：12V
32	接地	R	接地	电源状态"LOCK"	电阻：0Ω

9.5.3.2 驱动电机端子（9 针）

驱动电机端子如图 9-25 所示，端子定义见表 9-45。

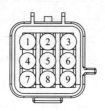

图 9-25 驱动电机端子

表 9-45 驱动电机端子定义

端子	英文名字	类型	端子定义
1	R1-M	电源	Resolver 激励信号
2	S1-M/ENB	模拟/数字	sin＋/ENB 输入
3	S2-M/ENA	模拟/数字	cos＋/ENA 输入
4	R2-M	电源	Resolver 激励信号
5	S3-M/GND	模拟/接地	sin－/EN 电源－
6	S4-M/VCC	模拟/电源	cos－/EN 电源＋
7	Temp-Motor＋	模拟	电机温度正
8	Temp-Motor－	模拟	电机温度负

9.5.3.3 整车控制器（VCU）连接端子（52 针＋28 针）

整车控制器端子如图 9-26 所示，端子定义见表 9-46、表 9-47。

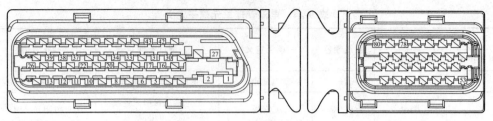

图 9-26 整车控制器端子图

表 9-46 整车控制器 52 针端子定义

端子	接线线径/mm² 与颜色	端子定义	端子	接线线径/mm² 与颜色	端子定义
1	1.00 R	蓄电池电源	22	0.50 G	点火开关 ST 电源
2	0.35 R	点火开关 ON 电源	26	0.50 W	DC-DC 接触器控制
4	0.50 G/R	踏板角度传感器模拟地	27	1.00 B	GND
5	0.35 L	加速踏板 2 地	30	0.35 L/B	加速踏板 1 信号输入
6	0.35 G	加速踏板 1 电源 5V	31	0.35 R	CAN-H
8	0.35 B	屏蔽信号	33	0.50 W/G	压缩机接触器控制
10	0.35 Y/R	制动开关常闭信号	34	0.50 R/G	风扇低速继电器控制
11	0.35 Y/B	制动开关常开信号	37	0.50 W/L	挡位开关 R 挡位信号输入
12	0.50 V	点火开关 ACC 电源	38	0.50 L/G	挡位开关 N 挡位信号输入
13	0.35 R/L	风扇高速继电器控制	39	0.50 G	挡位开关 D 挡位信号输入
16	0.35 Y	加速踏板 1 地	41	0.50 Y/R	踏板角度传感器信号
17	0.35 R	加速踏板 2 电源 5V	42	0.35 Y/W	加速踏板 2 信号输入
18	0.50 L/Y	踏板角度传感器电源 5V	43	0.35 L	CAN-L
20	0.50 W/B	DC-DC 故障信号			

表 9-47 整车控制器 28 针端子定义

端子	接线线径/mm² 与颜色	端子定义	端子	接线线径/mm² 与颜色	端子定义
53	0.75 B	GND	80	0.75 B	GND
78	0.50 V	DC-DC 使能信号			

9.5.4 众泰 E200 EV

9.5.4.1 电池管理模块连接端子（19 针）

电池管理模块连接端子如图 9-27 所示，端子定义见表 9-48。

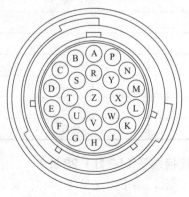

图 9-27 电池管理模块连接端子

表 9-48 电池管理模块连接端子定义

端子检查		接线颜色	端子定义	测试条件	正常值
万用表正极	万用表负极				
A	接地	Y/R	HS_CAN-L	电源状态"ON"	电压 2.4V
B	接地	G/R	HS_CAN-H	电源状态"ON"	电压 2.4V
C	接地	B	接地	电源状态"OFF"	电阻 0Ω
D	接地	G/R	CP	电源状态"OFF"	电阻 2740Ω
E	接地	W/G	CC2	电源状态"OFF"	电阻 1000Ω
F	接地	Y/L	CHG_CAN-L	快充连接或车载充电机工作	电压 2.4V
G	接地	G/L	CHG_CAN-H	快充连接或车载充电机工作	电压 2.4V
H	接地	B	接地	电源状态"OFF"	电阻 0Ω
J	接地	L/P	BMS 内部 CAN-L	电源状态"ON"	电压 2.4V
K	接地	R/P	BMS 内部 CAN-H	电源状态"ON"	电压 2.4V
L	接地	B	接地	电源状态"OFF"	电阻 0Ω
P	接地	Y/W	ON 电源	电源状态"ON"	蓄电池电压
S	接地	L/W	充电开关	快充连接或车载充电机工作	电压 12～13.8V
T	接地	W	CC	电源状态"OFF"	电阻 680Ω
Y	接地	B	接地	电源状态"OFF"	电阻 0Ω
Z	接地	Y/L	蓄电池电源	电源状态"OFF"	蓄电池电压

9.5.4.2 驱动电机控制器连接端子（35 针）

驱动电机控制器端子如图 9-28 所示，端子定义见表 9-49。

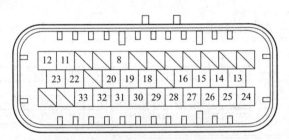

图 9-28 驱动电机控制器连接端子

表 9-49 驱动电机控制器连接端子定义

端子检查		接线颜色	端子定义	测试条件	正常值
万用表正极	万用表负极				
8	接地	R/W	高压互锁+	—	—
11	接地	G/R	HS_CAN-H	—	—
12	接地	Y/R	HS_CAN-L	—	—
13	接地	L/R	ON 电源	电源状态"ON"	蓄电池电压
14	接地	L/R	ON 电源	电源状态"ON"	蓄电池电压
15	接地	B	接地	始终	电阻 0Ω

续表

端子检查		接线颜色	端子定义	测试条件	正常值
万用表正极	万用表负极				
16	接地	R/L	高压互锁−	—	—
18	接地	Y/L	S3	—	—
19	接地	Y/G	S4	—	—
20	接地	Y/B	S2	—	—
22	接地	R	内部 CAN	—	—
23	接地	L	内部 CAN	—	—
24	接地	B	接地	电源状态"OFF"	电阻 0Ω
25	接地	B	接地	电源状态"OFF"	电阻 0Ω
26	接地	B	接地	电源状态"OFF"	电阻 0Ω
27	接地	G/W	蓄电池电源	电源状态"OFF"	蓄电池电压
28	接地	G/W	蓄电池电源	电源状态"OFF"	蓄电池电压
29	接地	Y/O	S1	—	—
30	接地	L/R	PT+	—	—
31	接地	Y/W	R1	—	—
32	接地	Y/R	R2	—	—
33	接地	L	PT−	—	—

9.5.4.3 整车控制器端子（81 针）

整车控制器端子如图 9-29 所示，端子定义见表 9-50。

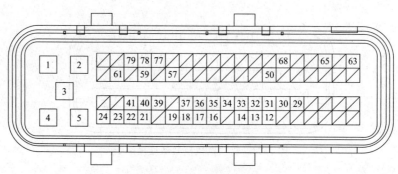

图 9-29 整车控制器端子

表 9-50 整车控制器端子定义

端子检查		接线颜色	端子定义	测试条件	正常值
万用表正极	万用表负极				
1	接地	G/W	充电辅助继电器控制	充电过程中	电压 12V
2	接地	B	接地	电源状态"OFF"	电阻 0Ω
3	接地	B	接地	电源状态"OFF"	电阻 0Ω
4	接地	P	电源	电源状态"OFF"	蓄电池电压
5	接地	P	电源	电源状态"OFF"	蓄电池电压

续表

端子检查		接线颜色	端子定义	测试条件	正常值
万用表正极	万用表负极				
12	接地	Y/R	HS_CAN-L	—	—
13	接地	G/R	HS_CAN-H	—	—
14	接地	B	接地	电源状态"OFF"	电阻0Ω
16	接地	Y/B	5V—	电源状态"OFF"	电阻0Ω
17	接地	L/B	5V—	电源状态"OFF"	电阻0Ω
18	接地	Gr/B	5V—	电源状态"OFF"	电阻0Ω
19	接地	W/Y	R挡信号	R挡位置	电压小于1V
21	接地	W/B	P挡信号	P挡位置	电压小于1V
22	接地	Y/W	制动踏板信号	电源状态"ON",踩下制动踏板	电压0.6~3V
23	接地	L/O	电子加速踏板信号1	电源状态"ON",踩下电子加速踏板	电压0.9~4.3V
24	接地	L/Y	电子加速踏板信号2	电源状态"ON",踩下电子加速踏板	电压0.45~2.15V
29	接地	B	接地	电源状态"OFF"	电阻0Ω
30	接地	B	接地	电源状态"OFF"	电阻0Ω
31	接地	L/Y	VCU内部CAN-L	—	—
32	接地	R/Y	VCU内部CAN-H	—	—
33	接地	Y	LS_CAN-L	—	—
34	接地	G	LS_CAN-H	—	—
35	接地	L/R	5V+	电源状态"ON"	电压5V
36	接地	Gr/R	5V+	电源状态"ON"	电压5V
37	接地	L/W	5V+	电源状态"ON"	电压5V
39	接地	W/R	D挡信号	D挡位置	电压小于1V
40	接地	Gr/Y	真空压力信号	电源状态"ON"	电压0~5V
41	接地	W/Br	N挡信号	N挡位置	电压小于1V
50	接地	Gr	定速巡航开关信号		
57	接地	B/Y	ACC信号	电源状态"ACC"	蓄电池电压
59	接地	L/G	ON信号	电源状态"ON"	蓄电池电压
61	接地	P	制动信号	踩下制动踏板	电压小于1V
63	接地	Y/G	EVP控制信号		
65	接地	B/L	电子风扇控制	—	—
68	接地	R	冷却水泵控制		
77	接地	G/B	碰撞信号		
78	接地	L/W	充电开关信号		电压12V
79	接地	Gr/W	ECO开关信号	按下ECO开关	电压小于1V

第 10 章 五菱-宝骏汽车

10.1 发动机电脑

10.1.1 五菱 1.0L LJ465Q3-E2 发动机（64 针）

以五菱 2012 年款五菱兴旺车型为例，发动机电脑端子如图 10-1 所示，端子定义见表 10-1。

64	63	62	61	60	59	57			51	8	7
0.5LR	0.5WY	0.5BrY	0.5OB	0.5BG	0.5LW	0.5YB			0.5R	1.5R	1.5VW
50	49	48	47	46	45	44	43	42	41	40	39	37		5
0.5BrG	0.5VR	0.5BW	0.5GO	0.5RB	0.5LB	0.5VY	0.5B	0.5YL	0.5WG	0.5BO	0.5BrR	0.5BR		1.5B
36	35		32	31	30	29		26	25		4	3
0.5WL	0.5YV		0.5GB	0.5GY	0.5RW	0.5BrL		0.5LR	0.5LY		1.5G	1.5GR
22	21	20	19	18	17	16	15		13		10	2	
0.5WR	0.5YR	0.5GL	0.5VW	0.5OG	0.5RY	0.5RG	0.5GO		0.5WB		0.5WV	1.5O	

图 10-1 LJ465Q3-E2 发动机电脑端子图

表 10-1 LJ465Q3-E2 发动机电脑端子定义

端子	接线颜色	端子定义	端子	接线颜色	端子定义
2	橙	前氧传感器加热	8	红	主继电器
3	绿红	点火线圈 1	10	白紫	压缩机开关
4	绿	后氧传感器加热	13	白黑	空调温度传感器
5	黑	接地 1	15	绿橙	诊断数据 K 线
7	紫白	点火线圈 2	16	红绿	持续电源 1

续表

端子	接线颜色	端子定义	端子	接线颜色	端子定义
17	红黄	点火开关	42	黄蓝	凸轮轴位置传感器
18	橙绿	电源 2	43	黑	接地
19	紫白	节气门位置传感器电源	44	紫黄	空调开关
20	绿蓝	MIL 故障指示灯	45	蓝黑	前氧传感器
21	黄红	怠速步进电机 B	46	红黑	曲轴传感器 B
22	白红	怠速步进电机 A	47	绿橙	曲轴传感器 A
25	蓝黄	进气温度传感器	48	黑白	接地（功率）
26	蓝红	节气门位置传感器	49	紫红	喷油器 3
29	棕紫	后氧传感器	50	棕绿	喷油器 1
30	红白	爆震传感器 A	51	红	主继电器（非持续电源）
31	绿黄	爆震传感器 B	57	黄黑	车速传感器
32	绿黑	主继电器入	59	蓝白	进气压力传感器
35	黄紫	怠速步进电机 C	60	黑绿	油泵继电器
36	白蓝	怠速步进电机 D	61	橙黑	空调压缩机继电器
37	黑红	炭罐阀控制阀	62	棕黄	冷却风扇继电器
39	棕红	接地（传感器）	63	白黄	喷油器 2
40	黑橙	接地（传感器）	64	蓝红	喷油器 4
41	白绿	冷却液温度传感器			

10.1.2 五菱 1.0L LJ465QR1 发动机（64 针）

以五菱 2012 年款五菱之光车型为例，发动机电脑端子如图 10-2 所示，端子定义见表 10-2。

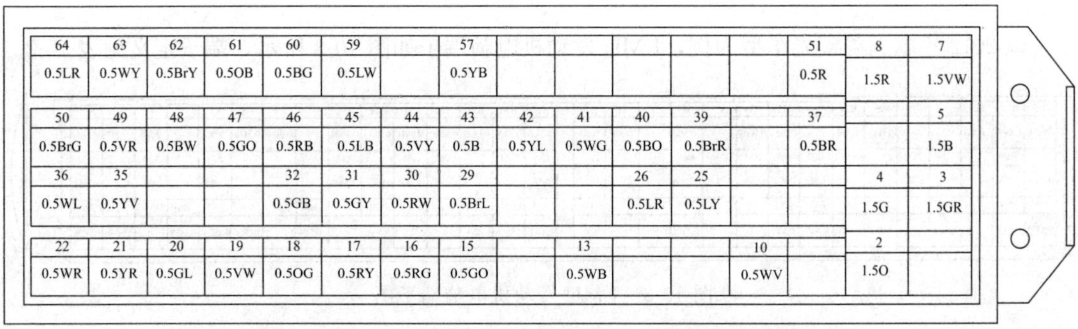

64	63	62	61	60	59		57			51	8	7
0.5LR	0.5WY	0.5BrY	0.5OB	0.5BG	0.5LW		0.5YB			0.5R	1.5R	1.5VW
50	49	48	47	46	45	44	43	42	41	40	39	37		5
0.5BrG	0.5VR	0.5BW	0.5GO	0.5RB	0.5LB	0.5VY	0.5B	0.5YL	0.5WG	0.5BO	0.5BrR	0.5BR		1.5B
36	35		32	31	30	29				26	25		4	3
0.5WL	0.5YV		0.5GB	0.5GY	0.5RW	0.5BrL				0.5LR	0.5LY		1.5G	1.5GR
22	21	20	19	18	17	16	15		13			10	2	
0.5WR	0.5YR	0.5GL	0.5VW	0.5OG	0.5RY	0.5RG	0.5GO		0.5WB			0.5WV	1.5O	

图 10-2　LJ465QR1 发动机电脑端子图

表 10-2　LJ465QR1 发动机电脑端子定义

端子	接线颜色	端子定义	端子	接线颜色	端子定义
2	橙	前氧传感器加热	5	黑	接地
3	绿红	点火线圈 1	7	紫白	点火线圈 2
4	绿	后氧传感器加热	8	红	主继电器

续表

端子	接线颜色	端子定义	端子	接线颜色	端子定义
9	蓝	发动机转速输出	39	棕红	接地（传感器）
10	白紫	压缩机开关	40	黑橙	接地（传感器）
13	白黑	空调温度传感器	41	白绿	冷却液温度传感器
15	绿橙	诊断数据 K 线	42	黄蓝	凸轮轴位置传感器
16	红绿	持续电源 1	43	黑	接地
17	红黄	点火开关	44	紫黄	空调开关
18	橙绿	电源 2	45	蓝黑	前氧传感器
19	紫白	电源 1	46	红黑	曲轴传感器 B
20	绿蓝	MIL 故障指示灯	47	绿橙	曲轴传感器 A
21	黄红	急速步进电机 B	48	黑白	接地（功率）
22	白红	急速步进电机 A	49	紫红	喷油器 3
25	蓝黄	进气温度传感器	50	棕绿	喷油器 1
26	蓝红	节气门位置传感器	51	红	主继电器（非持续电源）
29	棕蓝	后氧传感器	57	黄黑	车速传感器
30	红白	爆震传感器 A	59	蓝白	进气压力传感器
31	绿黄	爆震传感器 B	60	黑绿	油泵继电器
32	绿黑	主继电器入	61	黑	空调压缩机继电器
35	黄紫	急速步进电机 C	62	棕黄	冷却风扇继电器
36	白蓝	急速步进电机 D	63	白黄	喷油器 2
37	黑红	炭罐阀控制阀	64	蓝红	喷油器 4

10.1.3 五菱 1.2L LMU 发动机（90 针）

以 2012 年款五菱宏光车型为例，LMU 发动机电脑端子如图 10-3 所示，端子定义见表 10-3。

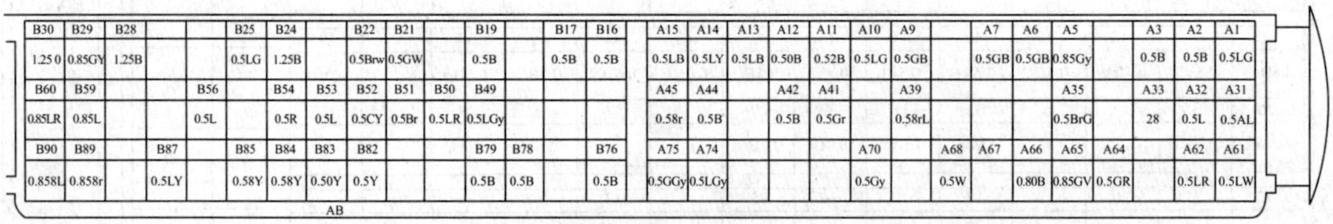

图 10-3 LMU 发动机电脑端子图

表 10-3 LMU 发动机电脑端子定义

端子	接线颜色	端子定义	端子	接线颜色	端子定义
A1	蓝/绿	步进电机 A 高	A6	绿/黑	油泵继电器控制
A2	绿/红	步进电机 A 低	A7	灰/黑	主继电器控制
A3	黑/白	点火接地屏蔽线	A9	绿/黑	冷却风扇继电器控制
A5	灰	废气循环阀信号输出	A10	蓝/灰	空调风扇继电器控制

续表

端子	接线颜色	端子定义	端子	接线颜色	端子定义
A11	黑/白	爆震传感器屏蔽线	B52	绿/白	AC 请求
A12	橙/黑	爆震传感器接地	B53	蓝	轮速传感器信号 A（带 ABS）
A13	蓝/黑	进气压力温度传感器接地	B54	黄/红	曲轴传感器信号 A
A14	白/黄	后氧传感器输入信号	B56	蓝/黄	故障 K 线
A15	蓝/黑	前氧传感器接地	B59	红/黄	喷油器 1
B16	蓝/黑	后氧传感器接地	B60	绿/红	喷油器 3
B17	棕/黄	凸轮轴传感器/EGR 接地	A61	蓝/白	步进电机 B 高
B19	黑	冷却液温度传感器接地	A62	蓝/white	步进电机 B 低
B21	绿/白	节气门位置传感器供电	A64	绿/红	后氧传感器加热负
B22	棕/红	凸轮轴传感器输入信号	A65	绿/白	炭罐控制阀负
B24	黑	ECU 地	A66	橙/黑	ECU-主控继电器电源输出
B25	蓝/绿	曲轴传感器地屏蔽线	A67	黑	ECU 地
B28	黑	ECU 接地	A68	白	转速信号输出
B29	红/黄	ECU 点火信号	A70	灰	PDA 信号
B30	橙	ECU 常通蓄电池电	A74	蓝/灰	节气门传感器信号
A31	蓝/红	点火线圈 2&3 缸	A75	绿/灰	MAP 信号
A32	红	点火线圈 1&4 缸	B76	黄	TCO 信号
A33	黑	ECU 地	B78	棕/绿	TIA 信号
A35	棕/绿	前氧传感器加热负	B79	蓝/棕	废气循环阀供电
A39	棕/白	故障指示灯信号	B82	黄	节气门传感器接地
A41	绿/白	空调压缩机继电器控制	B83	黄	动力转向开关
A42	蓝/灰	爆震传感器信号	B84	棕	轮速传感器信号 B
A44	紫	前氧传感器输入信号	B85	黑/黄	曲轴传感器信号 B
A45	棕	废气循环阀输入信号	B87	蓝/黑	空调管压力开关信号
B49	蓝/灰	空调温度信号	B89	棕	喷油器 4
B50	蓝/红	TMAP 传感器供电	B90	蓝/红	喷油器 2
B51	棕	车速信号			

10.1.4　五菱 1.2L LAQ/LJY/LD6 发动机（90 针）

以 2012 年款五菱荣光车型为例，发动机电脑端子如图 10-4 所示，端子定义见表 10-4。

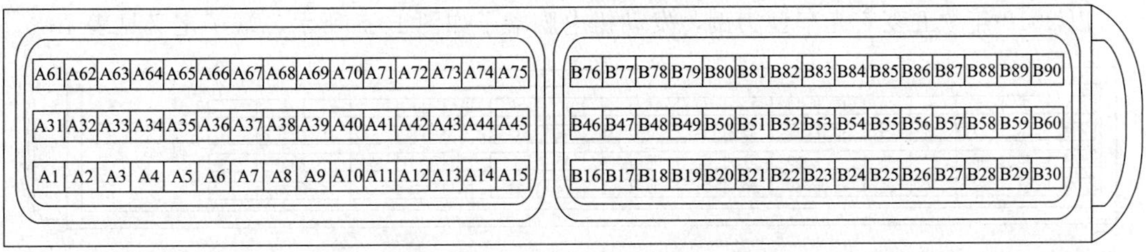

图 10-4　LAQ/LJY/LD6 发动机电脑端子图

表 10-4 LAQ/LJY/LD6 发动机电脑端子定义

端子	接线颜色	端子定义	端子	接线颜色	端子定义
A1	蓝	步进电机 B 高	A44	棕黑	前氧传感器信号 A
A2	红黄	步进电机 A 高	A45	黄红	废气循环阀输入信号
A3	棕	点火接地	B49	黄黑	空调温度信号
A5	白黑	废气循环阀信号输出	B50	灰绿	TMAP 传感器参考电
A6	黄蓝	油泵继电器控制	B51	黄	车速信号
A7	红绿	主控继电器控制	B52	棕白	AC 请求
A9	灰棕	冷却风扇继电器控制	B53	绿	轮速传感器信号 B
A10	白蓝	空调风扇继电器控制	B54	蓝	曲轴传感器信号
A11	棕	爆震传感器屏蔽线	B56	黑白	故障 K 线
A12	灰	爆震传感器	B59	蓝白	喷油器 1
A13	绿黄	TMAP 传感器负	B60	蓝红	喷油器 3
A14	黄黑	后氧传感器信号	A61	蓝	步进电机 A 高
A15	黑	前氧传感器信号 B	A62	白	步进电机 A 低
B16	黄紫	后氧传感器信号 B	A64	黄白	后氧传感器加热地
B17	绿黑	凸轮轴传感器地	A65	绿橙	炭罐控制阀负
B19	黄	节气门传感器地	A66	蓝黑	ECU 主控继电器电源输出
B21	绿白	节气门位置传感器供电	A67	棕	ECU 地
B22	绿蓝	凸轮轴传感信号	A68	黄紫	转速信号输出
B24	棕	ECU 地	A70	灰	PDA 信号
B25	棕	曲轴传感器地	A74	绿	节气门传感器信号
B28	棕	ECU 地	A75	蓝黄	MAP 信号
B29	黑紫	ECU 点火信号	B76	绿红	TCO 信号
B30	红白	ECU 常通蓄电池电	B78	棕蓝	TIA 信号
A31	棕蓝	点火线圈 2 和 3 缸	B79	红蓝	废气循环阀供电
A32	紫黑	点火线圈 1 和 4 缸	B82	黄	节气门传感器接地
A33	棕	ECU 地	B84	白	轮速传感器信号 A
A35	黄紫	前氧传感器加热地	B87	蓝黑	AC 负荷
A39	绿紫	故障指示灯信号	B89	棕红	喷油器 2
A41	白紫	空调压缩机继电器控制	B90	紫红	喷油器 4
A42	棕	爆震传感器			

10.1.5 五菱 1.4L LCU 发动机（81 针）

以 2012 年款五菱宏光车型为例，发动机电脑端子如图 10-5 所示，端子定义见表 10-5。

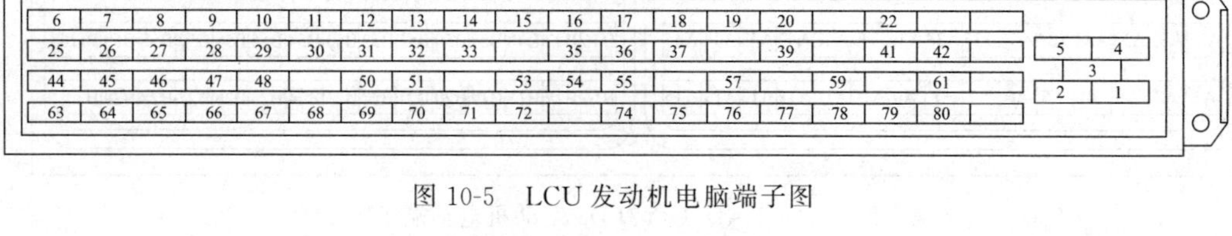

图 10-5 LCU 发动机电脑端子图

表 10-5　LCU 发动机电脑端子定义

端子	接线颜色	端子定义	端子	接线颜色	端子定义
1	绿红	点火线圈 2	39	绿红	发动机冷却液温度传感器
2	绿白	点火线圈 3	41	蓝黑	EGR 阀位置输入
3	黑	点火地	42	蓝黑	进气温度传感器
4	绿蓝	点火线圈 4	44	红白	非持续电源
5	绿	点火线圈 1	45	红白	非持续电源
6	绿黑	喷油器（第 2 缸）	46	蓝灰	炭罐阀
7	灰黑	喷油器（第 3 缸）	47	绿白	喷油器（第 4 缸）
8	绿黑	发动机转速输出	48	绿白	废气再循环阀
9	蓝灰	发动机冷却液温度输出	50	白	散热器低速风扇继电器
10	黑白	油耗输出（预留）	51	黑	电子地 2
11	蓝黄	油位输出（预留）	53	黑	电子地 1
12	红	持续电源	55	绿白	下游氧传感器
13	蓝灰	点火开关	57	红黄	空调压缩机开关
14	白黄	主继电器	59	蓝棕	车速信号
15	白	发动机转速传感器	61	黑	功率地 1
16	蓝白	节气门位置传感器	63	红白	非持续电源
17	棕黄	传感器接地	64	蓝	步进电机相位 D
18	红黄	上游氧传感器	65	棕	步进电机相位 A
19	绿白	爆震传感器 A 端	66	蓝灰	步进电机相位 B
20	黄白	爆震传感器 B 端	67	蓝黑	步进电机相位 C
22	黄白	空调温度传感器	68	白	散热器高速风扇继电器
25	黄绿	可变进气歧管	69	蓝	油泵继电器
26	绿白	上游氧传感器加热	70	红黄	空调压缩机继电器
27	红黄	喷油器（第 1 缸）	71	黑白	诊断 K 线
28	绿白	下游氧传感器加热	72	绿灰	轮速信号
29	灰	可变进气阀	74	黄	动力转向
30	白	油耗报警输出	75	蓝红	空调开关
31	黑绿	MIL 灯	76	蓝黄	电子负载 1（大灯信号）
32	红黑	5V 电源 2	77	蓝黑	电子负载 1（暖风机信号）
33	蓝绿	5V 电源 1	78	红黄	传感器地 4
35	蓝黑	传感器地 3	79	蓝棕	相位传感器
36	红黄	传感器地 2	80	黑	功率地 2
37	绿黑	进气压力传感器			

10.1.6　五菱 1.5L L3C 发动机（64 针+ 32 针）

以 2012 年款五菱荣光车型为例，发动机电脑端子如图 10-6 所示，端子定义见表 10-6。

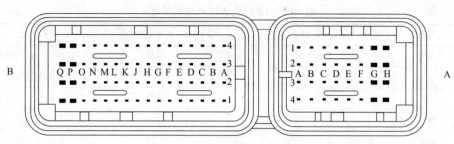

图 10-6 L3C 发动机电脑端子图

表 10-6 L3C 发动机电脑端子定义

端子	端子定义	端子	端子定义
A_A3	蓄电池电源（点火开关后）	B_D2	水温传感器地
A_A4	诊断 K 线	B_D3	进气歧管压力
A_B2	曲轴位置传感器接地	B_D4	发动机水温
A_B3	动力转向压力开关（预留）	B_E2	空调蒸发器温度传感器地
A_B4	排气凸轮轴位置传感器 5V 电源	B_E3	进气歧管温度
A_C1	MIL 灯	B_F1	曲轴位置传感器 5V 电源
A_C2	加速踏板 2 地	B_F2	进气压力传感器地
A_C3	加速踏板信号 2	B_F3	上游氧传感器
A_C4	加速踏板 1 电源	B_F4	下游氧传感器
A_D2	加速踏板 1 地	B_G1	节气门位置传感器电源
A_D3	加速踏板信号 1	B_G2	下游氧传感器地
A_D4	空调蒸发器温度	B_G3	节气门位置传感器信号 1
A_E1	发动机转速输出	B_J1	进气凸轮轴位置传感器 5V 电源
A_E2	风扇 1 继电器控制	B_J2	车速信号
A_E4	加速踏板 2 电源	B_J3	进气凸轮轴位置传感器
A_F1	风扇 2 继电器控制	B_J4	发动机水温输出
A_F2	VIM 阀	B_K2	排气凸轮轴位置传感器
A_F3	加热电机开关（预留）	B_K3	空调压缩机继电器
A_F4	刹车开关	B_K4	第一缸喷油器
A_G3	蓄电池电源（常电）	B_L1	空调请求信号
B_A1	离合器开关	B_L2	车速信号接地
B_A2	爆震传感器屏蔽地	B_L3	SVS 灯（预留）
B_A4	空调压力开关	B_L4	第二缸喷油器
B_B1	爆震输入	B_M2	进气凸轮轴位置传感器地
B_B2	爆震接地	B_M4	第四缸喷油器
B_B4	刹车测试开关	B_N1	瞬时燃油消耗输出
B_C2	进气凸轮传感器地	B_N2	炭罐控制阀
B_D1	曲轴位置信号	B_N3	第三缸喷油器

续表

端子	端子定义	端子	端子定义
B_N4	排气侧 VVT 阀	B_P1	功率接地 1
B_O2	油泵继电器	B_P2	蓄电池电源（主继电器后）
B_O3	主继电器	B_P3	下游氧传感器加热
B_O4	进气侧 VVT 阀		

10.1.7 宝骏 1.5L LGV 发动机（64 针+ 48 针）

以 2015 年款宝骏 330 车型为例，LGV 发动机电脑端子如图 10-7 所示，端子定义见表 10-7。

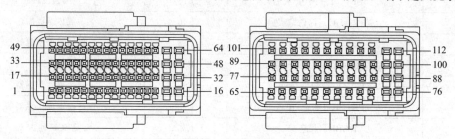

图 10-7 LGV 发动机电脑端子图

表 10-7 LGV 发动机电脑端子定义

端子	接线线径/mm² 与颜色	线路号码	端子定义
1	0.5YE/BK（黄色/黑色）	E86	CAN 高
5	0.75WH/PK（白色/粉色）	E47	主继电器控制
6	0.5RD/GN（红色/绿色）	E105	离合器开关
7	0.75BK	E92	踏板 1 地
15	0.75BN/PK（棕色/粉色）	E94	主继电器后 12V 电
16	0.75BN/PK（棕色/粉色）	E95	主继电器后 12V 电
17	0.5YE/BN（黄色/棕色）	E85	CAN 低
19	0.5YE/BN（黄色/绿色）	E37	进气压力温度传感器 5V 电源
20	0.75RD（红色）	E39	常电
21	0.75YE（黄色）	E48	后氧传感器信号
23	0.5GN/RD（绿色/红色）	E60	制动开关
25	0.5GN（绿色）	E73	制动灯
27	0.5GY/BU（灰色/蓝色）	E111	空调压力开关
28	0.5GY/BU（灰色/黄色）	E106	空调开关
30	0.5GY/RD（灰色/红色）	E56	加速踏板传感器 2
31	0.75GY/RD（灰色/红色）	E72	高速风扇继电器
32	0.5YE（黄色）	E161	防盗输入
35	0.75GN（绿色）	E45	点火开关
36	0.75PK/VT（粉色/紫色）	E93	踏板 25V 电源

续表

端子	接线线径/mm² 与颜色	线路号码	端子定义
37	0.5YE/GY（黄色/灰色）	E38	踏板15V电源
41	0.75BK/VT（黑色/紫色）	E89	油泵继电器控制
42	0.75BK/RD（黑色/红色）	E74	空调压缩机继电器控制
43	0.75BK（黑色）	E91	后氧/空调温度传感器地
45	0.5RD/BU（红色/蓝色）	E59	加速踏板传感器1
46	0.5RD/GN（红色/棕色）	E71	进气压力传感器
47	0.75BK/GY（黑色/灰色）	E13	进气压力温度传感器地
48	0.75GN/BU（棕色/蓝色）	E46	后氧传感器加热
56	0.75BU（蓝色）	E58	低速风扇继电器
59	0.5BK/GY（黑色/灰色）	E35	踏板2地
61	0.5PK/OG（粉色/橙色）	E66	进气温度传感器
62	0.5PK/BK（粉色/黑色）	E12	空调冷凝温度传感器信号
63	1.5BK（黑色）	E36	ECU地1
64	1.5BK（黑色）	E43	ECU地2
67	YE/BU（黄色/蓝色）	E17	喷油嘴4第1缸
68	YE/RD（黄色/红色）	E19	喷油嘴1第3缸
71	OG/GN（橙色/绿色）	E50	可变凸轮轴正时-进气
72	YE/BN（黄色/棕色）	E20	喷油嘴2第4缸
73	BK/BU（黑色/蓝色）	E107	前氧传感器加热
74	YE/GN（黄色/绿色）	E18	喷油嘴3第2缸
75	OG/BU（橙色/蓝色）	E24	节气门执行器
77	OG/GN（橙色/绿色）	E26	节气门位置传感器1
78	OG/GY（橙色/灰色）	E25	节气门位置传感器2
80	BK（黑色）	E10	前氧传感器接地
84	RD/BN（红色/棕色）	E77	曲轴位置传感器
85	PK/BK（粉色/黑色）	E102	温度传感器
86	PK/BK（粉色/黑色）	E22	节气门接地
87	PK/BU（粉色/蓝色）	E87	节气门执行器
89	BK（黑色）	E28	爆震传感器B
90	YE（黄色）	E27	爆震传感器A
93	YE/GY（黄色/灰色）	E4	凸轮轴位置传感器
94	BK/OG（黑色/橙色）	E21	炭罐阀
95	BK/GY（黑色/灰色）	E33	曲轴位置传感器
96	YE（黄色）	E5	
98	YE/GN（黄色/绿色）	E2	相位5V电源
99	GN（绿色）	E14	点火线圈2

续表

端子	接线线径/mm² 与颜色	线路号码	端子定义
100	GN（绿色）	E15	点火线圈1
101	PK/GN（粉色/绿色）	E8	水温传感器
103	OG/GN（橙色/绿色）	E109	机油温度传感器
104	BU/YE（蓝色/黄色）	E9	前氧传感器信号
106	WH/RD（粉色/绿色）	E32	发电机负载反馈
107	PK/VT（粉色/紫色）	E23	节气门5V电源
108	YE/GN（黄色/绿色）	E6	曲轴位置5V电源
111	BK（黑色）	E40	接地
112	BK（黑色）	E41	接地

10.1.8 五菱1.5L L2B发动机（81针）

以2013年款五菱宏光S车型为例，L2B发动机电脑端子如图10-8所示，端子定义见表10-8。

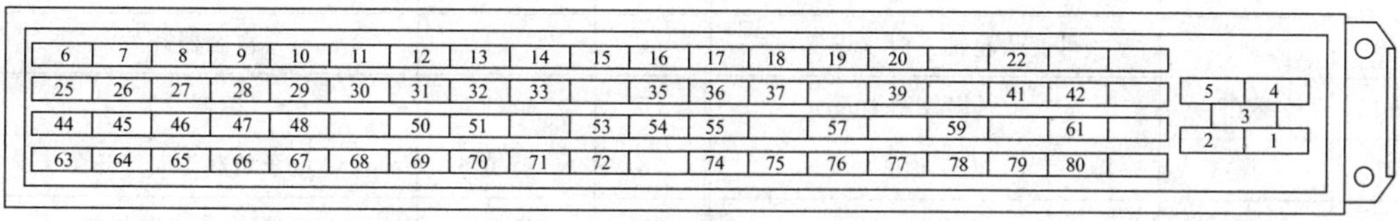

图10-8 L2B发动机电脑端子图

表10-8 L2B发动机电脑端子定义

端子	接线颜色	端子定义	端子	接线颜色	端子定义
1	绿红	点火线圈2	16	蓝白	加速踏板传感器
2	绿白	点火线圈3	17	棕黄	传感器地1
3	黑	点火地	18	红黄	上游氧传感器
4	绿蓝	点火线圈4	19	绿白	爆震传感器A端
5	绿	点火线圈1	20	黄白	爆震传感器B端
6	绿黑	喷油器第二缸	21	黄红	制动灯
7	灰黑	喷油器第三缸	22	黄白	空调温度传感器
8	绿黑	发动机转速输出	23	紫白	助力转向开关
9	蓝灰	发动机水温输出	25	黄绿	可变进气歧管
10	黑白	油耗输出	26	绿白	上游氧传感器加热
11	蓝黄	油位输出	27	红黄	喷油器第一缸
12	红	持续电源	28	绿白	可变凸轮轴正时（排气）
13	蓝灰	点火开关	29	灰	下游氧传感器加热
14	白黄	主继电器	30	白	油位报警灯
15	白	曲轴位置传感器（霍尔型）	31	黑绿	故障灯

续表

端子	接线颜色	端子定义	端子	接线颜色	端子定义
32	红黑	5V 电源 1	58	绿黄	制动开关
33	蓝绿	5V 电源 2	59	蓝棕	车速信号
35	灰白	传感器地 3	60	灰	ABS 轮速信号
36	红黄	传感器地 2	61	黑	功率地 1
37	绿黑	进气压力传感器	63	红白	非持续电源
38	绿黑	节气门位置传感器 2	64	蓝	节气门执行器
39	绿红	发动机冷却液温度传感器	65	棕	节气门执行器
40	蓝灰	加速踏板传感器	66	蓝灰	节气门执行器
42	蓝黑	进气温度传感器	67	蓝黑	节气门执行器
43	紫	油位传感器	68	灰白	风扇控制 2
44	红白	非持续电源	69	蓝	油泵继电器
45	红白	非持续电源	70	红黄	空调压缩机继电器
46	红黄	炭罐阀	71	黑白	诊断 K 线
47	绿白	喷油器第四缸	72	绿灰	相位传感器 2（排气）
48	绿白	可变凸轮轴正时（进气）	74	黄	离合器开关
50	橙白	风扇控制 1	75	蓝红	空调开关
51	黑	电子地 2	76	蓝黄	电子负载 1 大灯开关
53	黑	电子地 1	77	蓝黑	电子负载 2 鼓风机
54	绿黑	节气门位置传感器 1	78	蓝	传感器地 4
55	绿白	下游氧传感器	79	蓝棕	相位传感器 1（进气）
57	红黄	空调压力开关	80	黑	功率地 2

10.1.9　宝骏 1.5L L2C 发动机（32 针 + 64 针）

以 2016 年款宝骏 610/630 车型为例，L2C 发动机电脑端子如图 10-9 所示，端子定义见表 10-9、表 10-10。

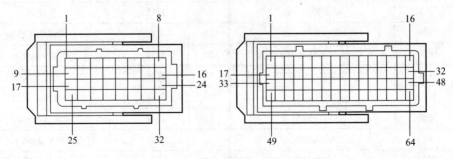

图 10-9　L2C 发动机电脑端子图

表 10-9　L2C 发动机电脑 32 针端子定义

端子	接线颜色	端子定义	端子	接线颜色	端子定义
1	绿	点火线圈 3	17	绿/白	点火线圈 4
2	蓝/黄	节气门电机+	19	白/黄	节气门位置传感器信号 1
3	绿/黄	节气门电机-	20	黄/白	空调温度传感器接地
5	蓝/黄	空调请求信号	21	蓝/白	发动机水温
6	灰	节气门位置传感器信号 2	22	橙/白	制动灯开关
7	蓝	CAN-L	24	棕	离合器开关
8	绿/蓝	CAN-H	25	绿/红	点火线圈
9	绿/蓝	点火线圈 2	26	黑	功率接地 3
10	棕/蓝	进气歧管压力	27	蓝/红	进气压力传感器 5V
12	绿/白	制动测试开关	28	棕/红	进气歧管温度
13	棕/白	节气门位置传感器接地	29	红/白	节气门位置传感器电源
14	黑	巡航控制地	31	蓝/红	进气压力传感器接地
15	绿/黄	水温传感器接地	32	蓝/黑	诊断 K 线
16	白/黄	空调压力开关			

表 10-10　L2C 发动机电脑 64 针端子定义

端子	接线颜色	端子定义	端子	接线颜色	端子定义
1	灰	爆震输入	35	棕/蓝	加速踏板 2 地
2	绿/白	油温传感器	36	黑/棕	加速踏板 1 地
3	红/棕	巡航控制	37	红/黑	后氧传感器地
5	蓝/红	排气侧凸轮轴位置传感器	38	绿/白	前氧传感器地
7	灰/棕	空调压缩机继电器	39	白/紫	排气侧凸轮轴位置传感器地
8	棕/白	MIL 灯	40	蓝	进气温度传感器地
9	紫/白	进气侧 VVT	41	绿/红	曲轴位置传感器地
10	蓝/红	喷油器 2	42	黄/绿	车速信号接地
11	棕/红	喷油器 1	44	紫/白	进气侧凸轮轴位置传感器地
12	棕	喷油器 3	45	黄/黑	油泵继电器
13	紫/黄	前氧传感器加热	46	绿/橙	排气侧 VVT
14	紫/红	后氧传感器加热	47	黑	功率接地 1
15	红/白	蓄电池电源	49	黑/绿	爆震传感器屏蔽地
17	红/绿	后氧传感器	50	蓝/棕	加速踏板信号 2
19	蓝/黑	进气凸轮轴位置传感器	51	黑/黄	前氧传感器
20	白/蓝	加速踏板信号 1	52	蓝/灰	车速信号
24	橙/绿	曲轴位置传感器信号	55	蓝/棕	空调蒸发器温度
25	黄/蓝	风扇 2 继电器控制	56	绿/蓝	加速踏板 2 电源
26	—	主继电器	57	黄/绿	排气侧凸轮轴位置传感器 5V
27	绿/黑	风扇 1 继电器控制	58	红/黑	曲轴位置传感器 5V
28	黄/白	喷油器 4	59	红/白	进气侧凸轮轴位置传感器 5V
31	红/白	蓄电池电源	60	蓝	加速踏板 1 电源
32	灰/紫	炭罐电磁阀	61	白	巡航指示灯
33	绿/紫	蓄电池电源	62	灰	VIM 控制信号
34	蓝	爆震接地	63	黑	功率接地 2

10.1.10 宝骏 1.8L LGM 发动机（48 针+ 64 针）

与 LJ479QNE2 发动机相同，相关内容请参考 10.1.11 小节。

10.1.11 宝骏 1.8L LJ479QNE2 发动机（48 针+ 64 针）

以 2016 年款宝骏 730 车型为例，发动机电脑端子如图 10-11 所示，端子定义见表 10-11、表 10-12。

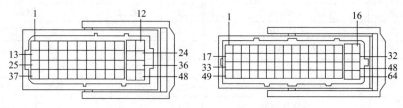

图 10-10　LJ479QNE2 发动机电脑端子图

表 10-11　LJ479QNE2 发动机电脑 48 针端子定义

端子	接线颜色	端子定义	端子	接线颜色	端子定义
1	蓝/红	冷却液温度传感器	24	绿/蓝	点火线圈 1（第 1 缸）
2	蓝/棕	进气温度传感器	25	黄/绿	节气门位置传感器 1
4	黄/绿	前氧传感器	26	红/黑	节气门位置传感器 2
6	红/白	发动机负载反馈	28	蓝	前氧传感器地
7	蓝	节气门 5V 电源	32	白/黄	曲轴位置传感器地
8	白	转速 5V 电源	33	黑/黄	歧管地
9	灰	歧管 5V 电源	34	蓝/棕	节气门地
11	黑	ECU 地 4	35	绿/蓝	节气门执行器
12	黑	ECU 地 3	36	黄/绿	点火线圈 4（第 2 缸）
13	蓝/棕	爆震传感器 B	39	蓝	喷油器 4（第 2 缸）
14	绿/蓝	爆震传感器 A	40	白	喷油器 1（第 1 缸）
15	黄/绿	进气压力传感器	43	蓝/白	可变凸轮轴正时（进气）
17	红/白	相位传感器（进气）	44	黄/绿	喷油器 29（第 3 缸）
18	蓝	炭罐阀	45	蓝/棕	前氧传感器加热
19	白	相位地	46	绿/蓝	喷油器 3（第 4 缸）
20	灰	发动机转速传感器输入	47	黄/绿	节气门执行器
22	棕/红	相位 5V 电源	48	红/黑	点火线圈 3（第 4 缸）
23	蓝/棕	点火线圈 2（第 3 缸）			

表 10-12　LJ479QNE2 发动机电脑 64 针端子定义

端子	接线颜色	端子定义	端子	接线颜色	端子定义
5	红/黑	空调高低压开关	11	白/黄	踏板 2 地
8	白	低速风扇控制 1	13	绿/蓝	油位传感器
9	灰	故障灯	14	黄/绿	空调温度传感器
10	黑	空调压缩机继电器	15	红/黑	ECU 地 2

续表

端子	接线颜色	端子定义	端子	接线颜色	端子定义
16	黑	ECU 地 1	41	白	制动灯
19	白	点火开关	42	灰	车速信号输入
20	灰	踏板 2 电源 5V	44	白/蓝	空调开关
21	黑	踏板 1 电源 5V	46	绿/蓝	加速踏板传感器 2
25	绿/蓝	油泵继电器	47	黄/绿	高速风扇控制器 2
27	红/黑	后氧传感器地	48	红/黑	防盗输入
29	红/白	加速踏板传感器 1	49	红/白	CAN 高
31	灰	模拟地	53	绿/紫	主继电器
32	黑	后氧传感器加热	54	蓝/黑	离合器开关
33	黑/白	CAN 低	55	蓝/棕	踏板 1 地
36	绿/蓝	加速踏板 2 电源	57	黄/绿	巡航开关组
37	黄/绿	后氧传感器	63	黑	非持续电源
39	红/白	进气侧凸轮轴位置传感器 5V	64	红/白	非持续电源

10.2 车身电脑

10.2.1 宝骏 330 汽车车身电脑（28 针+ 40 针+ 11 针+ 11 针）

以 2015 年款宝骏 330 车型为例，车身电脑端子如图 10-11 所示，端子定义见表 10-13～表 10-16。

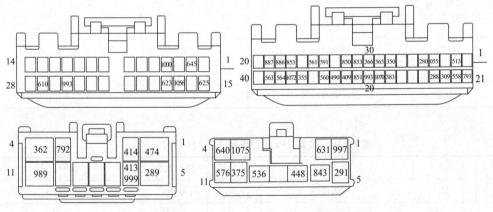

图 10-11 宝骏 330 车身电脑端子图

表 10-13 宝骏 330 车身电脑 28 针端子定义

端子	接线颜色	端子定义	端子	接线颜色	端子定义
11	白/灰	启动继电器控制	25	蓝/红	刮水器继电器控制
13	黑/橙	前照灯继电器控制	26	绿	喇叭继电器控制
16	粉/白	门开信号电	28	红/绿	刮水器继电器控制
18	黑/红	前雾灯继电器控制			

表 10-14　宝骏 330 车身电脑 40 针端子定义

端子	接线颜色	端子定义	端子	接线颜色	端子定义
2	蓝/红	IMMO 状态	24	红/白	后雾灯开关
3	黄	IMMO 信号	25	粉	远光灯信号
4	红/黑	超车灯信号	26	蓝/黄	后备厢门开信号
6	黑/粉	驾驶员门开信号	27	黄/绿	门开信号
7	红/绿	后备厢释放开关	28	蓝/黄	尾门开信号
9	黑/白	前照灯开关信号	29	粉	喇叭开关信号
10	白/红	右转向开关信号	30	绿/白	左转向开关信号
11	黄/红	刮水器高速挡信号	31	红/黄	危险警告灯开关
12	黄/绿	刮水器间隙挡信号	32	绿	刮水器低速挡信号
13	黄	碰撞信号	33	棕/绿	刮水器回位信号
16	黑/红	前雾灯开关	37	红/黄	近光灯信号
17	绿/蓝	前洗涤泵开关信号	38	白/蓝	倒车信号
19	白	ST 挡信号	39	橙	ON 挡信号
22	黄/黑	CAN-H	40	绿/红	ACC 挡信号
23	黄/棕	CAN-L			

表 10-15　宝骏 330 车身电脑 11 针端子定义（一）

端子	接线颜色	端子定义	端子	接线颜色	端子定义
1	紫	前水泵	5	白/红	洗涤泵电源
2	粉/蓝	尾门锁开	10	棕/蓝	小灯/雾灯电源
3	绿/白	后雾灯电源	11	白/红	转向灯电源
4	绿/粉	右转向灯电源			

表 10-16　宝骏 330 车身电脑 11 针端子定义（二）

端子	接线颜色	端子定义	端子	接线颜色	端子定义
1	棕	门锁电源	6	蓝/红	门锁开
2	蓝/黄	门锁关	7	绿/白	警报
3	棕/黄	近光灯电源	9	紫/白	室内灯电源
4	红	前照灯电源	10	绿/橙	左转向灯电源
5	黑	接地	11	黑	接地

10.2.2　宝骏 560 汽车车身电脑（52 针+ 48 针+ 22 针）

以 2016 年款宝骏 560 车型为例，车身电脑端子如图 10-12 所示，端子定义见表 10-17～表 10-19。

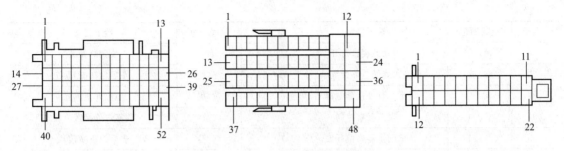

图 10-12 宝骏 560 车身电脑端子图

表 10-17 宝骏 560 车身电脑 52 针端子定义

端子	接线颜色	端子定义	端子	接线颜色	端子定义
1	白/黄	CAN-L	27	红	日间行车灯电源
2	绿/白	起动机继电器控制信号	29	黑	接地
4	黑	接地	30	绿/红	大灯开关
5	白/红	左转向灯开关	32	灰	驻车制动开关
7	橙/白	ACC 挡	33	绿/红	后雾灯开关
8	绿/黑	ON 挡	34	红	右转向灯开关
9	红/黄	危险报警灯开关	37	红/绿	后洗涤开关
10	红/白	后刮水器开关	38	蓝/绿	前洗涤开关
13	紫/白	前刮水器高速开关	41	白	CAN-L
14	黄/白	CAN-H	42	黄	CAN-H
16	灰	前刮水器低速开关	45	黑/绿	刮水器间歇时间调节开关
21	黄	前刮水器间歇开关	47	紫	近光灯开关
22	红/黑	钥匙插入开关	49	红/蓝	远光灯开关
24	红/黄	后除霜	50	白/绿	前雾灯开关

表 10-18 宝骏 560 车身电脑 48 针端子定义

端子	接线颜色	端子定义	端子	接线颜色	端子定义
1	棕/蓝	碰撞信号	13	绿/红	背光灯
2	蓝/白	中控开锁信号	15	紫/红	锁反馈开关
3	红/白	驾驶员门碰开关	16	黑/蓝	小灯继电器控制
4	黑/红	尾门未关信号	17	绿/橙	电动后视镜折入
5	绿/红	近光灯外接继电器	19	红	前刮水器外接高速继电器
6	紫/白	喇叭外置继电器	22	黄	LIN1
7	黑/白	电动窗电源外接继电器	23	蓝	右转向灯输出
8	蓝/黄	外后视镜打开信号	24	黄	左后转向灯电源
11	红/绿	节电输出	26	白	遥控电动窗降
12	蓝	右后转向灯电源	27	蓝/黄	后刮水器外接继电器

续表

端子	接线颜色	端子定义	端子	接线颜色	端子定义
28	黑/黄	电动后视镜折开	38	绿	位置灯开关
29	绿/蓝	前刮水器低速外接继电器	39	红/黄	左后门碰撞开关
30	黄/蓝	远光灯外接继电器	41	黄/黑	中控开锁信号
31	黄/白	尾门开启控制	42	红/绿	前雾灯外接继电器
33	红/白	前刮水器归位开关	43	红/蓝	右后门碰撞信号
35	绿	右后转向灯电源	44	黑	接地
36	绿	左转向灯输出	47	白	左后转向灯电源
37	红/黑	右前门碰撞信号	48	黑/绿	室内灯输出

表 10-19 宝骏 560 车身电脑 22 针端子定义

端子	接线颜色	端子定义	端子	接线颜色	端子定义
1	灰/棕	后洗涤电源	10	蓝/黄	所有门锁解锁电机
2	白	后洗涤内部继电器	11	黑	功率接地
3	灰/棕	前洗涤电源	12	橙	室内灯/后雾灯/BCM 电源
4	黑	前洗涤接地	13	绿	转向灯/BCM 电源
5	棕/红	前洗涤内部继电器	14	蓝	后雾灯输出
6	白	尾门开启信号	15	黑	接地
7	红/白	中控锁电源	16	黑	接地
9	蓝/白	所有门锁闭锁电机			

10.2.3 宝骏 610/630 车身电脑（16 针+ 20 针+ 20 针+ 20 针+ 20 针+ 10 针）

以 2016 年款宝骏 610/630 车型为例，车身电脑端子如图 10-13 所示，端子定义见表 10-20～表 10-25。

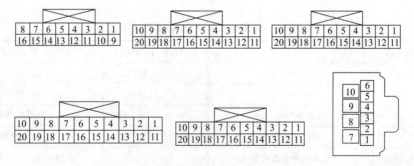

图 10-13 宝骏 610/630 车身电脑端子图

表 10-20 宝骏 610/630 车身电脑 16 针端子定义

端子	接线颜色	端子定义	端子	接线颜色	端子定义
2	灰/黑	防盗模块高电平参考电压	6	白/黑	暖风通风空调控制模块
3	绿/灰	防盗模块低电平参考电压	8	紫/黄	点火开关 1/2 位置信号

续表

端子	接线颜色	端子定义	端子	接线颜色	端子定义
9	紫/白	点火开关 2/3 位置信号	12	灰	无钥匙进入模块低电平
10	黄/棕	点火开关 3 位置信号	15	黄	前照灯开关信号
11	灰/白	无钥匙进入模块高电平参考电压			

表 10-21 宝骏 610/630 车身电脑 20 针端子定义（一）

端子	接线颜色	端子定义	端子	接线颜色	端子定义
3	灰	高电平参考电压	13	黑/灰	蒸发器温度传感器
6	灰	刮水器间歇开关信号	19	绿/灰	驻车灯开关信号
10	棕/紫	传感诊断模块信号			

表 10-22 宝骏 610/630 车身电脑 20 针端子定义（二）

端子	接线颜色	端子定义	端子	接线颜色	端子定义
2	白/黑	刮水器洗涤开关信号	12	棕/白	空调压力开关信号
2	粉	危险警告开关低电平信号	15	蓝/白	前雾灯开关信号
4	棕/灰	点火开关钥匙输入信号	16	蓝/灰	右后雾灯开关信号
5	黄/紫	通信唤醒信号	19	蓝/灰	驾驶员侧门上后备厢打开开关信号
9	绿/白	驻车制动信号	20	绿/灰	后备厢锁闩开关信号
11	粉	危险警告开关低电平信号			
11	白/黑	刮水器洗涤开关信号			

表 10-23 宝骏 610/630 车身电脑 20 针端子定义（三）

端子	接线颜色	端子定义	端子	接线颜色	端子定义
1	白	高速 GMLAN 串行数据—	11	白	高速 GMLAN 串行数据—
2	蓝	高速 GMLAN 串行数据＋	12	蓝	高速 GMLAN 串行数据＋
3	紫/棕	制动踏板低电平信号	13	棕/白	喇叭继电器控制
5	绿/黄	驾驶员车门钥匙输入信号	14	白/灰	变速器控制模块
5	棕/白	前雾灯低电平信号输入	16	棕/白	前雾灯低电平信号输入
6	绿/白	倒车灯开关低电平信号输入	18	白/灰	驾驶员侧门微开关高电平参考电压
7	棕/白	驾驶员侧门锁开关打开信号	19	白/蓝	电子制动控制模块
8	棕/黄	驾驶员侧门锁开关锁止信号	20	棕/紫	驾驶员侧门后备厢开关高电平参考电压

表 10-24 宝骏 610/630 车身电脑 20 针端子定义（四）

端子	接线颜色	端子定义	端子	接线颜色	端子定义
4	紫/黑	换挡执行器线圈	8	黄/灰	右后雾灯控制
6	绿/白	倒车灯控制	9	紫/蓝	尾部灯光多功能开关控制
7	黄	仪表指示灯控制	10	棕/紫	后备厢锁闩电机控制

续表

端子	接线颜色	端子定义	端子	接线颜色	端子定义
11	灰	后部车门和乘客侧车门微开信号	17	蓝	刮水器继电器控制
14	绿/黄	安全气囊模块信号	18	灰/紫	近光灯继电器控制
15	紫/蓝	点火开关辅助电源信号	19	紫/黄	仪表板下辅助电源继电器控制
16	绿/白	前雾灯低电平信号输入	20	绿/紫	启动运行继电器控制
	绿/黄	驾驶员车门钥匙输入信号			

表 10-25　宝骏 610/630 车身电脑 10 针端子定义

端子	接线颜色	端子定义	端子	接线颜色	端子定义
1	蓝/白	左侧尾部灯光控制	6	棕	车门门锁打开控制
2	绿/紫	右侧尾部灯光控制	7	红/黑	车身控制模块电源 1
3	黑	接地	8	黑	接地
4	绿/紫	车身控制模块电源 4	9	红/白	车身控制模块电源 2
5	灰	车门门锁锁止控制	10	红/白	车身控制模块电源 3

10.2.4　宝骏 760 汽车车身电脑（52 针+ 48 针+ 22 针）

以 2016 年款宝骏 760 车型为例，车身电脑端子如图 10-14 所示，端子定义见表 10-26～表 10-28。

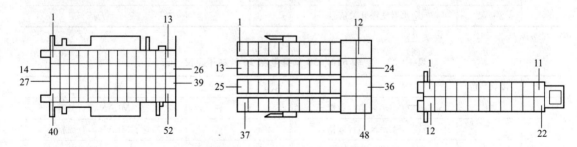

图 10-14　宝骏 760 车身电脑端子图

表 10-26　宝骏 760 车身电脑 52 针端子定义

端子	接线颜色	端子定义	端子	接线颜色	端子定义
2	棕	起动机继电器控制信号	13	红	前刮水器高速开关
4	黑	接地	16	绿/黄	前刮水器低速开关
5	白/红	左转向灯开关	21	黄	前刮水器间歇开关
7	橙/白	ACC 挡	22	红/黑	钥匙插入开关
8	红/黑	ON 挡	24	棕	后除霜
9	红/黄	危险报警灯开关	26	绿/黄	倒车开关
10	红/白	后刮水器开关	27	红	LED 灯供电

续表

端子	接线颜色	端子定义	端子	接线颜色	端子定义
29	黑	接地	41	白	CAN-L
30	黑/白	大灯开关	42	黄	CAN-H
32	灰	驻车制动开关	45	黑/绿	刮水器间歇时间调节开关
33	绿/白	后雾灯开关	47	黄/绿	近光灯开关
34	红	右转向灯开关	49	红/蓝	远光灯开关
37	红/白	后洗涤开关	50	白/绿	前雾灯开关
38	蓝/绿	前洗涤开关			

表 10-27　宝骏 760 车身电脑 48 针端子定义

端子	接线颜色	端子定义	端子	接线颜色	端子定义
1	黄	碰撞信号	26	白	遥控电动窗降
2	蓝/白	中控开锁信号	27	蓝/黄	后刮水器外接继电器
3	绿	驾驶员门碰开关	29	紫	前刮水器低速外接继电器
4	黄/白	后备厢门碰开关	30	黄/蓝	远光灯外接继电器
5	绿/红	近光灯外接继电器	31	绿	后备厢解锁开关
6	紫	喇叭外置继电器	33	紫/红	前刮水器归位开关
7	黑/白	电动窗电源外接继电器	36	绿/白	左转向灯输出
11	红/绿	节电输出	38	绿	位置灯开关
15	紫/红	锁反馈开关	40	黄	其他门门碰开关
16	绿	位置灯外接继电器	42	红/白	中控开锁信号
19	蓝/红	前刮水器外接高速继电器	43	黄	前雾灯外接继电器
22	黄	LIN1	44	黑	接地
23	蓝	右转向灯输出	48	黑/绿	室内灯输出

表 10-28　宝骏 760 车身电脑 22 针端子定义

端子	接线颜色	端子定义	端子	接线颜色	端子定义
1	黄/白	后洗涤电源	10	蓝/黄	所有门锁解锁电机
2	蓝/红	前洗涤内部继电器	11	黑	功率接地
3	黄/白	前洗涤电源	12	紫/红	室内灯/后雾灯/BCM 电源
4	黑	前洗涤接地	13	绿	转向灯/BCM 电源
5	白	后洗涤内部继电器	14	蓝	后雾灯输出
6	白	尾门开启信号	15	黑	接地
7	蓝/红	中控锁电源	16	黑	接地
9	蓝/白	所有门锁闭锁电机			

10.3 多媒体电脑

10.3.1 宝骏 760 汽车多媒体电脑（20 针 + 8 针）

以 2016 年款宝骏 760 车型为例，多媒体电脑端子如图 10-15 所示，端子定义见表 10-29、表 10-30。

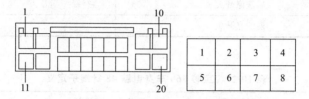

图 10-15 宝骏 760 多媒体电脑端子图

表 10-29 宝骏 760 多媒体电脑 20 针端子定义

端子	接线颜色	端子定义	端子	接线颜色	端子定义
1	红/白	记忆供电	11	黑	接地
2	红/绿	背景灯+	12	黑	背景灯-
3	红/白	前左喇叭+	13	蓝	前左喇叭-
4	蓝	前右喇叭+	14	绿	前右喇叭-
5	棕	后左喇叭+	15	紫	后左喇叭-
6	蓝	后右喇叭+	16	黄	后右喇叭-
7	红	USB 充电 5V	17	红/黄	危险警告灯
8	黑	USB 接地	18	绿/黄	倒车摄像信号
9	黄/蓝	ACC 供电	19	红	音量开关-
10	红/白	天线	20	黑/白	音量开关+

表 10-30 宝骏 760 多媒体电脑 8 针端子定义

端子	接线颜色	端子定义	端子	接线颜色	端子定义
1	黄	CAN-H	5	绿/红	倒车视频接地
2	白	CAN-L	6	绿/黄	倒车视频供电
3	黑/白	USB 充电 5V	7	黑	屏蔽线
4	红/蓝	USB 接地	8	蓝	视频信号

10.3.2 宝骏 610/630 汽车多媒体电脑（20 针）

以 2016 年款宝骏 610/630 车型为例，多媒体电脑端子如图 10-16 所示，端子定义见表 10-31。

第10章 五菱-宝骏汽车

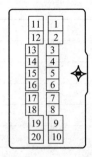

图 10-16 宝骏 610/630 多媒体电脑端子图

表 10-31 多媒体电脑端子定义

端子	接线颜色	端子定义	端子	接线颜色	端子定义
1	橙	收音机模块电源	11	黑/白	接地
2	黄	收音机指示灯高电平	12	黑/白	收音机指示灯接地
3	蓝	左前扬声器信号+	13	棕/蓝	左前扬声器信号-
4	黄	右前扬声器信号+	14	黄/黑	右前扬声器信号-
5	绿	左后扬声器信号+	15	绿/黑	左后扬声器信号-
6	白	右后扬声器信号+	16	蓝/黑	右后扬声器信号-
7	白	USB-	19	白	转向盘收音机音量调大
8	白/灰	USB+	20	棕	转向盘收音机音量调小
9	紫/黄	辅助电源低电平信号			

10.3.3 宝骏 560 汽车多媒体电脑（20 针+ 8 针）

以 2015 年款宝骏 560 车型为例，多媒体电脑端子如图 10-17 所示，端子定义见表 10-32、表 10-33。

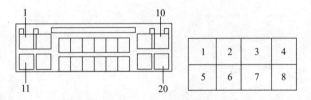

图 10-17 宝骏 560 多媒体电脑端子

表 10-32 宝骏 560 多媒体电脑 20 针端子定义

端子	接线颜色	端子定义	端子	接线颜色	端子定义
1	红/白	记忆供电	6	黄	后右喇叭+
2	白	背景灯+	7	黑	USB 接地
3	蓝	前左喇叭+	8	白/蓝	USB 充电 5V
4	绿	前右喇叭+	9	粉/灰	ACC 供电
5	紫	后左喇叭+	10	红/白	天线

续表

端子	接线颜色	端子定义	端子	接线颜色	端子定义
11	黑	接地	16	黄/蓝	后右喇叭—
12	黑	背景灯—	17	蓝/棕	危险警告灯
13	灰	前左喇叭—	18	绿/黄	倒车开关信号
14	蓝	前右喇叭—	19	红	音量开关—
15	棕	后左喇叭—	20	黑/白	音量开关+

表 10-33　宝骏 560 多媒体电脑 8 针端子定义

端子	接线颜色	端子定义	端子	接线颜色	端子定义
1	黄	CAN-H	6	绿/黄	倒车视频供电
2	白	CAN-L	7	黑	屏蔽线
5	黑	倒车视频接地	8	蓝	视频信号